Das türkische Verkehrssystem und seine Bedeutung für die Regionalentwicklung

AF881977

Europäische Hochschulschriften
Publications Universitaires Européennes
European University Studies

Reihe V
Volks- und Betriebswirtschaft

Série V Series V
Sciences économiques, gestion d'entreprise
Economics and Management

Bd./Vol. 2773

PETER LANG
Frankfurt am Main · Berlin · Bern · Bruxelles · New York · Oxford · Wien

Esin Bozyazı

Das türkische Verkehrssystem und seine Bedeutung für die Regionalentwicklung

PETER LANG
Europäischer Verlag der Wissenschaften

Die Deutsche Bibliothek - CIP-Einheitsaufnahme

Bozyazı, Esin:

Das türkische Verkehrssystem und seine Bedeutung für die Regionalentwicklung / Esin Bozyazı. - Frankfurt am Main ; Berlin ; Bern ; Bruxelles ; New York ; Oxford ; Wien : Lang, 2001
(Europäische Hochschulschriften : Reihe 5, Volks- und Betriebswirtschaft ; Bd. 2773)
Zugl.: München, Univ., Diss., 2000
ISBN 3-631-37628-6

D 19
ISSN 0531-7339
ISBN 3-631-37628-6

© Peter Lang GmbH
Europäischer Verlag der Wissenschaften
Frankfurt am Main 2001
Alle Rechte vorbehalten.

Das Werk einschließlich aller seiner Teile ist urheberrechtlich geschützt. Jede Verwertung außerhalb der engen Grenzen des Urheberrechtsgesetzes ist ohne Zustimmung des Verlages unzulässig und strafbar. Das gilt insbesondere für Vervielfältigungen, Übersetzungen, Mikroverfilmungen und die Einspeicherung und Verarbeitung in elektronischen Systemen.

www.peterlang.de

Meiner Mutter

Danksagung

Ich möchte mich bei all denjenigen bedanken, die diese Arbeit gefördert und unterstützt haben.

Ich bedanke mich ganz herzlich bei meinem akademischen Lehrer, Herrn Prof. Dr. Dr. h.c. Werner Gumpel, für die Möglichkeit, diese Arbeit zu erstellen und für seine fachliche Betreuung.

Für die Übernahme des Korreferats möchte ich mich bei Prof. Dr. Dr. h.c. Dr. h.c. Karl Oettle bedanken. Mein Dank gilt auch Herrn Prof. Dr. Hermann Schnabl für seine persönliche Unterstützung und Beratung.

Zudem sei den zahlreichen Experten und Institutionen in der Türkei für ihre Hilfsbereitschaft gedankt. Besonders bedanken möchte ich mich an dieser Stelle bei Prof. Dr. Ergün Gedizlioğlu, Prof. Dr. Güngör Evren und Prof. Dr. Haluk Gerçek von der Technischen Universität Istanbul. Dem Verein der Bauingenieure (İMO) sei für die Bereitstellung wichtiger Literatur und für die Beratung und die Vermittlungsfunktion zwischen mir und den Experten gedankt. In diesem Zusammenhang möchte ich allen Experten der Institutionen, wie dem türkischen Verkehrsministerium, der GAP-Verwaltungsbehörde (GAİP), DEİK, TUSİAD und der DTO danken.

Bei Prof. Dr. Ernst Struck möchte ich mich für die wertvollen Informationen über das GAP-Projekt und für das Interview bedanken. Bei Prof. Dr. Hans-Dieter Haas bedanke ich mich herzlich für die zur Verfügung gestellten Räume des GIS-Labors im Institut für Wirtschaftsgeographie der LMU und für die persönliche und fachliche Beratung.

Für die lebhaften nützlichen Diskussionen über die Inhalte meiner Arbeit möchte ich auch meinen Kollegen Frau Dr. Perizat Dağlıoğlu und Herrn Dr. Markus Bunk recht herzlich danken. Für die Korrektur des Manuskripts gilt mein Dank Frau Dr. Christine Hehle, Herrn Werner Kunze, Frau Pia Sabah und Frau Eva Kirchhoff. Bedanken möchte ich mich auch für die Unterstützung beim Drucken des Manuskripts bei Frau Edith Gärtner.

Mein besonderer Dank gilt meinen lieben Eltern, meinen Schwestern und meinem Mann Michael Oechsle, die mir stets zur Seite gestanden sind.

München, Februar 2001

Esin Bozyazı

Vorwort

Die Türkei ist Beitrittskandidat für die Europäische Union. Sie ist dabei ihre Wirtschaft auf die sich daraus ergebenden Notwendigkeiten vorzubereiten. Einer der wichtigsten Problembereiche hierbei sowie bei der weiteren wirtschaftlichen Entwicklung des Landes ist der Ausbau der Verkehrsinfrastruktur. Ihr bisher trotz intensiven Bemühungen unvollkommener Ausbau, der nicht zuletzt auch eine Folge der geographischen Gegebenheiten des Landes ist, ist die Voraussetzung für die Verringerung der starken regionalen Disparitäten, die die Türkei kennzeichnen und die zu einer starken Migration sowohl im Lande als auch nach außen führen. Ein gut ausgebautes Verkehrssystem ist aber auch die Voraussetzung für die zunehmend wichtige Rolle, die die Türkei als Transitland zu übernehmen hat. Das Ziel der Verkehrsgestaltung, wie sie sich besonders seit dem Jahr 1980 ergeben hat, ist nicht nur die Verbesserung der Verkehrsbedingungen im Lande, sondern auch die Schaffung eines effizienten Anschlusses des türkischen Verkehrssystems an die internationalen Verkehrsnetze, wobei dies dem zunehmenden Transitverkehr von Europa in den Nahen Osten, insbesondere in den Iran und den Irak Rechnung tragen soll. Mit dem Ende des Kommunismus in den südosteuropäischen Staaten und dem Zerfall der Sowjetunion hat dieser Teil der Verkehrspolitik auf Grund der sich ergebenden neuen Handelsströme ständig an Bedeutung gewonnen.

Unter Auswertung der einschlägigen türkischen, deutschen und englischsprachigen Literatur handelt *Esin Bozyazı* eine Thematik ab, der bisher in der Wissenschaft nur geringes Augenmerk geschenkt worden ist. Sie zeigt, daß die bisherige türkische Raumordnungs- und Verkehrspolitik weitgehend erfolglos geblieben ist, was nicht zuletzt in dem starken Zentralismus des türkischen Wirtschaftssystems begründet ist. Darauf sind eine Reihe von Defiziten in der Wirtschaftsentwicklung zurückzuführen.

Neben der wissenschaftlichen Aufarbeitung der Verkehrsproblematik und des Problems der regionalen Disparitäten ist eines der Ziele des vorliegenden Buches, das von der betriebswirtschaftlichen Fakultät der Universität München als Dissertation angenommen worden ist, die in Westeuropa bestehenden Lücken in der Kenntnis der wirtschaftspolitischen Probleme eines Landes zu schließen, das entschlossen ist, Mitglied der Europäischen Union zu werden.

München, im Frühjahr 2001 Prof. Dr. Werner Gumpel

Inhaltsverzeichnis

ABBILDUNGSVERZEICHNIS

TABELLENVERZEICHNIS

Abkürzungsverzeichnis

A.Ş.	Anonim Şirketi (Aktiengesellschaft)
ANAP	Anavatan Partisi (Mutterlandspartei)
BGYU	Bölgesel Gelişme ve Yapısal Uyum Genel Müdürlüğü (Generaldirektion für regionale Entwicklung und strukturelle Anpassung)
BİB	Bayındırlık ve İskan Bakanlığı (Ministerium für Öffentliche Arbeiten)
BIP	Bruttoinlandsprodukt
BOT	Build-Operate-Transfer
BRT	Bruttoregistertonne
BSP	Bruttosozialprodukt
DAP	Doğu Anadolu Projesi (Ostanatolien-Projekt)
DHMİ	Devlet Hava Meydanları İşletmeleri (Staatlicher Flughafenbetrieb)
DEİK	Dış Ekonomik İlişkiler Kurulu (Foreign Economic Relations Board)
DTO	Deniz Ticaret Odası (Seehandelskammer)
EU	Europäische Union
FEP	Fünfjahresentwicklungsplan
FES	Friedrich-Ebert-Stiftung
GAP	Güneydoğu Anadolu Projesi (Südost-Anatolien-Projekt)
GAİB	GAP-İdaresi Başkanlığı (GAP-Verwaltungsbehörde)
GUS	Gemeinschaft Unabhängiger Staaten
İMO	İnşaat Mühendisleri Odası (Verein der Bauingenieure)
ISI	Import substituting Industrialization
İSO	İstanbul Sanayi Odası (İstanbul Industriekammer)
IWF	Internationaler Währungsfonds
KAS	Konrad-Adenauer-Stiftung
KGM	Karayolları Genel Müdürlüğü (Straßenbaubehörde)
KİT	Kamu İktisadi Teşebbüsü (Staatliche Wirtschaftsunternehmen)
KOİ	Kamu İdaresi Ortaklığı (Amt für Öffentliche Beteiligungen)
KÖY	Kalkınmada Öncelikli Yöreler (Entwicklungsbedürftige Räume)
NATO	North Atlantic Treaty Organization
OECD	Organisation for Economic Co-operation and Development
OYAK	Ordu Yardımlaşma Kurumu (Armeehilfsorganisation)
Pkm	Personenkilometer

SIS	State Institut of Statistics Prime Ministry Republic of Turkey
SPO	State Planning Organisation Prime Ministry Republic of Turkey
SZ	Süddeutsche Zeitung
TCDD	Türkiye Cumhuriyeti Devlet Demiryolları (Staatsbahn der Republik Türkei)
TCUB	Türkiye Cumhuriyeti Ulaştırma Bakanlığı (Ministerium für Verkehr der Republik Türkei)
TEM	Trans European Motorway
TER	Trans European Railway
THT	Türkiye Hava Taşımacılığı (Türkische Gesellschaft für Inlandsflüge)
THY	Türkiye Hava Yolları (Turkish Airlines)
tkm	Tonnenkilometer
TL	Türk Lirası (Türkische Lira)
TEK	Türkiye Ekonomi Kurumu (Institut für türkische Wirtschaft)
TOBB	Türkiye Ticaret, Sanayi, Deniz Ticaret Odaları ve Borsaları Birliği (Union der türkischen Handelskammern, Industriekammern, Seehandelskammern und Warenbörsen)
TSKB	Türkiye Sanayi Kalkınma Bankası (Türkische Industrieentwicklungsbank)
TÜGİAD	Türk Genç Sanayici ve İşadamları Derneği (Turkish Junior Industrialists' and Businessmen's Association)
TÜSİAD	Türk Sanayicileri ve İşadamları Derneği (Turkish Industrialists' and Businessmen's Association)
UdSSR	Union der Sozialistischen Sowjetrepubliken
US$	US-Dollar
UND	Uluslararası Nakliyeciler Derneği (Verein der internationalen Transportunternehmen)
ÖPNV	Öffentlicher Personennahverkehr
TETEK	(Türkiye Transit Karayolu Projesi) Türkisches Transitstraßenprojekt
ICE	Inter City Express
TGV	Train Grande Vitesse
VDA	Verband der Automobilindustrie e.V.

EINLEITUNG

1. Problemstellung

Das Phänomen der regionalen Disparitäten ist eines der größten Probleme der türkischen Wirtschaft. Die bestehenden regionalen Disparitäten sind in der Türkei einerseits durch unterschiedliche geographische Gegebenheiten, andererseits durch einen historisch bedingten West-Ost-Gegensatz gekennzeichnet. Dieser Gegensatz verschärfte sich im Laufe der Liberalisierung und Exportorientierung der Türkei seit 1980. Mit dem Anwachsen der internationalen Konkurrenz konnten nur die modernen, anpassungsfähigen Unternehmen, die sich meist in den Ballungsräumen befinden, mithalten, während sich die Lage der kleinen traditionellen Unternehmen insbesondere im Osten des Landes verschlechterte. Die Verschärfung der regionalen Disparitäten verhindert eine eigenständige, nachhaltige wirtschaftliche Entwicklung der Türkei. Die türkische Wirtschaft konnte sich von der letzten ernsthaften Wirtschaftskrise von 1994 und von der damit zusammenhängenden politischen Instabilität bis heute kaum erholen; so ist sie nach wie vor durch eine anhaltend hohe Inflationsrate (73% im Jahre 1998) und eine permanent hohe Auslandsverschuldung (103,6 Mrd. US$ im Jahre 1998) gekennzeichnet.[1]

Im Zusammenhang mit den räumlichen Disparitäten in der Türkei spricht GUMPEL sogar von einem regionalen Dualismus:

"Es läßt sich feststellen, daß nach wie vor ein stark ausgeprägter regionaler Dualismus die türkische Wirtschaftsentwicklung kennzeichnet, der sich sogar teilweise weiter verstärkt. Neben ihm besteht ein starker sektoraler und ein starker sozialer Dualismus. Die drei Dualismen bedingen sich teilweise gegenseitig und haben einen negativen Einfluß auf die Wirtschaftsentwicklung."[2]

Die Entwicklungsmöglichkeiten eines Landes werden maßgeblich durch das Verkehrswesen bestimmt, denn ein leistungsfähiges Verkehrssystem ist die unabdingbare Voraussetzung für einen einheitlichen, das gesamte Staatsgebiet umfassenden Markt und für die Entwicklung eines eigenständigen wirtschaftlichen Entwicklungsprozesses auch in den entlegenen Regionen.

"Transport is an important input both into production activities and into consumption. It essentially performs a lubricating function enabling otherwise geographical disparate factors of production to come together in the production process and for final output to be distributed to equally disparate geographical markets."[3]

Eine zuverlässige Zulieferung von Rohstoffen sowie ein kostengünstiger Transport der erzeugten Waren ohne Qualitätsverlust zu den Binnenmärkten unter Erhaltung der Wettbewerbsfähigkeit mit den Weltmärkten ist nur durch ein entsprechend ausgebautes

---

1 SPO (1999): Various indicators related to provinces and regions, Online-Ausgabe (www.dpt.gov.tr), o.S. und SIS (1999): Economic Indicators, Online-Ausgabe (www.die.gov.tr), o.S.

2 GUMPEL, Werner (1997): Die türkische Wirtschaft - Verfall oder Neubeginn, KAS-Auslandsinformationen, Heft 2, Jg. 13, Bonn, S. 48.

3 BUTTON, Kenneth (1994): Transport policy: ways into Europe's future, Gütersloh, S. 28.

Verkehrssystem möglich. Engpässe und Probleme im Verkehrssystem stellen damit Hemmnisse in der wirtschaftlichen Entwicklung dar.

Die Entwicklung des türkischen Verkehrssystems in den letzten Jahrzehnten ist so verlaufen, daß es diesen Anforderungen bei weitem noch nicht genügt. Das türkische Verkehrssystem ist immer noch durch hohe Transportkosten, eine hohe Rate an Verkehrsunfällen und starke Schadstoffemissionen gekennzeichnet. Damit sind die Grundvoraussetzungen für ein ausreichendes Verkehrsangebot des Landes - d.h. Wirtschaftlichkeit, Leistungsfähigkeit und Sicherheit - nicht gegeben.

Durch einen verstärkten Ausbau der Infrastruktur, insbesondere im Straßenbau, konnte die Türkei in den letzen Jahrzehnten erhebliche Erfolge verzeichnen. Zudem versucht der türkische Staat seit Anfang der achtziger Jahre mit regionalen Entwicklungsprojekten wie dem sogenannten GAP-Projekt dem Phänomen der regionalen Disparitäten entgegenzuwirken. Die Impulse dieser infrastrukturellen Investitionen für die türkische Wirtschaft blieben aber begrenzt. Trotz aller Bemühungen der jeweiligen türkischen Regierung ist das Entwicklungsgefälle von Westen nach Osten dennoch erhalten geblieben bzw. hat sich sogar verschärft. Ein sich selbst tragender Entwicklungsprozeß hat vor allem in den östlichen, wirtschaftlich unterentwickelten Regionen des Landes nicht eingesetzt. Einige wenige Räume im Westen wurden beim Ausbau der Verkehrswege bevorzugt. So entwickelten sich beispielsweise İstanbul, Kocaeli, İzmir, Adana und Ankara zu gewaltigen Ballungsräumen. Weite Teile des Landes blieben aber vom Entwicklungsprozeß unberührt.

Neben diesen extremen Entwicklungsunterschieden und der unausgeglichenen Wirtschaftskraft der Regionen kommt es in verschiedenen Bereichen der Gesellschaft zu zahlreichen negativen Erscheinungen: Polarisierung zwischen Reichtum und Armut, sozio-ökonomische Disparitäten zwischen Städten und ländlichen Gebieten, erhebliche infra-strukturelle Mängel in bestimmten Landesteilen, Bevölkerungsabwanderung und Urbanisierungstendenzen, die zu einer Entleerung der ländlichen Räume führen. Die großen Migrationsströme in Richtung Westen haben dazu geführt, daß in Großstädten die technische und soziale Infrastruktur und der Arbeitsmarkt überlastet sind. Folge davon sind Verslumung und soziale Spannungen.

Vor diesem Hintergrund ist die Hauptfrage dieser Arbeit, inwiefern das türkische Verkehrssystem die bestehenden regionalen Disparitäten beeinflußt. Ausgangslage sind folgende Thesen:

(1) Dem Entwicklungsgefälle entspricht das Qualitätsgefälle des türkischen Verkehrssystems.

(2) Mit zunehmender wirtschaftlicher Entwicklung und Verkehrserschließung wurde der ökonomische Abstand zwischen den Regionen größer.

(3) Durch die Verbesserung der Verkehrserschließung des Ostens allein wird der Abbau von extremen regionalen Disparitäten in absehbarer Zeit nicht möglich sein.

2. Vorgehensweise

Die Arbeit gliedert sich in fünf Teile:

- Darstellung eines geeigneten theoretischen Instrumentariums (Kap. A),
- Darstellung der Rahmenbedingungen des Verkehrswesens (Kap. B),
- Analyse der Auswirkungen des türkischen Verkehrssystems auf die regionalen Disparitäten in der Phase der Binnenmarktorientierung vor 1980 (Kap. C),
- Analyse der Auswirkungen des türkischen Verkehrssystems auf die regionalen Disparitäten in der Phase der Exportorientierung in den achtziger und neunziger Jahren (Kap. D) und
- Darstellung der Ergebnisse und Schlußfolgerungen für die Zukunft (Kap. E).

In Kap. A wird das theoretische Instrumentarium nach dem Konzept von Fritz Voigt dargestellt. Demnach gehen von qualitativen Veränderungen des Verkehrssystems Impulse auf die räumliche Entwicklung von Volkswirtschaften aus. Diese Entwicklungen werden typischerweise in verschiedenen Räumen eine unterschiedliche Ausprägung haben. So sind einige Standorte durch die Entstehung von positiven Kapazitäts- und Einkommenseffekten bevorzugt. An anderen Standorten haben diese Effekte eine negative Ausprägung. Eine andere Gruppe von Standorten ist nicht von den Verbesserungen des Verkehrssystems betroffen. Die räumliche Streuung dieser Effekte, die wiederum von der Qualität des Verkehrssystems determiniert wird, führt zur Verstärkung bestehender räumlicher Disparitäten. Der gesamtwirtschaftliche Erfolg hängt schließlich u.a. davon ab, inwieweit die positiven Wirkungen der qualitativen Veränderungen überwiegen.

In Kap. B werden zunächst die wichtigsten Determinanten des Verkehrssystems in der Türkei betrachtet. Dabei werden die geographischen Gegebenheiten sowie die wirtschaftspolitische Entwicklung der Türkei untersucht.

In Kap. C wird die Entwicklung des türkischen Verkehrssystems bis 1980 analysiert. Die türkische Wirtschaft war bis zu diesem Zeitpunkt durch eine stark binnenmarktorientierte Wirtschaftspolitik geprägt. Dies blieb nicht ohne Auswirkungen auf das Verkehrssystem, das bis heute aufgrund der langen Lebensdauer vieler verkehrswirtschaftlicher Investitionen die Gestalt des bestehenden Verkehrssystems beeinflußt. Die Verkehrspolitik und die staatliche Investitionspolitik im Bereich der Infrastruktur führten zur Verschärfung der regionalen Disparitäten.

Im Anschluß daran erfolgt in Kap. D die Analyse des türkischen Verkehrssystems ab 1980. In diesem Zeitraum fand eine Abkehr von der binnenmarktorientierten Importsubstitutionspolitik hin zu einer liberaleren Exportorientierung statt. Dadurch entstand eine verstärkte internationale Integration der Türkei, vor allem im Verhältnis zu den EU-Ländern. Dies bedeutet eine verstärkte internationale Konkurrenz für türkischen Unternehmen, vor allem für solche, die in den unterentwickelten Regionen der Türkei ansässig sind. Für die Analyse der regionalen Disparitäten werden dabei die regionale Bevölkerungsentwicklung, die regionale Wirtschaftsstruktur und die regionale Infrastruktur herangezogen. Ferner wird die Entwicklung des Verkehrssystems in diesem Zeitraum untersucht. Ausgehend von diesen Ergebnissen, wird analysiert, inwieweit dies Auswirkungen auf die räumliche Entwicklung der Türkei hat.

Allgemein läßt sich feststellen, daß das zur Verfügung stehende sozio-ökonomische Datenmaterial teilweise unvollständig bzw. fehlerhaft ist. Die bedeutenden Quellen sind zum einen das Statistische Amt (State Institut of Statistics / SIS) und zum anderen die Staatliche Planungsorganisation (SPO). Zum Teil voneinander abweichende Daten von beiden Institutionen wurden, wenn es möglich war, mit den Informationen aus den Expertengesprächen verglichen und ergänzt, um die Aussagekraft der Daten zu verstärken.

In der Schlußbetrachtung in Kap. E erfolgt die Zusammenfassung der Teilergebnisse. Ausgehend von diesen Ergebnissen, werden die Defizite im türkischen Verkehrssystem konstatiert und deren Folgen für die regionale Entwicklung der Türkei dargestellt.

A. Theoretische Grundlagen

A. 1. Definitionen und Abgrenzung des Untersuchungsgegenstandes

Definitionen

a) Verkehrswirtschaftliche Begriffe

In der verkehrswissenschaftlichen Theorie existiert eine Vielzahl von unterschiedlichen Begriffen und Definitionen, die zum Teil unterschiedlich verstanden werden. Von einer Diskussion der verschiedenen Lehrmeinungen über die verwendeten Begriffe der Verkehrstheorie wird jedoch hier abgesehen. Die im folgenden gegebenen Definitionen beschränken sich daher auf die für diese Arbeit relevanten Begriffe.

Verkehr bedeutet im engeren Sinne Raumüberwindung bzw. Transport[4] von Gütern und Personen.[5]

Die Beziehungen zwischen den Komponenten des Verkehrs, die Verkehrsobjekte, Verkehrsinfrastruktur, Verkehrsmittel und Verkehrsinstitutionen bzw. Verkehrsbetriebe stellen das **Gesamtverkehrssystem** dar. Diese Komponenten beinhalten im einzelnen (s. Abb 1):

Verkehrsobjekte:

Verkehrsobjekte sind Personen und Güter, die befördert werden. Aufgrund dessen werden Personenverkehr und Güterverkehr unterschieden.[6]

Verkehrsinfrastruktur:

Unter dem Begriff "Verkehrsinfrastruktur" werden Verkehrswege (Schiene, Straße usw.) sowie immobile Anlagen und Stationen verstanden, z.B. Eisenbahnhöfe und Omnibusbahnhöfe.[7]

Verkehrsmittel:

Unter Verkehrsmitteln werden bewegliche Fahrzeuge verstanden, die abhängig vom benutzten Verkehrsweg unterschiedlich konstruiert sind. Mit ihnen werden Personen oder Güter über räumliche Distanzen befördert.[8]

---

4 "Transport" ist eigentlich enger gefaßte Raumüberwindung. Für den Transport ist der Einsatz eines Verkehrsmittels erforderlich. In der vorliegenden Arbeit werden die beiden Begriffe "Verkehr" und "Transport" synonym verwendet.

5 Im weiteren Sinne umfaßt der Begriff "Verkehr" auch die Übermittlung von Nachrichten bzw. Informationen, die jedoch in dieser Arbeit nicht berücksichtigt wird. Vgl. Oettle, Karl (1988): Der Verkehr in der Gesamtwirtschaft, München, Neubiberg, S. 7.

6 Vgl. Aberle, Gerd (1996): Transportwirtschaft, München, S. 17.

7 Vgl. Bach, Stefan u.a. (1994): Wechselwirkungen zwischen Infrastrukturausstattung, strukturellem Wandel und Wirtschaftswachstum, Beiträge zur Strukturforschung, Deutsches Institut für Wirtschaftsforschung, Heft 151, Berlin, S. 11.

Abb. 1: Die Komponenten der Verkehrswirtschaft ohne Eigenverkehr und Nachrichtenverkehr

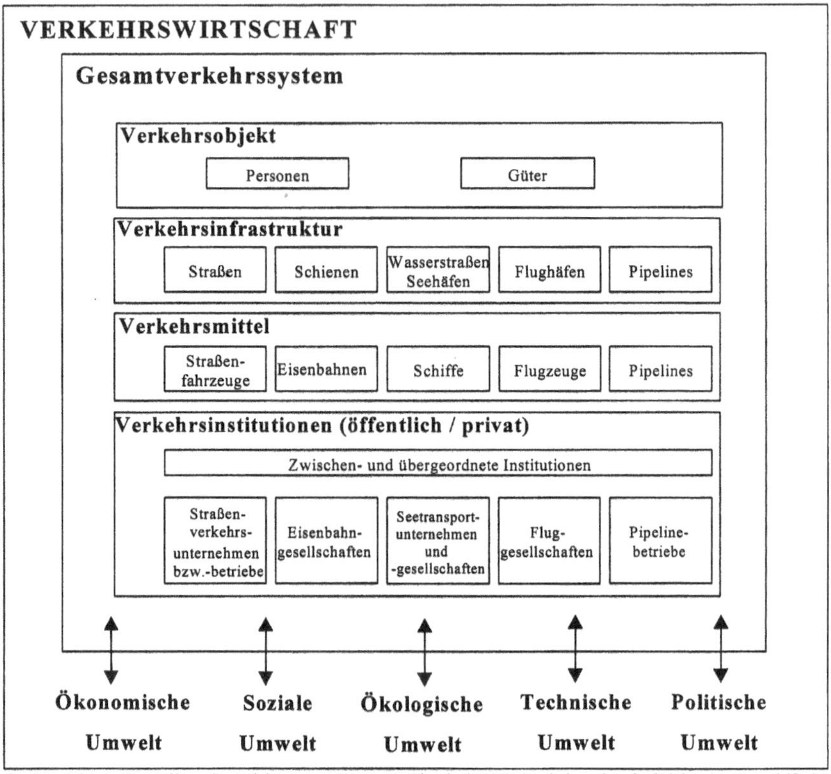

Quelle: Eigene Darstellung in Anlehnung an KASPAR, Claude (1977): Verkehrswirtschaftslehre im Grundriß, St. Gallen, S.15.

Verkehrsinstitutionen:

Der Begriff der Verkehrsinstitutionen umfaßt zum einen Institutionen des Verkehrssektors (Vereine und Behörden), zum anderen Verkehrsbetriebe. Sie können staatlich oder privat sein.[9] Verkehrsbetriebe bzw. Verkehrsunternehmen erzeugen die Dienstleistungen, die zur Raumüberwindung erforderlich sind.[10]

Das Gesamtverkehrssystem ist kein isoliertes, in sich geschlossenes System. Vielmehr existieren Beziehungen und Abhängigkeiten zur ökonomischen, ökologischen, technischen,

---

8 Vgl. ABERLE, Gerd (1996): Transportwirtschaft, München, S. 16.

9 Vgl. KASPAR, Claude (1977): Verkehrswirtschaftslehre im Grundriß, St. Gallen, S. 15.

10 Vgl. OETTLE, Karl (1976): Verkehrsbetrieb und Verkehrsbetriebslehre, in: Handwörterbuch der Betriebswirtschaftslehre, Hrsg.: GROCHLA, Erwin, WITTMANN, Waldemar, Bd. 3, S. 4150f.

politischen und sozialen Umwelt. Dabei kommt es zu einer gegenseitigen Beeinflussung. In seiner Gesamtheit wird dieses System als **Verkehrswirtschaft** bezeichnet. Abb. 1 zeigt diese Zusammenhänge auf.[11]

Das Gesamtverkehrssystem läßt sich nach verschiedenen Kriterien kategorisieren, die auch der Unterteilung in verschiedene Verkehrsmärkte dienen:[12]

1. nach verwendeten Verkehrswegen
2. nach der Entfernung des einzelnen Transportes
3. nach der Organisation der Verkehrswirtschaft
4. nach dem Verkehrszweck

Zu 1: Nach dem verwendeten Verkehrsweg unterteilt sich das Verkehrssystem in Verkehrszweige bzw. Verkehrsträger, z.B. in Straßenverkehr, Schienenverkehr, Rohrleitungsverkehr, Luftverkehr und in Schiffsverkehr.[13] Im Zuge der technologischen Entwicklung und der steigenden Arbeitsteilung entwickelten sich neue Logistikverfahren und neue Verkehrsarten im Güterverkehr, wie der "Kombinierte Verkehr". "Kombinierter Verkehr" wird als "systematische Kooperation verschiedener Verkehrsträger (etwa Schiene/Straße oder Schiffahrt/Straße) im Zuge der Transportketten"[14] definiert. Im Güterverkehr sind Begriffe wie "Haus-zu-Haus"-Verkehr, "Containerverkehr" und der "Roll-on/Roll-off-Verkehr" (Ro-Ro-Verkehr) auch unter "Kombiniertem Verkehr" einzuordnen.[15]

Zu 2: Eine weitere Kategorisierung erfolgt nach der Entfernung der Transporte als Nah- und Fernverkehr. Im Güterverkehr gelten mehr als 75 km, im Personenverkehr mehr als 50 km als Fernverkehr.[16]

Zu 3: Die dritte Kategorisierung betrifft den Ersteller der Verkehrsleistung. Dabei kann die Verkehrsleistung bei den Verkehrsanbietern gekauft (Fremdverkehr) oder selbst (Eigen- oder Werkverkehr[17]) erstellt werden.[18] Schließlich können Verkehrsleistungen dem öffentlichen und privaten Verkehr zugeordnet werden. "Öffentlicher Verkehr" bedeutet, daß der Verkehr mit Verkehrsmitteln zum reinen Beförderungszweck für jedermann (entgeltlich oder unentgeltlich) durchgeführt wird. Beim öffentlichen Verkehr werden die Verkehrsleistungen über staatliche Verkehrsbetriebe oder über private Verkehrsunternehmen, die im Auftrag des

---

11 Vgl. KASPAR, Claude (1977): Verkehrswirtschaftslehre im Grundriß, St. Gallen, S. 13-14.

12 Vgl. ABERLE, Gerd (1996): Transportwirtschaft, München, S. 16-20.

13 Zu diesen Verkehrsträgern gehört auch im weiteren Sinne der Nachrichtenverkehr. Vgl. ABERLE, Gerd (1996): Transportwirtschaft, München, S. 16.

14 KOSSAK, Andreas (1991): Quo vadis, Kombinierter Verkehr?, in: Internationales Verkehrswesen, Heft 3, Jg. 43, S. 74.

15 Zudem gibt es in der englischsprachigen Literatur synonyme Begriffe, wie multimodal transport, intermodal transport, combined transport. Vgl. SEIDELMANN, Christoph (1997): Der Kombinierte Verkehr - ein Überblick, in: Internationales Verkehrswesen, Heft 6, Jg. 49, S. 321-322.

16 Vgl. ABERLE, Gerd (1996): Transportwirtschaft, München, S. 37.

17 Der Eigenverkehr von Produktivbetrieben wird als Werkverkehr bezeichnet. Vgl. ABERLE, Gerd (1996): Transportwirtschaft, München, S. 40.

18 Vgl. KASPAR, Claude (1977): Verkehrswirtschaftslehre im Grundriß, St. Gallen, S. 20-21.

Staates handeln, verwirklicht. Privater Personenverkehr bzw. Individualverkehr ist der nichtgewerbliche Verkehr mit Verkehrsmitteln in privater Verfügbarkeit.[19]

Zu 4: Schließlich kann das Verkehrssystem auch nach dem Zweck kategorisiert werden. So findet der Güterverkehr aus wirtschaftlichen Gründen statt, während der Personenverkehr aus sehr unterschiedlichen Anlässen entstehen kann (z.B. Beruf und Ausbildung, Erholung, Einkaufen, Freizeit).

In der Literatur wird die Aufteilung des Verkehrs in verschiedene Verkehrszweige bzw. Verkehrsmittel als "Modal Split" bezeichnet. Bei der Analyse des Gesamtverkehrssystems ist die Aufteilung der Verkehrsleistungen zwischen den einzelnen Verkehrszweigen ein wesentliches Instrument, um die Entwicklung des Verkehrswesens und ihren Einfluß auf die Wirtschaft veranschaulichen zu können.

Im Verkehrssektor werden verschiedene Kennzahlen für die verkehrswirtschaftlichen Leistungen verwendet. Als "Verkehrsaufkommen" wird im Güterverkehr die Beförderungsmenge in Tonnen und im Personenverkehr die Zahl der beförderten Personen angegeben. Die "Verkehrsleistung" ist im Güterverkehr als die transportierte Menge in Tonnen je km (tkm) definiert, während sie beim Personenverkehr als beförderte Personen je km (Pkm) zu verstehen ist.[20] Ferner existieren zur Analyse der unterschiedlichen Verkehrsleistungen andere Maßstäbe und Bezüge, die die Verkehrsintensität bestimmen, z.B. die Verkehrsleistung in Verbindung mit der Länge des Netzes oder mit der Wirtschaftsleistung.

Bei der Analyse des türkischen Verkehrssystems sind die dargestellten Komponenten des Verkehrssystems und die obengenannten Kategorien des Verkehrssystems von großer Bedeutung, da sie die verkehrswirtschaftlichen Zusammenhänge darstellen.

Im folgenden sind die Begriffe zu erörtern, die bei der Analyse der regionalen Disparitäten verwendet werden.

b) Zum Begriff der regionalen Disparitäten

Die folgenden Definitionen zum zentralen Begriff "regionale Disparitäten" sollen über die grundsätzlichen Auffassungsunterschiede hinaus Klarheit darüber verschaffen, von welchen Regionen bzw. Disparitäten in dieser Arbeit gesprochen wird.

Der Begriff der regionalen Disparitäten wird in ungenauer Weise auch gleichbedeutend mit "Raumdisparitäten" und "räumlichen Disparitäten" gebraucht. Daher soll zunächst der übergeordnete Begriff "räumliche Disparitäten" definiert werden:

---

19 In der Unterscheidung zwischen dem öffentlichen und privaten Verkehr bestehen Unklarheiten, weil einerseits ein Teil des öffentlichen Verkehrs (z.B. Taxi-Verkehr) die Eigenschaften des privaten Verkehrs aufweist und andererseits auch eine privatwirtschaftliche Bereitstellung des Linienverkehrs möglich ist. Deshalb macht die verkehrswirtschaftliche Literatur zum Teil eine Unterscheidung zwischen Individual- und Kollektivverkehr bei der Personenbeförderung. Vgl. VAN SUNTUM, Ulrich (1986): Verkehrspolitik, München, S. 1.

20 Vgl. ABERLE, Gerd (1996): Transportwirtschaft, München, S. 25f.

"Räumliche Disparitäten" sind Unterschiede in der Ausstattung von Räumen und deren Bewohnern mit Infrastrukturen, Ressourcen, Wirtschaftsgütern und Wirtschaftskraft usw.[21]

Unter "regionalen Disparitäten" versteht man Ungleichheiten von Raumstrukturen der Teilräume eines Staates.[22] Die regionalen Disparitäten äußern sich in unterschiedlichen Lebensbedingungen sowie in ungleichen wirtschaftlichen Entwicklungsmöglichkeiten.[23]

In dieser Arbeit werden die Teilräume der Türkei auf zwei Ebenen unterschieden, zum einen werden geographische Regionen und zum anderen Verwaltungsprovinzen betrachtet (s. Kap. B. 1.).

Gleichwertige und akzeptable Lebensbedingungen sind gegeben, wenn in allen Teilräumen des Landes ein qualitativ und quantitativ angemessenes Angebot an Erwerbsmöglichkeiten und öffentlichen Infrastruktureinrichtungen zur Verfügung steht und eine menschenwürdige Umwelt vorhanden ist.[24]

Ungleichwertige Lebensbedingungen zeigen sich außer in den räumlichen auch in sektoralen und sozialen Bereichen.

Sektorale Disparitäten ergeben sich beispielsweise aus den ungleichgewichtigen Kapitalallokationen (große Konzerne vs. traditionelle Kleinunternehmen), während soziale Disparitäten sich in der Regel in den Teilbereichen wie im Bildungswesen und in den kulturellen und gesellschaftlichen Lebensbedingungen zeigen.[25]

In dieser Arbeit werden die räumlichen Disparitäten auf horizontaler Ebene, nämlich zwischen Teilräumen der Türkei, untersucht, während Disparitäten auf vertikaler Ebene, also innerhalb der Teilräume, unberücksichtigt bleiben.

Neben den regionalen Einkommensdisparitäten werden in der Arbeit die folgenden wesentlichen Teilbereiche der Lebensbedingungen, welche zu den regionalen, sektoralen oder sozialen Disparitäten gehören, ausgewählt; es handelt sich hierbei um zentrale Themen der Raumordnungs- und Regionalpolitik:

1. die regionale Bevölkerungsentwicklung und die regionale Siedlungsstruktur, die auch Determinanten der Verkehrsnachfrage sind,

2. die sektoralen Unterschiede der türkischen Wirtschaft in den Teilräumen, die auch die Verkehrsmittelauswahl beeinflussen,

---

21 Vgl. LESER, Hartmut / HAAS, Hans-Dieter u.a. (1992): DIERKE-Wörterbuch der Allgemeinen Geographie, Bd. 2, München, S. 125 und S. 134.

22 Vgl. ebd.

23 Vgl. VORAUER, Karin (1997): Europäische Regionalpolitik - Regionale Disparitäten: Theoretische Fundierung, empirische Befunde und politische Entwürfe, Passau, S. 25.

24 Vgl. ebd.

25 Vgl. ARNOLD, Heinz (1997): Begründung und Anwendung eines komplexen Indikators für die regionalen Disparitäten in der Europäischen Union, in: Zeitschrift für Wirtschaftsgeographie, Heft 4, Jg. 41, S. 207f und GUMPEL, Werner (1997): Die türkische Wirtschaft - Verfall oder Neubeginn, KAS-Auslandsinformationen, Heft 2, Jg. 13, Bonn, S. 48-49.

3. die regionalen Unterschiede im Bereich der technischen und sozialen Infrastruktur, die das Entwicklungspotential einer Region determiniert und mit den verkehrspolitschen Maßnahmen eng zusammenhängt.

Darüber hinaus wird in der Literatur neben dem Begriff "regionale Disparitäten" auch unter gewissen Umständen von "regionalem Dualismus" gesprochen. Dies ist insbesondere in Entwicklungsländern der Fall, da sich dort häufig eine Polarität zwischen traditionellem und modernem sozio-ökonomischen Wirtschaftsbereich herausbildet.[26] Neben dem regionalen Dualismus unterscheidet man einen sektoralen und sozialen Dualismus.[27]

c) *Abgrenzung des Untersuchungsgegenstandes*

In der vorliegenden Arbeit wird die türkische Verkehrswirtschaft nach den einzelnen Komponenten des Verkehrssystems, die in Abb. 1 dargestellt wurden, analysiert. Dabei liegt der Schwerpunkt auf den gegenseitigen Abhängigkeiten und Beziehungen des Verkehrssystems zu seiner ökonomischen und politischen Umwelt.

Bei der Analyse der Entwicklung von einzelnen Verkehrsmitteln und deren Produktion werden der Fahrrad- und Motorradverkehr aufgrund des niedrigen quantitativen Gewichtes im Personenverkehr nicht berücksichtigt. Ferner bleiben die Raumüberwindung ohne Verkehrsmittel (Fußgängerverkehr) sowie der innerbetriebliche Transport ausgeschlossen.

Der Schwerpunkt der Arbeit liegt auf dem Straßen- und dem Eisenbahnverkehr. Heute werden in der Türkei über 90% (in tkm bzw. Pkm) des Güter- und Personenverkehrs auf der Straße abgewickelt. Im Gegensatz dazu erleidet die türkische Eisenbahn einen Verfallsprozeß, der sich wegen der erhöhten sozialen Kosten hemmend auf die wirtschaftliche Entwicklung des Landes auswirkt. Die quantitative Bedeutung der anderen Verkehrsträger (Seeverkehr, Luftverkehr und Rohrfernleitungen) tritt hinter dem Hauptverkehrsträger zurück. Deswegen werden der See- und Luftverkehr sowie Pipelines nur kurz und als Ergänzung zum Gesamtbild des Verkehrssystems in ausgewählten Stellen dargestellt.

Bei der Analyse der regionalen Disparitäten wird die gesamte Türkei berücksichtigt. Da es von Interesse ist, die Tendenzen des West-Ost-Gefälles deutlich zu zeigen, werden die geographischen Regionen in den Vordergrund gerückt. Darüber hinaus werden die regionalen Unterschiede zwischen den einzelnen Provinzen dargestellt. Für die Ermittlung der sozioökonomischen Daten sind die mit fünfjährigen Zeitabständen periodisierten Volkszählungen in der Türkei die einzigen Quellen, die zeitlich und räumlich ausreichende statistische Daten zur Verfügung stellen. Da die Ermittlung sozioökonomischer Daten auf der Grundlage von Volkszählungen in den Provinzen (statistisch-administrativen Räumen) basiert, ist man gezwungen, in der Raumbetrachtung die Provinzen als kleinste Teilräume in der operationalen Raumabgrenzung zu definieren. Aufgrund der Erfassung der Daten mußten zum Teil andere räumliche Abgrenzungen vorgenommen werden, etwa die Verwaltungsregionen der Straßenbaubehörde, die räumlich anders abgegrenzt sind als die Verwaltungseinheiten des Staates.

---

26 Vgl. LESER, Hartmut / HAAS, Hans-Dieter u.a. (1992): DIERKE-Wörterbuch der Allgemeinen Geographie, Bd. 1, München, S. 120.

27 Vgl. GUMPEL, Werner (1997): Die türkische Wirtschaft - Verfall oder Neubeginn, KAS-Auslandsinformationen, Heft 2, Jg. 13, Bonn, S. 48-49.

Der Zeitraum, den die Arbeit behandelt, reicht von der Gründung der Republik 1923 bis 1998. Teilweise wird jedoch auf aus dem Osmanischen Reich stammende Strukturen zurückgegriffen.

Nach den Definitionen und der Abgrenzung des Untersuchungsgegenstandes erfolgt nun die Darstellung eines geeigneten theoretischen Instrumentariums, das zur Analyse eines Verkehrssystems erforderlich ist.

A. 2. Der verkehrstheoretische Ansatz von VOIGT

Die Kernaussage des Voigtschen Ansatzes ist, daß von qualitativen Veränderungen des Verkehrssystems Impulse für die räumliche Entwicklung von Volkswirtschaften ausgehen. Insofern verbindet der Ansatz die räumlichen und die verkehrswirtschaftlichen Aspekte der wirtschaftlichen Entwicklung. Da der Schwerpunkt dieser Arbeit gerade auf der Analyse dieses Zusammenhanges zwischen dem türkischen Verkehrssystem und seinen räumlichen Auswirkungen liegt, ist dieser Ansatz geeignet.

VOIGT versucht die relevanten Teilaspekte der Verkehrswirtschaft, der Raumwirtschaftslehre, der Außenhandelstheorie, der Preistheorie und der Wachstumstheorie mit Hilfe des Instrumentariums der modernen Nationalökonomie zusammenzuführen. Dabei handelt es sich um einen gelungenen Versuch, der Wachstumstheorie eine räumliche Dimension zu verleihen und anhand der einzelwirtschaftlichen Transportkostenorientierung den Wachstumsbeitrag eines Teilbereiches der Infrastruktur historisch-empirisch zu bestimmen. Im Hinblick auf den langfristigen Aspekt der Prozeßabläufe bezeichnet HEINZE die Voigtsche Theorie eher als "räumliche Entwicklungstheorie" denn als Wachstumstheorie.[28]

Die räumlichen Aspekte des Ansatzes beziehen sich auf die spezifische Raumüberwindungsrolle des Verkehrs, woraus VOIGT die Funktionen des Verkehrs für eine Volkswirtschaft ableitet:[29]

1. <u>konsumtive Funktion:</u> Verkehrsleistung als eine Dienstleistung zur Befriedigung von Konsumbedürfnissen,
2. <u>produktive Funktion</u>: Verkehrsleistung als Bestandteil jeder räumlichen Arbeitsteilung und jedes Marktes,
3. <u>integrative Funktion</u>: Verkehrsleistung zur Förderung der Integration des Staates und der Gesellschaft.

Verkehrsleistungen werden aus diesen drei Gründen nachgefragt oder selbst erstellt. Bei der konsumtiven Funktion stellt die Verkehrsleistung, wie jede andere Dienstleistung, ein Endprodukt dar. Aber die besondere Bedeutung des Verkehrs wird in den letzten zwei Funktionen deutlich, und diese sind innerhalb der vorliegenden Themenstellung die entscheidenden:

Zur produktiven Funktion: Die wirtschaftliche Aktivität einer Gesellschaft besteht aus dem Einsatz knapper Ressourcen zur Maximierung der Güterproduktion und der Verteilung dieser Güter auf verschiedene Ziele bzw. Personen. Gesamtwirtschaftliches Wachstum impliziert eine im Vergleich zur Vorperiode gesteigerte Produktion und Distribution.[30] Das setzt voraus, daß Ressourcen zur Umwandlung in die Produktionsstätten und nach der Fertigstellung an den Konsumenten ausgeliefert werden. Die Raumüberwindung ist daher ein immanenter Bestandteil jedes arbeitsteiligen Produktionsprozesses. Dabei ist das Verkehrssystem eine

---

[28] Vgl. HEINZE, G. Wolfgang (1975): Disparitätenabbau und Verkehrstheorie. Anmerkungen zum Aussagevermögen der räumlichen Entwicklungstheorie von Fritz Voigt, in: Strukturwandel und makroökonomische Steuerung, Hrsg.: KLATT, S. / WILLMS, M., Berlin, S. 431 und 436.

[29] Vgl. VOIGT, Fritz (1973): Verkehr, Bd. I/1, Berlin, S. 7f.

[30] Vgl. SEITZ, Helmut (1997): Zur Bedeutung des Straßenverkehrs als Standortfaktor und den Wirkungen des Verkehrs auf die Wirtschaftsentwicklung, Frankfurt/Oder, Mannheim, S. 24.

Voraussetzung des wirtschaftlichen Handels. Die Effizienz, mit der es diese Funktion erfüllt, stellt somit einen wesentlichen Faktor der wirtschaftlichen Entwicklung dar. Ohne adäquate Verkehrsmittel bzw. bei zu hohen Transportkosten würde sich wenige Handelstätigkeit entwickeln. Eine arbeitsteilige Wirtschaft ohne Verkehrsleistungen ist nicht denkbar.[31]

Zur integrativen Funktion: Die integrative Funktion des Verkehrs hat nach VOIGT zweierlei Bedeutungen: zum einen das kulturelle Zusammenkommen (gesellschaftliche Integration) der Völker oder von Teilen der Bevölkerung, zum anderen den Verkehr als Mittel zum Durchsetzen der Staatsgewalt (militärische Aufgaben des Staates). Ferner ermöglicht das Verkehrssystem die Integration der lokalen und regionalen Märkte zu einem nationalen Wirtschafts- und Staatsgebiet. Der gesellschaftliche Integrationsbegriff wird in dieser Arbeit erweitert, indem ihm eine ökonomische Dimension zugeteilt wird. Damit werden die produktiven und integrativen Funktionen des Verkehrs zusammen berücksichtigt und im folgenden als "ökonomische Integration" bezeichnet. Unter "ökonomischer Integration" wird der Zusammenschluß einzelner Teilgebiete zu einem ökonomisch höher einzustufenden, funktionierenden Markt eines Landes verstanden.[32] Damit ist ein funktionsfähiges Verkehrssystem Voraussetzung für den interregionalen sowie internationalen Austausch.

Die Integration des Verkehrswesens kann als eine Vorstufe zur ökonomischen Integration gelten, die die einzelnen Märkte der Regionen bzw. Räume des Landes funktionell verbindet. Damit eine ökonomische Integration der unterschiedlichen Teilräume der Türkei stattfindet - und dies ist das Ziel der türkischen Raumordnungspolitik - müssen erst ihre Verkehrssysteme qualitativ auf etwa dem gleichen Niveau sein. Nur so kann verhindert werden, daß Unternehmen, die in Regionen mit einem Verkehrssystem von geringer Qualität produzieren, durch erhöhte Kosten in der Wettbewerbsfähigkeit beeinträchtigt werden.

Für die Erörterung des Zusammenhanges zwischen einem Verkehrssystem und der räumlichen Reichweite der wirtschaftlichen Aktivitäten spricht OETTLE von "ökonomischer Entfernung". Die Kosten der Überwindung der geographischen Entfernung stellen die ökonomische Entfernung dar. Die Verkürzung der ökonomischen Entfernung wird durch Verbesserung und/oder Verbilligung von Verkehrsleistungen erreicht.[33] Die ökonomische Integration beruht auf der Verkürzung der ökonomischen Entfernung. Dies bedeutet, daß für die ökonomische Integration der Teilräume eines Landes eine Angleichung der Qualität der

---

31 Zu den wechselseitigen Beziehungen zwischen Infrastruktur und Entwicklungsgrad einer Volkswirtschaft: vgl. JOCHIMSEN, Raimut (1966): Theorie der Infrastruktur, Tübingen, und für die Zusammenhänge zwischen Verkehrssystem und Wirtschaftswachstum im besonderen VOIGT, Fritz (1953): Verkehr und Industrialisierung, in: Zeitschrift für gesamte Staatswissenschaft, Bd. 109, S. 193-239, PREDÖHL, Andreas (1958): Verkehrspolitik, Göttingen 1958, VOIGT, Fritz (1960): Die volkswirtschaftliche Bedeutung des Verkehrssystems, Berlin 1969, VOIGT, Fritz (1965): Verkehr, Bd. II/2, Berlin 1965 und HEINZE, G. Wolfgang (1984): Verkehr und Wirtschaftswachstum: Das Konzept von Fritz Voigt (1973), als Anh. 1, in: Perspektiven verkehrswissenschaftlicher Forschung, Hrsg.: KLATT, S., Berlin 1984, S. 571-596.

32 GUMPEL spricht von wirtschaftlicher Integration zwischen RgW-Staaten und der damit verbundenen Integration von Verkehrssystemen. Für die Türkei können diese Gedanken auf die nationale Ebene übertragen werden, da sowohl der wirtschaftliche Entwicklungsstand als auch die Qualität der Verkehrssysteme in den Teilräumen der Türkei voneinander stark abweichen. In diesem nationalen Zusammenhang kann natürlich nicht von einer institutionellen Integration gesprochen werden, da sie schon vorgegeben ist. Vgl. GUMPEL, Werner (1975): Verflechtungsmethoden und Verflechtungsgrad der Verkehrssysteme im Rat für gegenseitige Wirtschaftshilfe, in: Strukturwandel und makroökonomische Steuerung, Hrsg.: KLATT, S. / WILLMS, M., Berlin, S. 485f. Vgl. PREDÖHL, Andreas / JÜRGENSEN, Harald (1961): Europäische Integration, in: Handwörterbuch der Sozialwissenschaften, Bd. 3, Stuttgart, S. 371f.

33 Vgl. OETTLE, Karl (1988): Der Verkehr in der Gesamtwirtschaft, München, Neubiberg, S. 8-9.

Verkehrsleistungen bzw. eine funktionsfähige Verbindung zwischen den Regionen erforderlich ist.

Um die Möglichkeit einer regionalen Integration von Verkehrssystemen in der Türkei zu prüfen, müssen Analyseinstrumente ermittelt werden, mit deren Hilfe sich die Qualität des Verkehrssystems bestimmen läßt. Dieses Analyseinstrumentarium ist im Voigtschen Ansatz die "Verkehrswertigkeit", die im folgenden erörtert wird.

Analyseinstrumentarium "Verkehrswertigkeit"

Voigts Ausgangspunkt sind die Veränderungen in der Qualität des Verkehrssystems; dies können eine neue Erschließung eines Raumes oder eine Verbesserung bzw. Verschlechterung im Verkehrssystem und in seinem u.a. ökonomischen und politischen Umfeld sein. Die Qualität des Verkehrssystems läßt sich durch die "Verkehrswertigkeit" erfassen: Die Verkehrswertigkeit ist ein Hilfsmittel, um "die ökonomisch relevante Verkehrsleistung eines Verkehrsmittels und des Verkehrssystems"[34] zu ermitteln.

Die Verkehrswertigkeit beschreibt das Eigenschaftsprofil für das Angebot der Verkehrsleistungen und setzt sich aus sieben Teilwertigkeiten bzw. Qualitätsebenen zusammen: Schnelligkeit, Massenleistungsfähigkeit, Netzbildungsfähigkeit, Berechenbarkeit, Häufigkeit, Sicherheit, Bequemlichkeit. Es wird sich im Laufe der Arbeit zeigen, ob das türkische Verkehrssystem diese Ebenen nur teilweise oder unvollkommen aufweist.

Die Teilwertigkeiten sind im einzelnen[35]:

- Schnelligkeit:
  Die Teilwertigkeit "Schnelligkeit" entspricht der benötigten Zeit einer Beförderung bei einer bestimmten Höhe von Kosten. Die eigentliche Beförderung umfaßt auch die Warte- und Umladezeiten. Die Schnelligkeit der Verkehrsleistungen wird von vielen Einflußfaktoren, wie z.B. technologischen und geographischen Gegebenheiten beeinflußt. So können sich die mögliche und die eigentliche Schnelligkeit voneinander unterscheiden.

- Massenleistungsfähigkeit:
  Die Fähigkeit eines Verkehrsmittels, viele Personen und/oder große Gütermengen unter einem bestimmten Kostenaufwand zu befördern, wird als Teilwertigkeit Massenleistungsfähigkeit aufgefaßt. Eisenbahn und Pipelines sowie Schiffe besitzen in der Regel im Gegensatz zu anderen Verkehrsmitteln eine höhere Massenleistungsfähigkeit.

- Netzbildungsfähigkeit:
  Diese Teilwertigkeit ist die Möglichkeit, eine Verkehrsleistung "von Haus zu Haus" mit möglichst niedrigen Kosten zu verwirklichen. Durch die hohe Netzdichte erreicht das Straßenverkehrsnetz unter allen Verkehrsträgern die höchste Netzbildungsfähigkeit. Topographie und Siedlungsstruktur eines Landes spielen auch hier eine große Rolle. Diese Qualitätsebene ist beim Straßenverkehr höher als bei allen anderen Verkehrszweigen.

---

34 VOIGT, Fritz (1960): Die volkswirtschaftliche Bedeutung des Verkehrssystems, Berlin, S. 36.

35 Vgl. LEONHARD-WEBER, Birgit (1990): Die Entwicklung der Qualitätsmerkmale: Analyse vor dem Hintergrund der technischen, wirtschaftlichen und gesellschaftlichen Entwicklung, München, S. 12-14 und vgl. VOIGT, Fritz (1973): Verkehr, Bd. I/1, Berlin, S. 80-92,

- Berechenbarkeit der Verkehrsleistungen:
  Die Berechenbarkeit entspricht der Möglichkeit, Zeitpunkte und Zeitbedarf der Beförderung zu bestimmen und sie unter einem vorgegebenen Zeitplan mit minimalem Kostenaufwand zu verwirklichen. Hierbei spielen beim Einhalten der Beförderungsgarantie ohne Zeit- und Qualitätsverlust viele Faktoren eine Rolle, z.B. Wetterbedingungen, Stauerscheinungen oder auch rechtliche Vorschriften.

- Häufigkeit der zur Verfügung stehenden Verkehrsleistungen:
  Die Anzahl der möglichen Beförderungen pro Zeiteinheit auf bestimmten Strecken ohne zusätzliche Kosten bestimmt die Höhe der Häufigkeit. Je öfter ein Verkehrsmittel im Einsatz ist, desto höher ist die Teilwertigkeit Häufigkeit. Daher besitzt der Straßenverkehr eindeutig Vorteile gegenüber allen anderen Verkehrsträgern.

- Sicherheit:
  Die Sicherheit ist definiert als die Fähigkeit des Verkehrssystems, die Beförderung ohne Personen- und Sachschäden in gegebener Kostenhöhe durchzuführen. Maßgebend ist dabei die tatsächliche Verkehrsleistung, d.h. alle Verkehrsvorgänge, wie Ein- und Ausladen sowie Umladen. Da die steigende Zahl der Unfälle auf den türkischen Straßen die Transportkosten in die Höhe treibt und somit zu hohen volkswirtschaftlichen Schäden führt, ist diese Wertigkeit in der Analyse des Verkehrssystems von großer Bedeutung.

- Bequemlichkeit:
  Diese Qualitätsebene drückt die Fähigkeit eines Verkehrsmittels oder eines Verkehrssystems aus, den Aufwand und die Kosten bei der Beförderung und beim An- und Abtransport zu minimieren. Diese Teilwertigkeit hängt im Personenverkehr von persönlichen Prioritäten sowie vom Einkommen der Nachfrager ab, dabei wird das ökonomische Kriterium der Verkehrsmittelauswahl begrenzt. Im Güterverkehr hat diese Verkehrswertigkeit enorme Bedeutung, da die Verkehrsmittelauswahl dadurch beeinflußt wird.

Heute werden diese Teilwertigkeiten aktualisiert und um eine Ebene erweitert, um die negativen externen Effekte des Verkehrs (sog. externe Kosten) im Qualitätsprofil des Verkehrssystems erfassen zu können.[36] Die negative Externalität des Verkehrs, die sich zum Teil als Umweltbelastung durch Lärmbelästigung und Luftverschmutzung darstellt, verringert die Qualität eines Verkehrsmittels bzw. Verkehrssystems. Deshalb müssen die daraus entstehenden Kosten gesamtwirtschaftlich in Rechnung gestellt werden. In Deutschland wird ein Teil der negativen externen Kosten schon über Konstruktions-, Bau- und Emissionsauflagen, die wesentlich auf Fahrzeug-, Treibstoff- und Infrastrukturkosten einwirken, sowie durch Steuern, Gebühren und Versicherungsbeiträge internalisiert.[37] Dennoch stellt sich derzeit die Externalität des Verkehrs als offene Frage in den verkehrswissenschaftlichen und politischen Diskussionen[38] dar.

---

36 Vgl. HEINZE, G. Wolfgang (1985): Verkehr und Wirtschaftswachstum: Das Konzept von Fritz Voigt (1973), Anh. 1, in: Perspektiven verkehrswissenschaftlicher Forschung, Hrsg.: KLATT, S., Berlin S. 572.

37 Vgl. WILLEKE, Rainer (1996): Mobilität, Verkehrsmarktordnung, externe Kosten und Nutzen des Verkehrs, Frankfurt am Main, S. 114.

38 Vgl. BUTTON, Kenneth (1994): Transport policy: ways into Europe´s future, Gütersloh, S. 19f und vgl. BAUM, Herbert / ESSER, Klaus / HÖHENSCHEID, Karl-Josef (1998): Volkswirtschaftliche Kosten und Nutzen des Verkehrs, Bonn, S. 76f.

WILLEKE betont mit seiner Relativitätsthese zu externen Effekten, daß für gesellschaftliche und politische Hinnahme externer Kosten immer und überall Toleranzmargen bestehen und im Interesse des menschlichen Zusammenlebens und der Funktionsfähigkeit sozioökonomischer Systeme auch bestehen müssen. Für die Bereitschaft, externe Kosten als Bestandteil der Gesellschaft und der Arbeits- und Lebensumstände anzunehmen, gibt es aber Grenzen. Diese Grenzen der sozialen Akzeptanz sind abhängig vom Wohlstand und vom Wissen in verschiedenen Ländern und zu verschiedenen Zeiten. So würden etwa wirtschaftlich weniger entwickelte Länder, wie z.B. die Türkei, durch die gleichen Umweltauflagen wie in anderen Staaten Europas einen weiteren Nachteil hinsichtlich ihrer ökonomischen Entwicklungschancen erleiden.[39]

Die Beziehungen zwischen den genannten Teilwertigkeiten sind durch technisch-ökonomische Abhängigkeiten bestimmt. Keine Qualitätsebene ist jedoch vollständig durch eine andere substituierbar. Wegen dieser Transformationsschwierigkeiten bildet das Qualitätsprofil eine charakteristische Streuung von Einzelqualitäten. Die einzelnen Qualitätsebenen können durch höheren finanziellen Aufwand (Kosten) tendenziell erhöht werden. Diese Entwicklung wird allerdings vom Niveau des technischen Fortschritts oder des ökonomischen Rahmens abgegrenzt. Die Höhe der Kosten bei der Beförderung ändert das gesamte Qualitätsprofil der Verkehrsleistungen.[40] Dieser ökonomische Rahmen der Verkehrswertigkeit wird in dieser Arbeit im Vordergrund stehen, da die Verkehrswertigkeit den Umfang der ökonomischen Entfernung bestimmt.

Der Verkehrswertigkeit (als Angebotsprofil) steht auf der Nachfrageseite ein Komplex von Anforderungen der Nachfrager gegenüber: die "Verkehrsaffinität" (als Nachfrageprofil). Die Verkehrsaffinität setzt sich aus denselben Dimensionen zusammen wie die Verkehrswertigkeit, d.h. Schnelligkeit, Massenleistungsfähigkeit, Netzbildungsfähigkeit, Berechenbarkeit, Häufigkeit der Verkehrsbedienung, Sicherheit und Bequemlichkeit. Somit beschreibt die Verkehrsaffinität den Bedarf der Nachfrager an Verkehrsleistungen in bestimmter Qualität zu einem bestimmten Preis.

Ein Transport wird immer dann zustandekommen, wenn die Qualität der angebotenen Verkehrsleistung dem gewünschten Mindestniveau der Affinität der Nachfrager gerecht wird.[41]

Der Nachfrager bestimmt die Verkehrsaffinität in Abhängigkeit von Gütereigenschaften, Transportzwecken, institutionellen Anforderungen und Regelungen sowie persönlichen Präferenzen, um ein optimal geeignetes Qualitätsprofil des Verkehrsangebotes zu einem bestimmten Preis zu beziehen. Im Personenverkehr spielen jedoch stark subjektive Präferenzen eine Rolle, die die Anwendung des ökonomischen Rationalisierungskriteriums begrenzen.

---

39 Vgl. WILLEKE, Rainer (1996): Mobilität, Verkehrsmarktordnung, externe Kosten und Nutzen des Verkehrs, Frankfurt am Main, S. 113.

40 Vgl. VOGT, Jürgen (1990): Folgen des Strukturwandels im deutschen Export für den Verkehrssektor, Göttingen, S. 14.

41 Vgl. HEINZE, G. Wolfgang (1975): Disparitätenabbau und Verkehrstheorie. Anmerkungen zum Aussagevermögen der räumlichen Entwicklungstheorie von Fritz Voigt, in: Strukturwandel und makroökonomische Steuerung, Hrsg.: KLATT, S. / WILLMS, M., Berlin, S. 461.

Jeder Wirtschaftszweig bzw. jedes Gut weist in einem bestimmten Wirtschaftsraum zu einer bestimmten Zeit unterschiedliche Affinitätsprofile auf. Für den Nachfrager sind meist nur ein bis zwei Qualitätsebenen entscheidend, wobei für andere Nachfrager das Mindestprofil genügt, wenn kein besseres Angebot vorliegt. Die Verkehrsaffinität hängt also von verschiedenen Determinanten wie der räumlichen und sektoralen Struktur, der Leistungsfähigkeit der Wirtschaft und der Qualität des Verkehrswesens ab.[42]

Im Wandel der Wirtschaft ändern sich allerdings die Güterstruktur einer Volkswirtschaft und damit auch die Anforderungen der Güter an die Verkehrsleistungen. Diese Wirkung der veränderten Güterstruktur wird von ABERLE "Güterstruktureffekt"[43] genannt. Dieser Effekt hat im Industrialisierungsprozeß der Türkei besondere Bedeutung, da sie auf den Modal-Split großen Einfluß hat. Durch die Verbesserung der Logistikkonzepte kann auf der Seite der Nachfrage die Verkehrsaffinität erhöht werden. Auch durch die seit den achtziger Jahren entwickelten Produktionsmodelle, wie z.B. Just in Time-Produktion, steigen die Anforderungen von Unternehmen an Teilwertigkeiten, besonders an Berechenbarkeit und Häufigkeit.

Die Verkehrswertigkeit und die Verkehrsaffinität sind zentrale Instrumente, auf denen sich die Analyse des türkischen Verkehrssystems aufbaut. So wird die Qualität des türkischen Verkehrssystems im Maßstab der Verkehrswertigkeit analysiert und die Frage beantwortet, inwieweit das Verkehrssystem die Anforderungen der Nachfrage befriedigt.

Ferner dient die Analyse des Verkehrssystems im Maßstab der Verkehrswertigkeit dazu, die räumlichen Auswirkungen des Verkehrssystems für die türkische Wirtschaft herauszuarbeiten. Deshalb wird im folgenden die theoretische Grundlage der räumlichen Gestaltungskraft des Verkehrssystems dargestellt.

Gestaltungskraft des Verkehrssystems

Verkehrsleistungen finden nur statt, wenn die Verkehrsaffinität der Verkehrswertigkeit entspricht. Wie schon gezeigt, beeinflussen sich die Veränderungen der Verkehrswertigkeit bzw. -affinität gegenseitig. Diese interaktiven Veränderungen von Verkehrswertigkeit und Verkehrsaffinität bilden den zentralen Wirkungsmechanismus verkehrsorientierter räumlicher Entwicklungsprozesse. Je mehr sich Veränderungen der Qualitäts- und Kostenprofile auf der Angebots- und Nachfrageseite decken, desto größer ist die Gestaltungsfähigkeit räumlicher Prozesse durch das Verkehrssystem:

VOIGT definiert **die räumliche Gestaltungskraft** eines Verkehrssystems als Fähigkeit des Verkehrssystems, "von einer bestimmten Ausgangslage aus die bestehende Struktur der Wirtschaft umzugestalten und damit Entwicklungsprozesse auszulösen oder laufende Entwicklungsprozesse umzuformen"[44].

---

42 Vgl. VOGT, Jürgen (1990): Folgen des Strukturwandels im deutschen Export für den Verkehrssektor, Göttingen, S. 8-9.

43 Vgl. ABERLE, Gerd (1996): Transportwirtschaft, München, S. 83.

44 VOIGT, Fritz (1960): Die volkswirtschaftliche Bedeutung des Verkehrssystems, Berlin, S. 42.

Wenn die Qualität der Verkehrsleistungen

- durch technisch-ökonomische Fortschritte, z.B. durch Ausbau des Verkehrssystems und Einführung eines neuen Verkehrsmittels und/oder
- durch organisatorisch-institutionellen Innovationen, z.B. durch besseres Management,

verbessert wird, verringert sich die ökonomische Entfernung, wodurch sich der potentielle Absatzmarkt vergrößern kann. In den betreffenden Räumen entstehen neue Konkurrenzverhältnisse durch neue Anbieter, die infolge der geänderten Transportkostenvorteile in den Markt eindringen. So verstärkt sich der Qualitäts- und der Preiswettbewerb. Die Unternehmen, die sich in den betreffenden Räumen befinden, nutzen die Vorteile aufgrund der unterschiedlichen Kostenkonstellation je nach Güteraffinität verschiedenartig.[45] Unter diesen Vorteilen werden größenabhängige Kosten- oder Leistungsvorteile der Unternehmen verstanden, die nicht intern durch das Wachstum der einzelnen Unternehmen, sondern durch das Wachstum der gesamten Branche verursacht werden, an dem aber die einzelnen Unternehmen partizipieren[46] (Synergieeffekt).

Die Folgen der Veränderung des Wettbewerbs werden u.a. Preisnivellierungen und veränderte Absatzmengen der betroffenen Branchen in den betroffenen Räumen sein. Diese führen dazu, daß sich die Investitionsneigung verändert, was eine Erweiterung oder Verkleinerung der betrieblichen Kapazitäten nach sich zieht.

Diese Veränderungen können sich als Wachstum oder als Schrumpfung der wirtschaftlichen Aktivitäten in einem Raum darstellen. Durch Veränderungen des Verkehrssystems werden räumliche Differenzierungsprozesse ausgelöst.[47] Da die verschiedenen Verkehrsmittel unterschiedliche Verkehrswertigkeit aufweisen und zudem noch die Ausgangslage in den verschiedenen Regionen und Sektoren unterschiedlich ist, laufen die ausgelösten Entwicklungsprozesse nicht in gleicher Form ab. So entstehen Divergenzen im ökonomischen Wachstum der Regionen. Dadurch sind einige Standorte im Raum durch Entstehung von positiven Kapazitäts- und Einkommenseffekten bevorzugt. Wenn durch diese positive Externalität des Verkehrs neue Nettoinvestitionen vorgenommen werden, wird ein Kapazitätseffekt entstehen, der als Erweiterung der Produktionskapazität am selben Ort wie die Investitionen oder auch an einem anderen Ort auftreten kann. Parallel zum Kapazitätseffekt entsteht ein Einkommenseffekt, der durch zusätzliche Kaufkraft, z.B. infolge einer Erhöhung der Löhne, auftritt.

Das Ausmaß dieser räumlichen Differenzierungen, die sich als Folge von Kapazitäts- und Einkommenseffekten ergeben können, ist eine Funktion der Verkehrswertigkeit des Verkehrssystems. Je besser die Qualität der Verkehrsleistungen ist, um so weiter streuen die

---

45 Vgl. VOIGT, Fritz (1960): Die volkswirtschaftliche Bedeutung des Verkehrssystems, Berlin, S. 102f.

46 Vgl. WILLEKE, Rainer (1996): Mobilität, Verkehrsmarktordnung, externe Kosten und Nutzen des Verkehrs, Frankfurt am Main, S. 105-106.

47 Vgl. HEINZE, G. Wolfgang (1975): Disparitätenabbau und Verkehrstheorie. Anmerkungen zum Aussagevermögen der räumlichen Entwicklungstheorie von Fritz Voigt, in: Strukturwandel und makroökonomische Steuerung, Hrsg.: KLATT, S. / WILLMS, M., Berlin, S. 429.

Pendelwanderungen der Arbeitnehmer mit zusätzlicher Kaufkraft und desto niedriger werden die Transportkosten für die Verteilung des Endproduktes.[48]

Die beiden Effekte können sich über einen längeren Zeitraum immer wieder neu formen, und sie können zu neuen Nettoinvestitionen führen. Wenn diese beiden Effekte im Idealfall neue Investitionen hervorrufen, kann sich ein Wachstumsprozeß entwickeln.[49] Ferner wird dieser Entwicklungsprozeß erhöhte Anforderungen an die Verkehrsleistungen stellen, und das bestehende Verkehrssystem wird sich danach auch verbessern.[50]

Der Entwicklungsprozeß zeigt sich langfristig in den folgenden differenzierten Bereichen in einem Raum, durch die regionale Disparitäten entstehen:[51]

- **Wachstumsgebiete** mit laufendem Kaufkraftzufluß an besonders begünstigten Stellen des Verkehrssystems: Die induzierten Kapazitäts- und Einkommenseffekte können auf andere Wirtschaftsbereiche überspringen und dort weitere Investitionen anregen. Diese Echoeffekte[52] im Einkommens- und Investitionsbereich werden begleitet von positiven Wachstumsprozessen in den vom Verkehrssystem begünstigten Standorten. Wird aufgrund der Begünstigungen das Sozialprodukt eines Raumes erhöht, handelt es sich um einen Wachstumsraum. Den Wachstumsraum bezeichnete PREDÖHL im Kontext der Weltwirtschaft als Gravitationsfeld.[53] Die Ausstrahlung der wirtschaftlichen Entwicklung von diesen Gravitationsfeldern auf die Randgebiete bzw. benachbarten Räume hängt von der Qualität des Verkehrssystems bzw. von der Kürze der ökonomischen Entfernung ab. Nach der Theorie der Gravitationsfelder von PREDÖHL können die Ballungsräume im Westen der Türkei, wie z.B. im Großraum İstanbul, im nationalen Kontext als Gravitationsfeld bezeichnet werden. Im internationalen Kontext besitzen die Ballungsräume im Westen der Türkei aufgrund der Nähe des Gravitationsfelds Europas Vorzugspositionen.

- **Entleerungsgebiete** mit laufendem Kaufkraftabfluß: Wird ein Raum von einem Differenzierungsprozeß negativ betroffen und durch die Veränderung des Verkehrssystems benachteiligt, so entsteht ein Entleerungsprozeß. Dadurch vermindert sich die Gestaltungskraft des Verkehrssystems zum Nachteil des betreffenden Gebietes, und es liegt eine Verzögerung der Entwicklung im Raum vor. Folglich werden Teile der mobilen Produktionsfaktoren Arbeit und Kapital das Gebiet verlassen. Diese Gebiete lassen sich durch eine Erhöhung der Abwanderungsströme nachweisen. Die Abwanderungen aus Ost- und Südostanatolien zeigen, daß diese Regionen solche Entleerungsgebiete darstellen.

- **Indifferenzgebiete**: Diese Gebiete werden von der Veränderung des Verkehrssystems nicht betroffen. Sekundäre Merkmale sind hier gleichbleibende Einkommen wie auch

---

48 Vgl. VOIGT, Fritz (1960): Die volkswirtschaftliche Bedeutung des Verkehrssystems, Berlin, S. 108-109 und 112-114.

49 Vgl. VOIGT, Fritz (1973): Verkehr, Bd. I/2, Berlin, S. 650-660.

50 Vgl. OETTLE, Karl (1993): Voraussetzung für die Erfüllbarkeit raumordnungspolitischer Anforderungen an die Eisenbahn, in: Raumforschung und Raumordnung, Heft 4, Jg. 51, S. 201.

51 Vgl. VOIGT, Fritz (1960): Die volkswirtschaftliche Bedeutung des Verkehrssystems, Berlin, S. 42-45.

52 Vgl. VOIGT, Fritz (1973): Verkehr, Bd. I/2, Berlin, S. 622-624.

53 Vgl. PREDÖHL, Andreas (1964): Verkehrspolitik, Göttingen, S.17-30.

nahezu unveränderte Zahl und Struktur von Unternehmen. Die wirtschaftlichen Aktivitäten ändern sich nicht, und dementsprechend ergeben sich keine Kostenvorteile für Unternehmen: die Entwicklung stagniert.[54] Im Laufe der Arbeit wird gezeigt, welche Regionen der Türkei davon betroffen sind.

Die Rahmenbedingungen, unter denen die räumlichen Differenzierungsprozesse entstehen, werden im Voigtschen Konzept wie folgt beschrieben: Das Gesamtkonzept der volkswirtschaftlichen Gestaltungskraft des Verkehrs basiert auf einer marktwirtschaftlichen Ordnung. Die räumlichen Differenzierungsprozesse ermöglichen einzelwirtschaftliche Kalküle und das Ausnutzen von Wettbewerbsvorteilen im Preis- und Qualitätswettbewerb durch gewinnorientierte Unternehmer. Der Kern von Voigts Ansatz ist auf das Entstehen von Entwicklungschancen gerichtet, die durch das Verkehrssystem induziert werden.[55] Entscheidend für das Initiieren des Entwicklungsprozesses ist vor allem die Nutzung der gegebenen Entwicklungschancen.

VOIGT selbst weist allerdings darauf hin, daß der Entwicklungsprozeß eines Raumes durch die pure Existenz eines Verkehrssystems noch nicht in Gang gesetzt werden kann. Er verkennt nicht, daß dazu weitere, die Entwicklung fördernde Komponenten unterschiedlicher Wirtschaftsbereiche (Arbeitskraftpotential, große Nachfrage usw.) nötig sind. Die Beeinflussung entwicklungspolitischer Zielvariabler (etwa des Umfangs der Industrieproduktion) durch Verkehrsinvestitionen kann deshalb nicht als gesichert gelten.[56]

Ferner existieren hemmende Faktoren in der Verkehrswirtschaft: Aufgrund von historischen Bindungen und Festlegungen der Verkehrsnetz- oder Organisationscharakteristika (Anteludialbindungen) wird das Erreichen der höchsten technisch möglichen Verkehrswertigkeit verhindert und eine Abweichung von der optimalen Allokation der Ressourcen provoziert (Anteludialeffekt). Durch diese Anteludialeffekte wird die volkswirtschaftliche Gestaltungskraft eines Verkehrssystems negativ beeinflußt.[57]

Diese Anteludialbindungen können aufgrund der überkommenen Verkehrstechnologie und -organisation den Entwicklungsprozeß hemmen. Sie können durch Gesetze und andere Rechtsformen, durch den Umfang bereits vorhandener, kaum veränderbarer Anlagen und durch die bestehenden Eigentums- und Wettbewerbsverhältnisse entstehen. Teilweise gehen diese Bindungen aus dem Wesen des Verkehrsmittels selbst hervor oder werden ihm von den anderen Bereichen zugeteilt. Diese Bindungen resultieren aus wirtschaftlichen und politischen Entscheidungen, die in der Vergangenheit getroffen worden sind. Für den Bau der Verkehrsinfrastruktur, z.B. der Straßen, der Eisenbahnstrecken und der Flughäfen, spielen insbesondere politische Gesichtspunkte eine entscheidende Rolle. Die einmal angelegten Verkehrswege können nicht ohne weiteres beseitigt werden. Damit werden höhere Kosten bei

---

54 Vgl. VOIGT, Fritz (1960): Die volkswirtschaftliche Bedeutung des Verkehrssystems, Berlin, S. 42-45.

55 Vgl. HEINZE, G. Wolfgang (1975): Disparitätenabbau und Verkehrstheorie. Anmerkungen zum Aussagevermögen der räumlichen Entwicklungstheorie von Fritz Voigt, in: Strukturwandel und makroökonomische Steuerung, Hrsg.: KLATT, S. / WILLMS, M., Berlin, S. 441.

56 Vgl. VOIGT, Fritz (1960): Die volkswirtschaftliche Bedeutung des Verkehrssystems, Berlin, S. 59.

57 Vgl. VOIGT, Fritz (1973): Verkehr, Bd. I/2, Berlin, S. 628-641.

jedem Transport in Kauf genommen. Deshalb nimmt in manchen Fällen die Anteludialbindung Traditionskraft an und wirkt bis heute und in die Zukunft fort.[58]

Die Anteludialbindungen, die das türkische Verkehrswesen in seinem Entwicklungsprozeß belasten, entstanden bereits bei der Einführung der Eisenbahn im Osmanischen Reich und bei der ersten Netzbildung der Eisenbahn in der Gründungsphase der Republik der Türkei. Daher werden die Entwicklungen aus dieser Zeit ebenfalls analysiert.

Aufgabe der vorliegenden Arbeit ist die Einordnung der Türkei in das aufgezeigte Schema, um Folgen der verkehrswirtschaftlichen Entwicklung auf die Entstehung bzw. die weitere Entwicklung regionaler Disparitäten für die Zukunft sowohl in nationalem als auch internationalem Kontext zu zeigen.

---

[58] Vgl. VOIGT, Fritz (1953): Verkehr und Industrialisierung, in: Zeitschrift für die gesamte Staatswissenschaft, Hrsg.: BÖHM, Franz u.a., Bd. 109, Heft 2, Tübingen, S. 218-219.

A. 3. Anwendung der theoretischen Überlegungen auf die räumliche Entwicklung und die Entwicklung des Verkehrswesens in der Türkei

In der Analyse des türkischen Verkehrssystems werden die Instrumente (Verkehrswertigkeit bzw. -affinität) des Voigtschen Konzepts eingesetzt. Es wird dabei die Qualität des türkischen Verkehrssystems untersucht. Der Schwerpunkt der Arbeit liegt auf den Wechselwirkungen der Veränderungen des Verkehrssystems mit den regionalen Disparitäten. Im folgenden wird die Möglichkeit des Abbaus regionaler Disparitäten durch die Verbesserung des Verkehrssystems diskutiert.

Wie dargestellt, besteht Voigts Ziel darin, die grundsätzlichen Beziehungen zwischen den Variablen "Verkehrssystem" und "sozio-ökonomische Entwicklung eines Raumes" herauszuarbeiten.[59]

Vor diesem Hintergrund muß in dieser Arbeit eine Antwort auf die Frage gefunden werden, in welchem Umfang die regionalen Differenzierungen innerhalb der Türkei auf das Fehlen eines funktionsfähigen Verkehrssystems bzw. derer ungleichmäßigen Entwicklung zurückzuführen ist. Dabei werden die interregionalen Kapital-, Arbeits- und Güterbewegungen als Determinanten der regionalen Disparitäten dargestellt und die Wirkungen des Verkehrswesens herausgearbeitet.

Die ausgewogene räumliche und wirtschaftliche Entwicklung des Staatsgebietes zu gewährleisten, ist die Aufgabe der Raumordnungs- und Regionalpolitik.[60] Diese wird in der Türkei seit 1963 von der Staatlichen Planungsorganisation (SPO) erfüllt. Die beschriebenen räumlichen Differenzierungseffekte des Verkehrssystems können zur gezielten Raumordnungs- und Regionalpolitik eingesetzt werden. Insbesondere können in den unterentwickelten Räumen verkehrswirtschaftliche Vorzugspositionen geschaffen werden, um einen wirtschaftlichen Entwicklungsprozeß zu induzieren. Damit kann zur Nivellierung vorhandener wirtschaftlicher und sozialer Gefälle in den Teilräumen eines Staatsgebietes beigetragen werden; dem Verkehrssystem kommt bei der Entwicklung eines unterentwickelten Gebietes eine Vorrangstellung zu.

Allerdings kann eine nachträglich geschaffene hochwertige Verkehrsverbindung zwischen den Indifferenz- bzw. Entleerungsgebieten und den funktionierenden Märkten des Landes dazu führen, daß es in diesen unterentwickelten Teilräumen zu einem Entleerungsprozeß kommt bzw. die bestehenden Prozesse verstärkt werden. Alleinige Verbesserung des Verkehrssystems ohne weitere flankierende Maßnahmen, z.B. im Bereich Siedlungs-, Infrastruktur-, Industriepolitik, verstärken nur Migrationen in das Wachstumsgebiet. Eine wesentliche Ursache dieser sog. "Sogeffekte" liegt im Entwicklungsvorsprung der

---

59 Vgl. HEINZE, G. Wolfgang (1975): Disparitätenabbau und Verkehrstheorie. Anmerkungen zum Aussagevermögen der räumlichen Entwicklungstheorie von Fritz Voigt, in: Strukturwandel und makroökonomische Steuerung, Hrsg.: KLATT, S. / WILLMS, M., Berlin, S. 436.

60 Vgl. EROL, İbrahim (1986): Regionalpolitische Entwicklung der Türkei, Probleme und Perspektiven, Idstein, S. 1f.

Wachstumsgebiete und in der geringeren Grenzleistungsfähigkeit des Kapitals in den rückständigen Räumen.[61]

Der Vorgang "sozialer Desintegration", der sich nach VOIGT aus verkehrsmäßigen und wirtschaftlichen Disparitäten ergibt, zwingt den Staat einzugreifen. Dabei kommt die Regulierungsfunktion des Staates ins Spiel, wobei der Staat sich regionalpolitisch zwischen den Grundkonzepten langfristiger und möglichst ausgeglichener oder möglichst schneller Wachstumsmaximierung entscheidet. Die kurzfristige Möglichkeit bedeutet die bewußte Inkaufnahme einer räumlichen Disparitätenausweitung. Dieses Rollenverständnis des Staates erklärt VOIGT als logische Konsequenz des Prozeßablaufes unter Berücksichtigung von politischen Zielen wie Wohlstand, Gerechtigkeit, Freiheit und Sicherheit.[62]

Die Verkehrspolitik kann grundsätzlich durch quantitative und qualitative Verbesserung der Verkehrsleistungen zur Förderung wirtschaftlich schwacher Räume beitragen. Daher kann das Analyseinstrument "Verkehrswertigkeit" dazu dienen, die Auswirkungen verkehrspolitischer Maßnahmen zur Qualitätsverbesserung der Verkehrsleistungen auf die Raumordnungs- und Regionalpolitik einzuschätzen.[63]

Allerdings hat das Verkehrssystem für die Industrieländer Europas eine andere Bedeutung als für Schwellenländer wie die Türkei. Da in entwickelten Ländern die Infrastruktur gut ausgebaut ist und aufgrund der zunehmenden ökologischen Bedenken andere gesellschaftliche Werte dominieren, ist insbesondere die Förderung des Fernstraßenbaus in den ländlichen Räumen in Frage gestellt. Nach der Untersuchung von LUTTER stellte sich heraus, daß die Verbesserungen des Fernstraßenverkehrsnetzes für die ländlichen Räume nicht die erwarteten Standortvorteile bringen.[64] Die Anforderungen an das Verkehrssystem verändern sich im Zuge der wirtschaftlichen und gesellschaftlichen Entwicklung. Deshalb soll eingeräumt werden, daß die von LUTTER aufgestellte These in fernerer Zukunft auch in den Schwellenländern gewisse Gültigkeit haben wird.

Nach dieser theoretischen Einführung werden nun im Kap. B die wichtigsten Determinanten der Verkehrswirtschaft, die geographischen Gegebenheiten und die wirtschaftspolitische Entwicklung der Türkei dargestellt.

---

61 Vgl. VOIGT, Fritz / WITTE, Hermann (1975): Die Bedeutung des Verkehrssystems für die Entwicklung ländlicher Räume, Gesellschaft für Wirtschafts- und Verkehrswissenschaftliche Forschung, Heft 17, Königswinter, S. 5.

62 Vgl. HEINZE, G. Wolfgang (1975): Disparitätenabbau und Verkehrstheorie. Anmerkungen zum Aussagevermögen der räumlichen Entwicklungstheorie von Fritz Voigt, in: Strukturwandel und makroökonomische Steuerung, Hrsg.: KLATT, S. / WILLMS, M., Berlin, S. 463.

63 Vgl. VOIGT, Fritz / WITTE, Hermann (1975): Die Bedeutung des Verkehrssystems für die Entwicklung ländlicher Räume, Gesellschaft für Wirtschafts- und Verkehrswissenschaftliche Forschung, Heft 17, Königswinter, S. 5.

64 Die Untersuchung von LUTTER versucht zu klären, ob der Fernstraßenbau in einem Industrieland mit ubiquitärer Verkehrsinfrastruktur, wie in den achtziger Jahren in Deutschland, geeignet ist, regionale Entwicklungskräfte in Gang zu setzen. LUTTER kommt zu dem Ergebnis, daß der Fernstraßenbau alleine nicht genügt, um Entwicklungsimpulse in rückständigen Gebieten zu geben. Dazu sollten die Koordinationsmaßnahmen der Regional- und Kommunalplanung stärker berücksichtigt werden. Durch eine Verbesserung des Nahverkehrsnetzes könnte in den ländlichen Räumen ein attraktives Agglomerationsniveau erreicht werden. Vgl. LUTTER, Horst (1980): Raumwirksamkeit von Fernstraßen - Eine Einschätzung des Fernstraßenbaues als Instrument zur Raumentwicklung unter heutigen Bedingungen, Bonn, S. 255f.

B. Rahmenbedingungen des türkischen Verkehrswesens

B. 1. Geographische Gegebenheiten

Die naturräumlichen Gegebenheiten eines Landes sind mit ausschlaggebend für die Errichtung eines effektiven Verkehrsnetzes. Deshalb sollen zunächst die geographische Lage und die Topographie der Türkei dargestellt werden.

Das Staatsgebiet der Türkei hat die Gestalt eines Rechtecks mit einer West-Ost-Distanz von etwas über 1.500 km und einer Nord-Süd-Erstreckung von 500-600 km. Insgesamt beträgt die Fläche des türkischen Staatsgebietes 774.452 km^2, wovon 23.764 km^2 auf der europäischen Seite der Meerengen liegen. Der europäische Landesteil ist durch den Bosporus, das Marmarameer und die Dardanellen vom größeren asiatischen Teil getrennt. Den größten Teil des Staatsgebietes bildet die Halbinsel Kleinasien, die heute auch als Anatolien bezeichnet wird. Sie wird im Norden vom Schwarzen Meer, im Westen vom Ägäischen Meer und im Süden vom Mittelmeer begrenzt. Landesgrenzen bestehen in Europa zu Bulgarien und Griechenland, in Asien zu Georgien, Armenien, Iran, Irak und Syrien.[65]

Als Landbrücke zwischen Europa und Asien war das Gebiet der heutigen Türkei zu allen Zeiten für den Fernverkehr von Bedeutung. Der Austausch zwischen Europa und Asien vollzog sich im Nordwesten am Marmarameer am längsten und am intensivsten. Seit der byzantinischen Zeit entstand ein Netz, das den Verkehrsknoten Konstantinopel/İstanbul mit dem anatolischen Hinterland, aber auch Europa mit den asiatischen Ländern verbindet. So bildeten sich einige der heutigen Ballungsräume, wie z.B. İstanbul oder Bursa.[66]

Das heutige Hauptverkehrsnetz der Türkei basiert auf diesen geodeterministischen Gegebenheiten. Aufgrund der geographischen Lage bzw. der Nähe zum wirtschaftlichen Wachstumsraum Europa konnte es nur der Nordwesten der Türkei sein, in dem sich seit dem 19. Jahrhundert die innovativen Einflüsse der modernen Welt zuerst durchsetzen. Diese geostrategische Lage, mit einer Europa zugewandten Westseite und dem peripheren, traditionellen Osten des Landes, macht sich bis heute bemerkbar. In fast allen wirtschaftlichen und sozialen Lebensbereichen ist ein deutliches Nordwest-Südost-Gefälle kennzeichnend.[67]

Die rund 8300 km langen Küsten der Türkei sprechen für einen ausgeprägten Seeverkehr. Aber im Vergleich zum Landverkehr und Luftverkehr ist der Seeverkehr im Binnenverkehr der Türkei nahezu unbedeutend. Am Mittelmeer und am Schwarzen Meer gibt es aufgrund der wenigen Buchten keine natürlichen Häfen. Da Binnenschiffahrt, abgesehen vom Fährverkehr über den Van-See, aufgrund der Beschaffenheit der Flüsse und Seen nicht

---

[65] Vgl. HÖHFELD, Volker (1995): Türkei, Schwellenland der Gegensätze, Gotha, S. 252f., und HİÇ, Süreyya (1994): Die türkische Wirtschaft (in türkischer Sprache), İstanbul, S. 235.

[66] Vgl. EGGELIN, Willi J. (1985): Geographische Grundlagen, in: Türkei, Südosteuropa-Handbuch, Hrsg.: GROTHUSEN, Klaus-Detlev , Bd. 4, Göttingen, S. 414.

[67] Vgl. HİÇ, Süreyya (1994): Die türkische Wirtschaft (in türkischer Sprache), İstanbul, S. 240 und ERGÜN, İsmet (1985): Der Verkehrssektor in der wirtschaftlichen Entwicklung der Türkei (in türkischer Sprache), Ankara, S. 95.

möglich ist, bleiben lediglich der internationale Seeverkehr und die Küstenschiffahrt.[68] Als ein wichtiger geostrategischer Punkt sind die Meerengen Bosporus und Dardanellen zu erwähnen, die aufgrund des Transitseeverkehrs (die einzige Verbindung zwischen dem Schwarzen Meer und dem Mittelmeer auf dem Seeweg) von großer Bedeutung sind.[69]

Geographisch teilt man die Türkei in sieben Regionen ein: Die Marmara-Region besteht aus dem in Europa liegenden Trakien und einem Teil Nordwestanatoliens (Hügelländern und Küstenebenen). Die restlichen sechs Regionen bilden zusammen die Halbinsel Anatolien. Dazu zählen die Küstenlandschaften und das Hinterland der Schwarzmeer-, der Ägäis-Region sowie die Mittelmeer-Region. Das innere Hochland des Staatsgebietes wird von Randgebirgen eingefaßt, die nach außen steil abfallen. Im Hochland unterscheidet man die drei Regionen Mittel-, Ost- und Südostanatolien. Südostanatolien hat auch einen Anteil an den mesopotamischen Ebenen, die sich für die Landwirtschaft besser eignen als das Hochland[70] (s. Abb. 2).

Abb. 2: Regionen und Provinzen der Türkei

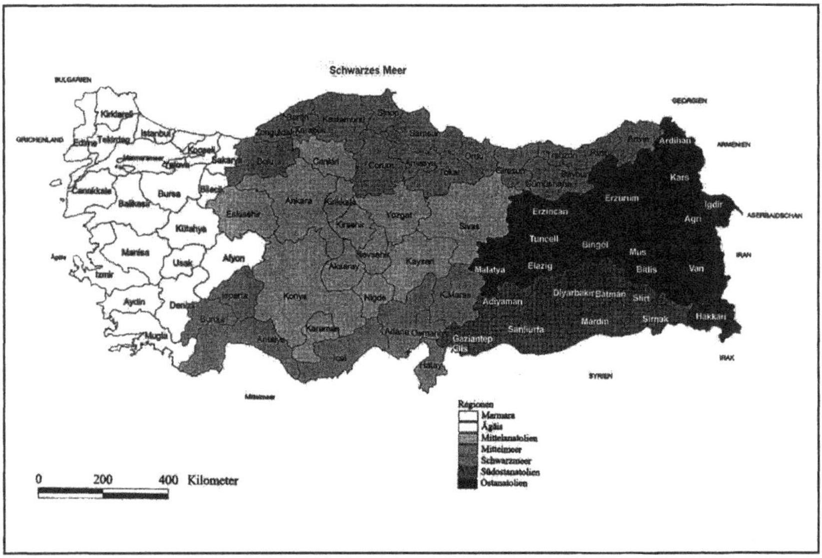

Quelle: Eigene Bearbeitung, Karte: ArcView 3.1, Daten aus SIS (1999): Provinzen und Regionen (in türkischer Sprache), Online-Ausgabe (www.die.gov.tr), o.S.

90% des Gebietes der Türkei befinden sich auf dem stark gebirgigen Hochlandblock. Die einzelnen Landschaftstypen der Türkei sind gegliedert in Gebirgsstöcke, Schwellen, Plateaus, Durchbruchstäler und Becken. Wie eine Zange umschließen die hoch aufragenden Ketten des

---

68 Vgl. EGGELIN, Willi J. (1985): Verkehr- und Energiewirtschaft, in: Türkei, Südosteuropa-Handbuch, Hrsg.: GROTHUSEN, Klaus-Detlev, Bd. 4, Göttingen, S. 426.

69 Vgl. HİÇ, Süreyya (1994): Die türkische Wirtschaft (in türkischer Sprache), İstanbul, S. 240.

70 Vgl. HÖHFELD, Volker (1995): Türkei, Schwellenland der Gegensätze, Gotha, S. 256f.

Taurus im Süden und Südosten und die des Pontischen Gebirges im Norden die in weiten Teilen sanft gewellten Steppenhochflächen des Anatolischen Hochlandes. In seinem wannenartigen Zentrum dehnen sich in durchschnittlich 900-1.000m Meereshöhe verschiedene weitläufige, durch zumeist niedrige Plateau-Schwellen (Yayla) voneinander getrennte, flache und bisweilen seengefüllte Senken (Ova)[71] aus. Meistens liegt am Rand der Ova eine Stadt oder ein bedeutender Ort, von dem die ganze Ova ihren Namen hat. Eine Burg auf den Randhöhen, von der das ganze Becken überschaubar ist, bildet oft den historischen Kern.[72]

Da die Ovas heute wie in allen Prosperitätsphasen der Geschichte die Kernräume von Siedlung und Wirtschaft sind, müssen die Verkehrslinien im Prinzip von Becken zu Becken führen und somit zahlreiche Pässe überwinden, da die Durchbruchstäler der Flüsse kaum als Verkehrswege in Frage kommen.[73] Obwohl das Gebirgsland Anatolien verkehrsmäßig gangbar ist, verlängern die zahlreichen Kurven die Verkehrswege und erhöhen damit die Baukosten und die ökonomische Entfernung, was sich besonders beim Bau von Schienenwegen bemerkbar macht.[74]

Im Gegensatz zu den Alpen waren die türkischen Gebirge nur oberhalb 2.500-3.000 m vergletschert, daher sind sanfte Gebirgsformen bis in große Höhen zu beobachten, und hochgelegene Plateaus stellen ein charakteristisches Landschaftselement dar. Die tiefen Schluchten des Pontischen Gebirges im Norden und des Taurus-Gebirges im Süden sind mühelos begehbar.[75] Mit nur im einzelnen modifizierter, im Prinzip aber gleicher Trassenführung verlaufen deshalb moderne Hauptverkehrslinien auf Routen, die seit Jahrtausenden begangen werden.[76]

Entlang der zahlreichen jungen tektonischen Linien besteht latente Erdbebengefahr. Aufgrund des erdbebensicheren Ausbaus von Verkehrswegen steigen die Kosten besonders im Bereich Landverkehr, wie z.B. beim Brückenbau.

In der Türkei gibt es kaum ergiebige Lagerstätten von Kohle und Erdöl, dafür allerdings vielfach Vorkommen von metallischen Rohstoffen, wie z.B. Eisen, Silber, Kupfer und Blei, die bereits seit der Antike genutzt werden. Fast alle industriell interessanten Rohstoffe sind in der Türkei in breiter Auswahl vertreten. Die Rohstoffvorkommen sind nicht nur durch ihre Vielfalt, sondern auch durch die hohe Lagerstättendichte bekannt.[77]

---

71 Vgl. HÖHFELD, Volker (1995): Türkei, Schwellenland der Gegensätze, Gotha, S. 22.

72 Vgl. HÜTTEROTH, Wolf-Dieter (1985): Geographische Grundlagen, in: Türkei, Südosteuropa-Handbuch, Hrsg.: GROTHUSEN, Klaus-Detlev, Bd. 4, Göttingen, S. 17.

73 Vgl. HÜTTEROTH, Wolf-Dieter (1985): Geographische Grundlagen, in: Türkei, Südosteuropa-Handbuch, Hrsg.: GROTHUSEN, Klaus-Detlev, Bd. 4, Göttingen, S. 18.

74 Vgl. ERGÜN, İsmet (1985): Der Verkehrssektor in der wirtschaftlichen Entwicklung der Türkei (in türkischer Sprache), Ankara, S. 94.

75 Vgl. KÜNDIG-STEINER, Werner (1974): Die natürliche Gliederung des Raumes, in: Die Türkei, Raum und Mensch, Kultur und Wirtschaft in Gegenwart und Vergangenheit, Hrsg.: KÜNDIG-STEINER, Werner, Tübingen, Basel, S. 16.

76 Vgl. EGGELIN, Willi J. (1985): Geographische Grundlagen, in: Türkei, Südosteuropa-Handbuch, Hrsg.: GROTHUSEN, Klaus-Detlev, Bd. 4, Göttingen, S. 414.

77 Vgl. HÖHFELD, Volker (1995): Türkei, Schwellenland der Gegensätze, Gotha, S. 36-37.

Die südliche und die westliche Küste der Türkei sind durch mediterranes Klima geprägt. Heiße und trockene Sommer und milde Winter kennzeichnen die Regionen um die Ägäis und das östliche Mittelmeer. Im Bereich des schmalen Landstreifens zwischen der Schwarzmeerküste und dem Pontischen Gebirge fallen zu allen Jahreszeiten reichlich Niederschläge bei allgemein gemäßigten Temperaturen. Jedoch hat der größte Teil Anatoliens, insbesondere Ostanatolien, ein ausgeprägtes Kontinentalklima mit trockenen, heißen Sommern und kalten Wintern mit zumeist geringen Niederschlägen. Kennzeichnend sind auch die starken Temperaturgegensätze zwischen Tag und Nacht, vor allem im Sommer.[78]

Die Anzahl der Frosttage nimmt mit Abstand zur Küste bei zunehmender Höhe und von West nach Ost zu. Abgeschiedenheit von den Randmeeren sowie eine beträchtliche Höhenlage bedingen im inneren Ostanatolien die Summierung von Winterkälte und relativer Trockenheit. Selbst die Becken liegen vielfach so hoch (Erzurum 1900 m), daß sie durch extreme Winterkälte gekennzeichnet sind. Im größten Teil des Landes herrschen strengere Wintertemperaturen als in Mitteleuropa.[79] Deshalb bilden die extreme Temperaturschwankungen große Hindernisse für den Bau und die Instandhaltung von Verkehrswegen.

Im nordöstlichen Hochland sind die Januarmittel mit unter –10°C mit denen des südlichen Sibirien vergleichbar.[80] Diese extreme Winterkälte in Ostanatolien hat enorme Straßenschäden zu Folge, was sich auf die Qualität des Verkehrsnetzes auswirkt.

---

78 Vgl. HÖHFELD, Volker (1995): Türkei, Schwellenland der Gegensätze, Gotha, S. 256.

79 Vgl. HÜTTEROTH, Wolf-Dieter (1985): Geographische Grundlagen, in: Türkei, Südosteuropa-Handbuch, Hrsg.: GROTHUSEN, Klaus-Detlev, Bd. 4, Göttingen, S. 23.

80 Vgl. ebd. S. 19.

B. 2. Wirtschaftspolitische Entwicklung

Neben den geographischen Gegebenheiten stellt der wirtschaftspolitische Rahmen einen weiteren wichtigen Einflußfaktor auf die Entwicklung des Verkehrswesens eines Landes dar. Deshalb werden im folgenden die Wirtschaftspolitik der Türkei seit der Gründung der Republik dargestellt und insbesondere die Auswirkungen auf die verkehrswirtschaftliche Entwicklung erörtert.

Das Ende des Osmanischen Reiches war insbesondere durch eine hohe Auslandsverschuldung und eine steigende Abhängigkeit von europäischen Gläubigern gekennzeichnet.[81] Diese semikoloniale Struktur bildete den wirtschaftlichen Rahmen bei der Gründung der Republik im Jahre 1923[82], die sich auch bei den ersten Versuchen der verkehrswirtschaftlichen Erschließung im Osmanischen Reich zeigte. Die gesamten Eisenbahnstrecken des Osmanischen Reiches wurden von den europäischen Großmächten gebaut und betrieben (z.B. die Bagdadbahn).

Die wichtigsten Impulse für die anfängliche Entwicklung der türkischen Verkehrspolitik in den zwanziger Jahren gingen aus den Beschlüssen des Wirtschaftskongresses in İzmir im Jahre 1924 hervor. Demnach sollte der Staat die für die industrielle Entwicklung nötige Infrastruktur bereitstellen. Im Zentrum standen dabei die beschleunigte Entwicklung des Verkehrs- und Nachrichtenwesens sowie des Bildungswesens.[83] Dafür benötigte die Türkei in erster Linie Kapital für die Errichtung von Industriebetrieben, unternehmerische private und/oder staatliche Initiativen und qualifizierte Arbeitskräfte.[84]

Das Vorhandensein von natürlichen Ressourcen, besonders agrarwirtschaftlichen, setzte den Industrialisierungsprozeß im Bereich der Agroindustrie in Gang. Der Industriesektor entwickelte sich jedoch nicht sonderlich gut, ausgenommen die Zuckerindustrie, die Zementindustrie und die Getreidemühlen. Die Ursachen lagen im Kapitalmangel, in der schlechten Qualität des Verkehrsnetzes und im fehlenden Know-how.[85] Die minderwertige Qualität des Verkehrsnetzes beeinträchtigte darüber hinaus auch die Absatzmöglichkeiten der

---

81 Die stark durch die europäischen Gläubigerinteressen bestimmte osmanische Ökonomie der Jahrhundertwende verzögerte wirtschaftspolitische Maßnahmen, die die Entstehung einer "Nationalen Wirtschaft" förderten. Erst ab 1908 unter der Herrschaft der nationalistischen Jungtürken setzte ein Prozeß ein, der auf unabhängigere Sozial- und Wirtschaftsentwicklung zielte. Letztlich war das politische und ökonomische Transformationsprojekt auch Ende der zwanziger Jahre noch nicht abgeschlossen. Vgl. STEWIG, Reinhard (1998): Entstehung der Industriegesellschaft in der Türkei, Teil 1: Entwicklung 1923-1950, Kiel, S. 272f.

82 Vgl. KAZGAN, Haydar (1995): Die Geschichte der Industrie vom Osmanischen Reich bis zur Republik Türkei (in türkischer Sprache), in: Görüş, Hrsg.: TÜSİAD, Nr. 21, Juli 1995, S. 65.

83 Vgl. KEPENEK, Yakup / YENTÜRK, Nurhan (1996): Die türkische Wirtschaft (in türkischer Sprache), İstanbul, S. 32-33.

84 Vgl. STEWIG, Reinhard (1998): Entstehung der Industriegesellschaft in der Türkei, Teil 1: Entwicklung 1923-1950, Kiel, S. 272f.

85 Vgl. KEPENEK, Yakup / YENTÜRK, Nurhan (1996): Die türkische Wirtschaft (in türkischer Sprache), İstanbul, S. 41.

privatwirtschaftlichen Unternehmen. Die niedrige Verkehrswertigkeit erschwerte auch die Weltmarktintegration türkischer Händler.[86]

Auch die in den dreißiger Jahren von der türkischen Regierung begonnene Wirtschaftspolitik, die auf einen wesentlich stärkeren Eingriff des Staates zielte, veränderte die Situation nicht.[87] Im Rahmen dieser Wirtschaftspolitik beabsichtigte die Regierung die weitere Verstaatlichung der Eisenbahnen auf Entschädigungsbasis sowie den Ausbau des Verkehrswesens und des Bergbaus.[88]

Es sollten diejenigen staatlichen Industriesektoren aufgebaut werden, bei denen die Türkei am stärksten importabhängig war, während die entsprechenden Rohstoffe für diese Sektoren im Lande selbst reichlich vorkamen. Gleichzeitig sollten neue Arbeitsplätze geschaffen und das Verkehrswesen für den Transport dieser Rohstoffe effektiv genutzt werden. Folgende Industriebranchen standen dabei im Mittelpunkt: Textil, Montanbereich, Papier, Zellstoff, Zement, Keramik und Chemie.[89] In weiterer Folge sollte die Schwerindustrie aufgebaut werden; dies wurde allerdings durch den Ausbruch des Zweiten Weltkrieges verhindert.[90]

Im folgenden wird die wirtschaftspolitische Entwicklung des Landes nach dem Zweiten Weltkrieg sowie ihre Bedeutung für das Verkehrswesen grob in zwei Phasen dargestellt. Zunächst wird die Phase der Importsubstitution bis zum Jahre 1980 untersucht, anschließend wird die Phase der Exportorientierung und Liberalisierung nach 1980 erörtert.

Phase der importsubstitutierenden Industrialisierungspolitik (ISI-Politik) bis 1980

Nach dem Zweiten Weltkrieg hatten die USA auf die türkische Wirtschaftspolitik durch die Einbeziehung der Türkei in den Marshall-Plan einen starken Einfluß. Mehrparteiensystem und vertiefte Integration in die kapitalistische Weltwirtschaft als Agrarexporteur waren die Auswirkungen. Die US-Wissenschaftler waren der Ansicht, daß die Türkei durch den Export von landwirtschaftlichen Rohstoffen und Produkten für die Entwicklung Europas einen wichtigen Beitrag leisten kann. So wurde die Türkei dazu bewogen, die landwirtschaftliche Produktion zu erhöhen und verstärkt auf den Weltmarkt zu bringen, wozu u.a. ein Ausbau des

---

86 Vgl. YILDIRIM, Osman (1977): Das Verkehrssystem im Prozeß der Industrialisierung – dargestellt am Beispiel der Türkei, Bonn, S. 64.

87 Diese Art der Wirtschaftspolitik, die Eingriffe seitens des Staates in den Wirtschaftsprozeß vorsieht, wird "Etatismus" bzw. "mixed economy" genannt und ist mit dem Namen des Staatsgründers Kemal Atatürk verbunden. Der Begriff "mixed economy" wird für die Volkswirtschaften,
- in denen sowohl ein staatlicher als auch ein privater Wirtschaftssektor existiert,
- in denen der Staat stark interventionistisch in das Wirtschaftsgeschehen eingreift und
- in denen mittel- und langfristige Pläne für die wirtschaftliche Entwicklung des Landes erstellt werden,

benutzt. Vgl. GUMPEL, Werner (1984): Der Etatismus in der Türkei, seine Alternativen und seine Zukunft, in: Orient, Jg. 25, Nr. 2, Hamburg, S. 240.

88 Vgl. STEWIG, Reinhard (1998): Entstehung der Industriegesellschaft in der Türkei, Teil 1: Entwicklung 1923-1950, Kiel, S. 291.

89 Vgl. GUMPEL, Werner (1985): Wirtschaftssystem und Wirtschaftsentwicklung, in: Türkei, Südosteuropa-Handbuch, Hrsg.: GROTHUSEN, Klaus-Detlev, Bd. 4, Göttingen, S. 331.

90 Vgl. YILMAZ, Bahri (1993): Die wirtschaftliche Entwicklung der Türkei von 1923 bis 1980, in: Südosteuropa Mitteilungen, Nr. 4, Jg. 33, S. 356.

Straßennetzes erforderlich war. Auch die Weltbank und der IWF sowie die OECD unterstützten diese Strategie.[91]

Die neue, liberalere Entwicklungspolitik räumte dem privaten Bereich der Wirtschaft im Industrialisierungsprozeß mehr Bedeutung ein. Für die Förderung der privaten Industriellen wurde mit Unterstützung der Weltbank im Jahre 1950 die "Industrieentwicklungsbank" (Türkiye Sanayi Kalkınma Bankası / TSKB) gegründet. Hauptaufgabe der TSKB war, Kredite für die Privatwirtschaft zu vergeben. Zwischen den Jahren 1950 und 1962 verteilte die TSKB den größten Anteil der Kredite an Unternehmen, die sich in der Region Marmara (324 von insgesamt 481 Unternehmen) befanden. Diese ungleiche Kreditverteilung führte zur weiteren Verschärfung der bestehenden regionalen Disparitäten.[92] Dies ist jedoch nur eine der entscheidenden Ursachen für die Entwicklung der räumlichen Disparitäten. Auf weitere Faktoren wird im Laufe dieser Arbeit genauer eingegangen.

Trotz anfänglich beachtlicher Erfolge mündete die letztlich unkoordinierte Wirtschaftspolitik in eine volkswirtschaftliche Krise Ende der fünfziger Jahre. Die steigenden Importe, die überwiegend zu infrastrukturellen und industriellen Investitionen verwendet wurden, waren nicht auf die reale Zahlungsfähigkeit der Türkei abgestimmt. Devisenengpässe, daraus resultierende Importrestriktionen für Maschinen, Ersatzteile, Rohstoffe, Betriebsstillegungen und schließlich innenpolitische Unruhen führten zu zunehmenden wirtschaftspolitischen Problemen und im Jahre 1960 zum Militärputsch.[93]

Mit der neuen Verfassung von 1961 wurde dem Staat die Aufgabe zugeteilt, die wirtschaftliche, soziale und kulturelle Entwicklung des Landes durch angemessene Entwicklungspläne zu verwirklichen. Zur makroökonomischen Steuerung wurde die Staatliche Planungsorganisation "Devlet Planlama Teşkilatı"[94] (SPO) gegründet. Als Orientierungshilfe für die Politik dienen seither die "Fünfjahresentwicklungspläne (FEP)". Die öffentlichen Investitionen unterlagen den im Rahmen der FEP ausgearbeiteten Jahresprogrammen. Die Privatinvestitionen dagegen bedurften der Zustimmung der SPO oder anderer Behörden und wurden bezüglich der Planziele kontrolliert, die Fördergelder entsprechend bewilligt.[95] Als Besonderheit der Pläne kristallisierte sich eine offizielle Entwicklungsstrategie des Staates unter Berücksichtigung des privaten Sektors heraus. Die Pläne zielten nicht nur auf die industrielle Entwicklung des Landes, sondern auch auf die Steuerung der gesamten wirtschaftlichen und gesellschaftlichen Entwicklung ab.

---

91 Vgl. KEPENEK, Yakup / YENTÜRK, Nurhan (1996): Die türkische Wirtschaft (in türkischer Sprache), İstanbul, S. 84.

92 Vgl. STEWIG, Reinhard (1999): Entstehung der Industriegesellschaft in der Türkei, Teil 2: Entwicklung 1950-1980, Kiel, S. 104 und 106.

93 Vgl. MELINZ, Gerhard (1995): Erfahrung mit importsubstituierender und exportorientierter Industrialisierungsstrategie - Die Fallstudie Türkei (1838-1990), in: Industrialisierung: Entwicklungsprozesse in Afrika, Asien und Lateinamerika, Hrsg.: FELDBAUER, Peter u.a., Frankfurt am Main, Wien, S. 73.

94 Zum Aufbau und Struktur der SPO: GUMPEL, Werner (1985): Wirtschaftssystem und Wirtschaftsentwicklung, in: Türkei, Südosteuropa-Handbuch, Hrsg.: GROTHUSEN, Klaus-Detlev, Bd. 4, Göttingen, S. 335-337 und TEKİNAY, Osman (1981): Staatliche Entwicklungsplanung in der Türkei, München, S. 71-77.

95 Vgl. BORATAV, Korkut (1987): Die türkische Wirtschaft im 20. Jahrhundert (1908-1980), Frankfurt, S. 90.

Bis 1980 wurden insgesamt drei FEP[96] aufgestellt. Neben der Verwirklichung von Wachstumszielen sahen die Pläne eine strukturelle Umwandlung der Wirtschaft zugunsten der Industrie vor. Dieses Ziel sollte mit Hilfe der Importsubstitutionspolitik erreicht werden.[97]

Während der beiden ersten FEP-Perioden (1963-1972) war die erste Stufe der Importsubstitution durch eine Konzentration auf nicht-dauerhafte Konsumgüter (z.B. Nahrungsmittel) geprägt. Mit dem dritten FEP (1973-1977) begann der Übergang zur zweiten Stufe der Importsubstitution. Die Türkei ging zur Produktion von Zwischengütern und dauerhaften Produktions- und Konsumgütern (kapitalintensive Produktion) im Inland über.[98]

Von Bedeutung für die Verkehrswirtschaft in dieser Phase ist jedoch die sektorale und produktionsstrukturelle Entwicklung im Rahmen der Importsubstitutionsstrategie. Dabei stehen vor allem die Wirtschaftsstruktur der Türkei, die Produktionsstruktur sowie die Betriebsstruktur der einzelnen Wirtschaftssektoren im Mittelpunkt. Da diese Änderungen die Richtung der Güterströme und die Art der Gütertransporte beeinflussen, ist es bei der Analyse entscheidend, die Zusammenhänge zwischen dem Verkehrssystem und der wirtschaftlichen Entwicklung herauszustellen.

Die Anteile der türkischen Wirtschaftssektoren am BSP im betrachteten Zeitraum veranschaulicht Tab. 1. Zwischen 1950 und 1980 fand ein Strukturwandel in der Türkei statt. Der Anteil der Landwirtschaft am BSP sank, die Anteile des sekundären Sektors und vor allem des Dienstleistungssektors am BSP haben sich vergrößert.[99]

Tab. 1: Sektorale Zusammensetzung des BSP zwischen 1950 und 1980 (in % des BSP)

Jahr	Landwirtschaft	Industrie	Dienstleistung
1950	45	12	43
1955	42	13	45
1960	41	15	44
1965	34	18	48
1970	29	20	51
1975	25	22	53
1980	24	22	54

Quelle : KRUEGER Anne O. / AKTAN, Okan H. (1992): Turkey, San Francisco, California, S. 9.

---

96 Der erste FEP für 1963-1967; der zweite FEP für 1968-1972; der dritte FEP für 1973-1977; der vierte FEP für 1978-1983 wurde aber bis 1980 nicht durchgeführt. Für detailliertere Informationen über die Inhalte der Pläne: Vgl. KEPENEK, Yakup / YENTÜRK, Nurhan (1996): Die türkische Wirtschaft (in türkischer Sprache), İstanbul, S. 129-173; SPO (1991): Planung in der Türkei und Freie Marktwirtschaft (in türkischer Sprache), Ankara; TEKİNAY, Osman (1981): Staatliche Entwicklungsplanung in der Türkei, München, S. 79-109.

97 Vgl. YILMAZ, Bahri (1993): Die wirtschaftliche Entwicklung der Türkei von 1923 bis 1980, in: Südosteuropa Mitteilungen, Nr. 4, Jg. 33, S. 359.

98 Vgl. DAĞLIOĞLU, Perizat (1999): Ökonomische Entwicklungsstrategien der Türkei, München, S. 19.

99 Vgl. KRUEGER Anne O. / AKTAN, Okan H.(1992): Turkey, San Francisco, California, S. 8f.

Der primäre Sektor: Charakteristisch für die fünfziger Jahre waren die Ausdehnung der landwirtschaftlichen Nutzfläche, die steigenden, aber instabilen Hektarerträge und die massiven kreditfinanzierten Traktorimporte.[100] So stieg vom Anfang der fünfziger Jahre bis etwa Mitte der sechziger Jahre die landwirtschaftliche Produktion durch die Expansion der landwirtschaftlichen Nutzflächen an. Diese Flächenexpansion stieß jedoch Mitte der sechziger Jahre an ihre naturräumlichen Grenzen. Aus diesem Grund wurde der Anbau auf den bestehenden Flächen intensiviert. Der Anteil der Landwirtschaft am BSP konnte, wie in den bisherigen FEP geplant, auf 24% im Jahre 1980 herabgesetzt werden. Die Agrarwirtschaft zeigte überwiegend kleinbetriebliche Strukturen. Die landwirtschaftlichen Kleinbetriebe waren vor allem in der gebirgigen Peripherie, wie z.B. in Ostanatolien, anzutreffen.[101]

Der sekundäre Sektor: Im Bereich der industriellen Entwicklung stieg zwischen 1950 und 1960 die Produktion um 78%, und ihr Anteil am BSP erhöhte sich von 12% auf 15%.[102] Das Hauptziel der Wirtschaftspolitik war die Erhöhung des Wohlstands der Bevölkerung durch die verstärkte Industrialisierung des Landes. Dabei gelang es der Türkei, ihr Pro-Kopf-Einkommen erheblich zu steigern (282 US$ im Jahre 1968 auf 1.100 US$ im Jahre 1980).[103] Allerdings war das Pro-Kopf-Einkommen im Land räumlich nicht gleichmäßig verteilt, sondern zeigte eine Konzentration in den Ballungsräumen, worauf in Kap. C. 1. näher eingegangen wird.

In Tab. 2 wird die Zusammensetzung der industriellen Produktion in den FEP-Perioden deutlich. Die Zusammensetzung hat sich seit 1962 zugunsten der Zwischengüter geändert. Aufgrund der begrenzten Nachfrage auf dem Binnenmarkt hat sich die Zusammensetzung insbesondere nach 1972 kaum geändert, obwohl eine Änderung zugunsten der Investitionsgüter im dritten FEP geplant war.[104]

---

[100] Durch diese Traktorimporte wurde zwar der Mechanisierungsgrad der türkischen Landwirtschaft erhöht, dennoch stellte sich im Jahre 1958 heraus, daß bereits 80% der Traktoren nicht mehr einsatzfähig waren. Somit stellten diese Importe einen Fehlschlag für die Entwicklung des Landes dar. Vgl. MELINZ, Gerhard (1995): Erfahrung mit importsubstituierender und exportorientierter Industrialisierungsstrategie - Die Fallstudie Türkei (1838-1990), in: Industrialisierung: Entwicklungsprozesse in Afrika, Asien und Lateinamerika, Hrsg.: FELDBAUER, Peter u.a., Frankfurt am Main, Wien, S. 73.

[101] Vgl. STEWIG, Reinhard (1999): Entstehung der Industriegesellschaft in der Türkei, Teil 2: Entwicklung 1950-1980, Kiel, S. 61.

[102] Vgl. KEPENEK, Yakup / YENTÜRK, Nurhan (1996): Die türkische Wirtschaft (in türkischer Sprache), İstanbul, S. 100.

[103] Vgl. YILMAZ, Bahri (1993): Die wirtschaftliche Entwicklung der Türkei von 1923 bis 1980, in: Südosteuropa Mitteilungen, Nr. 4, Jg. 33, S. 364f.

[104] Vgl. BARKEY, Henri J. (1990): The State and Industrialisation Crisis in Turkey, Boulder, San Francisco, Oxford, S. 130.

Tab. 2: Industrielle Produktion nach den Güterarten zwischen 1962-1980 (in %)

Güterart	1962	1967	1972	1977	1980
Konsumgüter	62,3	52,9	46,6	49,3	48,5
Zwischengüter	27,8	35,4	39,4	35,7	40,2
Investitionsgüter	9,9	11,7	14,0	15,0	11,3

Quelle: BARKEY, Henri J. (1990): The State and Industrialisation Crisis in Turkey, Boulder, San Francisco, Oxford, S. 130.

Die Anzahl der Industriebetriebe stieg von 160.171 im Jahre 1963 auf 186.168 im Jahre 1980. Dabei handelte es sich bei der überwiegenden Mehrheit der Unternehmen des sekundären Sektors um Handwerks- und kleinindustrielle Betriebe. Obwohl der Anteil der Firmen mit mindestens 10 Beschäftigten[105] von 1,9% im Jahre 1963 auf 4,8% im Jahre 1980 angestiegen war, blieb insgesamt die kleinbetriebliche Struktur des sekundären Sektors erhalten.[106] Branchenmäßig dominierten im Jahre 1980 bei den Handwerks- und Kleinindustriebetrieben die Metallverarbeitung (35%), die Textilverarbeitung und die Bekleidungsindustrie (28%).[107]

Der tertiäre Sektor: Im Dienstleistungssektor haben manche Bereiche ein schnelles quantitatives und qualitatives Wachstum erlebt, wie z.B. der Straßenverkehrsleistungen, und der Handelssektor.[108] Der Anteil des Verkehrs- und Kommunikationswesens am BSP stieg von 11,4 % im Jahre 1950 auf 15,6% im Jahre 1960 an. Der Anteil des Dienstleistungssektors am BSP stieg im Jahre 1980 auf 54% an und überflügelte damit sowohl die Landwirtschaft (24%) als auch die Industrie (22%).[109] Beim Wachstum des Dienstleistungssektors spielte die steigende Urbanisierung eine große Rolle, wie bei den Dienstleistungsbereichen der Wohnungsversorgung, der Wasser- und Energieversorgung bzw. -entsorgung.

Fazit

Die erste Phase des Take-off begann in der Türkei im Jahre 1923, in der der Landwirtschaftssektor eine große Bedeutung hatte. Erst mit der Mechanisierung in der Landwirtschaft und weiteren Entwicklungen des Industriesektors nach 1950 fand eine sektorale Veränderung statt. In den Perioden der Fünfjahresentwicklungspläne war die wirtschaftliche Entwicklung besonders der Konsumgüterindustrie zu beobachten.

---

105 Die Industrie im engeren Sinn wurde nach unten durch Betriebe mit etwas mehr als 10 Beschäftigten abgegrenzt. Aus den sehr weitgefaßten Begriffen von Industrie, die bei den Industriezählungen von 1950 bis 1980 zugrunde gelegt worden sind, ergibt sich der prozentual außerordentliche Umfang von Handwerks- und der Kleinindustriebetrieben in der Türkei. Vgl. STEWIG, Reinhard (1999): Entstehung der Industriegesellschaft in der Türkei, Teil 2: Entwicklung 1950-1980, Kiel, S. 135f.

106 Vgl. STEWIG, Reinhard (1999): Entstehung der Industriegesellschaft in der Türkei, Teil 2: Entwicklung 1950-1980, Kiel, S. 135f.

107 Vgl. HIÇ, Mükerrem (1985): Industry, Handicraft and Tourism, in: Türkei, Südosteuropa-Handbuch, Hrsg.: GROTHUSEN, Klaus-Detlev, Bd. 4, Göttingen, S. 387.

108 Vgl. KEPENEK, Yakup / YENTÜRK, Nurhan (1996): Die türkische Wirtschaft (in türkischer Sprache), İstanbul, S. 105.

109 Vgl. KRUEGER Anne O./ AKTAN, Okan H.(1992): Turkey, San Francisco, California, S. 9.

Für die Verkehrswirtschaft haben diese Entwicklungen der einzelnen Wirtschaftssektoren insofern eine Bedeutung, als sich die Struktur der produzierten Güter im Laufe des wirtschaftlichen Wandels verändert hat: Die Entwicklung der industriellen Produktionsstruktur zeigt, daß es sich bei den transportierten Gütern hauptsächlich um Konsumgüter handelte. Die Verkehrsaffinität der Konsumgüter verlangt ein schnelles und flexibles Verkehrsmittel und ein dichtes Verkehrsnetz, weil die Nähe der Kunden erforderlich ist. Auch das Wachstum des Dienstleistungssektors deutet darauf hin, daß die Verkehrsaffinität der Dienstleistungen eher den Wertigkeiten des Straßenverkehrs entsprach.

Die Phase der Exportorientierung nach 1980

Mit der Strategie der Importsubstitutionspolitik hatte sich die Türkei Ende der siebziger Jahre in die Verschuldungsfalle und in eskalierende soziale und politische Konflikte manövriert.[110] Als sich die wirtschaftliche und politische Situation im Land immer stärker zuspitzte, übernahm am 12. September 1980 das Militär für die folgenden drei Jahre die Macht. Damit begann eine neue Phase in der türkischen Entwicklungspolitik, die in Abstimmung mit der Weltbank und dem IWF in Form eines Strukturanpassungsprogramms durchgeführt werden sollte. Die Beschlüsse vom 24. Januar 1980 waren Leitlinien dieses Programms. Sie stellten auch wichtige Voraussetzungen für die weitere Entwicklung des türkischen Verkehrswesens dar. Die Kernpunkte des Stabilisierungs- und Strukturanpassungsprogramms waren: [111]

- Verringerung direkter staatlicher Eingriffe im produktiven Bereich zugunsten einer stärkeren Betonung von Marktmechanismen, Wettbewerb und privater Initiative sowie Privatisierungsmaßnahmen,

- Veränderung der Anreizstruktur von direkten hin zu indirekten staatlichen Anreizen,

- Abkehr von binnenorientierter Importsubstitutionspolitik zugunsten einer substantiellen Erhöhung der Exporte und einer schrittweisen Importliberalisierung,

- Öffnung gegenüber ausländischen Direktinvestitionen.

Durch die Unterstützung von IWF und Weltbank in Form von Krediten konnte eine kurzfristige Verbesserung der Verschuldungssituation der Türkei erreicht werden. Ebenso führten die eingeleiteten Sofortmaßnahmen zunächst wieder zu einem Ansteigen des BSP, wie im folgenden gezeigt wird.

---

110 Während der ersten beiden FEP waren die Investitionen zum größten Teil mit einheimischen Ersparnissen finanziert worden, nun wurden sie im dritten FEP hauptsächlich durch kurzfristige Schuldenaufnahme ermöglicht. Somit stieg die staatliche Verschuldungsquote von 2% im Jahr 1973 auf 10,6% im Jahr 1977 an. Grundsätzlich war es das Ziel dieser ISI-Politik, im Rahmen der Außenhandelsbilanz den Importanteil zu reduzieren, faktisch erhöhte sich jedoch dieser Anteil zwischen 1963 und 1974 von 9,4% auf 12%. Gleichzeitig sank der Beitrag der Exporte zum BSP. Die ISI-Politik der Türkei verlief mit all ihren negativen Effekten auch aufgrund der Nachwirkungen des Erdölpreis-Schocks von 1974, der negativen Wirkung des Zypernkonfliktes von 1974 und der steigenden Auslandsverschuldung bis zu ihrem endgültigen Scheitern 1977 weiter. Vgl. YILMAZ, Bahri (1993): Die wirtschaftliche Entwicklung der Türkei von 1923 bis 1980, in: Südosteuropa Mitteilungen, Nr. 4, Jg. 33, S. 362f.

111 Vgl. KRUEGER, Anne O. / AKTAN, Okan (1992), Turkey, San Francisco, California, S. 17-34, Vgl. KEPENEK, Yakup / YENTÜRK, Nurhan (1996): Die türkische Wirtschaft (in türkischer Sprache), İstanbul, S. 179-197.

Die politische Entwicklung in den neunziger Jahren war hingegen gekennzeichnet durch einen Mangel an Kontinuität und Durchsetzungsvermögen. Die politische Instabilität und die Kürze der jeweiligen Amtszeiten der Regierungen führten vielfach zu einem Aufschub von Maßnahmen und Projekten sowie langfristigen Planungen und Konzeptionen, da die Beendigung der Investitionen oder gar deren Rückflüsse nicht mehr auf die eigene Legislaturperiode entfielen. Zudem erfordern die Maßnahmen einer umfassenden Liberalisierung eine lange Vorlaufzeit. Dies betrifft insbesondere kapitalintensive Bereiche wie die Verkehrswirtschaft.

Wie in Abb. 3 anhand der ausgewählten Indikatoren ersichtlich wird, verzeichnete die Türkei bis auf die Jahre 1980 und 1994 positive Wachstumsraten des BSP, wobei diese starken Schwankungen unterlagen.

Abb. 3: Ausgewählte makro-ökonomische Indikatoren der wirtschaftlichen Entwicklung zwischen 1980 und 1998 (in %)

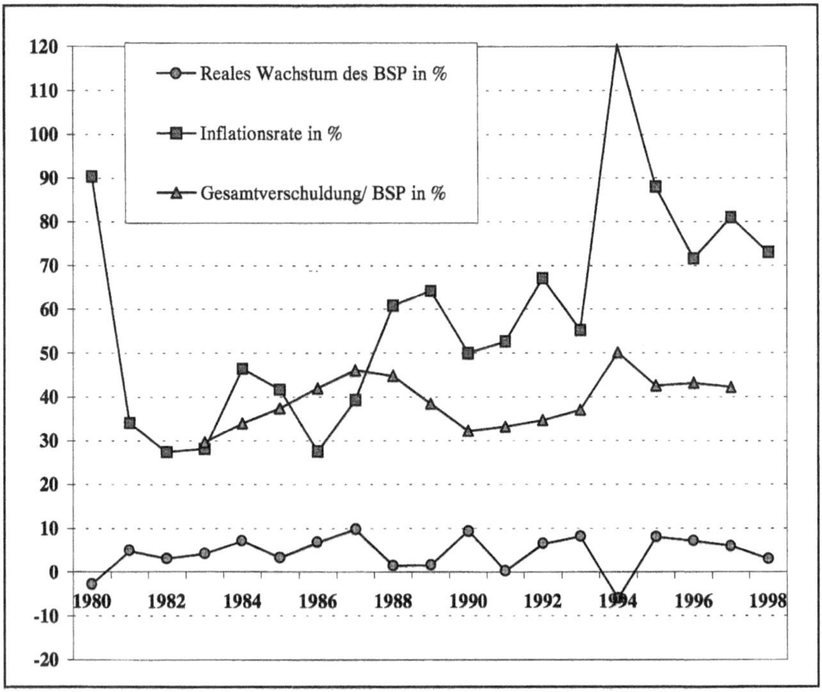

Quelle: Eigene Darstellung, Daten aus SPO (1999): Social and Economic Indicators (1950-1998), Online-Ausgabe (www.dpt.gov.tr), o.S.

Die Entwicklungen der makroökonomischen Indikatoren führten die Türkei im Jahre 1994 in eine schwere Wirtschaftskrise. Mit dem Programm vom 5. April wurde erneut versucht, die Krise durch Stabilisierungsmaßnahmen zu überwinden. Dies führte jedoch nur zu einer kurzfristigen Erholung. Bis heute weist die Türkei eine anhaltend hohe Inflationsrate, hohe Binnen- und Auslandsverschuldung und politische Instabilität auf. Die Inflationsraten lagen im Jahresdurchschnitt von 1994 und 1998 bei ca. 120% bzw. 73%.[112]

Die Abschwächung der gesamtwirtschaftlichen Entwicklung bewirkte einerseits eine Senkung der Verkehrsleistungen und führte anderseits zu sinkenden Realeinkommen der Bevölkerung. Hierdurch wird eine Senkung der Kfz-Produktion wie auch des Umsatzes im Kfz-Gewerbe hervorgerufen, worauf später in Kap. D eingegangen wird. Von entscheidender Bedeutung für die Verkehrswirtschaft ist jedoch die Entwicklung der Investitionen, der einzelnen Wirtschaftssektoren und des Außenhandels.

Trotz der marktwirtschaftlichen Orientierung nach 1980 blieben die staatlichen Investitionen bis 1994 die dominante Form der Kapitalakkumulation. Allerdings war eine Verlagerung der Investitionstätigkeit vom Industriesektor hin zum Infrastrukturbereich zu erkennen. Die staatlichen Investitionen im Bereich des Verkehrs- und Kommunikationswesens sind deutlich gestiegen, wie in Tab. 3 zu sehen ist, wobei die Realisierung des modernen Telekommunikationssystems und der Ausbau der Autobahnen einen entscheidenden Beitrag leisteten.

Tab. 3: Entwicklung der Verteilung der staatlichen Investitionen nach Wirtschaftssektoren zwischen 1980 und 1997 (in %)

Jahre	Landwirtschaft	Bergbau	Industrie	Verkehr und Kommunikation	Energie	Sonstige
1980	7,9	7,6	26,3	20,8	21,3	16,1
1985	7,0	9,8	12,6	28,0	22,0	20,6
1990	9,6	3,4	4,5	34,0	21,7	26,8
1995	12	2,1	5,7	31,7	12,3	36,2
1997*	11,0	2,9	1,9	32,9	13,0	38,3

*geschätzt

Quelle: Eigene Darstellung, Daten aus SPO (1998): Social and Economic Indicators (1950-1998), Online-Ausgabe (www.dpt.gov.tr), o.S.

Bei den privaten Investitionen zeigen die Entwicklungen in den achtziger sowie neunziger Jahren keine großen Erfolge (Tab. 4). Zwar stieg in dem betrachteten Zeitraum der Anteil der Gesamtsparquote der Bevölkerung von 15,7% im Jahre 1980 auf 20% im Jahre 1996,[113] doch wurden die Investitionen nicht im verarbeitenden Sektor vorgenommen, sondern im Bereich Wohnungswesen oder auch Pkw-Besitz als Kapitalanlage eingesetzt. Insgesamt stieg der Anteil der Gesamtinvestitionen am BSP von 19,6% auf 25,6% im gleichen Zeitraum. Aufgrund der Erhöhung des BSP stieg das Pro-Kopf-Einkommen zwischen 1980 und 1996 bei konstanten Preisen um ca. 44% und betrug im Jahre 1996 ca. 1977 US$.[114] Infolge dieser Entwicklung nahm die Zahl der Pkw-Besitzer in der Türkei im gleichen Zeitraum um ca.

---

112 Vgl. SPO (1998): Economic and Social Indicators (1950-1998), Online-Ausgabe (www.dpt.gov.tr), o.S.

113 Vgl. ebd.

114 Vgl. SPO (1998): Economic and Social Indicators (1950-1998), Online-Ausgabe (www.dpt.gov.tr), o.S.

340% zu.[115] So konnte das vermehrte Sparen nicht immer produktiv eingesetzt werden, d.h. das Entstehen des Kapazitätseffektes wurde begrenzt.

Tab. 4: Zusammensetzung der Privatinvestitionen nach Wirtschaftssektoren in der Türkei zwischen 1980 und 1997 (in %)

Jahr	Landwirtschaft	Industrie	Energie	Wohnungswesen	Transport und Kommunikation	Sonstige
1980	7,4	30,0	0,4	44,7	9,7	7,8
1985	7,7	31,9	0,4	32,3	17,0	10,7
1990	3,6	26,2	0,8	46,5	10,7	12,2
1995	4,7	26,3	1,8	39,3	16,4	11,5
1997*	4,4	24,2	6,8	35,8	17,6	11,2

*geschätzt

Quelle: Eigene Darstellung, Daten aus SPO (1998): Social and Economic Indicators (1950-1998), Online-Ausgabe (www.dpt.gov.tr), o.S.

Im Hinblick auf die Zusammensetzung des BSP lassen sich Fortschritte bei den Industrialisierungszielen des Reformprogrammes feststellen. Während 1980 der Anteil der Industrie noch 19,3% des BSP betrug, stieg dieser Anteil auf 25,2% im Jahre 1996, während der Anteil der Landwirtschaft im betrachteten Zeitraum von 26,1% auf 16,9% sank. Der Anteil der Dienstleistungen betrug in den achtziger und neunziger Jahren zwischen 46% und 52% des BSP (s. Abb. 4).[116]

---

115 Vgl. KGM (1997): Annual Statistics of Turkish Highways (1995-1996), Ankara, S. 67. Die Zunahme des Pkw-Besitzes zeigt bereits die steigende Bedeutung des Straßenverkehrs in der Türkei. Neben dem gesellschaftlichen Ansehen des Autobesitzes spielten erhöhte Gewinnmöglichkeiten eines Autos als Kapitalanlage durch die hohe Inflation eine entscheidende Rolle.

116 Vgl. SPO (1998): Economic and Social Indicators (1950-1998), Online-Ausgabe (www.dpt.gov.tr), o.S.

Abb. 4: Die Anteile der türkischen Wirtschaftssektoren am BSP zwischen 1980 und 1997 (in %)

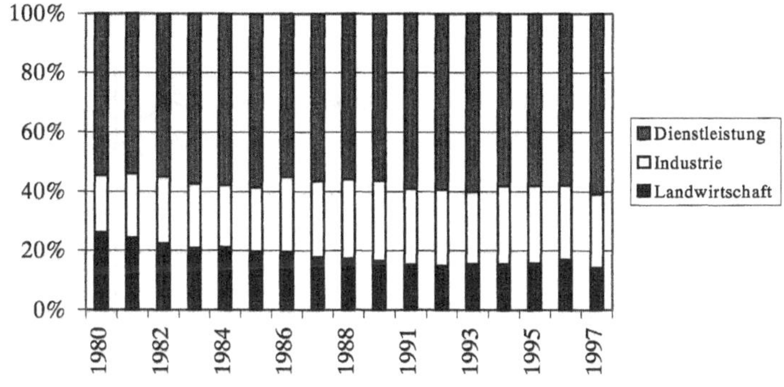

Quelle: Eigene Darstellung, Daten aus SPO (1998): Social and Economic Indicators (1950-1998), Online-Ausgabe (www.dpt.gov.tr), o.S.

Generell dominierten bei der Wertschöpfung innerhalb des Industriesektors die Schlüsselindustrien. Der Metall- und Chemiebereich liegt gegenüber den traditionellen und auf landwirtschaftlichen Rohstoffen basierenden Industriesegmenten (Nahrungsmittel, Getränke, Tabak, Textil und Leder) vorn.

Tab. 5 zeigt die Entwicklung der Produktionsstruktur der türkischen Industrie im Untersuchungszeitraum. Der türkische Agrarsektor absorbierte in den achtziger Jahren noch immer 60% des aktiven Arbeitskräftepotentials und trug zwischen 15% und 20% zum Volkseinkommen bei. Im Jahre 1995 lag der Anteil der Arbeitskräfte im Agrarsektor bei ca. 48%, im sekundären Sektor bei ca. 20% und im Dienstleistungssektor ca. bei 32%.[117]

[117] Vgl. TÜSİAD (1996): Turkish Economy 1996, İstanbul, S. 27.

Tab. 5: Veränderung der Produktionsstruktur der türkischen Industrie zwischen 1980 und 1996 nach dem jährlichen Mehrwert (Output abzgl. Input)

Produktionsanteile des Industriesektors	**1980**	**1985**	**1990**	**1996**
Konsumgüter				
Nahrungsmittel	14%	13,8%	12,1%	15,2%
Textil	11%	11,3%	10,7%	} 18,6
Bekleidung	1,3%	2,5%	4,6%	
Zwischengüter				
Eisen und Stahl	7,1%	8,8%	8,1%	4,7
Chemische Prod.	9,6%	9,4%	10,3%	} 28,5
Erdöl-Raffinerie und Erdölprodukte (Kunststoff und Reifen)	18,8%	19,4%	16,5%	
Investitionsgüter				
Metallprodukte	5,4%	3,9%	5,2%	
Maschinen (elektronisch und nicht elektronisch)	7,8%	7,9%	9,4%	20,4
Kraftfahrzeuge	4,6%	4,6%	6,5%	
Sonstige	20,4%	18,4%	16,6%	12,6
Gesamt	100%	100%	100%	100%

Quelle: Eigene Darstellung, Daten aus SIS (1993): Statistical Yearbook of Turkey 1993, Ankara, S. 388-409 und SIS (1998): Manufacturing Industry, Online-Ausgabe (www.die.gov.tr), o.S.

Im Entwicklungsverlauf hatte ausschließlich der Industriesektor eine stetig wachsende Bedeutung, der Anteil des Dienstleistungs- und Bausektors am BSP unterlag seit 1980 kaum Schwankungen. Nur im Bereich des Tourismus fand nach 1980 ein großer Aufschwung statt. Die Touristenzahl stieg von 724.784 im Jahre 1970 auf ca. 5,5 Mio. im Jahr 1990 und sogar auf ca. 10 Mio. im Jahr 1997.[118] Die Einnahmen durch den Tourismus vergrößerten sich in ca. 20 Jahren um den Faktor 150. Der Tourismus wurde so zur wichtigsten Einnahmequelle der türkischen Wirtschaft (s. Abb. 5).

118 Vgl. SPO (1998): Economic and Social Indicators (1950-1998), Online-Ausgabe (www.dpt.gov.tr), o.S.

Abb. 5: Touristenzahl und Einkommen aus dem Tourismus in der Türkei zwischen 1970 und 1998

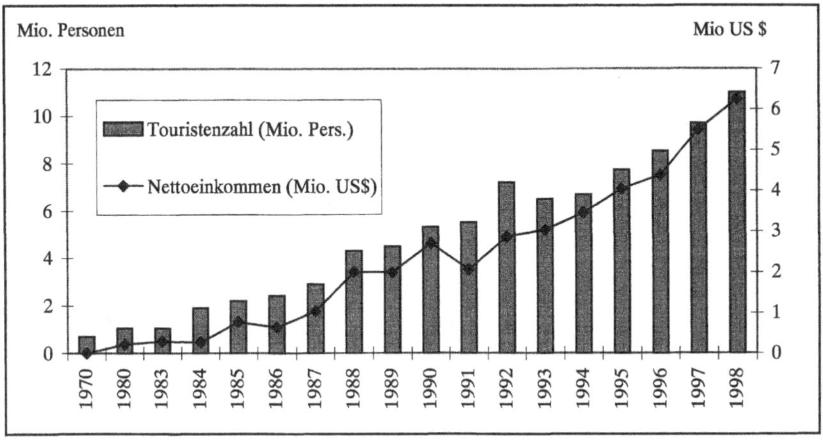

Quelle: Eigene Darstellung, Daten aus SPO (1998): Social and Economic Indicators (1950-1998), Online-Ausgabe (www.dpt.gov.tr), o.S.

Diese Tourismuseinnahmen haben seit 1970 neben den Gastarbeiterüberweisungen erheblich zur Verminderung des Leistungsbilanzdefizits beigetragen.[119] Die Anforderungen an die Infrastruktur und besonders an das Verkehrswesen stiegen mit dem Wachstum im Bereich des Tourismus. Nach 1980 kam es z.B. beim Luftverkehr zu einem bedeutenden Wachstum, während der Seeverkehr bei Küstenfahrten eine untergeordnete Rolle spielte. Da der größte Teil der Touristenregionen, insbesondere die Region Mittelmeer, nicht durch die Eisenbahn angeschlossen ist, läuft der überregionale Verkehr über den Straßenverkehr.

Seit 1980 läßt sich tatsächlich sowohl eine Steigerung der Exporte als auch eine Veränderung ihrer Zusammensetzung nachweisen: Der Exportanteil am BSP betrug Anfang der achtziger Jahre ca. 4,2%. Er stieg im Jahre 1985 auf 12,6% und im Jahre 1997 sogar auf 14, 2%. Der Anteil von Industriegütern erhöhte sich im Zeitraum 1980-1997 von ca. 36% auf ca. 89%. Besonders bei den Exportsteigerungen dominierten die Gruppen Eisen und Stahl, Leder sowie Gummi und Kunststoff. Der Exportanteil der Agrarprodukte zeigte gegenüber dem Industriesektor eine gegenläufige Tendenz und fiel von ca. 57% (1975-1980) auf ca. 9% (1997) zurück.[120] Einen Überblick über das Außenhandelsvolumen gibt Abb. 6.

---

[119] Vgl. GUMPEL, Werner (1997): Die türkische Wirtschaft - Verfall oder Neubeginn, KAS-Auslandsinformationen, Heft 2, Jg. 13, Bonn, S. 49.

[120] SPO (1998): Economic and Social Indicators (1950-1998), Online-Ausgabe (www.dpt.gov.tr), o.S.

Abb. 6: Anteile des Exports und Imports am türkischen BSP und Verhältnis von Exporten zu Importen zwischen 1970 und 1997 (in %)

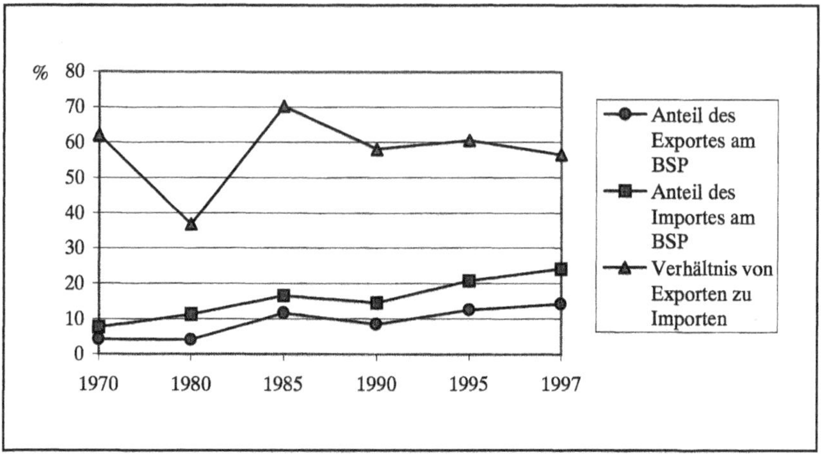

Quelle: Eigene Darstellung, Daten aus SPO (1998): Social and Economic Indicators (1950-1998), Online-Ausgabe (www.dpt.gov.tr), o.S.

Die staatliche Exportförderung in den achtziger Jahren erhöhte die Investitionstätigkeit im Bereich der Industrie, wodurch die Importe von benötigten Zwischengütern immer weiter zunahmen. Die Importe nahmen schneller zu als die Exporte, was zu einem steigenden Handelsbilanzdefizit zwischen 1980 und 1995 führte. Im Jahre 1993 deckten die Exporte die Importe nur zu 55%, was nicht zuletzt zur Wirtschaftskrise von 1994 beitrug. Das Handelsbilanzdefizit blieb insgesamt in den neunziger Jahren auf einem hohen Niveau stabil. Als Folge dieser negativen Entwicklung der makroökonomischen Größen stieg die Auslandsverschuldung von 16,3 Mrd. US$ im Jahre 1980 auf 79,7 Mrd. US$ im Jahre 1996. Das entsprach einem Anteil von ca. 43,2% am BSP.[121]

Die Zusammensetzung der Exporte nach Warengruppen zeigt eine Entwicklung zugunsten der Industrieprodukte, wie in Tab. 6 zu sehen ist. Somit wird auch im internationalen Verkehr der Güterstruktureffekt sichtbar.

---

[121] SPO (1998): Economic and Social Indicators (1950-1998), Online-Ausgabe (www.dpt.gov.tr), o.S.

Tab. 6: Zusammensetzung des türkischen Exportes nach Warengruppen zwischen 1970 und 1997 (in %)

Jahr	Agrar-erzeugnisse	Bergbau	Industrie	Gesamtexport (in Mio. US$)	Exportanteil am BSP
1970	74,9	6,6	18,5	588	4,3
1980	57,4	6,6	36,0	2.910	4,2
1985	21,6	3,1	75,3	7.958	11,7
1990	17,6	2,5	79,9	12.959	8,5
1995	9,9	1,9	88,2	21.635	12,6
1997	8,8	1,6	89,6	25.424	13,6

Quelle: Eigene Darstellung, Daten aus SPO (1998): Social and Economic Indicators (1950-1998), Online-Ausgabe (www.dpt.gov.tr), o.S.

Den höchsten Anteil der exportierten Güter machten im Jahre 1997 Produkte aus Textil- und Bekleidungsindustrie (ca. 42%), Metallindustrie (11,2%), Nahrungsmittel- und Getränkeindustrie (10,6%) und Maschinenindustrie (4,5%) aus.[122]

In den achtziger und neunziger Jahren war die Struktur der Importe hauptsächlich durch die Rohstoffe, insbesondere Erdöl, sowie Investitionsgüter bestimmt (Tab. 7). Dabei spielte die Weiterentwicklung der Kfz-Industrie eine entscheidende Rolle (s. Kap. D).[123]

Der Untersuchungsbericht von TÜSİAD[124] zeigt, daß der primäre Energiebedarf im Verkehrswesen von 8,8 Mio. t Erdöl im Jahre 1990 auf 15-18 Mio. t im Jahr 2000 und auf 56 bis 71 Mio. t im Jahr 2010 steigen wird. Dabei bleibt der Anteil des Verkehrs am gesamten Energiebedarf mit etwa 50% in den Jahren 2000 und 2010 prozentual gleich. Vom gesamten Erdölverbrauch im Bereich des Verkehrs entfallen dabei etwa 99% auf den Straßenverkehr.[125] Diese Schätzungen zeigen zum einen eine erhöhte Bedeutung des Straßenverkehrs im gesamten Verkehrsaufkommen und zum anderen dessen Abhängigkeit vom Import der Kraftstoffe in der Zukunft.

---

[122] Vgl. SPO (1998): Main Economic Indicators - Turkey, Ankara, S. 64.

[123] Vgl. ALPBEK, Mehmet Cem (1997): Interessengegensätze bei Entscheidungsprozessen am Beispiel der Verkehrspolitik in der Republik Türkei und deren sozio-ökonomische Auswirkungen - eine sozio-historische Analyse für den Zeitraum 1950-1989 -, Berlin, S. 143.

[124] In einer Untersuchung von TÜSİAD im Jahre 1993 wurden die Daten zwischen 1950-1991 als Basis genommen, um den Energiebedarf in den Jahren 2000 bis 2010 für die Türkei abzuschätzen. Ausgehend von dieser Basis wurde zunächst der gesamte primäre Energiebedarf und dann der gesamte Endbedarf der Energie getrennt nach Sektoren, wie Industrie, Landwirtschaft, Verkehr, Wohnungen und Sonstigem berechnet.

[125] Vgl. TÜSİAD (1993): Energiesektor (in türkischer Sprache), İstanbul, S. 105-168.

Tab. 7: Türkische Importe nach Warenstruktur zwischen 1970 und 1997 (in %)

Jahr	Importe von Rohstoffen*	Importe von Investitionsgütern	Importe von Konsumgütern	Gesamtimport (in Mio. US$)	Anteil des Imports am BSP
1970	47,9	47,1	5,0	947	7,7
1980	77,9	20,0	2,2	7.909	11,3
1985	79,8	16,1	4,1	11.343	16,6
1990	72,4	18,1	9,3	22.302	14,6
1995	70,2	22,7	6,8	35.709	20,8
1997	65,8	22,9	11,3	51.578	24,1

*Erdöl- im Rohstoffimport einkalkuliert

Quelle: Eigene Darstellung, Daten aus SPO (1998): Social and Economic Indicators (1950-1998), Online-Ausgabe (www.dpt.gov.tr), o.S.

Neben der Strukturveränderung der Außenhandelsgüter beeinflußte jedoch auch die Veränderung der regionalen Verteilung der Ex- und Importe der Türkei die Entwicklung der Verkehrspolitik im betrachteten Zeitraum.

Die größten Absatzmärkte für die türkischen Ex- und Importe liegen zum einen in den EU-Ländern, zum anderen in den direkten Nachbarländern bzw. in den islamischen Ländern. Insbesondere die Aufnahme in die Zollunion der EU im Jahre 1996 bedeutete für die türkischen Unternehmen eine Herausforderung, ihre Konkurrenzfähigkeit auf dem EU-Markt zu verbessern. Dies trifft auch auf die Transportunternehmen zu, worauf in Kap. D näher eingegangen wird.

Neben den Bemühungen um die EU-Märkte begann zwischen der Türkei und den GUS-Staaten Ende der achtziger Jahre eine beachtliche wirtschaftliche und politische Zusammenarbeit. Die türkischen Produkte konnten, ohne wesentlich verbessert werden zu müssen, in diesen Ländern aufgrund des hohen Nachholbedarfs an Konsumgütern abgesetzt werden. Die geographische Lage und die kulturelle Verbindung der Türkei zu den Turkrepubliken spielte dabei eine entscheidende Rolle. 1992 wurde die Organisation "Schwarzmeerkooperation" gegründet.[126] So bieten sich im Rahmen dieser Zusammenarbeit Ansätze zur Kooperation auch im Verkehrssektor. Neue Projekte zur Verbesserung der verkehrsinfrastrukturellen Verbindung zwischen der Türkei und den Ländern der Schwarzmeerkooperation sind im Gange. Obwohl das Außenhandelsvolumen mit diesen Ländern im Vergleich zu dem mit den EU-Staaten noch sehr niedrig ist, läßt sich ein positiver Trend in der Entwicklung feststellen. Die wirtschaftlich und politisch instabile Lage dieser Länder stellt jedoch nach wie vor ein gravierendes Hindernis dar. Neben dem Handel mit den Turkrepubliken hat in den letzten Jahren der Handel mit Rußland (bis zur Wirtschaftskrise im Jahre 1998) und der Ukraine auch ein erhebliches Ausmaß erreicht (s. Tab. 8).

---

[126] Der Schwarzmeerkooperation gehören 11 Staaten an: Albanien, Armenien, Aserbaidschan, Bulgarien, Georgien, Griechenland, Moldavien, Rumänien, Türkei, Rußland und Ukraine. Vgl. ZENTRUM FÜR TÜRKEISTUDIEN (1994): Schwarzmeerwirtschaftsregion - Eine Auswertung und Zusammenfassung von Daten und Fakten, Working Paper 13, Februar 1994, Essen, S. 15.

Tab. 8: Die regionale Verteilung der türkischen Exporte und Importe zwischen 1980 und 1997 (in %)

Länder und Ländergruppen	**Export in %**		**Import in %**	
	1980	1997	1980	1997
Deutschland	12,3	20.0	11,4	16,5
EU-Staaten ohne Deutschland	18,2	26,6	16,4	34,6
USA	4,4	7,7	9,3	8,9
Gesamt OECD	**44,4**	**57,2**	**50,1**	**68,8**
Rußland	-	7,8	-	4,5
Ukraine	-	1,4	-	1,9
Turkrepubliken	-	4,1	-	0,8
GUS-Staaten	**2,1**	**13,4**	**1,2**	**7,4**
Iran	13,7	1,2	8,4	1,3
Irak	10,6	0,2	16,0	0,2
Saudi-Arabien	6,2	2,0	5,6	2,1
Islamische Staaten gesamt	**30,5**	**13,4**	**30,0**	**10,2**
Sonstige Staaten	**23**	**16**	**18,7**	**13,6**
GESAMT	**100**	**100**	**100**	**100**

Quelle: Eigene Darstellung, Daten aus SPO (1998): Main Economic Indicators, Ankara, S. 57 und 65, und SIS (1984): Statistical pocket book of Turkey, Ankara, S. 214- 217.

Zukünftige starke Handels- und Verkehrsströme werden daher in verschiedene Richtungen verlaufen: zum einen nach Europa und in den Nahen Osten, zum anderen nach Rußland und in die restlichen GUS-Länder. Die Untersuchung der Güterströme und deren Ausrichtungen erfolgt in den folgenden Kapiteln.

Fazit

Wie in Kap. A dargestellt wurde, ändert sich die Güterstruktur im Laufe des wirtschaftlichen Wandels (Güterstruktureffekt); dies führt zu einer Änderung der Güteraffinität zu den konkurrierenden Verkehrsmittel. Jedes Gut hat eine andere Verkehrsaffinität und verlangt nach einem anderen Verkehrsmittel für den Transport. Wenn man die Struktur der türkischen Industrieproduktion betrachtet, bedarf die Zunahme der dauerhaften Konsumgüter meistens eines schnellen, sicheren Transports mit einer hohen Netzdichte aufgrund der Nähe der Nachfrage. Diese Art des Transports bot das türkische Straßennetz seit 1950 mit der Erhöhung der Verkehrswertigkeit.

Bei der Verkehrsmittelauswahl spielt auch die Betriebsgröße der Unternehmen eine große Rolle, z.B. bevorzugen die kleineren Betriebe (auch die Mehrzahl der Handelsfirmen) aus Kostengründen den Straßenverkehr. Wie oben gezeigt, wurden zwischen 1950 und 1980 die meisten Industrieprodukte von kleinen Betrieben produziert und dementsprechend auch versandt. Zudem zeigte der Dienstleistungssektor (u.a. große oder kleine Handelsfirmen) ein anhaltendes Wachstum. Auch Dienstleistungsunternehmen bevorzugen überwiegend den

Straßenverkehr, da dessen Wertigkeit durch hohe Netzbildungsfähigkeit und Berechenbarkeit sowie schnellen Transport von kleinen Mengen den meisten transportierten Gütern affin ist.

Die entwicklungspolitische Wende nach 1980 beeinflußte die Entwicklung des türkischen Verkehrswesens entscheidend. Dieser Einfluß auf die Entwicklung des Verkehrswesens spielte sich auf zwei Ebenen ab: Zum einen hemmte die turbulente wirtschaftliche sowie politische Situation des Landes die nachhaltige Entwicklung eines stabilen Verkehrssektors, zum anderen stiegen aufgrund des teilweise schnellen Wirtschaftswachstums im Lande und der vermehrten Handelsbeziehungen mit dem Ausland die Anforderungen an den Verkehrssektor.

Bisher wurde der Rahmen, durch den die Gestalt des Verkehrssystems und die türkische Verkehrspolitik bestimmt wird, dargestellt. Im folgenden steht nun die Analyse des türkischen Verkehrssystems in der regionalen Entwicklung der Türkei im Mittelpunkt der Betrachtung.

C. Die Entwicklung des türkischen Verkehrswesens bis 1980: Das Phänomen der regionalen Disparitäten

Die Ursachen der regionalen Disparitäten der Türkei lassen sich nur im Zusammenhang mit den Ursachen des Entwicklungsrückstandes der Türkei insgesamt erfassen. Zu diesem Thema liegt eine Reihe von Untersuchungen vor, auf die im Rahmen dieser Arbeit nur hingewiesen werden kann.[127] Hier ist jedoch von Interesse, die vom Verkehrssystem ausgehenden Impulse auf die regionalen Disparitäten zu analysieren.

Legt man den verkehrswirtschaftlichen Ansatz von VOIGT zugrunde, so ist es für die folgende Analyse von Bedeutung, inwieweit die Qualität des türkischen Verkehrssystems das Phänomen der regionalen Disparitäten begünstigt bzw. verstärkt hat. Deshalb wird zunächst ein Überblick über die Entstehung und Verschärfung der regionalen Disparitäten gegeben. Dabei wird auch das West-Ost-Gefälle in den wesentlichen Bereichen aufgezeigt.

Da die Rahmenbedingungen der räumlichen und verkehrswirtschaftlichen Entwicklung eines Landes stark von der Raumordnungs- und Regionalpolitik sowie der Verkehrspolitik abhängen, werden die Zielsetzungen dieser Politikbereiche untersucht und bewertet. Anschließend folgt die Analyse des türkischen Verkehrswesens anhand der Verkehrswertigkeit, dem Qualitätsmaßstab des Verkehrsangebotes.

Im letzen Teil des Kapitels wird mit einer Zusammenfassung von Ergebnissen gezeigt, welchen Beitrag das türkische Verkehrssystem in der wirtschaftlichen Entwicklung der Teilräume in einer gesamtwirtschaftlichen Betrachtungsweise im Untersuchungszeitraum geleistet hat.

C. 1. Entwicklung der regionalen Disparitäten

Bis ins 20. Jahrhundert war die Küstenschiffahrt das leistungsfähigste Verkehrsmittel über größere Entfernungen und spielte bei der Weltintegration des Osmanischen Reiches eine große Rolle. Dadurch haben sich die Hafenstädte und deren Hinterland, z.B. İzmir, İstanbul, Bursa, Mersin und Adana wirtschaftlich entwickelt. Die historischen räumlichen Disparitäten zwischen dem Nordwesten Anatoliens und den übrigen Teilräumen, besonders im Osten und

---

127 Ausführliche Informationen s. KÖKER, Ahmet Fakir (1980): Herausbildung der strukturellen Heterogenität in einer unterentwickelten Gesellschaftsformation am Beispiel der Türkei, Frankfurt, TEKELİ, İlhan (1972): Die Entwicklung der Raumorganisation im Osmanischen Reich und die Ursprünge der Raumordnungspolitik in der Republik Türkei (in türkischer Sprache), İstanbul; CEM, İsmail (1974): Die Geschichte der Rückständigkeit in der Türkei(in türkischer Sprache), İstanbul. Über die verschiedenen Teilaspekte für die Erklärung der regionalen Disparitäten s. Die Arbeiten im Bereich der Wirtschaftsgeographie; Vgl. HÜTTEROTH, Wolf-Dieter (1982), Türkei - eine Länderkunde, Darmstadt; STRUCK, Ernst (1986): Bursa, Nordwestanatolien, Auswirkungen der Industrialisierung auf die Bevölkerungs- und Sozialstruktur einer Industriestadt im Orient. Teil 2, Kiel; STRUCK, Ernst (1984): Landflucht in der Türkei - Die Auswirkungen im Herkunftsgebiet - dargestellt an einem Beispiel aus dem Übergangsraum von Inner- zu Ostanatolien (Provinz Sivas), Heft 1, Passau; RITTER, Gert / TOEPFER, Helmut (1990): Aktuelle Binnenwanderung in der Türkei, Leverkusen; EROL, İbrahim (1986): Regionalpolitische Entwicklung der Türkei, Probleme und Perspektiven, Idstein; DERİCİOĞLU, Taylan (1983): Konzepte zur dezentralen Raumentwicklung in der Türkei, Dortmund.

Südosten, verstärkten sich im Laufe des 19. Jahrhunderts durch die Einführung des modernen Verkehrsmittels Eisenbahn. Die Eisenbahn wurde in dieser Phase als Zubringer landwirtschaftlicher Produkte zu den Häfen in Westanatolien gebaut. Während die küstennahen bzw. sich zu den Küsten hin öffnenden Gebiete bedingt Anschluß an die Entwicklung hielten, verharrten der Osten und Südosten in traditioneller Verkehrsabgeschiedenheit.[128]

Mit der Gründung der Republik Türkei 1923 entstanden neue Wirtschaftsräume in Anatolien. In der Zeit des Osmanischen Reiches gab es in Anatolien keine Großbetriebe. Nachdem die kleine Stadt "Ankara" aufgrund ihrer geostrategischen Lage als Hauptstadt ausgewählt wurde, erlebte Mittelanatolien einen wirtschaftlichen und kulturellen Aufschwung.[129] Für die Verkehrspolitik war diese Wahl von entscheidender Bedeutung. Damit verlagerte sich der Schwerpunkt beim Ausbau von Verkehrswegen auf Mittelanatolien.

Die Wahl Ankaras zur Hauptstadt - als Gegengewicht zu İstanbul, dessen wirtschaftlich führende Stellung nicht erschüttert werden konnte - setzte einen Entwicklungspol für große Teile Mittelanatoliens.[130] Trotz der Bemühungen des Staates um die Förderung Anatoliens durch die Gründung staatlicher Industriebetriebe (meist Zucker-, Textil- sowie Zementfabriken) und durch den Ausbau des Verkehrsnetzes in ganz Anatolien blieb Ostanatolien im Vergleich zu Westanatolien unterentwickelt.[131] Ein minderwertiges Verkehrsnetz wirkte sich hemmend auf die wirtschaftliche Entwicklung der östlichen Regionen aus, was in Kap. C. 3. noch genauer zu analysieren ist.

Nach dem Zweiten Weltkrieg verstärkten sich die regionalen Disparitäten während des Ausbaus des türkischen Straßennetzes erheblich. Sie zeigten sich fast in allen Lebensbereichen. Das durchschnittliche Pro-Kopf-BSP der Türkei betrug 220 US$ im Jahre 1923, es erhöhte sich auf 1.165 US$ im Jahre 1972 und erreichte im Jahre 1980 1.539 US$ (in Preisen von 1980).[132] Doch war diese Entwicklung räumlich nicht gleichmäßig im Land verteilt. Das Kapital konzentrierte sich in bestimmten Regionen, und auch die Verteilung des Einkommens wies sehr starke Unterschiede auf. In Tab. 9 wird deutlich, daß die Bevölkerung in den Großstädten am nationalen Einkommen den größten Anteil hatte, während die Bevölkerung in Ost- und Südostanatolien bei annähernd gleichem Bevölkerungsanteil nur die Hälfte des Einkommens erlangte.

---

128 Vgl. STEWIG, Reinhard (1998): Entstehung der Industriegesellschaft in der Türkei, Teil 1: Entwicklung 1923-1950, Kiel, S. 197.

129 Neben militärischen spielten auch ideologische Gründe bei der Entscheidung für Ankara eine wichtige Rolle, so die Herausbildung einer neuen türkischen Elite in Anatolien als Gegenpol zur alten Elite des Osmanischen Reiches in İstanbul. Vgl. ebd., S. 305.

130 Ankara wuchs als Hauptstadt in erster Linie durch den Dienstleistungssektor. Der Zentralstaat sollte seine legislative und exekutive Gewalt in Ankara konstituieren und unterbringen. Vgl. ebd.

131 Vgl. EGGELIN, Willi (1985): Verkehrs- und Energiewirtschaft, in: Türkei, Südosteuropa-Handbuch, Hrsg.: GROTHUSEN, Klaus-Detlev, Bd. 4, Göttingen, S. 419 und 420.

132 Eigene Berechnungen nach Daten aus: o.V. (1998): Sozio-ökonomische Indikatoren der Türkei (in türkischer Sprache), in: Ekonomist Yıllığı Türkiye 1999, 27. Dezember 1998, İstanbul, S. 148 und 160.

Tab. 9: Regionale Einkommensdisparitäten in der Türkei im Jahre 1972

Regionen	Bevölkerungsanteil (in %)	Einkommensanteil (in %)
İstanbul, İzmir und Ankara	14,5	22,4
Mittelanatolien	17,5	18,3
Schwarzmeer-Region	14,6	15,0
Ägäis und Marmara-Region	23,3	21,0
Mittelmeer-Region	15,3	13,3
Ost- und Südostanatolien	14,8	10,0
Gesamt	100	100

Quelle: STEWIG, Reinhard (1999): Entstehung der Industriegesellschaft in der Türkei, Teil 2: Entwicklung 1950-1980, Kiel, S. 40.

Die Disparitäten sind auf die räumliche Verteilung der Bevölkerung, der Arbeitsplätze und der Infrastruktur zurückzuführen, die durch die Verdichtungs- und Entleerungsprozesse gekennzeichnet ist. Die regionalen Disparitäten verstärken sich durch die vom Verkehrssystem induzierte Dynamik: Zum einen ermöglicht ein leistungsfähiges Verkehrssystem aufgrund seiner räumlichen Erschließungsaufgabe Mobilität von Personen bzw. Unternehmen und mobilen Produktionsfaktoren, zum anderen fördert es die räumliche Arbeitsteilung in einer Wirtschaft.

Bei der Darstellung der regionalen Disparitäten werden im folgenden einige Indikatoren ausgewählt, mit denen die Bevölkerungsentwicklung, die Beschäftigung sowie die soziale Infrastruktur mit ihren regionalen Unterschieden aufgezeigt werden sollen. Die ausgewählten Indikatoren für die Darstellung der regionalen Disparitäten sind

- im Bereich der regionalen Bevölkerungsentwicklung: Verstädterungsgrad, Bevölkerungsdichte und Binnenwanderungssaldo;

- im Bereich der Beschäftigung: Anteile der Beschäftigten in den einzelnen Wirtschaftssektoren und deren Beitrag zum BIP, Anteile der Beschäftigten in staatlichen Betrieben im Industriesektor;

- im Bereich der sozialen Infrastruktur: Analphabetenrate, Ärzte- und Krankenhausbettendichte.

Bevölkerungsentwicklung:

Die natürliche und durch Migration bedingte Bevölkerungsentwicklung hat einerseits eine enorme Bedeutung für die Entstehung der Netzdichte eines Verkehrssystems. Andererseits beeinflußt die Netzdichte die Mobilitätschancen der Bevölkerung bzw. Unternehmen. Diese gegenseitige Wirkung verstärkt sich im Laufe der Zeit. Dadurch können Entleerungs- und Wachstumsräume entstehen.

Im Zeitraum von 1950 bis 1980 vollzog sich ein starkes Bevölkerungswachstum in der Türkei, das räumlich ungleichmäßig verteilt war. Die Bevölkerungszahl stieg von ca. 20,9 Mio. im Jahre 1950 auf ca. 44,7 Mio. im Jahr 1980. Die jährliche Bevölkerungswachstumsrate zwischen diesen Jahren lag bei durchschnittlich 2,61%. Während die jährliche Bevölkerungswachstumsrate in städtischen Siedlungen[133] nach 1950 sehr stark anstieg, sank sie in ländlichen Gebieten; sie lag in den Städten bei ca. 4,2% und in den ländlichen Räumen bei 1,5%.[134]

Diese unterschiedlichen Bevölkerungswachstumsraten in den städtischen und ländlichen Räumen deuten bereits darauf hin, daß die Bevölkerungsentwicklung nicht nur auf natürliches Wachstum sondern auch auf Migrationen (Land-Stadt-Wanderungen) zurückzuführen sein muß. Durch die Wanderungsbewegungen der Bevölkerung in der Türkei, die nach 1950 umfassend einsetzten, ergab sich eine veränderte Bevölkerungsdichte des Landes, wie in Abb. 7 zu sehen ist.

Abb. 7: Bevölkerungsdichte in den Provinzen der Türkei im Jahre 1980

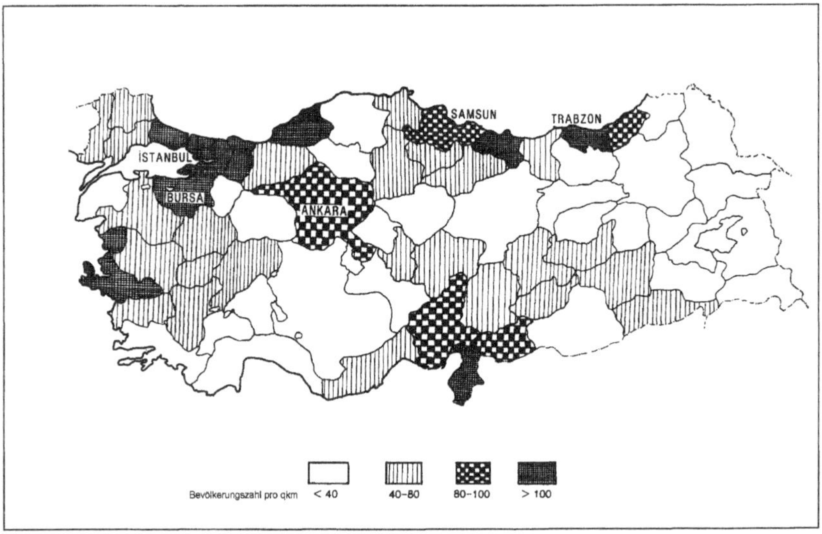

Quelle: Eigene Darstellung nach Keleû, Ruûen (1985): Population Structure, in: Türkei, Südosteuropa Handbuch, Hrsg.: Grothusen, Klaus-Detlev, Bd. 4, Göttingen, S. 483.

Die durchschnittliche Bevölkerungsdichte der Türkei betrug 56 E/qkm im Jahre 1980, wobei die Dichtewerte z.B. in İstanbul bei 829 E/qkm und in den östlichen Provinzen - mit Ausnahme von Gaziantep - durchschnittlich bei 31 E/qkm lagen. Im Gegensatz dazu wies die Region Marmara mit überdurchschnittlichen Dichtewerten Eigenschaften eines Ballungsgebietes auf. Neben den Großstädten (İstanbul, İzmir, Ankara, Adana) hatte auch die

---

133 Städtische Siedlungen sind Siedlungen mit mehr als 2000 Einwohnern. Vgl. o.V. (1998): Sozioökonomische Indikatoren der Türkei (in türkischer Sprache), in: Ekonomist Yıllığı Türkiye 1999, 27. Dezember 1998, S. 147.

134 YILDIZ, Dursun (1993): Kentsel Arsa Üretimi Konusunda İvedi Düzenleme Gereksinimi Artarak Sürüyor (Die Notwendigkeit einer schnellen Regelung in bezug auf städtische Bauplatzbeschaffung nimmt ständig zu),in: Türkiye Mühendislik Haberleri, Nr. 367, August 1993, S. 18.

Schwarzmeer-Region eine hohe Bevölkerungsdichte, was auf den schmalen landwirtschaftlich sehr produktiven Küstenstreifen zurückzuführen ist.[135]

Als ein Indikator weist die Bevölkerungsdichte in der Regel auf die Größe der Arbeitsmärkte, der Infrastruktur und auch auf das entsprechende Marktpotential hin, das Voraussetzung für die Niederlassung von Betrieben und Einrichtungen des sekundären und tertiären Sektors ist. Um diese Zusammenhänge darzustellen, soll die Aussagekraft dieses Indikators mit weiteren Informationen über die Wirtschaftsstruktur im folgenden verstärkt werden. [136] Die Bevölkerungsdichte beeinflußt auch die Netzdichte des Verkehrssystems, was in Kap. C. 3. noch genauer zu zeigen ist.

Ein wesentlicher Grund für die Entstehung von Verdichtungsräumen ist die rapide Verstädterung aufgrund hoher Zuwanderung innerhalb der Türkei.[137]

Die regionalen Unterschiede in der Verstädterung bzw. "Urbanisierung"[138] veranschaulicht Tab. 10. Der Anteil der Stadtbevölkerung in der Region Marmara stieg von 36,5% im Jahre 1950 auf 68,7% im Jahre 1980 an, während dieser Anteil in denselben Jahren in Ostanatolien von 8,5% auf 24% gestiegen ist. Bei der starken Verstädterung in Ostanatolien und in der Schwarzmeer-Region ist besonders das Wachstum der kleinen und mittleren Städte nach Anzahl und Einwohnerzahl zu bemerken.[139]

Obwohl in Ostanatolien auch eine Verstädterung eintrat, vergrößerten sich die regionalen Disparitäten bezüglich des Verstädterungsgrades aufgrund des außerordentlichen Größenwachstums der türkischen Städte mit mehr als 100.000 Einwohnern (E) im Westen. Der Anteil der insgesamt 20,3 Mio. E umfassenden städtischen Bevölkerung im Jahre 1980 weist räumlich betrachtet gravierende Unterschiede auf: So liegt er in den Regionen Marmara und Ägäis bei 43% und bei nur ca. 11% in den Regionen Ost- und Südostanatolien[140] (s. Tab. 10).

---

135 Vgl. KELEŞ, Ruşen (1985): Population Structure, in: Türkei, Südosteuropa-Handbuch, Hrsg.: GROTHUSEN, Klaus-Detlev, Bd. 4, Göttingen, S. 482f.

136 Vgl. DERİCİOĞLU, Taylan (1983): Konzepte zur dezentralen Raumentwicklung in der Türkei, Dortmund, S. 76.

137 Vgl. STEWIG, Reinhard (1998): Entstehung der Industriegesellschaft in der Türkei, Teil 1: Entwicklung 1923-1950, Kiel, S. 321.

138 Dabei muß betont werden, daß die Urbanisierung nicht nur das bloße Bevölkerungswachstum in den Städten (Verstädterung) ist, sondern daß neben dem Städtewachstum, d.h. der Zunahme der Anzahl der Städte, ihrem Flächen- und Bevölkerungswachstum, auch die sich in den Städten vollziehenden sozioökonomischen strukturellen Veränderungen zu sehen sind. Die Begriffe "Verstädterung" und "Urbanisierung" werden im folgenden synonym verwendet. Vgl. RITTER, Gert / RICHTER, Wolfgang (1990): Aktuelle Urbanisierungsprozesse in der Türkei, Geostudien 12, Leverkusen, S. 2.

139 So erhöhte sich die Anzahl der Städte mit unter 100.000 Einwohnern von 97 im Jahre 1950 auf 282 im Jahre 1980, wobei die Bevölkerungszahl in diesen Städten von 2,2 Mio. auf 7,3 Mio. angestiegen ist. Die Anzahl der Städte mit über 100.000 Einwohnern stieg von 5 auf 29 im gleichen Zeitraum und die Bevölkerung wuchs von 1,7 Mio. auf 12,8 Mio. vgl. STEWIG, Reinhard (1999): Entstehung der Industriegesellschaft in der Türkei, Teil 2: Entwicklung 1950-1980, Kiel, S. 58.; vgl. KELEŞ, Ruşen (1985), Population Structure, in: Türkei, Südosteuropa-Handbuch, Hrsg.: GROTHUSEN, Klaus-Detlev, Bd. 4, Göttingen, S. 487.

140 Vgl. KELEŞ, Ruşen (1985), Population Structure, in: Türkei, Südosteuropa-Handbuch, Hrsg.: GROTHUSEN, Klaus-Detlev, Bd. 4, Göttingen, S. 489.

Tab. 10: Verstädterung in der Türkei in den Jahren 1950 und 1980

Regionen	Verstädterungsgrad in %		Stadtbevölkerung 1980	
	1950	**1980**	**Mio. E**	**%**
Marmara	36,5	68,7	6,5	31,9
Ägäis	24,1	48,6	2,3	11,0
Mittelanatolien	19,9	47,4	4,7	23,2
Schwarzes Meer	7,1	24,0	1,8	9,2
Mittelmeer	21,7	49,8	2,7	13,4
Ostanatolien	8,5	24,0	1,3	6,2
Südostanatolien	15,1	27,2	1,0	5,1
TÜRKEI	**18,5**	**45,4**	**20,3**	**100**

Quelle: KELEŞ, Ruşen (1985): Population Structure, in: Türkei, Südosteuropa-Handbuch, Hrsg.: GROTHUSEN, Klaus-Detlev, Bd. 4, Göttingen, S. 489.

Die starke Verstädterung erhöhte die Nachfrage nach quantitativen und qualitativen Verkehrsleistungen. Aber das Verkehrsangebot in den Großstädten konnte mit der starken Nachfrage nicht mithalten. Die türkische Verstädterung kann nicht eindeutig auf die wirtschaftliche Entwicklung hindeuten, da in den Randgebieten vieler Städte Bevölkerungsgruppen leben, die nicht am städtischen Leben teilnehmen und überwiegend im informellen Bereich der Wirtschaft tätig sind. In diesen Vororten ist oft die infrastrukturelle Versorgung nicht ausreichend.[141]

Wie bereits erwähnt, sind die Hauptdeterminanten dieser regionalen Unterschiede bei der Verstädterung die Ab- und Zuwanderungen. Abb. 8 veranschaulicht die In- und Out-Migration-Räume[142] in der Türkei zwischen 1975 und 1980. İstanbul, İzmir und Ankara absorbieren 40% der Abwanderer, wobei über 50% der Abwanderer aus Ost- und Südostanatolien kamen.[143]

---

141 Vgl. STEWIG, Reinhard (1999): Entstehung der Industriegesellschaft in der Türkei, Teil 2: Entwicklung 1950-1980, Kiel, S. 50.

142 Bis 1980 wurden in den türkischen Statistiken nur Provinzgrenzen überschreitende Wanderungen erfaßt, d.h. Vergleich der Wohn- und Geburtsorte der Bevölkerung sog. inter-provinzialer Migrationen. Als Out-Migration wird der Anteil der Personen, die in einer Provinz geboren wurden und dort nicht mehr wohnen, bezeichnet. Als In-Migration wird der Anteil der Personen, die in einer Provinz wohnen, aber nicht dort geboren wurden, bezeichnet. Vgl. KELEŞ, Ruşen (1985), Population Structure, in: Türkei, Südosteuropa-Handbuch, Hrsg.: GROTHUSEN, Klaus-Detlev, Bd. 4, Göttingen, S. 489.

143 Ende 1961 erfolgten erste Migrationen der türkischen Arbeiter nach Westeuropa bzw. nach Deutschland. Die Auslandsmigrationen waren im Untersuchungszeitraum insofern wichtig, da sich diese Bevölkerungsbewegung bis 1973 mit der Einbeziehung der Familien verstärkt hat. Vgl. CINGI, Aydın (1997): Arbeitsmigration in der Türkei, in: Migration und Sozioökonomische Transformation in Südosteuropa, Hrsg.: HELLER, Wilfried, Südosteuropa - Gesellschaft, München, S. 83-84.

Abb. 8: In- und Out-Migrationen in den türkischen Provinzen (1975-1980)

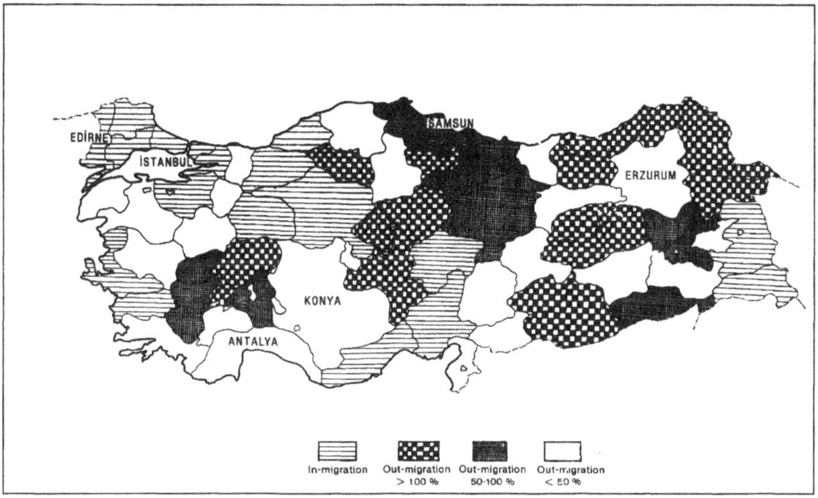

Quelle: Eigene Darstellung nach KELEŞ, Ruşen (1985): Population Structure, in: Türkei, Südosteuropa-Handbuch, Hrsg.: GROTHUSEN, Klaus-Detlev, Bd. 4, Göttingen, S. 483.

Die seit 1950 verstärkte Binnenwanderung in Richtung der Städte im Westen intensivierte die Polarisierungstendenzen der Wirtschaftstätigkeiten. Das Verkehrssystem spielt hier als Standortfaktor für Unternehmen eine wichtige Rolle, womit auch die Richtung des Zuflusses der Produktionsfaktoren Kapital und Arbeitskraft bestimmt wird. Dadurch erhöhte sich die kaufkräftige Nachfrage in den Ballungsräumen, und dies führte zu neuen Investitionen und Arbeitsplätzen in den Wirtschaftszentren. So stieg auch die Binnenwanderung in der nächsten Periode. Durch die erhebliche Polarisierung zugunsten der Großstädte entwickelten sich die Industrie- und Dienstleistungsbetriebe, die aber nicht jedem Migranten einen gesicherten Arbeitsplatz bieten konnten. So entstanden "Marginalsektoren" und brachten soziale Probleme sowie Verkehrsprobleme in den Ballungsräumen mit sich.

Die Konsequenzen dieser Entwicklung für das Verkehrssystem war die Verschlechterung der Verkehrsleistungen in den Wachstumsräumen aufgrund der zu hohen Nachfrage. Die schlechten Verkehrsleistungen in den Entleerungsgebieten hingegen resultieren aus der niedrigeren Bevölkerungsdichte und der sinkenden kaufkräftigen Nachfrage.

***Wirtschaftssektoren*:**

Die regionalen Unterschiede der türkischen Wirtschaft haben sich insbesondere in der Entwicklung der Wirtschaftssektoren niedergeschlagen. Die sektorale Verteilung der wirtschaftlichen Aktivitäten in der Türkei zeigte ein deutliches West-Ost-Gefälle, sowohl bezüglich der Beschäftigung als auch bezüglich dem Beitrag der Wirtschaftssektoren zum BIP.

Ein funktionsfähiges Verkehrssystem, das zur Transportkostensenkung führt, ist besonders in den Wirtschaftssektoren mit fortgeschrittener räumlichen Arbeitsteilung (Industrie- und Dienstleistungssektor) von Bedeutung.

Aus Tab. 11 geht hervor, welchen Beitrag zum BIP die einzelnen Wirtschaftssektoren im Jahre 1975 leisteten. Der Anteil des Agrarsektors am BIP betrug für die Türkei im Jahre 1975 31,2%, der Anteil des Industriesektors 25,2%.[144] Hinter diesen Mittelwerten der Tab. 11 verbergen sich Unterschiede zwischen den Provinzen, z.B. lagen die Anteile des Industrie- und des Agrarsektors am BIP in İstanbul bei 37,9% und 1,4%, während in Tunceli im Osten der Türkei die Anteile der Industrie bei 2,8% und der Landwirtschaft bei 74% lagen.[145]

Tab. 11: Beitrag der Wirtschaftssektoren zum BIP und sektorale Beschäftigung in den Regionen der Türkei im Jahre 1975 (Mittelwerte der Provinzen)

Regionen	Anteil am BIP in %			Anteil der Gesamtbeschäftigten* in %		
	Primär-sektor.	Sekundär-sektor	Tertiär-sektor	Primär-sektor	Sekundär-sektor	Tertiär-sektor
Marmara	32,2	29,2	38,6	60	16	24
Ägäis	42,3	17,4	40,3	72	12	17
Mittelanatolien	50,5	13,2	36,3	75	10	15
Schwarzes Meer	47,0	17,2	25,8	80	9	11
Mittelmeer	41,0	17,1	41, 9	72	11	17
Ostanatolien	54,6	13,7	31,7	81	6	13
Südostanatolien	60,5	8,4	31,1	84	5	11

*Ökonomisch aktive Bevölkerung über 12 Jahre

Quelle: DOH, Reiner (1985): Die sozio-ökonomischen Faktoren der internen Migrationen in der Türkei, München, S. 112, und DERİCİOĞLU, Taylan (1983): Konzepte zur dezentralen Raumentwicklung in der Türkei, Dortmund, S. 159.

Die Zahlen der Tab. 11 zeigen, daß die regionalen Unterschiede im primären und sekundären Sektor deutlicher ausgeprägt sind als im Dienstleistungssektor. Deshalb sollen im folgenden die primären und sekundären Wirtschaftssektoren näher betrachtet werden.

Auch die Verteilung der Beschäftigten auf die Sektoren läßt das West-Ost-Entwicklungsgefälle der Türkei deutlich hervortreten, wie in Tab. 11 zu sehen ist. Für die

---

144 Vgl. DOH, Reiner (1985): Die sozio-ökonomischen Faktoren der internen Migrationen in der Türkei, München, S. 112.

145 Vgl. ebd. S. 112ff.

gesamte Türkei lag im Jahre 1975 der Anteil der Industriebeschäftigten an den Gesamtbeschäftigten bei 11,6%, der Anteil der Agrarbeschäftigten bei 67,9%.[146] Die Bedeutung des Agrarsektors für die Beschäftigung war bis Ende der siebziger Jahre in allen Landesteilen sehr groß; auch in den entwickeltsten Regionen wie Marmara und Ägäis waren noch über 50% der Erwerbstätigen in der Landwirtschaft tätig, nur in İstanbul und Ankara waren es weniger als 50%.[147]

Im landwirtschaftlichen Sektor fand eine Umstrukturierung durch die seit 1945 einsetzende Mechanisierung statt; demzufolge wurden Arbeitskräfte in der Landwirtschaft freigesetzt (Push-Faktor).[148] Die regionalen Disparitäten zeigten sich auch in der Produktionsweise und Betriebsstruktur des Landwirtschaftssektors. Kleine Betriebe mit maschineller Ausrüstung, hohen Umsätzen und hoher Produktivität befanden sich vor allem in den Regionen Marmara, Ägäis und Çukurova, überdurchschnittlich große Betriebe mit primitiven und arbeitsintensiven Produktionsweisen hingegen insbesondere in Südostanatolien und im Raum Konya. Zudem waren einige Wirtschaftsräume im Osten der Türkei relativ rückständig in ihrer landwirtschaftlichen Entwicklung, wie Elazığ, Erzurum, Van und Sivas.[149]

Die sektorale Verteilung der Beschäftigung zeigt, daß sie außerhalb der Landwirtschaft im nord-westlichen Landesteil konzentriert ist. 39% der nicht in der Landwirtschaft Beschäftigten im Jahre 1975 lebten in der Region Marmara, 22,2% allein in der Provinz İstanbul, ca. 11,5% in Ankara und 6,7% in İzmir, 15% in der gesamten Region Ägäis.[150] Neben diesen Ballungsräumen sind einige Provinzen, wie z.B. Adana, Gaziantep, Kayseri und Rize bemerkenswert, die sich auf die verarbeitende Industrie spezialisiert haben.[151]

Bei der Darstellung der regionalen Unterschiede zwischen Industriesektoren ist von Bedeutung, wie sich die einzelnen Wirtschaftsakteure bei der Standortsuche verhalten haben. Dabei muß die Standortpolitik von Staats- und Privatunternehmen unterschieden werden, da der Staat in der Periode der importsubstituierten Industriepolitik (ISI-Politik) durch die Gründung staatlicher Industriebetriebe die regionale Entwicklung des Landes direkt beeinflußte. Die privatwirtschaftlichen Investitionen konzentrierten sich besonders auf die städtischen Agglomerationen von İstanbul, İzmir, Ankara und Adana, was die regionalen Disparitäten zusätzlich verstärkte.[152]

---

146 SIS (1984): Statistical pocket book of Turkey, Ankara, S. 78.

147 Vgl. DOH, Reiner (1985): Die sozio-ökonomischen Faktoren der internen Migrationen in der Türkei, München, S. 121.

148 Bei der Freisetzung der Arbeitskräfte haben die Semi-feudal-Strukturen, insbesondere in Südostanatolien, auch eine große Rolle gespielt. Vgl. DERİCİOĞLU, Taylan (1983): Konzepte zur dezentralen Raumentwicklung in der Türkei, Dortmund, S. 84-87, s. in Kap. D.

149 Vgl. ebd.

150 Vgl. DOH, Reiner (1985): Die sozio-ökonomischen Faktoren der internen Migrationen in der Türkei, München, S. 190.

151 Vgl. DERİCİOĞLU, Taylan (1983): Konzepte zur dezentralen Raumentwicklung in der Türkei, Dortmund, S. 88.

152 Vgl. MELINZ, Gerhard (1995): Erfahrung mit importsubstituierender und exportorientierter Industrialisierungsstrategie - Die Fallstudie Türkei (1838-1990), in: Industrialisierung: Entwicklungsprozesse in Afrika, Asien und Lateinamerika, Hrsg.: FELDBAUER, Peter u.a., Frankfurt am Main, Wien, S. 73.

In Regionen, in denen die Investitionsneigung der Privatunternehmer gering war, versuchte der Staat mit Hilfe von eigenen Industrieansiedlungen Förderungsmaßnahmen zu realisieren und die sektoralen und regionalen Defizite beim Arbeitsplatzangebot auszugleichen. Die staatlichen Unternehmen haben zum Teil mehr Beschäftigte als erforderlich eingestellt; so waren 1975 in den staatlichen Betrieben durchschnittlich 548 Erwerbspersonen beschäftigt, in den privaten Betrieben dagegen nur 45.[153] Tab. 12 zeigt, daß der prozentuale Anteil der Erwerbstätigen in staatlichen Industrieunternehmen in den Regionen Marmara, Ägäis und Mittelmeer um fast die Hälfte geringer ist als in Ost- und Südostanatolien. Dennoch war das Arbeitsplatzangebot gering im Vergleich zum hohen Anteil an Erwerbspersonen in den Regionen in Mittel- und Ostanatolien. Das hohe industrielle Arbeitsangebot in der Region Marmara wirkte als Pull-Faktor für die Migration der Arbeitskräfte aus Mittel- und Ostanatolien. In Tab. 12 wird deutlich, daß sich rund die Hälfte des gesamten industriellen Arbeitsplatzangebotes in der Region Marmara befindet, obwohl nur ca. 20% der Erwerbstätigen in dieser Region lebten.[154]

Tab. 12: Indikatoren der Entwicklung des Industriesektors in den Regionen der Türkei

Regionen	Anteil der Industrie-beschäftigten in staatlichen Betrieben 1975 (in %)	Regionale Verteilung der Wertschöpfung im Industriesektor* 1978 (in %)	Regionale Verteilung der Beschäftigten im Industriesektor* 1978 (in %)	Regionale Verteilung der Erwerbstätigen 1978 (in %)
Marmara	32	52,75	46,35	15,9
Ägäis	44,5	13,31	13,70	16,3
Mittelanatolien	56,2	10,12	14,74	22,5
Schwarzes Meer	76	9,14	9,12	12,6
Mittelmeer	46	11,37	11,03	10,9
Ostanatolien	94	3,05	4,20	13,9
Südostanatolien	92	0,26	0,86	7,9
TÜRKEI	63	100	100	100

* Betriebe mit mehr als 10 Beschäftigten

Quelle: DERİCİOĞLU, Taylan (1983): Konzepte zur dezentralen Raumentwicklung in der Türkei, Dortmund, S. 159, und DOH, Reiner (1985): Die sozio-ökonomischen Faktoren der internen Migrationen in der Türkei, München, S. 192.

Der Kapazitätsauslastungsgrad der Gesamtindustrie war sehr niedrig, z.B. lag er in den fünfziger Jahren bei 54%, in den siebziger Jahren bei 56%. Die Statistiken erlauben keine Rückschlüsse auf die regionale Verteilung der Kapazitätsauslastungsgrade, doch die regionalen Unterschiede in der Wertschöpfung liefern Informationen über den organisatorischen und technischen Zustand der Unternehmen bzw. über das Produktivitätsniveau (s. Tab. 12). Der schlechte Zustand des Verkehrssystems wirkte sich aufgrund der hohen Transportkosten, die u.a. durch erhöhte Unfallzahlen oder auch durch Staus verursacht werden, auf die Effektivität der Industriebetriebe aus, worauf in Kap. C. 3. eingegangen wird.

---

153 Vgl. DERİCİOĞLU, Taylan (1983): Konzepte zur dezentralen Raumentwicklung in der Türkei, Dortmund, S. 47f.

154 Vgl. DOH, Reiner (1985): Die sozio-ökonomischen Faktoren der internen Migrationen in der Türkei, München, S. 188f.

Im verarbeitenden Industriesektor läßt sich zwischen 1950 und 1980 ein bemerkenswerter Anstieg der Kapitalkonzentration hinsichtlich der Größenordnung der Unternehmen feststellen. Im Jahre 1980 standen, was den Umsatz betraf, 500 große Industriekonzerne an der Spitze, davon waren 79 Firmen in staatlichem Besitz. Diese erwirtschafteten ca. die Hälfte des gesamten Umsatzes der in der Türkei hergestellten Industrieprodukte. Von 421 privaten Unternehmen befanden sich über die Hälfte in İstanbul. Ein weiterer Schwerpunkt lag in den westlichen Regionen, wie z.B. 67,2% in der Marmara und 15,4% in der Ägäis.[155]

Die räumliche Verteilung der Industriebetriebe im Jahre 1982 veranschaulicht Abb. 9.

Abb. 9: Regionale Verbreitung der Industriebetriebe in der Türkei nach der Zahl der Beschäftigten im Jahre 1982 (mehr als 10 Beschäftigte)

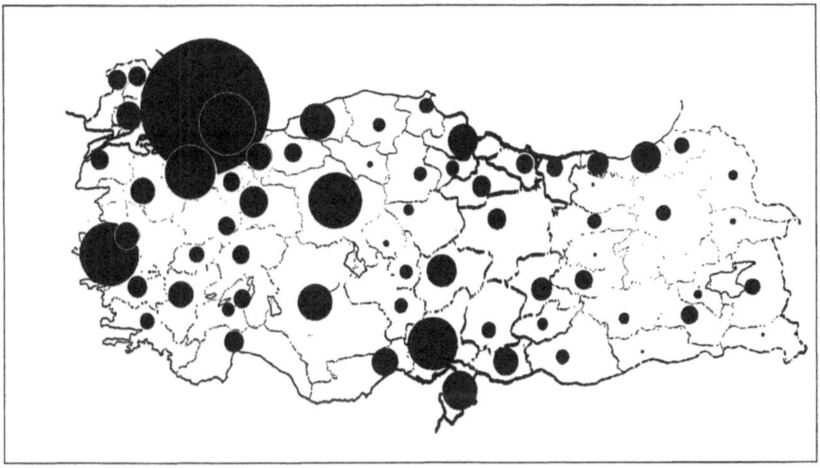

Quelle: STEWIG, Reinhard (1999): Entstehung der Industriegesellschaft in der Türkei, Teil 2: Entwicklung 1950-1980, Kiel, S. 129.

Soziale Infrastruktur :

Parallel zum räumlichen West-Ost-Gefälle bezüglich der Verteilung von wirtschaftssektorenspezifischen Arbeitsplätzen in der Türkei bestanden erhebliche interregionale Unterschiede in der infrastrukturellen Versorgung. Das Ausstattungsniveau mit u.a. medizinischer, verkehrsbezogener, schulischer, kommunikativer und technischer Infrastruktur bestimmt den regionalen Versorgungsgrad. Der Versorgungsgrad bestimmt auch die Richtung der Binnenwanderung bzw. Konzentration der Unternehmen.[156] Im folgenden werden die

---

155 Vgl. BARKEY, Henri J. (1990): The State and Industrialisation Crisis in Turkey, Boulder, San Francisco, Oxford, S. 130.

156 Vgl. EROL, İbrahim (1986): Regionalpolitische Entwicklung der Türkei, Probleme und Perspektiven, Idstein, S. 76-78.

regionalen Disparitäten der sozialen Infrastruktur im Bereich des Bildungs- und Gesundheitswesens dargestellt.

Als Indikator für das Bildungsdefizit wird die Analphabetenrate der Bevölkerung in den jeweiligen Regionen betrachtet, wie in Tab. 13 zu sehen ist. Der durchschnittliche Alphabetisierungsgrad für die Türkei war 39,9% im Jahre 1955. Durch die Einführung der Schulpflicht stieg er auf 63,6% im Jahre 1975 an.[157]. Die regionalen Disparitäten zeigen sich auch in der Analphabetenrate von Frauen, besonders in der Schwarzmeer-Region und in Ost- und Südostanatolien. In Südostanatolien ist die Anzahl der Analphabeten auch unter den Männern überdurchschnittlich hoch, wobei der hohe Anteil der arabischen und kurdischen Bevölkerung in der Region eine Rolle spielt.

Tab. 13: Die sozio-ökonomische Infrastruktur der Regionen der Türkei im Jahre 1975

Regionen	**Analphabetenrate* in %**		**Gesundheitswesen**	
	Frauen	**Männer**	**Ärzte /1.000 E**	**Krankenhausbetten /1.000 E**
Marmara	36	26	0,54	1,87
Ägäis	42	31	0,36	2,15
Mittelanatolien	49	35	0,24	1,48
Schwarzes Meer	58	43	0,17	1,41
Mittelmeer	53	38	0,23	1,06
Ostanatolien	60	44	0,19	1,47
Südostanatolien	79	63	0,28	0,75
TÜRKEI	**54**	**40**	**0,28**	**1,49**

* Bevölkerungsanteil über 12 Jahre

Quelle: DERİCİOĞLU, Taylan (1983): Konzepte zur dezentralen Raumentwicklung in der Türkei, Dortmund, S. 159, und DOH, Reiner (1985): Die sozio-ökonomischen Faktoren der internen Migrationen in der Türkei, München, S. 213ff.

Extrem ungleichmäßig ist die räumliche Verteilung der Gesundheitseinrichtungen. Die Indikatoren Zahl der Ärzte und Krankenhausbetten pro 1.000 E verdeutlichen das West-Ost-Gefälle. Bei den statistischen Daten wird nicht nach städtischen Siedlungen und ländlichem Raum unterschieden, sondern nur nach Provinzen. In den Regionen konzentrierten sich sowohl Ärzte als auch Krankenhausbetten in den Provinzhauptstädten und ließen weitere Disparitäten innerhalb der Provinzen zwischen den städtischen und ländlichen Räumen entstehen. Obwohl in der Region Marmara bzw. İstanbul die medizinische Versorgung überdurchschnittlich war, weist sie dennoch zunehmend Lücken in bezug auf Krankenhausbetten und Ärzte auf, da der Bedarf sich mit der wachsenden Bevölkerungszahl in den siebziger Jahre vergrößert hat, aber nicht im selben Maße gedeckt werden konnte.[158]

---

[157] Vgl. SIS (1984): Statistical pocket book of Turkey, Ankara, S. 20.

[158] Vgl. EROL, İbrahim (1986): Regionalpolitische Entwicklung der Türkei, Probleme und Perspektiven, Idstein, S. 76-78.

Anhand der obigen Darstellung soll im folgenden ein Überblick über die räumliche Entwicklung der Türkei im betrachteten Zeitraum gegeben werden. Für die Typisierung der türkischen Regionen nach ihrer Entwicklung und Funktionsweise können die Ergebnisse der Raumentwicklungsanalyse für den Zeitraum 1955-1975 von DERİCİOĞLU herangezogen werden:[159]

1. Wachstumsgebiete:

- Der erste Raumtyp besteht aus den Provinzen der Region Marmara, İstanbul und ihrer Nachbarzentren Kocaeli, Sakarya und Bursa. Eine kontinuierliche Konzentrationstendenz der Bevölkerungsmassen sowie fortschreitende strukturelle Differenzierung in sämtlichen gesellschaftlichen und wirtschaftlichen Lebensbereichen dieser Kernregion und die sich beschleunigende räumliche Expansion ihrer Zentren in das umgebende Land führten zur Entstehung von großstädtischen Agglomerationsräumen in der Marmara-Region (Raumtyp 1 in Abb. 10).

- Eine Stufe unter dieser multi-zentralen Kernregion sind drei Agglomerationsräume zu erkennen. Natürliche Standortvorteile und Konzentration der privaten und öffentlichen Unternehmen sowie das gute Versorgungsniveau mit Infrastruktureinrichtungen in diesen Agglomerationsräumen deuten die siedlungsräumlichen Disparitäten an. Während die Kernstädte İzmir, Manisa und Aydın in den westlichen und Adana, Gaziantep, Mersin und İskenderun in den südlichen Küstengebieten zwei potentielle Verdichtungsräume darstellen, steht Ankara in Mittel-Anatolien im Gegensatz zu diesen beiden Raumtypen als alleinstehende nationale Großstadt mit administrativen und politisch-staatlichen Einflüssen. Die Konzentration der Verwaltungsstellen und der mit ihnen in Zusammenhang stehenden anderen öffentlichen Einrichtungen stellen einen erheblichen Agglomerationsfaktor dar (Raumtypen 2A, 2B und 3 in Abb. 10).

- Neben diesen großstädtischen Ballungen sind die relativ dispers gesiedelten Zentren mit einem bestimmten Entwicklungsgrad noch zu unterscheiden, die zusammen eine zwischen den oben dargestellten Raumtypen liegende Achse formen. Zonguldak- Eskişehir, Konya-Antalya und Kayseri-Samsun sind die Knotenpunkte dieser Verbindungen, die die Eigenschaften von Mittelzentren haben (Raumtyp 4 in Abb. 10).

2. Entleerungsgebiete: Als letzter Teilraum neben verdichteten und Wirtschaftsräumen ist das Gebiet von Ost- und Südostanatolien zu nennen, dessen Entwicklung erhebliche Rückstände aufweist. Außer Erzurum und Elazığ gibt es keine Zentren von bemerkenswerter funktioneller Bedeutung (Raumtyp 5 in Abb. 10).

---

159 Vgl. DERİCİOĞLU, Taylan (1983): Konzepte zur dezentralen Raumentwicklung in der Türkei, Dortmund, S. 120-122.

Abb. 10: Großräumige Raumtypisierung der Türkei im Jahre 1975

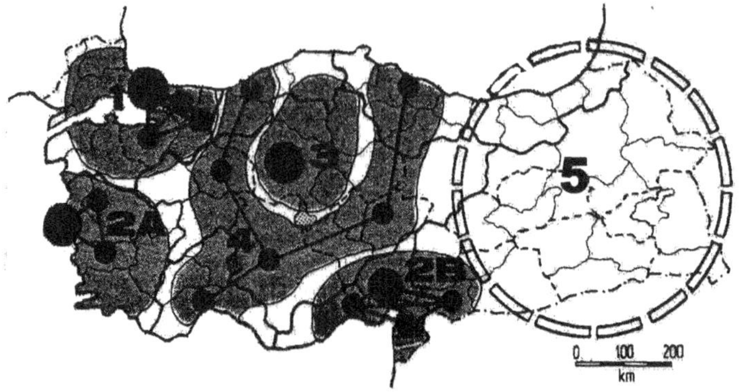

Raumtypen 1, 2A, 2B, 3 und 4: Entwickelte Großräume bzw. Zentren
Raumtyp 5: Entwicklungsbedürftiger Großraum

Quelle: Eigene Darstellung nach DERİCİOĞLU, Taylan (1983): Konzepte zur dezentralen Raumentwicklung in der Türkei, Dortmund, S. 120ff.

Fazit

Die regionalen Disparitäten der Türkei haben sich nach dem Zweiten Weltkrieg deutlich verstärkt. Die Darstellung nach ausgewählten Indikatoren zeigt, daß der Prozeß der Raumentwicklung in der Türkei zu einem Gefälle in den Lebensbedingungen geführt hat. Die auf bestimmte Zentren ausgerichtete Konzentration von Bevölkerung, Arbeitsplätzen und sozialen Infrastrukturleistungen war das Ergebnis des räumlichen Entwicklungsprozesses der Türkei.

Die Charakteristika dieser unterschiedlichen räumlichen Entwicklung in der Türkei können unter drei Punkten zusammengefaßt werden:

- Es existierte ein starkes West-Ost-Gefälle.
- In den einzelnen Regionen bestanden Disparitäten zwischen städtischen und ländlichen Siedlungen.
- Disparitäten bestanden zwischen den Regionen im Landesinneren und in Küstennähe.[160]

Alle drei Punkte treffen auf Ost- und Südostanatolien in sehr negativer Weise zu. Die Gebiete mit günstigen klimatischen und geographischen Bedingungen, verknüpft mit historischen, ökonomischen, kulturellen, sozialen und politischen Entwicklungstendenzen, haben sich mit der Zeit so entwickelt, daß überwiegend im Westen Zentren mit hochwertigen Dienstleistungen herangewachsen sind. Dort haben sich ökonomische Aktivitäten konzentriert

---

[160] Vgl. HÜTTEROTH, Wolf-Dieter (1982), Türkei - eine Länderkunde, Darmstadt, S. 498.

und die politische Macht zentralisiert. Aufgrund der Modernisierung der Landwirtschaft wanderten die in den ländlichen Gebieten freigesetzten Arbeitskräfte in die Großstädte und Ballungsgebiete. Die unaufhaltsame Konzentration der Bevölkerung in diesen Räumen trug zur teilweisen Verarmung der Ballungsräume als Resultat der Überlastung der Versorgungssysteme sowie der Massenarbeitslosigkeit, Wohnungsnot und Umweltbelastung bei.

Der zusammenfassende Überblick über die großräumige Siedlungsstruktur der Türkei weist darauf hin, daß sich das städtische Wachstum auf bestimmte Räume konzentriert. Diese Raumstruktur in der Türkei wird noch dadurch begünstigt, daß die Entwicklungsimpulse auf die Ballungsräume und auf die städtischen Zentren beschränkt blieben und kaum auf das übrige Land ausstrahlten, weil keine günstigen funktionalen und physischen Anschlüsse zwischen beiden Raumtypen existierten. Die ökonomische Integration des gesamten Landes kann durch das Erreichen des ähnlichen Entwicklungsniveaus der Teilräume erzielt werden. Diese Integration ermöglicht ein funktionsfähiges Verkehrssystem zum einen durch die Verringerung der geographischen und ökonomischen Entfernung, zum anderen durch die Verbreiterung der funktionalen Arbeitsteilung, d.h. die Erhöhung des Spezialisierungsniveaus der Produktionsaktivitäten in den Regionen. Dies ist das Thema von Kap. C. 3. Zunächst müssen aber relevante Politikbereiche untersucht werden, um deren Zielsetzungen bezüglich ihrer Verwirklichung bewerten zu können.

C. 2. Relevante politische Zielsetzungen

Da die Verkehrserschließung den regionalen Standortwettbewerb um die räumliche Verteilung der Wirtschaftskräfte stark beeinflußt, ist ein leistungsfähiges Verkehrssystem raumordnungspolitisch bedeutsam. Die Raumordnungs- und Regionalpolitik bedarf einer verkehrspolitischen Unterstützung, wobei in diesem Zusammenhang die Frage der Koordination an Bedeutung gewinnt. Die Investitionen im Verkehrssektor dürfen nicht ohne ihre differenzierenden Effekte auf die regionale Wirtschaftsstruktur und Entwicklung betrachtet werden. Deshalb ist es wichtig, auch die Zusammenhänge der Verkehrs- und der regionalen Entwicklungspolitik in der Türkei aufzuzeigen.

C. 2. 1. Raumordnungs- und Regionalpolitik

Als Träger raumordnungspolitischer Entscheidungen fungieren in der Türkei zentrale und dezentrale Organe. Es handelt sich dabei um die Provinz-, die Distrikt-, und die Dorfverwaltungen sowie Regionalministerien. Die Planungshoheit für die regionale Entwicklung liegt bei den zentralen Ministerien.[161] Bei der Finanzierung sind sowohl die Provinzverwaltungen als auch die Regionaldirektionen von den zentralen Instanzen abhängig. Dies hat eine starke Einschränkung ihrer Entscheidungshoheit zur Folge.

Von 1923 bis zum Ende des Zweiten Weltkriegs zielte die Raumordnungspolitik auf eine ausgewogene regionale Entwicklungsstrategie im Lande. Die Zielsetzung dieses Zeitraumes kann wie folgt zusammengefaßt werden:[162]

1. Verlagerung der administrativen und kulturellen Hauptstadtfunktionen von İstanbul nach Ankara,
2. Vergrößerung des Eisenbahnnetzes und Entwicklung der Hauptverkehrsstraßen,
3. Förderung des Bevölkerungswachstums als Maßnahme für die Arbeitskraftbeschaffung,
4. Ausbau von industriellen Anlagen in Anatolien.

Das Ziel dieser Politik war, von einem Bündel von Industrie- und Infrastrukturprojekten ausgehend, Unternehmen an den Brennpunkten des sozialen Wandels in Anatolien anzusiedeln und eine Basis für private Initiative in diesem Raum zu schaffen. Damit sollte die Integration der Teilräume des Landes erreicht werden. Dazu diente auch der Ausbau des Eisenbahnnetzes.

In diesem Zeitraum wurden für die regionale Entwicklung wichtige Teilerfolge erzielt, wie in Kap. C. 1. dargestellt wurde.[163] Erst nach dem Zweiten Weltkrieg begann mit der Änderung

---

[161] Das Regionalplanungsamt für die Koordination und Überwachung der Regionalplanung wurde im Jahre 1958 gegründet. Seit 1971 übernimmt das Aufbauministerium die Aufgabe, die regionalen wirtschaftlichen und sozialen Konzepte auszuarbeiten und zu koordinieren. Vgl. EROL, İbrahim (1986): Regionalpolitische Entwicklung in der Türkei, Probleme und Perspektiven, Idstein, S. 30.

[162] Vgl. DERİCİOĞLU, Taylan (1983): Konzepte zur dezentralen Raumentwicklung in der Türkei, Dortmund, S. 44.

der Wirtschaftspolitik in Richtung Liberalisierung und Förderung der Landwirtschaft eine verstärkte Konzentration von privatwirtschaftlichen Unternehmen in den Regionen Marmara und Ägäis. Folgen dieser liberalen Periode waren ein verschärfter Stadt-Land-Dualismus, Agglomerationen in bestimmten Ballungszentren und eine ungleichgewichtige regionale Entwicklung.[164] Nach Gründung der Staatlichen Planungsorganisation (SPO) im Jahre 1963 wurden in den Fünfjahresentwicklungsplänen (FEP) Maßnahmen gegen die seit 1945 verstärkte Verstädterung und die sich dadurch verschärfenden regionalen Disparitäten ausgearbeitet. Im folgenden sollen die raumplanungsrelevanten Ziele der FEP aufgezeigt werden, um die vorgesehenen Maßnahmen und ihre Wirkungen darzustellen.

Der erste FEP (1963-1967) konzentrierte sich auf den Abbau von sozialen und interregionalen Disparitäten, jedoch waren die Zielsetzungen meistens sehr allgemein formuliert. Das raumpolitische Oberziel war die Gewährleistung einer sozialen und räumlichen Gleichverteilung von Einkommen, öffentlichen Dienstleistungen und wirtschaftlichen Investitionen. Gleichzeitig wurde vorgesehen, die Bevölkerungswachstumsrate zu vermindern. Zum einen sollten die potentiellen Entwicklungsgebiete unterstützt und zum anderen Maßnahmen zur Entlastung der Ballungsräume ergriffen werden. Entsprechende Pilotprojekte wurden in dieser Planungsperiode ausgearbeitet.[165]

Bei der Realisierung dieser Vorhaben fällt auf, daß besonders auf die räumliche Verteilung von öffentlichen Investitionen im Gesundheits-, Bildungs- und Wohnungswesen geachtet und Ostanatolien in diesen Sektoren überdurchschnittlich gefördert wurde[166] (Tab. 15). Ab 1966 wurden Versuche zur Abschaffung der regionalen Disparitäten nicht mehr in den Programmen erwähnt. Als Grund dafür galt, daß die Lenkung von Investitionen in die rückständigen Regionen den ökonomischen Zielen des Entwicklungsplanes nicht entsprachen und deren Realisierung gefährdeten.[167]

Diese Änderung der Raumordnungs- und Regionalpolitik verhinderte eine wirksame Attraktivitätssteigerung für den privatwirtschaftlichen Sektor in den entlegenen Regionen sowie eine gleichgewichtigere räumliche Entwicklung.

Die nicht verwirklichten raumordnungspolitischen Zielsetzungen des ersten Planes zum Abbau der regionalen Disparitäten führten zu einer Wiederholung **im zweiten FEP (1968-**

---

163 Vgl. DERİCİOĞLU, Taylan (1983): Konzepte zur dezentralen Raumentwicklung in der Türkei, Dortmund, S. 44-45.

164 Vgl. EROL, İbrahim (1986): Regionalpolitische Entwicklung in der Türkei, Probleme und Perspektiven, Idstein, S. 31-33.

165 Die Pilotprojekte für die Förderung der potentiellen Entwicklungsgebiete waren die Entwicklung der Eisen-Stahl-Industrie in Zonguldak und Umgebung und Staudammprojekt Keban am Euphrat und Umgebung; zur Entlastung der Ballungsräume wurde die Entwicklung neuer Kerne in den Großstadtregionen gefördert. Die schon im Jahre 1960 begonnenen Projekte zur Entlastung des Ballungsraumes İstanbul durch die Förderung der Stadt Kocaeli sollten auch in den anderen Ballungsräumen erfolgen. Vgl. OKUTAN, Akatan (1995): Die Verstädterung und die politischen Strukturen in der Türkei (in türkischer Sprache), Ankara, S. 73.

166 Vgl. RITTER, Gert / RICHTER, Wolfgang (1990): Aktuelle Urbanisierungsprozesse in der Türkei, Geostudien 12, Leverkusen, S. 175.

167 Vgl. EROL, İbrahim (1986): Regionalpolitische Entwicklung in der Türkei, Probleme und Perspektiven, Idstein, S. 32-33.

1972). Allerdings wurde für die Verwirklichung kein detailliertes Verfahren vorgesehen.[168] Es wurde vorgeschlagen, die Investitionen in bestimmten Sektoren, in denen die rückständigen Regionen komparative Vorteile haben, zu bevorzugen. Mit Hilfe von Anreizmaßnahmen für private Investoren sollte deren Beteiligung erzielt werden. Die Erwartung war, durch Entwicklungskerne eine Verbreitung der sozio-ökonomischen Innovationen in ihren Einzugsbereichen in Gang zu setzen.[169]

Für die industrielle Entwicklung bestimmter Regionen wurden Industrieparks vorgeschlagen. Dabei handelte es sich um eine staatlich geplante Industrieansiedlung für private Industrielle, die neben der zur Verfügung stehenden Infrastruktur auch finanzielle Begünstigungen vom Staat erhielten. Die ersten regionalen Planungsbestrebungen galten den westlichen Regionen des Landes.[170] Zudem wurde die Verstädterungspolitik neu definiert: Verstädterung wurde gewünscht und ihr Wachstum als wirtschaftlicher Entwicklungsindikator in Betracht gezogen. Es wurde verdeutlicht, daß das Wachstum der großen Städte nicht verhindert, sondern unterstützt werden muß. Dabei wurden die Siedlungen mittlerer Größe als Hindernisse für eine Verstädterung im Binnenraum angesehen.[171] Regionalzentren sollten Städte werden, die sich an den Knotenpunkten des Hauptverkehrsnetzes entwickelt haben. Sie sollten die Funktion haben, eine interregionale Integration zu gewährleisten und gleichzeitig die interregionalen Verbindungen voranzutreiben.[172]

Im dritten FEP (1973-1977) wurde die Raumplanung völlig vernachlässigt. Die räumlichen Aspekte der Entwicklung wurden nicht unter dem Konzept der "Raumplanung", sondern im Rahmen der "Siedlungsstruktur" bearbeitet.[173] Es wurde auch betont, daß auf die Vorbereitung von regionalen Entwicklungsplänen verzichtet werden müßte, da ein derartiges Verfahren der gesamten Entwicklung des Landes entgegenstünde. Eine ausgewogene Entwicklung der einzelnen Regionen wurde damit aufgeschoben. Die Bestrebungen zum Abbau der regionalen Entwicklungsunterschiede wurden als Hindernisse für die Kapitalakkumulation und das wirtschaftliche Wachstum bezeichnet. Sie würden zur ineffektiven Ressourcenallokation führen. Mit einem Stufenprogramm sollten die rückständigen Regionen entwickelt werden; die lokalen Behörden sollten die vorhandenen und verwendbaren Ressourcen erfassen und nach den ökonomischen Kriterien für die Dringlichkeit der Investitionen bewerten. Eine demographische und funktionelle Siedlungshierarchie sollte eine determinierende Rolle spielen. Die staatlichen Investitionen

---

168 Vgl. OKUTAN, Akatan (1995): Die Verstädterung und die politischen Strukturen in der Türkei (in türkischer Sprache), Ankara, S. 74.

169 Vgl. EROL, İbrahim (1986): Regionalpolitische Entwicklung in der Türkei, Probleme und Perspektiven, Idstein, S. 31-34.

170 Bis 1980 gab es 16 geplante Industrieparks, wovon nur vier in Bursa, Eskişehir, İzmir und Konya in Betrieb genommen wurden. Vgl. ebd.

171 Vgl. RITTER, Gert / RICHTER, Wolfgang (1990): Aktuelle Urbanisierungsprozesse in der Türkei, Geostudien 12, Leverkusen, S. 175.

172 Vgl. DERİCİOĞLU, Taylan (1983): Konzepte zur dezentralen Raumentwicklung in der Türkei, Dortmund, S. 50.

173 Vgl. OKUTAN, Akatan (1995): Die Verstädterung und die politischen Strukturen in der Türkei (in türkischer Sprache), Ankara, S. 74-75.

sollten dazu dienen, die für den Ausbau der privaten Investitionen benötigte technische Infrastruktur bereitzustellen.[174]

Nachdem aber ernsthafte Überlastungserscheinungen in den Ballungsräumen aufgetreten waren, mußte diese Raumordnungspolitik aufgegeben werden. **Der vierte FEP (1979-1983)** umfaßte Maßnahmen für den Abbau der regionalen Disparitäten und förderte neben den Großstädten die Mittelzentren sowie die ländlichen Gebiete.[175]

Wenn man die türkische Raumordnungs- und Regionalpolitik seit der Gründung der Republik bis 1980 betrachtet, lassen sich zwei sich widersprechende Ziele ausmachen: Auf der einen Seite werden Verstädterung und Metropolisierung begrüßt, um die Wirtschaftsentwicklung des Landes durch das Ausstrahlen der Entwicklungszentren auf die rückständigen Regionen zu erreichen. Andererseits hat der Staat, mit Ausnahme einer Periode der liberalen Wirtschaftspolitik in den fünfziger Jahren, versucht, regionale Disparitäten abzubauen.[176]

Die Widersprüchlichkeit der Raumordnungs- und Regionalpolitik in den drei Planungsperioden (1963 bis 1979) zeigt sich deutlich in den staatlichen Investitionen, wie auch in Tab. 15 zu sehen ist. Die staatlichen Gesamtinvestitionen waren während dieser Planungsperioden in Mittelanatolien, in der Region Marmara und in den östlichen Regionen relativ hoch. Allerdings wurden die Förderungsmaßnahmen des Staates meist lediglich in den westlichen Regionen in Anspruch genommen, wie Tab. 15 zeigt. Die Steuererleichterungen bei Industrieansiedlung in unterentwickelten Regionen zeigten nicht die erwarteten Resultate: Die meisten Unternehmen bevorzugten nach wie vor Standorte in den Ballungsräumen, wo sich überwiegend die kaufkräftige Nachfrage und eine bessere infrastrukturelle Versorgung (z.B. ein leistungsfähigeres Verkehrssystem) befanden (s. Kap. C. 3.).

Tab. 14: Die regionale Verteilung der staatlichen Investitionen und Förderungen in den Planungsperioden in der Türkei in %

Regionen	**Anteil der Bevölkerung 1975**	**Anteil der staatlichen Investitionen**		**Verteilung von in Anspruch**	
				Anteil der Untenehmensanzahl	**Anteil der Investitionsvolumen**
		1963-1967	**1968-1970**	**1967-1971**	**1967-1971**
Marmara	21	21,6	22,6	65	60,6
Ägäis	11	7,8	11,5	11,7	4,4
Mittelmeer	11	8,4	8,0	5,8	11,9
Mittelanatolien	22	23,8	23,6	9,8	4,8
Schwarzes Meer	16	17,3	14,2	3,0	10,2
Ost- und Südostanatolien	19	21,1	20,1	4,7	8,1
Türkei	100	100	100	100	100

Quelle: Eigene Darstellung nach EROL, İbrahim (1986): Regionalpolitische Entwicklung in der Türkei, Probleme und Perspektiven, Idstein, S. 35f.

---

174 Vgl. EROL, İbrahim (1986): Regionalpolitische Entwicklung in der Türkei, Probleme und Perspektiven, Idstein, S. 34 -37.

175 Vgl. RITTER, Gert / RICHTER, Wolfgang (1990): Aktuelle Urbanisierungsprozesse in der Türkei, Geostudien 12, Leverkusen, S. 176.

176 Vgl. ebd., S. 175.

Zusammenfassend kann für die raumpolitischen Ziele der FEP folgendes festgestellt werden:

In den türkischen Entwicklungsplänen wurden die Ziele der Raumordnungs- und Regionalpolitik zu allgemein formuliert; sie weisen darüber hinaus keine Kontinuität auf.

Alle FEP bis 1980 befürworten die Verstädterung neben der Industrialisierung und Modernisierung der Landwirtschaft. Dies führte zum einen zu Ballungsräumen (Pull-Faktor), zum anderen zu Abwanderungen in den ländlichen Räumen (Push-Faktor).

Die regionalpolitischen Instanzen sind zentralistisch orientiert, und es existiert keine vertikale und horizontale Koordinierung zwischen dezentralen und zentralen Organisationen. Die Kompetenz für Planung und für Koordinierungsaufgaben ist in den Plänen nicht eindeutig definiert. Die Folgen sind unzureichende Verfahrensweisen zur Vorbereitung und Durchführung der Planung.[177]

Die ökonomische Integration der entlegenen Regionen in die funktionierenden Märkte konnte bis 1980 nicht erreicht werden. Bei dieser Entwicklung spielten neben der Raumordnungs- bzw. Regionalpolitik auch weitere Faktoren eine Rolle, z.B. keine Koordination und. Zusammenarbeit zwischen Raumordnungs- und Verkehrspolitik.

C. 2. 2. Verkehrspolitik

Das wichtigste Ziel der türkischen Verkehrspolitik bis zum Ende des Zweiten Weltkrieges war der Ausbau des Eisenbahnnetzes, da die Regierung die industrielle Entwicklung der Türkei nur mit der Reorganisation und Erweiterung des Eisenbahnnetzes für möglich hielt. Deshalb wurde gemäß den Beschlüssen des Wirtschaftskongresses von 1923 die Verstaatlichung der bis dahin in ausländischem Besitz befindlichen Eisenbahnen durchgeführt. Für die Ausgestaltung der Verkehrspolitik war seit 1920 das Ministerium für Öffentliche Arbeiten (Bayındırlık ve İskan Bakanlığı / BİB) zuständig. Neben den Bautätigkeiten für alle Verkehrswege umfaßte der Aufgabenbereich des Ministeriums auch den Betrieb der staatlichen Eisenbahnen und staatlichen Luftfahrtgesellschaften. Erst im Jahre 1939 wurde das Ministerium für Verkehr und Kommunikation gegründet, um eine bessere Arbeitsteilung zwischen den für den Bau und den Betrieb zuständigen Abteilungen zu erreichen. Der Betrieb der staatlichen Eisenbahnen, Schiffahrtslinien und Luftfahrtgesellschaften wurde dem Ministerium für Verkehr und Kommunikation übertragen.[178]

Nach dem Zweiten Weltkrieg war die türkische Verkehrspolitik wegen des Marshall-Planes stark durch die amerikanische Politik beeinflußt. So ergab sich Anfang der fünfziger Jahre mit dem weitgehenden Ausbau des Straßennetzes ein Wendepunkt für die türkische Verkehrspolitik.

---

177 Vgl. EROL, İbrahim (1986): Regionalpolitische Entwicklung in der Türkei, Probleme und Perspektiven, Idstein und vgl. OKUTAN, Akatan (1995): Die Verstädterung und die politischen Strukturen in der Türkei (in türkischer Sprache), Ankara.

178 Vgl. ALPBEK, Mehmet Cem (1997): Interessengegensätze bei Entscheidungsprozessen am Beispiel der Verkehrspolitik in der Republik Türkei und deren sozio-ökonomische Auswirkungen - eine sozio-historische Analyse für den Zeitraum 1950-1989 -, Berlin, S. 26f.

Im Rahmen der amerikanischen Hilfsprogramme reiste 1947 eine Expertengruppe in die Türkei, um einen Straßenzustandsbericht zu erstellen und Vorschläge für den zukünftigen Straßenbau und die Reorganisation der Straßenbaubehörde auszuarbeiten. Dieser sog. "Hilts-Bericht"[179] bildete im wesentlichen die Grundlage der Verkehrspolitik der Türkei in den fünfziger Jahren.

Im Jahre 1948 wurde ein Vertrag zwischen dem Ministerium für Öffentliche Arbeiten und der amerikanischen Hilfskommission über die Zusammenarbeit beim Straßenbau geschlossen. Dieser Vertrag regelte bzw. sicherte auch den Kredit der USA für den benötigten Import von Ausrüstungen, Maschinen und Dienstleistungen für Straßenbaumaßnahmen. So begann der moderne Straßenausbau auf der Strecke zwischen İskenderun-Erzurum.[180]

Die amerikanische Straßenkommission empfahl im "Hilts-Bericht" eine Generaldirektion für Straßenbau, bestehend aus Planungs-, Forschungs-, Bau-, Wartungs- sowie Finanz- und Revisionsabteilungen, zu gründen. Diese Generaldirektion sollte direkt dem Ministerium für Öffentliche Arbeiten unterstehen. Die Finanzierung des Straßenbaus sollte über einen Straßenfonds laufen, der aus Haushaltsmitteln, Straßensteuereinnahmen, Zollabgaben aus dem Kfz- und Mineralölimport bestehen sollte.[181]

Dementsprechend wurde die Generaldirektion für Straßen (Karayolları Genel Müdürlüğü / KGM) am 16. Februar 1950 gegründet.[182] Durch eine konsequente Durchführung der genannten Straßenbaupolitik konnte sich die Organisation einige Jahre lang unbeeinflußt von innenpolitischen Schwankungen weiterentwickeln. Die KGM ist eines der erfolgreichsten Beispiele für die Umsetzung der durch die USA geförderten Politik in der Türkei nach 1950.[183]

Ferner wurde im "Hilts-Bericht" die Koordination der einzelnen Verkehrszweige vorgesehen. Um eine Koordination zwischen einzelnen Verkehrszweigen, aber auch zwischen den für den Verkehr verantwortlichen Behörden und Ministerien zu ermöglichen, sollte eine übergeordnete Behörde geschaffen werden, die folgende Probleme lösen sollte:

---

[179] E.H. Hilts war der stellvertretende Generaldirektor des Federal Bureau of Public Roads der USA und Leiter der amerikanischen Straßenkommission in der Türkei. Vgl. ALPBEK, Mehmet Cem (1997): Interessengegensätze bei Entscheidungsprozessen am Beispiel der Verkehrspolitik in der Republik Türkei und deren sozio-ökonomische Auswirkungen - eine sozio-historische Analyse für den Zeitraum 1950-1989 -, Berlin, S. 26f.

[180] Die erste Strecke zwischen İskenderun-Erzurum war wegen ihrer militärisch-strategischen Relevanz besonders für die NATO von Bedeutung. Vgl. ERGÜN, İsmet (1985): Der Verkehrssektor in der wirtschaftlichen Entwicklung der Türkei (in türkischer Sprache), Ankara, S. 79.

[181] Vgl. ALPBEK, Mehmet Cem (1997): Interessengegensätze bei Entscheidungsprozessen am Beispiel der Verkehrspolitik in der Republik Türkei und deren sozio-ökonomische Auswirkungen - eine sozio-historische Analyse für den Zeitraum 1950-1989 -, Berlin, S. 26f.

[182] Vgl. İLTER, İsmet (1994): Die historische Entwicklung des türkischen Straßenverkehrs (in türkischer Sprache), İstanbul, S. 59.

[183] In bezug auf die türkischen Eisenbahnen wurde im "Hilts-Bericht" festgestellt, daß das bestehende Eisenbahnnetz den Massentransportbedarf des Landes befriedigen würde. Zudem bestünde für die Eisenbahnen kein dringender Ausbaubedarf, außer der Verlängerung der Eisenbahnlinie im Osten bis nach Van. Begründet wurde dies mit der Überlegung, daß bestehende Hauptstrecken der Eisenbahn durch Straßen billiger und schneller mit dem Umland verbunden werden könnten als durch Eisenbahnnebenstrecken. Vgl. ebd.

Zum einen waren die Arbeitsbereiche der für den Verkehr zuständigen Ministerien nicht eindeutig definiert. Beispielsweise war das Ministerium für Öffentliche Arbeiten für alle öffentlichen Bautätigkeiten, u.a. auch für den Eisenbahnbau zuständig, wohingegen der Betrieb der Eisenbahn zu den Aufgaben des Verkehrsministeriums gehörte. Diese Abhängigkeit des Verkehrsministeriums vom Ministerium für Öffentliche Arbeiten bei der Planung und Umsetzung der Eisenbahninfrastruktur führte zu administrativen Problemen zwischen diesen Ministerien. Im Gründungsgesetz wurde dem Verkehrsministerium die Aufgabe zugeteilt, die staatlichen Verkehrsbetriebe (Eisenbahn, Schiffahrtslinien, Luftfahrtgesellschaft) sowie Servicegesellschaften und Fabriken zu verwalten, zu regeln und zu kontrollieren. Da diese Verkehrsbetriebe staatliche Wirtschaftsunternehmen (Kamu İktisadi Teşekkülü / KİT)[184] waren, beschränkte sich diese Funktion des Verkehrsministeriums jedoch lediglich auf die Kontrolle der Tätigkeiten dieser Unternehmen. Erst im Jahre 1986 wurde die Schaffung von Infrastruktur (Eisenbahnstrecken, Flug- und Seehäfen) an das Verkehrsministerium übertragen. Die Verantwortung des Ministeriums für Öffentliche Arbeiten im Bereich des Straßenverkehrs bestand dagegen weiter fort.

Zum anderen machten die zahlreichen Ministerien und Behörden, die für verschiedene Bereiche im Verkehrssektor zuständig waren, eine koordinierende Institution für das Gesamtverkehrssystem erforderlich. Neben den beiden genannten Ministerien waren weiteren Ministerien Aufgaben zugeteilt: Dem Ministerium für Inneres oblag die Regelung des Straßenverkehrs und die Aufsicht über die Verkehrspolizei; das Ministerium für Landwirtschaft und Dorfentwicklung war für den Bau der Dorf- und Forststraßen, das Ministerium für Industrie und Technologie für die Erteilung von Baugenehmigungen, für technische Veränderungen und für den Import von Fahrzeugen zuständig.[185] Eine grundlegende Reorganisation der Ministerien ist bis heute nicht erfolgt.

Mit der Gründung der SPO wurde auch die Verkehrspolitik in den Fünfjahresentwicklungsplänen festgelegt. Deshalb werden im folgenden die relevanten Zielsetzungen der Verkehrspolitik in den einzelnen FEP dargestellt.

Die Ziele der Verkehrspolitik in den FEP (1963-1980)

Die verkehrspolitischen Ziele des ersten FEP (1963-1967) können wie folgt zusammengefaßt werden:[186]

- volle Nutzung der bestehenden Transportkapazitäten (Wirtschaftlichkeitsprinzip),
- bessere Dienstleistung und dadurch Kostensenkung,
- ausgeglichene Entwicklung der Verkehrszweige bezüglich Betrieb, Infrastruktur und Tarifpolitik,
- Förderung des See- und Eisenbahnverkehrs im Fernverkehr,

---

184 KİT sind "Betriebe, deren Anteile zu 100% dem Staat gehören und die auf dem Wirtschaftssektor nach Prinzipien des Handels tätig sind" (Gesetz Nr. 6186 vom 29. Juli 1953).

185 Vgl. ALPBEK, Mehmet Cem (1997): Interessengegensätze bei Entscheidungsprozessen am Beispiel der Verkehrspolitik in der Republik Türkei und deren sozio-ökonomische Auswirkungen - eine soziohistorische Analyse für den Zeitraum 1950-1989 -, Berlin, S. 33.

186 SPO (1963): Der erste FEP (in türkischer Sprache), Ankara, S. 384f.

- Durchführung der Transportpolitik unter einer verantwortlichen Institution (Schaffung einer übergeordneten Verwaltung für Verkehrswesen),
- Verwirklichung der Koordination zwischen den einzelnen das Verkehrszweigen.

Im zweiten FEP (1968-1972) waren die Zielsetzungen die folgenden:[187]

- Verwirklichung eines dynamischen Verkehrssystems, um sich an die gesellschaftlichen Veränderungen anpassen zu können,
- Beteiligung der Nutzer von Verkehrsleistungen an Bau, Reparatur und Instandhaltung des Verkehrssystems.

Die weiteren wesentlichen Ziele des zweiten FEP wurden aus dem ersten übernommen.

Im dritten FEP (1973-1977) wurden folgende Ziele hinzugefügt:[188]

- Förderung des Industriesektors durch organisatorische und technische Verbesserungen des gesamten Verkehrssystems,
- Verbesserung des Straßenverkehrs und bessere Verkehrsüberwachung für den steigenden Transitverkehr durch die Türkei,
- Verbesserung der Eisenbahnen im Bereich Betrieb, Infrastruktur und Tarif,
- Koordination zwischen den einzelnen Verkehrszweigen.

Die staatlichen Investitionen im Bereich des Verkehrssektors wurden in der Höhe verwirklicht, in der sie in den FEP vorgesehen waren, sogar zum Teil übertroffen. So waren zum Beispiel in der ersten FEP-Periode für die Verkehrsinvestitionen 15,6% (Planziel 13,7%) der staatlichen Gesamtinvestitionen in Höhe von 785,8 Mio. US$ vorgesehen. In der zweiten FEP-Periode wurden bei den Verkehrsinvestitionen 16% (Planziel 16,1%) und im dritten Plan 20,6% (Planziel 14,5%) an den gesamten staatlichen Investitionen erreicht.[189]

Wenn man alle drei Pläne miteinander vergleicht, kommt man zu folgenden Ergebnissen:

1- Die Wiederholungen einiger Ziele in den FEP zeigen, daß diese zum Teil nicht verwirklicht werden konnten.

2- Obwohl in allen Plänen als Ziel "eine ausgeglichene Entwicklung und Koordination zwischen den Verkehrszweigen" stand, wird nicht erklärt, mit welchen konkreten Maßnahmen vorgegangen werden sollte.

3- Die Einführung der FEP brachte keine wesentliche Änderung für die türkische Verkehrspolitik. Zwar standen in den Zielbeschreibungen der Verkehrspolitik in allen FEP die Koordination und gleichmäßige Entwicklung der einzelnen Verkehrsträger, aber diese Ziele konnten in dem betrachteten Zeitraum nicht verwirklicht werden.

---

[187] SPO (1967): Der zweite FEP (in türkischer Sprache), Ankara, S. 561f.

[188] SPO (1973): Der dritte FEP (in türkischer Sprache), Ankara, S. 579f.

[189] Vgl. AYAN, Cihan / YÜCELEN, Ufuk (1997): Verkehrswesen - Ansätze zur Lösung der größten Probleme der Türkei an der Jahrtausendwende (in türkischer Sprache), Hrsg.: TÜGİAD, Nr. 22, İstanbul, S. 20f.

4- Der Straßenverkehr wurde stark gefördert, während die anderen Verkehrsträger vernachlässigt wurden. So hielt die ungleichmäßige Entwicklung der einzelnen Verkehrsträger an.

5- In allen Plänen wurden die Auswirkungen des Verkehrssystems auf die regionale Entwicklung nicht erwähnt bzw. nicht berücksichtigt.

Im folgenden wird die Verkehrspolitik des Zeitraumes 1923-1980 auf ihre Verwirklichung hin untersucht und werden die wechselseitigen Einflüsse der regionalen und verkehrlichen Entwicklung in der Türkei analysiert.

C. 3. Das Verkehrswesen in der Türkei vor 1980

Die Analyse der Entwicklung von den Hauptverkehrsträgern Eisenbahn- und Straßenverkehr und deren Auswirkungen auf die regionale Entwicklung der Türkei sind die Themen der folgenden Abschnitte. Zunächst soll der Modal-Split im Untersuchungszeitraum dargestellt werden, um einen Überblick über das gesamte Verkehrssystem in der Türkei zu schaffen.

C. 3. 1. Entwicklung des Modal-Split

Der Wandel der Produktionsstruktur löst auch Veränderungen in der Nachfrage nach Verkehrsleistungen bzw. nach Verkehrsträgern aus (Güterstruktureffekt). Diese Veränderungen lassen sich im Modal-Split zeigen. STEWIG gliedert den Wandel der türkischen Wirtschaft nach der Rostow'schen Stufentheorie in vier Phasen der Industrialisierung bzw. des Take-off:[190]

1. Vorstufe des Take-off im Osmanischen Reich,
2. erste Phase des Take-off von 1923 bis 1950,
3. zweite Phase von 1950 bis 1980 und
4. dritte Phase nach 1980, in der die Entwicklung zur Industriegesellschaft vorläufig einen Abschluß fand (s. Kap. D).

Wenn man den Verlauf der verkehrswirtschaftlichen Entwicklung mit diesen Phasen des Take-off vergleicht, ergibt sich folgendes Bild:

Im Entwicklungsabschnitt während des Osmanischen Reiches war die Schiffahrt bis zum 19. Jahrhundert der bei weitem bedeutendste Zugang zur Weltwirtschaft. Die Binnenverkehrsleistungen konnten nur lokal zwischen den wenigen Hafenstädten und deren Hinterland durch die Eisenbahnerschließung verwirklicht werden.

Von der Gründung der Türkei an (1923) bis zum Ende des Zweiten Weltkrieges war die Eisenbahn der wichtigste Verkehrsträger, der zur Industrialisierung während der ersten Take-off-Phase diente.

Nach dem Zweiten Weltkrieg trat beim Übergang von der ersten zur zweiten Phase des Take-off ein entscheidender Umbruch ein: Die Verteilung der Verkehrsleistungen (Modal-Split) veränderte sich und konzentrierte sich auf den Straßenverkehr.

Zwischen 1923 und 1980 trat insgesamt eine enorme Erhöhung der Verkehrsleistungen im Personen- und Güterverkehr parallel zur wirtschaftlichen Entwicklung des Landes ein. Im

---

[190] Stewig vergleicht die türkische Industrialisierung mit der der Britischen Inseln. Dabei kommt er zu dem Ergebnis, daß die türkische Wirtschaft den take-off mit einem time-lag erlebte. In diesem Zusammenhang werden die Unterschiede der türkischen Industrialisierung zu der der Britischen Inseln dargestellt. Detaillierte Information: STEWIG, Reinhard (1998): Entstehung der Industriegesellschaft in der Türkei, Teil 1: Entwicklung 1923-1950, Kiel, und STEWIG, Reinhard (1999): Entstehung der Industriegesellschaft in der Türkei, Teil 2: Entwicklung 1950-1980, Kiel, S. 228f.

folgenden steht bezüglich des Modal-Split zunächst der Güterverkehr im Mittelpunkt der Betrachtung, anschließend der Personenverkehr.

Güterverkehr

Im Güterverkehr stiegen die gesamten Verkehrsleistungen von 207 Mio. tkm im Jahre 1923 auf 4.279 Mio. tkm im Jahre 1950 an; diese verzehnfachten sich bis zum Jahre 1980. Abb. 12 zeigt die Entwicklung des Modal-Split im Güterverkehr in den Jahren 1950 und 1980.[191]

Abb. 11: Modal-Split im Güterverkehr in den Jahren 1950 und 1980 im Binnenmarkt

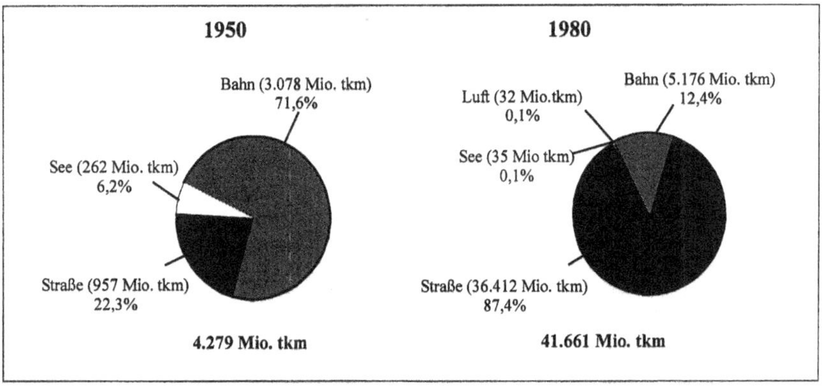

Quelle: Eigene Darstellung, Daten aus KGM (1997): Annual Statistics of Turkish Highways (1995-1996), Ankara, S. 85.

Seit 1950 stieg der Anteil des Güterverkehrs auf der Straße rasch an. Der Straßenverkehr begann, eine konkurrenzlose Alternative zu anderen Verkehrsträgern darzustellen. Aus Abb. 11 geht deutlich hervor, daß der Eisenbahn- und Straßenverkehr zusammen einen Anteil von über 90% an den Gesamtverkehrsleistungen im Güterverkehr im Jahre 1980 haben.

Im Luftverkehr stieg die beförderte Gütermenge um das 3,6-fache an. Der Anteil des Luftverkehrs am gesamten Güterverkehr blieb jedoch nahezu unerheblich.[192]

Während der Seeverkehr im internationalen Gütertransport nach wie vor bedeutend war, sank jedoch der Anteil des Seeverkehr im türkischen Binnenmarkt. So stiegen zwischen 1960 und 1980 die Seetransportleistungen im Außenhandel von ca. 1.400 Mio. tkm auf ca. 8.000 Mio. tkm.[193] Die Verkehrsleistungen verdoppelten sich auch im Binnen-Seeverkehr, während der Anteil des Seeverkehrs an den Gesamtverkehrsleistungen jedoch zurück ging (s. Abb. 12). Auf die Entwicklung des Seeverkehrs soll im folgenden näher eingegangen werden.

---

191 Vgl. KGM (1997): Annual Statistics of Turkish Highways (1995-1996), Ankara, S. 85.

192 Vgl. HIÇ, Süreyya (1994): Die türkische Wirtschaft (in türkischer Sprache), İstanbul, S. 388.

193 Vgl. AYAN, Cihan / YÜCELEN, Ufuk (1997): Verkehrswesen - Ansätze zur Lösung der größten Probleme der Türkei an der Jahrtausendwende (in türkischer Sprache), Hrsg.: TÜGİAD, Nr. 22, İstanbul, S. 20f.

Im Ersten Weltkrieg verlor die Türkei einen großen Teil ihrer Handelsflotte, ihr blieb nur ungefähr die Hälfte der zur Zeit des Osmanischen Reiches bestehenden Handelsflotte von ca. 22.000 t übrig. Der Wiederaufbau der Küstenschiffahrt und der Überseehandel machten mit der Gründung der Türkei den Ausbau der Hafenanlagen notwendig.[194] Schon im Osmanischen Reich war İzmir aufgrund seines mit der Eisenbahn erschlossenen Agrar-Hinterlandes der größte Exporthafen. İstanbul hingegen entwickelte sich aufgrund seiner hohen Bevölkerungszahl zum Hauptimporthafen. Beide Häfen trugen zur wirtschaftlichen Entwicklung in den Städten und in ihrer Umgebung erheblich bei. Deshalb wurden 1929 zunächst diese Seehäfen ausgebaut. Im Jahre 1946 wurde ein Hafenbauprogramm verabschiedet, um den Ausbau der bedeutenden türkischen Seehäfen zu forcieren. Bis 1960 wurden die wichtigsten Häfen der Türkei in İstanbul (Haydarpaşa und Salıpazarı), İzmir (Alsancak), İskenderun, Mersin, Samsun, Trabzon und Zonguldak ausgebaut bzw. errichtet. Außer Trabzon und Salıpazarı (İstanbul) waren alle genannten Seehäfen mit dem Eisenbahnnetz verbunden.

Die Lösch- und Ladetätigkeiten der türkischen Häfen stiegen von einer Mio. t im Jahr 1950 auf über 10 Mio. t im Jahre 1960; bis zum Jahre 1980 erhöhte sich die Menge sogar auf 60 Mio. t. Die landwirtschaftliche Entwicklung der Çukurova-Region durch den Baumwollanbau ließ auch den Hafen Mersin mit der Stadt Adana und deren Hinterland an Bedeutung gewinnen. Zonguldak wurde als Spezialhafen für den Abtransport von Steinkohle aus dem Hinterland errichtet, während ein weiterer Hafen in Samsun als Tabakumschlagplatz diente.[195]

Tab. 15 zeigt die Umschlagentwicklung zwischen 1970 und 1980 in den größten Häfen der Türkei. Demnach nahm İstanbul nicht die Spitzenstellung ein. Es geht hier um die Konkurrenz des Hafenhinterlandes Anatoliens: Die Mittelmeerhäfen İzmir und Mersin wiesen aufgrund der kürzeren geographischen und ökonomischen Entfernung nach Mittel- und Südostanatolien durch Straßen- und Eisenbahnverbindungen Vorteile gegenüber İstanbul auf. Während die Häfen İstanbul und İzmir für den gesamten Außenhandelstransport zuständig waren, entwickelten sich die Häfen İskenderun, Ceyhan, Dörtyol, İzmir (Aliağa) und İzmit (Derince) durch die erheblichen Erdölumschlagleistungen im internationalen Seeverkehr und im Küstenverkehr.[196]

---

194 In der Zeit des Osmanischen Reiches lag die Küstenschiffahrt in den Händen der griechischen Bevölkerung. Nach dem Bevölkerungsaustausch zwischen der Türkei und Griechenland gemäß dem Vertrag von Lausanne fehlte diese Berufsgruppe für die Küstenfahrt. So ergriff der Staat für den Aufbau der türkischen Küstenschiffahrt die Initiative. Im Jahre 1938 wurde die Schiffahrtsbank (Denizbank) als die für den Seetransport verantwortliche Behörde eingetragen. Schon 1939 wurde sie der Generaldirektion der staatlichen Schiffahrtslinien angeschlossen, wodurch die Schiffahrt ein staatliches Wirtschaftsunternehmen wurde. Vgl. STEWIG, Reinhard (1998): Entstehung der Industriegesellschaft in der Türkei, Teil 1: Entwicklung 1923-1950, Kiel, S. 316.

195 Vgl. ebd., S. 190 und 316.

196 Vgl. STEWIG, Reinhard (1999): Entstehung der Industriegesellschaft in der Türkei, Teil 2: Entwicklung 1950-1980, Kiel, S. 225.

Tab. 15: Umschlagentwicklung der größten Häfen der Türkei zwischen 1970 und 1980 (in 1.000 t)

Häfen	1970			1980		
	Küstenfahrt	Internat. Seeverkehr	Gesamt	Küstenfahrt	Internat. Seeverkehr	Gesamt
İskenderun, Ceyhan und Dörtyol	612	774	1.386	7.151	19.595	2.6746
İstanbul (Haydarpaşa und Salıpazarı)	3.375	1.641	5.016	243	937	1.180
İzmir (Alsancak und Aliağa)	524	1.216	1.740	3.331	2.697	6.028
İzmit (Derince)	2.202	1.222	3.424	1.112	1074	2.181
Mersin	4.661	3.296	7.957	1.294	2.617	3.911
Zonguldak	1.329	320	1.649	1.134	75	1.209

Quelle: STEWIG, Reinhard (1999): Entstehung der Industriegesellschaft in der Türkei, Teil 2: Entwicklung 1950-1980, Kiel, S. 224.

Bis Mitte der siebziger Jahre waren die Kapazitäten der Seehäfen ausreichend. Es gab jedoch im technisch-organisatorischen Bereich der Hafenbetriebe Defizite.[197] Seit Mitte der siebziger Jahre reichten auch die Kapazitäten für die Lade- und Löschtätigkeiten nicht mehr aus, und so begannen die öffentlichen und privatwirtschaftlichen Unternehmen mit dem Betrieb von eigenen Häfen, die zumeist dem Transport eigener Güter dienten. Es wurde deutlich, daß die Türkei noch nicht auf den sich weltweit durchsetzenden und wachsenden Containertransport vorbereitet war. Im Jahre 1979 wurde von der Seehandelskammer bekanntgegeben, daß keiner der vorhandenen Seehäfen der Türkei Lagerplätze für Container habe. Nur wenige Häfen (İstanbul, Mersin, İskenderun) hatten die Möglichkeit, Containerlagerplätze errichten zu können. Die Auswirkung dieser Defizite machte sich dann nach 1980 bemerkbar.[198]

Die türkische Handelsflotte wuchs zwischen 1960 und 1978 von einer Kapazität von 837.000 BRT mit 2.722 Schiffen auf 1.551.000 BRT mit 2.753 Schiffen an. Während die Anzahl der Schiffe nur gering anstieg, erhöhte sich deren Kapazität aufgrund der Einführung großer Tanker. Wegen des steigenden Bedarfs an Erdöl- und dessen Nebenprodukten wuchs die Tankerkapazität deutlich und nahm schließlich einen Anteil von über einem Viertel an der Gesamtflotte ein.[199]

Nur einige wenige größere Seehäfen sind wirtschaftlich bedeutend, soweit sie eine gute Verbindung zum Hinterland aufweisen. Die räumlichen Auswirkungen der Seehäfen zeigen sich in den internationalen Hafenstädten İstanbul, İzmir, Mersin, İskenderun, die alle gute

---

197 Vgl. HİÇ, Süreyya (1994): Die türkische Wirtschaft (in türkischer Sprache), İstanbul, S. 396.

198 Vgl. DTO (1994): Der türkische Seeverkehr zur Jahrhundertwende (in türkischer Sprache), Symposium-Berichte von 23.12.1993, İstanbul, S. 51.

199 Vgl. ALPBEK, Mehmet Cem (1997): Interessengegensätze bei Entscheidungsprozessen am Beispiel der Verkehrspolitik in der Republik Türkei und deren sozio-ökonomische Auswirkungen - eine sozio-historische Analyse für den Zeitraum 1950-1989 -, Berlin, S. 120.

Straßen- und Eisenbahnverbindungen ins Hinterland Anatoliens aufwiesen. Zonguldak (Kohle, Eisen und Stahl) und İzmit (Erdöl) spielten bei inländischen Küstenfahrten für den industriellen Rohstofftransport eine große Rolle.

Zusammenfassend spielte der Seeverkehr in dieser Periode eher im internationalen Verkehr (konzentriert auf einige wenige Häfen) als im Binnenmarkt eine Rolle. Die infrastrukturellen Verbesserungen im Seeverkehr waren jedoch ungenügend, so daß sich schon Mitte der siebziger Jahre Kapazitätsengpässe bemerkbar machten. Ausschlaggebend war besonders die fehlende Einführung von technischen Innovationen, welche die Entwicklung eines modernen Containerverkehrs verhinderte. Dies ist bedauerlich, da die Türkei von rd. 8.000 km Küste umgeben ist und den Preisvorteil des Seetransports aus infrastrukturellen Gründen nicht umsetzen konnte.

Personenverkehr

Im Personenverkehr stieg die Gesamtverkehrsleistung von 172 Mio. Pkm im Jahre 1923 auf 5.168 Mio. Pkm im Jahre 1950 an, schließlich erhöhte sie sich um das 15fache im Jahre 1980. Abb. 12 zeigt den Modal-Split im Personenverkehr in den Jahren 1950 und 1980.[200]

Abb. 12: Modal-Split im Personenverkehr in den Jahren 1950 und 1980

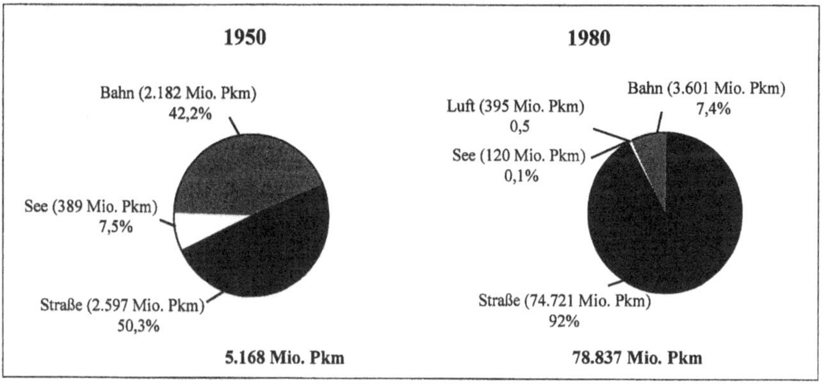

Quelle: Eigene Darstellung , Daten aus KGM (1997): Annual Statistics of Turkish Highways (1995-1996), Ankara, S. 86.

Seit 1950 erhöhte sich der Anteil des Personenverkehrs auf der Straße, während die Eisenbahn hohe Einbußen hinnehmen mußte. So wurde in dreißig Jahren fast der gesamten Personenverkehr auf die Straße verlagert. Die Gründe dieser Verlagerung werden in der Analyse dieser Verkehrsträger in Kap. C. 3. 2. erörtert.

Der Anteil der Schiffahrt an der Personenbeförderung sank ebenso, von 7,5% im Jahre 1950 auf 0,1% im Jahre 1980 (s. Abb. 12). Dies ist auf eine Zunahme der Personenbeförderung im

200 Vgl. KGM (1997): Annual Statistics of Turkish Highways (1995-1996), Ankara, S. 85.

Luftverkehr und im Straßenverkehr zurückzuführen. Im Personennahverkehr war der Seeverkehr noch in den Großstädten wie İstanbul und İzmir und auf dem Marmarameer von Bedeutung. Aufgrund des Brückenbaus über den Bosporus (1973) verloren jedoch auch hier die Personenfähren an Bedeutung.

Der Personenluftverkehr verzeichnete in der Phase des zweiten Take-off im Vergleich zu anderen Verkehrsträgern bemerkenswerte Zuwachsraten, obwohl in absoluten Zahlen das Verkehrsaufkommen hinter den anderen Verkehrsträgern zurückblieb. Die Zahl der beförderten Fluggäste wuchs mit Beginn des Düsenzeitalters zwischen 1950 und 1960 um das 2,5fache. In den nachfolgenden zwanzig Jahren bis 1980 verdreifachten sich die Verkehrsleistungen im Flugverkehr (von 115 Mio. Pkm auf 395 Mio. Pkm).[201]

Bis 1957 waren die Flughäfen in İstanbul (Yeşilköy bzw. Atatürk), in Ankara (Esenboğa), in Adana und in Trabzon fertiggestellt. Durch den Flugverkehr konnte eine schnelle Verbindung zwischen den wirtschaftlichen und administrativen Zentren İstanbul und Ankara geschaffen werden. Es wurde zudem mit dem Ausbau von weiteren Flughäfen in den Großstädten begonnen (s. Abb. 13).[202] Im Jahre 1980 standen 21 Flughäfen zur Verfügung, von denen 15 ganzjährig angeflogen werden konnten. Nur fünf Flughäfen (Ankara, İstanbul, İzmir, Antalya und Adana) wurden für den internationalen Flugverkehr genutzt.

Eine hohe Zahl an Direktverbindungen weisen die Drehkreuze Ankara und İstanbul auf. Die übrigen Städte sind untereinander in der Regel nur über diese beiden Drehscheiben des Flugverkehrs erreichbar. In der räumlichen Verteilung der Verkehrsleistungen im Luftverkehr zeigen sich wiederum deutliche, den regionalen wirtschaftlichen Schwerpunkten entsprechende Disparitäten. İstanbul führte im Jahre 1982 nach der Ankunft der Passagiere internationaler Flügen mit ca. 700.000 und bei Inlandsflügen mit ca. 500.000 vor Ankara mit insgesamt nur 500.000 In- und Auslandsflügen.[203] Zu den internationalen Flughäfen kam erst Ende der siebziger Jahre mit dem steigenden Fremdenverkehr an der ägäischen Küste Dalaman hinzu. Die übrigen Flughäfen, wie Bursa, Diyarbakır, Elazığ usw., wiesen nur innertürkischen Flugverkehr auf[204] (s. Abb. 13).

---

201 Vgl. SPO (1990): Luftverkehr (in türkischer Sprache), Ankara, S. 13f.

202 Vgl. TÜSİAD (1988): Der Verkehrssektor in den EG-Ländern und in der Türkei - Probleme der Integration (in türkischer Sprache), İstanbul, S. 20.

203 Vgl. STEWIG, Reinhard (1999): Entstehung der Industriegesellschaft in der Türkei, Teil 2: Entwicklung 1950-1980, Kiel, S. 226.

204 Vgl. EGGELIN, Willi und RITTER, Gert (1979): Türkische Binnenverkehrsnetze, Bochum, S. 49f.

Abb. 13: Graphische Darstellung der Flugverbindungen in der Türkei im Jahre 1984

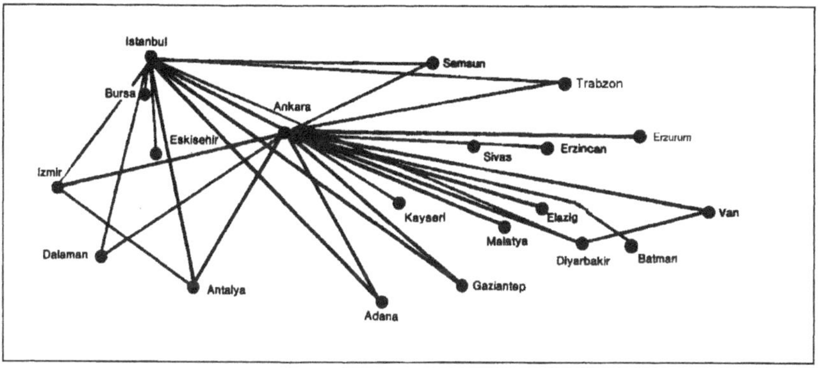

Quelle: EGGELIN, Willi (1985): Verkehrs- und Energiewirtschaft, in: Türkei, Südosteuropa-Handbuch, Bd. 4, Hrsg.: GROTHUSEN, Klaus-Detlev, Göttingen, S. 417.

Der internationale Flugverkehr erlebte insbesondere durch die Gastarbeiterheimflüge einen großen Aufschwung. Gegen Ende der siebziger Jahre erreichten die Flughafenkapazitäten (besonders in Ankara und İstanbul) durch die steigende Nachfrage ihre Grenzen.[205] Die Infrastruktur im Luftverkehr Anfang der achtziger Jahre entfernte sich immer mehr von den Bedürfnissen eines modernen Flugbetriebs in bezug auf Sicherheitseinrichtungen, Passagierdienste sowie die technischen Einrichtungen der Flugabfertigung.[206]

Bis Ende der siebziger Jahre blieben die Bemühungen zur Aufhebung des staatlichen Monopols im zivilen Flugverkehr durch die Zulassung einer privaten Fluggesellschaft im Binnenverkehr erfolglos. Erst im Jahre 1977 wurde "Türk Hava Yolları (THY)" als ein staatliches Wirtschaftsunternehmen (KİT) reorganisiert, um eine Verbesserung des Managements zu ermöglichen.[207]

Insgesamt zeigte der türkische Flugverkehr bis 1980 Tendenzen zum Wachstum, das aber durch schlechtes Management verzögert wurde. Ein deutliches Wachstum des Luftverkehrs ist aber erst nach 1980 zu beobachten (s. Kap. D. 3. 1.).

Bewertung des Modal-Split

Eine wichtige Determinante zur Erklärung der Entstehung des Modal-Split stellen die Investitionen in die verschiedenen Verkehrszweige dar. Entgegen den offiziellen Zielen der Verkehrspolitik in den FEP zur Stärkung der Eisenbahn schlug sich deren nachlassende

---

[205] Vgl. EGGELIN, Willi J. (1985): Verkehrs- und Energiewirtschaft, in: Türkei, Südosteuropa-Handbuch, Hrsg.: GROTHUSEN, Klaus-Detlev, Bd. 4, Göttingen, S. 423.

[206] Vgl. ALPBEK, Mehmet Cem (1997): Interessengegensätze bei Entscheidungsprozessen am Beispiel der Verkehrspolitik in der Republik Türkei und deren sozio-ökonomische Auswirkungen - eine sozio-historische Analyse für den Zeitraum 1950-1989 -, Berlin, S. 103 und HIÇ, Süreyya (1994): Die türkische Wirtschaft (in türkischer Sprache), İstanbul, S. 125f.

[207] Vgl. HIÇ, Süreyya (1994), Die türkische Wirtschaft (in türkischer Sprache), İstanbul, S. 125f.

Bedeutung auch bei der Zuweisung der Investitionsmittel nieder. Obwohl die Quote der Mittel für den Transportbereich anstieg, zeigt die Verteilung der Investitionen auf einzelne Verkehrsträger eine bevorzugte Förderung des Straßenverkehrs[208] (s. Tab. 16).

Tab. 16: Anteile der Verkehrsträger an den staatlichen Investitionen für das Verkehrswesen in den FEP (in %)

Verkehrsträger	**I. FEP 1963-1967**	**II. FEP 1968-1972**	**III. FEP 1973-1977**
Straßenverkehr	72	73	52
Schienenverkehr	17	19	22
Seeverkehr	9	5	12
Luftverkehr	2	3	14

Quelle: TCUB (1980): Berichte, Ansichten und Vorschläge des Verkehrsministeriums (in türkischer Sprache), Nr. 117-041UK10.034, Ankara, S. 4-11.

Die Verlagerung des beinahe gesamten Verkehrs auf die Straße verstärkte sich im Untersuchungsraum weiter und hemmte die Entwicklung anderer Verkehrsträger. Diese ungleichmäßige Verteilung auf die einzelnen Verkehrsträger kann so interpretiert werden, daß die damalige Verkehrspolitik die Verbindung der vorhandenen Verkehrsnetze in ihrer Gesamtheit nicht berücksichtigt hat. Somit konnte keine Koordination zwischen den einzelnen Verkehrsträgern stattfinden.[209]

Schon in den fünfziger Jahren wurde von US-Experten eine Koordination zwischen den Verkehrsträgern und die Reorganisation der für den Verkehr zuständigen Ministerien und Behörden vorgeschlagen, um eine Verlagerung des Verkehrs mit einer zu starken Konzentration auf die Straße zu verhindern. Im Jahre 1972 wurde eine Koordinationsbehörde für den Gesamtverkehr gegründet, die Mitte der siebziger Jahre zahlreiche Gutachten, Veröffentlichungen und Machbarkeitsstudien angefertigt hatte. Diese Vorschläge wurden jedoch kaum verwirklicht, da die politische Entwicklung dies nicht erlaubte. Schließlich wurde Anfang der achtziger Jahre die Koordinationsbehörde abgeschafft. Die Gründe des Scheiterns lagen in der populistischen Wirtschafts- bzw. Verkehrspolitik.[210] Es muß hier betont werden, daß die instabilen politischen Verhältnisse, die ihren deutlichsten Ausdruck in den häufig wechselnden Regierungen fanden, zu dieser Entwicklung erheblich beigetragen haben.

In bezug auf die Verwirklichung der verkehrspolitischen Ziele zeigt die Bilanz insofern keine erkennbaren Erfolge.

---

208 TCUB (1980): Berichte, Ansichten und Vorschläge des Verkehrsministeriums (in türkischer Sprache), Nr. 117-041UK10.034, Ankara, S. 4-11.

209 Vgl. EVREN, Güngör (1996): Die türkische Eisenbahn (in türkischer Sprache), in: Türkiye Mühendislik Haberleri, Nr. 384, Juli 1996, S. 24.

210 Vgl. ALPBEK, Mehmet Cem (1997): Interessengegensätze bei Entscheidungsprozessen am Beispiel der Verkehrspolitik in der Republik Türkei und deren sozio-ökonomische Auswirkungen - eine sozio-historische Analyse für den Zeitraum 1950-1989 -, Berlin, S. 103, und HİÇ, Süreyya (1994): Die türkische Wirtschaft (in türkischer Sprache), İstanbul, S. 388.

Die Verteilung des Aufkommens im Güter- und Personenverkehr hatte sich zum Vorteil des Straßenverkehrs entwickelt. Er nahm eine führende Rolle im Vergleich zu anderen Verkehrsmitteln, insbesondere der Eisenbahn, ein. Der Widerspruch zwischen den Zielen der Verkehrspolitik und den zugeteilten Investitionen im Verkehrsbereich zeigt sich deutlich in der Entwicklung des Modal-Split. Bei der Verschiebung der Investitionsmittel von der Bahn zum Straßenverkehr spielten die Investitionskostenvorteile des Straßenverkehrs eine große Rolle.[211]

Im folgenden Kapitel sollen die Entwicklung der Hauptverkehrsträger Eisenbahn- und Straßenverkehr in bezug auf ihre Qualität dargestellt werden und die Konsequenzen der dargestellten Entwicklung des Modal-Split aufgezeigt werden. Dabei werden Wechselwirkungen des Verkehrssystems und die strukturellen und regionalen Entwicklungen der türkischen Wirtschaft anhand der Instrumente des Voigtschen Modells analysiert.

---

211 Vgl. EVREN, Güngör (1996): Die türkische Eisenbahn (in türkischer Sprache), in: Türkiye Mühendislik Haberleri, Nr. 384, Juli 1996, S. 23.

C. 3. 2. Die Entwicklung der Hauptverkehrsträger

C. 3. 2. 1. Schienenverkehr

Für den europäischen Industrialisierungsprozeß spielte die Einführung der Eisenbahn Anfang des 19. Jahrhunderts eine große Rolle, da durch die gewerbliche Produktion weit über die inländische Nachfrage hinaus exportiert werden konnte. Durch die Einführung neuer Technologien zur Massenproduktion und die Ausweitung der Absatzmärkte wurden niedrige Produktionskosten möglich. Diese führten zu einem industriellen Wachstumsprozeß in den europäischen Ländern.[212]

Im Osmanischen Reich konnte ein solcher industrieller Wachstumsprozeß nicht stattfinden, da die niedrige Qualität des Verkehrssystems, der Mangel an technischen Innovationen und fehlendes Kapital für notwendige Investitionen den Übergang zur Massenproduktion unmöglich machten, so daß der Kapazitäts- und Einkommenseffekt sich nicht verbreiten konnte.[213]

Erst Mitte des 19. Jahrhunderts wurde die Eisenbahn in Anatolien eingeführt. Aufgrund der schlechten finanziellen Lage und des technologischen Rückstandes des Osmanischen Reiches wurden fast alle Eisenbahnnetze von europäischen Unternehmen gebaut und betrieben. Im Jahr 1856 wurde mit britischer Hilfe die erste Strecke İzmir-Aydın erbaut, mit dem Ziel, die Produkte des agrarischen Hinterlandes von İzmir günstiger zum Exporthafen İzmir schaffen zu können.

Der Bau der Eisenbahn in der Türkei - besonders der Bau der Bagdadbahn - war aufgrund der geostrategischen Lage stets ein Politikum zwischen den europäischen Großmächten.[214] Der Plan der Bagdadbahn sah vor, İstanbul-Haydarpaşa (asiatischer Teil İstanbuls) über Ankara, Sivas, Mosul und Bagdad mit Basra zu verbinden.[215] Bis zur Mitte des Ersten Weltkrieges

---

[212] Vgl. YILDIRIM, Osman (1977): Das Verkehrssystem im Prozeß der Industrialisierung – dargestellt am Beispiel der Türkei, Bonn, S. 41, und VOIGT, Fritz (1965): Verkehr, Bd. II/2, Berlin, S. 1177.

[213] Vgl. YILDIRIM, Osman (1977): Das Verkehrssystem im Prozeß der Industrialisierung – dargestellt am Beispiel der Türkei, Bonn, S. 41.

[214] Bei dem Bagdadbahn-Projekt stand nicht die Intention im Vordergrund, ein Land zu erschließen oder ein Verkehrsdefizit zu decken. Im Vordergrund stand eher eine großräumige wirtschafts- und geopolitische Planung, um Mittel- und Südosteuropa mit Mesopotamien und dem Persischen Golf und später mit Vorderindien zu verbinden. Das Projekt verfolgte somit weniger türkische Interessen als die der damaligen Großmächte Großbritannien, Frankreich und besonders des Deutschen Reiches. Dabei waren verständlicherweise die Interessen der Beteiligten unterschiedlich. Großbritannien suchte einen sicheren Landweg nach Indien, das Deutsche Reich war an intensiveren Wirtschaftsbeziehungen zum Osmanischen Reich und an Rohstoffgewinnung in Mesopotamien interessiert. Durch die Eröffnung des Suez-Kanals im Jahre 1869 verlor der Bahnbau und -betrieb in Anatolien für die Engländer und Franzosen an Bedeutung. Vgl. TİFTİKÇİ, Osman (1996): Verkehrsprobleme in der Türkei und die Eisenbahn (in türkischer Sprache), İstanbul, S. 14-15 und Vgl. YILDIRIM, Osman (1977): Das Verkehrssystem im Prozeß der Industrialisierung – dargestellt am Beispiel der Türkei, Bonn, S. 36-38.

[215] Vgl. EGGELIN, Willi / RITTER, Gert (1979): Türkische Binnenverkehrsnetze, Bochum, S. 6.

konnte dann die Bagdadbahn, eine Verbindung von Mitteleuropa über İstanbul und Ankara nach Syrien und in den Irak, in ihrer Gesamtlänge fertiggestellt werden (1916).[216]

STEWIG interpretiert den Eisenbahnbau Anatoliens folgendermaßen: "..., daß der Eisenbahnbau in Anatolien, der um die Mitte des 19. Jahrhunderts einsetzte, nur ein Element in dem System darstellte, das aus dem Zusammenspiel der landwirtschaftlichen Entwicklung in West-, Süd- und Mittel-Anatolien bis zum Exportmarktniveau, aus der Erschließung der Küsten durch die Dampfschiffahrt mit Bevorzugung größerer Häfen und aus der kapitulatorischen Öffnung des Landes bestand."[217] Dies erklärt, warum die osmanischen Bahnen "Stichbahnen" waren, die von bestimmten Häfen aus in das Landesinnere hinein gelegt wurden.

Bereits der Bau dieser ersten Strecken zeigt, wie durch verschiedenste Baumotivationen (nationale Interessen, internationale Interessen, strategische Gesichtspunkte, ökonomische Vorstellungen) ein inhomogenes, schlecht aufeinander abgestimmtes System entstand, womit zunächst nur eine "lokale Verbindungsphase" erreicht wurde. Von einem "Netz" ist zu diesem Zeitpunkt noch keine Rede.[218]

Zudem war das gebirgige Hochland Anatoliens für den Eisenbahnbau nicht geeignet. Zahlreiche Pässe mußten überwunden und aufwendige Tunnelbauten erstellt werden. Abweichungen der Eisenbahnstrecken bis zu 217% von der Luftliniendistanz veranschaulichen diese Probleme. Alle Eisenbahnlinien entstanden eingleisig. Es dominierte die Normalspurweite 1,435 m mit Ausnahme der 120 km langen Linie von Sarıkamış (Kars) bis zur Grenze des heutigen Armenien, die für den Anschluß an das damalige Eisenbahnnetz der Sowjetunion in Breitspurweite gebaut wurde.[219]

Im Jahre 1888 wurde der durchgehende internationale Anschluß bis Wien erreicht, so daß von da an der Orient-Expreß auf der Strecke Wien - İstanbul verkehren konnte.[220] Bis zur Gründung der Republik waren die osmanischen Bahnlinien auf 3.892 km erweitert worden[221] (s. Abb. 14).

---

216 Vgl. EGGELIN, Willi / RITTER, Gert (1979): Türkische Binnenverkehrsnetze, Bochum, S. 7f.

217 STEWIG, Reinhard (1998): Entstehung der Industriegesellschaft in der Türkei, Teil 1: Entwicklung 1923-1950, S. 191.

218 Vgl. EGGELIN, Willi / RITTER, Gert (1979): Türkische Binnenverkehrsnetze, Bochum, S. 6.

219 Vgl. EGGELIN, Willi (1985): Verkehrs- und Energiewirtschaft, in: Türkei, Südosteuropa-Handbuch, Bd. 4, Göttingen, S. 416.

220 Vgl. STEWIG, Reinhard (1998): Entstehung der Industriegesellschaft in der Türkei, Teil 1: Entwicklung 1923-1950, S. 196.

221 Vgl. ebd., S. 195-197.

Abb. 14: Entwicklung des türkischen Eisenbahnnetzes im Zeitraum 1923-1980

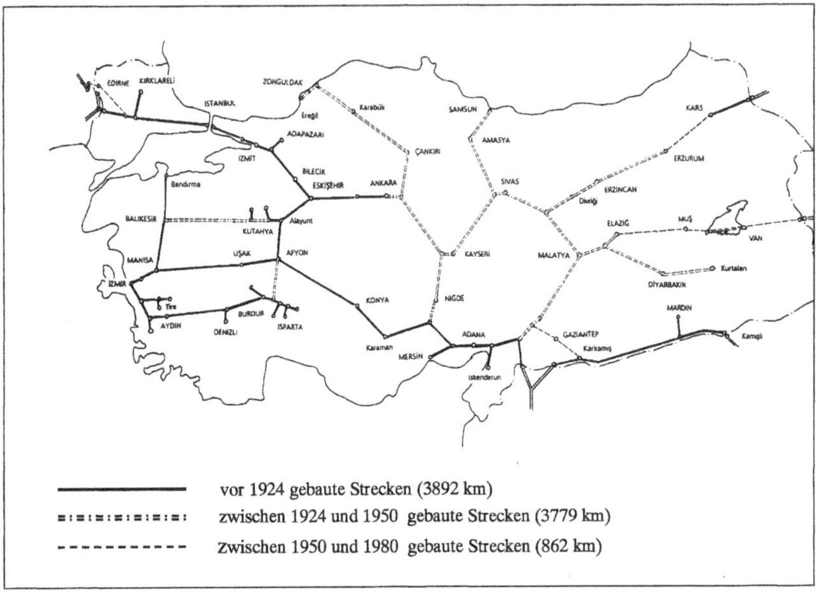

Quelle: Eigene Darstellung, Daten aus TCUB (1991): Masterplan für das Verkehrs- und Kommunikationswesen (1992-2010) (in türkischer Sprache), Ankara, S. 41.

Sieht man von den politischen und militärischen Interessen ab, so kann sich die Einführung der Eisenbahn wirtschaftlich auf zweierlei Weise auf die Entwicklung eines Landes auswirken: Erstens wird in der Bauphase die Produktion der Eisen-Stahl-Industrie steigen, zweitens werden die Orte, die durch die Eisenbahn erschlossen werden, in die Märkte des Landes integriert.[222] Im Osmanischen Reich dagegen konnte die Produktion der Eisen-Stahl-Industrie nicht angekurbelt werden, wie vergleichsweise in Deutschland, da bis dato keine derartige Industrie existierte.[223] Aufgrund des Stichbahnen-Charakters der osmanischen Eisenbahn konnte die zweite Wirkung nur begrenzt eintreten. Schließlich war eine planmäßige Industrialisierung des Landes nicht das Ziel des Eisenbahnbaus gewesen, sondern die heimische landwirtschaftliche Produktion sollte in die Weltmärkte eingebracht werden.[224] Deshalb sind in dieser Ära lokale wirtschaftliche Entwicklungen vor allem in den Hafenstädten wie İzmir und İstanbul und in ihrem Umland zu beobachten.

---

222 Vgl. KEPENEK, Yakup / YENTÜRK, Nurhan (1996): Die türkische Wirtschaft (in türkischer Sprache), İstanbul, S. 18.

223 Vgl. ERGÜN, İsmet (1985): Der Verkehrssektor in der wirtschaftlichen Entwicklung der Türkei (in türkischer Sprache), Ankara, S. 72-74.

224 Vgl. KEPENEK, Yakup / YENTÜRK, Nurhan (1996): Die türkische Wirtschaft (in türkischer Sprache), İstanbul, S. 18.

Die Teilwertigkeit "Schnelligkeit" der Bahn im Osmanischen Reich war durch die unnötigen Abweichungen von der optimalen Streckenführung sehr gering.[225] Infolge der niedrigen Qualität der Eisenbahn blieb die wirtschaftliche Entwicklung durch die Einführung eines neuen besseren Verkehrsmittels begrenzt. Anstelle eines Abbaus kam es daher eher zu einer Verstärkung der historischen räumlichen Disparitäten zwischen dem Nordwesten Anatoliens und den übrigen Teilräumen, besonders im Osten und Südosten, im Laufe des 19. Jahrhunderts durch die Einführung der Eisenbahn.[226]

Der neue türkische Staat begann im Jahre 1923 mit dem Wiederaufbau der durch den Krieg von 1914 bis 1923 zerstörten Eisenbahnlinien. 1928 wurden sämtliche Eisenbahn- und Hafengesellschaften, die in der Hand von ausländischen Unternehmen waren, aufgekauft oder verstaatlicht.[227] Die geplante Nationalisierung der Eisenbahnen wurde 1948 mit der Übernahme der Bagdadbahnstrecke entlang der syrischen Grenze vollendet.[228]

Der Ausbau des Eisenbahnnetzes wurde mit Hilfe staatlichen Kapitals bis zum Beginn des Zweiten Weltkrieges weitgehend nach Plan verwirklicht. So entstand erstmals ein raumerschließendes Eisenbahnnetz in der Türkei. [229]

Die Anteludialbindungen des Verkehrswesens hatten in dieser Ausbauphase der Eisenbahn eine besondere Bedeutung. Die Planung der neuen Strecken orientierte sich an den bestehenden Eisenbahnstreckenverläufen aus dem Osmanischen Reich, da völlig neue Strecken nicht überall finanzierbar gewesen wären.

Die Qualität dieser Eisenbahnstrecken war aufgrund vieler Umwege und den daraus entstehenden Verzögerungen schon für diese Zeit sehr gering. Neue direkte Schienenverbindungen wären notwendig gewesen. Eine Verbesserung des Eisenbahnnetzes fand nur bei neuen Streckenverläufen statt, wo keine Anteludialbindungen vorhanden waren, d.h. in Regionen, wo es noch keine Eisenbahnlinien gab. So entstanden neue Strecken zum einen als Ringbahnen in Mittelanatolien, zum anderen als Quasi-Stichbahnen in Richtung Osten. Jedoch führten einige Streckenverläufe, vor allem diejenigen, die aus militärischen und strategischen Gründen entstanden, später teilweise zu neuen Anteludialbindungen. Diese Bindungen nahmen später den Status von Traditionen an und beeinflußten damit die weitere Entwicklung des Verkehrswesens der Türkei.

Durch neue Bahnbauten bis 1945 entstand ein weitmaschiges zentrales Netz mit Stichbahnen in die peripheren Räume in Nord-, Ost- und Südost-Anatolien (s. Abb. 15). Die Bahnbauten

---

225 Beispielsweise sicherte der Osmanische Staat mit dem Bauvertrag der Bagdadbahn den Deutschen für 99 Jahre einen Gewinn von einer bestimmten Höhe je gebautem Streckenkilometer zu. So mußten die Teilstrecken nicht die optimale Länge haben. Vgl. EGGELIN, Willi / RITTER, Gert (1979): Türkische Binnenverkehrsnetze, Bochum, S. 7.

226 Vgl. STEWIG, Reinhard (1998): Entstehung der Industriegesellschaft in der Türkei, Teil 1: Entwicklung 1923-1950, S. 197.

227 Vgl. YILDIRIM, Osman (1977): Das Verkehrssystem im Prozeß der Industrialisierung – dargestellt am Beispiel der Türkei, Bonn, S. 50.

228 Vgl. STEWIG, Reinhard (1998): Entstehung der Industriegesellschaft in der Türkei, Teil 1: Entwicklung 1923-1950, Kiel, S. 313.

229 Vgl. YILDIRIM, Osman (1977): Das Verkehrssystem im Prozeß der Industrialisierung – dargestellt am Beispiel der Türkei, Bonn, S. 53-54.

nach Ost- und Südost-Anatolien hinein erfüllten die Voraussetzungen für die Anhebung der dortigen (land-)wirtschaftlichen Produktion auf ein marktorientiertes Niveau.[230]

Bis kurz nach dem Zweiten Weltkrieg blieb die Bahn das wichtigste Verkehrsmittel der Türkei. Im Jahr 1950 verfügte die Staatsbahn bereits über 7.671 km Bahnstrecke, was ca. 1 km/100 qkm entsprach. [231]

Da viele Kurven extrem eng - bis zu einem Radius von nur 250 m - bemessen waren, lag die durchschnittliche Geschwindigkeit bei 25 km/h. Auf "günstigen" Strecken, wie z. B. zwischen İstanbul und Adana, konnte eine durchschnittliche Geschwindigkeit von 45 km/h erreicht werden.[232]

Obwohl in den vierziger Jahren die Ost-West- und Nord-Süd-Verbindungen des Landes durch das Eisenbahnnetz erstellt waren, konnte die Erneuerung der bestehenden Strecken, ihre Instandsetzung und die Anschaffung von benötigten Fahrzeugkapazitäten (Lokomotiven und Waggons) nicht im gleichen Maße vorangetrieben werden. Die Eisenbahnstrecken befanden sich Ende der vierziger Jahre in einem schlechten Zustand.[233]

Der wichtigste Unterschied der Verkehrspolitik nach 1923 im Vergleich zum Osmanischen Reich war die zunehmende Bedeutung der ökonomischen Kriterien, die die Entwicklung des Verkehrsnetzes beeinflußten. Dennoch stellten sich die militärisch-strategischen Vorbehalte auch bei der Ausbauphase der Verkehrswege als Hemmnisse dar. Zusammenfassend spielten folgende Ziele der Verkehrspolitik bei den neu gebauten Eisenbahnstrecken eine Rolle:[234]

1. Die Großzentren sollten miteinander verbunden und die landwirtschaftliche Produktion sowie die Rohstoffe (Eisen, Kohle usw.) in die Binnenmärkte integriert werden.

2. Militärische und strategische Gründe sollten berücksichtigt werden.

3. Eine ausgewogene Entwicklung des Landes und insbesondere die Integration der entlegenen Regionen sollten ermöglicht werden.

Zu 1: Aus den während der Regierung Atatürks gebauten neuen Strecken geht deutlich hervor, daß sie überwiegend der Ressourcenerschließung dienten, beispielsweise diente die Strecke Ankara - Zonguldak zur Erschließung des Steinkohlereviers (Kohlebahn).

---

230 Vgl. EVREN, Güngör (1996): Die türkische Eisenbahn (in türkischer Sprache), in: Türkiye Mühendislik Haberleri, Nr. 384, Juli 1996, S. 18.

231 Vgl. EGGELIN, Willi / RITTER, Gert (1979): Türkische Binnenverkehrsnetze, Bochum, S. 9.

232 Vgl. ebd., S. 11.

233 Vgl. ALPBEK, Mehmet Cem (1997): Interessengegensätze bei Entscheidungsprozessen am Beispiel der Verkehrspolitik in der Republik Türkei und deren sozio-ökonomische Auswirkungen. - eine sozio-historische Analyse für den Zeitraum 1950-1989, Berlin, S. 15.

234 Vgl. MERDOL, Arif (1993): Yolun Temel Felsefesi (Grundphilosophie der Straße), in: Türkiye Mühendislik Haberleri, Nr. 365, April 1993, S. 18.

Bezeichnungen wie Kupfererzbahn, Chromerzbahn, Kohlebahn zeigen, welch wichtige Funktion die Eisenbahn in der Türkei zu übernehmen hatte.[235]

Alle staatlichen Betriebe, die bis zum Ende des Zweiten Weltkrieges errichtet worden waren, besaßen einen Anschluß an das Eisenbahnnetz. Die Eisenbahn bot sich als das geeignetste Verkehrsmittel für die geplante Industrialisierung an, da die damalige Güteraffinität (Rohstoffe, Getreide und lebende Tiere) der Wertigkeit der Eisenbahn entsprach, um große Massen über lange Strecken bei relativ geringen Kosten zu transportieren. So haben der Bau der türkischen Eisenbahn und die damit verbundenen sinkenden Transportkosten einen entscheidenden Beitrag zur heimischen Kapitalbildung geleistet.[236]

Der Ausbau des Eisenbahnnetzes bewirkte auch Nettoinvestitionen in anderen Wirtschaftszweigen, da Industriebetriebe durch die Verbesserung der Standortqualitäten Anreize erhielten, sich in der Nähe der Eisenbahn anzusiedeln.[237] So begann z.B. die Entwicklung der Textilindustrie in den dreißiger Jahren parallel zum Ausbau des Eisenbahnnetzes. Damit konnte die Textilindustrie völlig neu aufgebaut werden.[238] Mit der Ausdehnung des Absatzbereiches und der Steigerung der Einkommen von Unternehmen wurde die Kapazität der Textilbetriebe erweitert, um die Nachfrage nach Textilprodukten decken zu können. Das Schwergewicht der Textilindustrie verlagerte sich nach Mittelanatolien, wo bis zum Ausbau des Eisenbahnnetzes weder staatliche noch private Unternehmen Investitionen vorgenommen hatten. In Orten, in denen große staatliche Baumwolltextilfabriken errichtet wurden, stieg die Einwohnerzahl beträchtlich, so z.B. in Kayseri von 39.000 im Jahre 1927 auf 65.000 im Jahre 1950 und in Malatya im gleichen Zeitraum von 20.000 auf 49.000. Diese Standortstreuung der neuen Textilindustrie brachte industrielle Ansätze in kleinen Städten und eine Milderung räumlicher Disparitäten.[239]

Besondere wirtschaftliche Vorteile haben sich an den Knotenpunkten des Streckennetzes ergeben, wie in Eskişehir, Kayseri, Sivas, Malatya, Erzurum. Zwischen 1935 und 1950 war in diesen Städten ein überdurchschnittliches Bevölkerungswachstum zu beobachten. Auch die Städte, die sich auf der Hauptachse befanden, wie z.B. Adapazarı, erlebten einen wirtschaftlichen Aufschwung. Aufgrund der Lage zwischen Ankara und İstanbul und der landwirtschaftlichen Ressourcen erlebte Adapazarı durch die Einführung der Eisenbahnlinie

---

235 Die Strecke Sivas-Erzincan-Erzurum, die - über Sivas, Kayseri, Ankara - die Eisenerzlagerstätte von Diviğri mit dem Eisen- und Stahlwerk Karabük verknüpfte (Eisenerzbahn); die Strecke Diyarbakir-Kurtalan verband die Gebiete mit Erdölvorkommen. Hierzu vgl. EGGELIN, Willi / RITTER, Gert (1979): Türkische Binnenverkehrsnetze, Bochum, S. 11.

236 Vgl. TİFTİKÇİ, Osman (1996): Verkehrsprobleme in der Türkei und die Eisenbahn (in türkischer Sprache), İstanbul, S. 19.

237 Vgl. YILDIRIM, Osman (1977): Das Verkehrssystem im Prozeß der Industrialisierung – dargestellt am Beispiel der Türkei, Bonn, S. 67.

238 Im Jahre 1923 existierten nur acht Betriebe der Baumwollverarbeitung (jeweils zwei in İstanbul, İzmir, Adana und Mersin), die den Bedarf der Türkei zum Teil decken konnten. Im Jahre 1939 entstanden in Konya, Kayseri, Nazilli und Malatya zahlreiche Betriebe der Baumwollverarbeitung. Darüber hinaus entstanden Mitte der dreißiger Jahre Merinowoll- und Kammgarnfabriken in Bursa sowie die Wollfabriken in Kayseri. Vgl. YILDIRIM, Osman (1977): Das Verkehrssystem im Prozeß der Industrialisierung – dargestellt am Beispiel der Türkei, Bonn, S. 67.

239 Vgl. STEWIG, Reinhard (1998): Entstehung der Industriegesellschaft in der Türkei, Teil 1: Entwicklung 1923-1950, Kiel, S. 305.

1901 einen wirtschaftlichen Aufschwung.[240] Hier trug die Verkehrserschließung zur wirtschaftlichen Entwicklung bei.

In den meisten Städten, die an die Eisenbahn angeschlossen wurden, entstanden neue Industriebetriebe, die sich meist am Stadtrand entlang der Eisenbahnlinien ansiedelten. Diese entwickelten sich später, wie zum Beispiel in Adana, zu Industrieachsen.[241]

Zu 2: Der Eisenbahnbau dieser Ära zeigt auch kontraproduktive Wirkungen, da bei einigen Streckenverläufen militärisch-strategische Überlegungen im Vordergrund standen und ökonomische Gesichtspunkte unberücksichtigt blieben. Zum Beispiel lief die Eisenbahnlinie Ankara–Samsun über Kayseri und Sivas, was aus wirtschaftlicher Sicht nicht zu begründen ist, da die Gestaltungskraft der Eisenbahn auch von der Teilwertigkeit "Schnelligkeit", d.h. der kürzeren ökonomischen Entfernung, abhängt.[242]

Auch bei der Auswahl der Industriestandorte haben militärisch-strategische Gründe eine Rolle gespielt. So wurde z.B. Karabük als Standort für die Eisen- und Stahlindustrie im Landesinneren gewählt, da man aufgrund der Erfahrungen aus dem Ersten Weltkrieg die Nähe zu Rußland fürchtete.[243]

Zu 3: Beim Ausbau der Eisenbahn lag die Priorität in Anatolien. Durch den Ausbau der Ringbahn in Mittelanatolien und die Erschließung der Teile Südost- und Ostanatoliens setzte sich ein Entwicklungsprozeß in diesen entlegenen Regionen in Gang. Somit diente dies zum Abbau der traditionellen regionalen Disparitäten zwischen İstanbul und seinem Hinterland.[244]

Ostanatolien blieb trotz der Bemühungen des Staates im Vergleich zu Westanatolien unterentwickelt. Die Netzdichte der türkischen Eisenbahn macht diese Problematik deutlich. Bei der Netzdichte sowohl der Eisenbahnlinien als auch des Straßennetzes ist ein West-Ost-Gefälle zu beobachten. Trotz zentraler Steuerung und des bevorzugten Ausbaus der Ost-Strecken bis 1950 nahm die Streckendichte von West nach Ost deutlich ab.[245] Auch der Stichbahncharakter der Eisenbahnen im Osten macht deutlich, daß die vollständige Integration der entlegenen Regionen nicht verwirklicht werden konnte (s. Abb. 14).

Die Entwicklung des Verkehrswesens, hauptsächlich der Eisenbahn bis 1950, ermöglichte eine begrenzte Güter- und Personenmobilität, da die Hauptlinien und Bahnhöfe in Anatolien - sogar im Westen - immer noch mit traditionellen Verkehrsmitteln abgewickelt wurden.

---

240 Vgl. ERGÜN, İsmet (1985): Der Verkehrssektor in der wirtschaftlichen Entwicklung der Türkei (in türkischer Sprache), Ankara, S. 72f.

241 Vgl. STEWIG, Reinhard (1998): Entstehung der Industriegesellschaft in der Türkei, Teil 1: Entwicklung 1923-1950, Kiel, S. 307.

242 Vgl. ERGÜN, İsmet (1985): Der Verkehrssektor in der wirtschaftlichen Entwicklung der Türkei (in türkischer Sprache), Ankara, S. 72.

243 Vgl. EGGELIN, Willi / RITTER, Gert (1979): Türkische Binnenverkehrsnetze, Bochum, S. 9.

244 Vgl. STEWIG, Reinhard (1998): Entstehung der Industriegesellschaft in der Türkei, Teil 1: Entwicklung 1923-1950, Kiel, S. 305.

245 Vgl. EGGELIN, Willi (1985): Verkehrs- und Energiewirtschaft, in: Türkei, Südosteuropa-Handbuch, Hrsg.: GROTHUSEN, Klaus-Detlev, Bd. 4, Göttingen, S. 419 und 420.

Deshalb waren große Teile des Landes unverändert auf dem Niveau der "traditional society"[246].

Durch die Dispersität der Standorte der neuen staatlichen Industriebetriebe und den Anschluß der entlegenen Regionen Anatoliens an das Eisenbahnnetz schuf der Staat ein Gegengewicht zu den alten Ballungsräumen im Westen. Langfristig wurde jedoch mit zunehmender privatwirtschaftlicher Industrialisierung in der nachfolgenden Entwicklungsphase die Stärkung des sekundär- und tertiärwirtschaftlichen Schwergewichtes im Nordwesten des Landes (im Großraum İstanbul) nicht verhindert[247].

Zwischen 1950 und 1980 wurden bei der Eisenbahn keine wesentlichen qualitativen oder quantitativen Veränderungen durchgeführt. Lediglich im organisatorischen Bereich und bei den Eisenbahnfabriken wurden einige Verbesserungen vorgenommen, die im folgenden dargestellt werden.

Zu Beginn der fünfziger Jahre wurden die Staatsbahnen mit der Veränderung ihres Status von einer staatlichen Verwaltung in ein staatliches Wirtschaftsunternehmen (KİT),[248] "Türkiye Cumhuriyeti Devlet Demir Yolları / TCDD", umgewandelt. Damit sollte der Eisenbahnbetrieb den veränderten wirtschaftlichen Rahmenbedingungen in den fünfziger Jahren besser angepaßt werden.[249] Durch diese Reorganisation sollte das Bahnmanagement größere Handlungsfreiheiten erhalten, um wirtschaftlicher und effektiver arbeiten zu können. Da die TCDD jedoch den direkten Zugriffsmöglichkeiten der Politik immer noch nicht entzogen werden konnte und die strukturellen Nachteile des Eisenbahnverkehrs im Bereich der Tarife und Steuern weiter existierten, blieben auch die erhoffte Verbesserung und eine Modernisierung des Betriebes sowie der Abbau der Defizite aus.[250]

Zunächst wurden nur die Arbeiten, die vor 1950 begonnen wurden, weitergeführt und keine weiteren Streckenneubauten in die Planung aufgenommen. Obwohl einige neue Strecken (Verbindung Antalya)[251] geplant waren, wurde mancher geplante Streckenbau in den fünfziger Jahren nicht durchgeführt. Aufgrund der Konkurrenz durch den Straßenverkehr und der finanziellen Schwierigkeiten des Landes wurde sogar eine Strecke zwischen Bursa und Mudanya stillgelegt und demontiert, obwohl dafür in früheren Planungen eine Verlängerung

---

246 Vgl. STEWIG, Reinhard (1998): Entstehung der Industriegesellschaft in der Türkei, Teil 1: Entwicklung 1923-1950, Kiel, S. 314.

247 Vgl. ebd., S. 305.

248 KİT sind jeweils den für ihren Bereich zugeordneten Ministerien zugeordnet. Nach dem Gesetz sind sie "autonom", jedoch haben das zuständige Ministerium und Finanzministerium für zwei der Vorstandsmitglieder Vorschlagsrecht. Durch diese Regelung und durch die politische Realität konnten sich die staatlichen Wirtschaftsunternehmen einer Beeinflussung von "oben" nicht entziehen. Vgl. ALPBEK, Mehmet Cem (1997): Interessengegensätze bei Entscheidungsprozessen am Beispiel der Verkehrspolitik in der Republik Türkei und deren sozio-ökonomische Auswirkungen - eine sozio-historische Analyse für den Zeitraum 1950-1989 -, Berlin, S. 66.

249 TCDD (1995): Annual Statistics 1990-1994, Ankara, S. 4

250 Vgl. ALPBEK, Mehmet Cem (1997): Interessengegensätze bei Entscheidungsprozessen am Beispiel der Verkehrspolitik in der Republik Türkei und deren sozio-ökonomische Auswirkungen - eine sozio-historische Analyse für den Zeitraum 1950-1989 -, Berlin, S. 66-67.

251 Noch heute ist diese Anbindung Antalyas an das Eisenbahnnetz in Planung.

und Verknüpfung mit anderen bestehenden Linien beabsichtigt war.[252] Besonders betroffen waren die Regionen in Ostanatolien, z.B. die Strecke Erzurum-Horasan-Sarıkamış-Kars-Sowjetische Grenze.[253]

Die bedeutendste Investition nach 1950 war der zweigleisige Ausbau der Vorortstrecken in den Ballungsräumen, wie İstanbul und Ankara. Ferner wurde die Strecke İstanbul -Halkalı elektrifiziert (28 km). Diese Verbesserungen trugen nur zur Mobilität der Pendler und zur Stadtentwicklung im Westen bei, während die entlegenen Regionen von diesen Verbesserungen nicht betroffen waren. Der Einkommenseffekt trat durch die Pendlerbewegungen ein und gab in den Vororten der Großstädte einen wirtschaftlichen Entwicklungsimpuls. So stieg die Bevölkerungszahl in den Vororten, wie Çatalca und Gebze in İstanbul und Sincan in Ankara.

Mit Hilfe von Auslandskrediten, insbesondere im Rahmen des Marshall-Planes, wurden neue Lokomotiven, Vorortzüge, Schienenbusse und Waggons angeschafft. Mit der Ablösung der dampfgetriebenen Lokomotiven durch Diesel- und Elektrolokomotiven begann im Jahre 1960 die Modernisierung der TCDD [254](s. Tab. 17).

Tab. 17: Die Länge der gebauten Eisenbahnstrecken in der Türkei zwischen 1920 und 1980

Jahr	Länge der gebauten Eisenbahnstrecken (in km)	Gesamtlänge der Staatsbahn (in km)	Davon elektrifiziert (in km)	Davon zweigleisig (in km)
1920-1930	633	4.897	-	-
1930-1940	2.484	7.381	-	-
1940-1950	374	7.755	-	-
1950-1960	288	8.043	28	k. A.
1960-1970	423	8.466	k. A.	78
1970-1980	183	8.649	108	204

Quelle: Eigene Darstellung, Daten aus ERGÜN, İsmet (1985): Der Verkehrssektor in der wirtschaftlichen Entwicklung der Türkei (in türkischer Sprache), Ankara, S. 71, und TCUB (1991): Masterplan für das Verkehrs- und Kommunikationswesen (1992-2010) (in türkischer Sprache), Ankara, S. 41.

In den Fünfjahresentwicklungsplänen (FEP) wurden zwischen den Jahren 1960 und 1980 wichtige Investitionen im Bereich des Eisenbahnbetriebes vorgenommen. Schon im ersten FEP wurde festgelegt, den Anteil der Eisenbahnen an den Gesamttransportleistungen zu

---

252 Vgl. ERGÜN, İsmet (1985): Der Verkehrssektor in der wirtschaftlichen Entwicklung der Türkei (in türkischer Sprache), Ankara, S. 71.

253 Die Länge der Strecke betrug 300 km. Es existierten drei verschiedene Spurweiten: die 87 km lange Strecke von Erzurum bis Horasan in Normalspur, die 74 km lange Strecke (Horasan - Sarıkamış) in Schmalspur und von Sarıkamış bis zur Grenze die 120 km lange Strecke in Breitspur. Der Umbau der Schmalspurteillinie in Normalspur wurde schon vor 1950 vorgesehen und konnte erst im Jahre 1962 beendet werden. Vgl. ALPBEK, Mehmet Cem (1997): Interessengegensätze bei Entscheidungsprozessen am Beispiel der Verkehrspolitik in der Republik Türkei und deren sozio-ökonomische Auswirkungen - eine sozio-historische Analyse für den Zeitraum 1950-1989 -, Berlin, S. 61-62.

254 TCDD (1990), Annual Statistics (1985-1989), Ankara, S. 29f.

erhöhen und durch die Modernisierung der Strecken die entstandenen Defizite im Eisenbahnbetrieb zu beseitigen.[255] Aufgrund finanzieller Engpässe und politischer Instabilität wurde die Umsetzung dieser Vorhaben jedoch zum Teil verhindert. Die unterschiedlichen Interessen der ständig wechselnden Verkehrsminister wurden zum Widerstand gegen den Ausbau der Eisenbahn.[256] Dagegen wurde z.B. die Straßenbaubehörde stärker gefördert, als in den Plänen vorgesehen war.

Eine der wichtigsten Investitionen war der Bau der neuen Strecke zwischen Ankara und İstanbul. Verkürzungen der Strecke um ca. 160 km und der Fahrzeit um ca. 5 Std. sollten erreicht werden.[257] Der Baubeginn erfolgte im Jahr 1977, die Fertigstellung konnte jedoch bis heute nicht verwirklicht werden. Topographische Gegebenheiten, die den Bau von insgesamt 13 Tunnels mit einer Gesamtlänge von 76 km, 15 Brücken und 49 Straßenunterführungen erforderten, trieben die Kosten des Bauvorhabens in die Höhe. Dies führte zu einer Verzögerung der Fertigstellung bis heute, da infolge der schwierigen Finanzlage des Landes die Haushaltsmittel nicht ausreichend waren.[258]

Die Fabriken der TCDD und die Wartungs- und Instandsetzungsbetriebe begannen, den inländischen Produktionsanteil an benötigten Lokomotiven und Waggons stetig zu erhöhen. Dadurch wurden sie in den fünfziger Jahren zu den führenden Industriebetrieben der Türkei.[259] Die drei Eisenbahnfabriken in Eskişehir, Adapazarı und Sivas begannen, Passagierwaggons, diesel-hydraulische Rangierlokomotiven und Diesellokomotiven im Lizenzbau zu produzieren. Im Jahre 1978 wurde mit der Produktion von elektrischen Vorortzügen begonnen.[260] Aufgrund des Modernisierungsprogrammes für Lokomotiven und der Ersetzung des Dampfbetriebes durch den Dieselbetrieb stieg der Anteil der Diesellokomotiven zwischen 1960 und 1980 auf 454 um das Neunfache an (Tab. 18).

---

255 Vgl. TİFTİKÇİ, Osman (1996): Verkehrsprobleme in der Türkei und die Eisenbahn (in türkischer Sprache), İstanbul, S. 50f.

256 Für die detaillierte Information: Vgl. ALPBEK, Mehmet Cem (1997): Interessengegensätze bei Entscheidungsprozessen am Beispiel der Verkehrspolitik in der Republik Türkei und deren sozio-ökonomische Auswirkungen - eine sozio-historische Analyse für den Zeitraum 1950-1989 -, Berlin, S. 116-127.

257 Vgl. ÇORBACIOĞLU, Sevket (1996): Eisenbahnsektor (in türkischer Sprache), in: Türkiye Mühendislik Haberleri, Nr. 384, Juli 1996, S. 15.

258 Vgl. KARADUMAN, Önder (1993): Das Schnellzugprojekt Ankara-İstanbul (in türkischer Sprache), in : Türkiye Mühendislik Haberleri, April 1993, Nr. 365, S. 62f., und EVREN, Güngör (1998): Finanzen der Verkehrsinvestitionen (in türkischer Sprache), in: Veröffentlichungen des 4. Verkehrskongresses in Denizli, 3.-5. Juni 1998, Hrsg.: İMO, İstanbul, S. 39f.

259 Vgl. ERGÜN, İsmet (1985): Der Verkehrssektor in der wirtschaftlichen Entwicklung der Türkei (in türkischer Sprache), Ankara, S. 72.

260 Vgl. ebd., S. 82.

Tab. 18: Fahrzeugbestand der türkischen Eisenbahn zwischen 1950 und 1980

Jahr	Dampflok	Diesellok	Elekt. Lok	Vorortbahnen	Personenwaggons	Güterwaggons
1950	999	-	-	-	1.349	15.513
1960	929	51	3	18	1.316	18.097
1970	846	121	3	30	1.246	16.039
1980	480	454	18	59	1.043	21.662

Quelle: Eigene Darstellung, Daten aus TCDD (1990): Annual Statistics 1985-1989, Ankara, S. 29 und 33ff.

Die in den FEP vorgesehene Erhöhung des Eisenbahnanteils am gesamten Verkehrsaufkommen bis 1980 konnte nicht erreicht werden. Der Anteil des Eisenbahnverkehrs am Güterverkehr ging von 54,6% im Jahr 1960 auf 12,4% im Jahr 1980 zurück. Im gleichen Zeitraum verringerte sich auch der Anteil der Eisenbahn am Personenverkehr von 24,3% auf 7,4%[261] (Tab. 19). Der Anteil der Eisenbahn am Gesamtverkehr ging in den Jahren zwischen 1950 und 1980 stetig zurück, obwohl der Güter- und Personenverkehr insgesamt beträchtlich anstieg. Diese Tendenz setzte sich auch nach 1980 fort.

Tab. 19: Verkehrsleistungen im Eisenbahnverkehr in der Türkei zwischen 1950 und 1980

Jahr	Güterverkehr			Personenverkehr		
	Gesamt Mio. tkm	Anteil der Eisenbahn		Gesamt Mio. Pkm	Anteil der Eisenbahn	
		Mio. tkm	(in %)		Mio. Pkm	(in %)
1950	4.297	3.078	71,6	5.168	2.182	42,2
1960	9.722	4.632	54,6	14.932	3.633	24,3
1970	28.664	6.092	25,8	45.196	3.444	7,6
1980	49.579	5.176	12,4	78.785	3.601	7,4

Quelle: Eigene Darstellung, Daten aus KGM (1985): Annual Statistics of Turkish Highways (1995-1996), Ankara, S. 12ff., und SIS (1993): Summary Statistics on Transportation and Communication 1992, Ankara, S. 1f.

Seit 1955 läßt sich eine Verminderung der Leistungsanteile im Bereich des Personen- und Gütereisenbahnverkehrs an den gesamten Verkehrsleistungen beobachten (Tab. 19), wofür es zwei Interpretationsmöglichkeiten gibt. Erstens veränderten sich die Wirtschaftsstrukturen seither zugunsten der Straße. Zweitens waren die Verkehrsleistungen der Bahn so schlecht, daß viele Betriebe ihre Transporte auf die Straße verlagerten. Die Senkung der Eisenbahnleistung dürfte aus einer Kombination dieser beiden Gründe resultieren.

Wie im vorherigen Kapitel erläutert, brachte der Wandel der Wirtschaftsstruktur eine Verlagerung des Verkehrs auf die Straße mit sich. Die Verkehrsmittelaffinität der Produktion von Konsumgütern und Dienstleistungen entsprach der Verkehrswertigkeit des Straßenverkehrs, nämlich einem schnellen "Haus-zu-Haus-Transport". So stiegen die Straßen-

---

[261] Vgl. EVREN, Güngör (1996): Die türkische Eisenbahn (in türkischer Sprache), in: Türkiye Mühendislik Haberleri, Nr. 384, Juli 1996, S. 24.

verkehrsleistungen schneller an als die Leistungen der Bahn. Die Verkehrsplaner versuchten darauf zu reagieren, wie es der Zielsetzung der FEP entsprach. Aber bei der Durchsetzung der Pläne konnte kein Erfolg erzielt werden, da das Gegeninteresse der politischen Führung diese konterkarierte.

Auf die Qualität der türkischen Eisenbahnen zwischen 1950 und 1980 soll im einzelnen eingegangen werden, damit der beschriebene starke Bedeutungsverlust der Eisenbahn, die Entwicklung des Modal-Split und insbesondere die Verkehrsteilung zwischen Straße und Schiene deutlicher wird:

- Die Schnelligkeit der Eisenbahn änderte sich durch den Ersatz der Dampflokomotiven durch Diesel- und Elektrolokomotiven nominell. Bis zum Jahr 1980 wurden insgesamt nur die Hälfte der Lokomotiven durch Diesellokomotiven und nur ca. 2% durch Elektrolokomotiven (18 Stück) ersetzt (s. Tab. 18). Der zweigleisige Streckenbau umfaßte insgesamt nur eine Länge von 200 km, und dies lediglich auf bestimmten Abschnitten der Strecke Edirne-İstanbul-Ankara. Rund 80% der Diesellokomotiven waren im Jahre 1980 über 25 Jahre und 31% der vorhandenen Personenwaggons über 30 Jahre alt. Der Erhöhung der Geschwindigkeit waren aufgrund der schlechten Qualität der Schienen und der veralteten Fahrzeuge deutliche Grenzen gesetzt; so konnte die Geschwindigkeit von Güterzügen innerhalb dieser Periode nur geringfügig gesteigert werden. Die durchschnittlich mögliche Geschwindigkeit lag im Jahre 1980 bei den einzelnen Zugarten wie folgt:[262]

- Güter- und Mischzug	30-40 km/h
- Passagierzug	40-50 km/h
- Expresszug	50-70 km/h

  Der schnellste Zug der Türkei benötigte im Jahre 1980 zwischen İstanbul und Ankara, mit einem unnötigen Umweg über Bilecik und Eskişehir, bis zu 12 Stunden für 577 km; im Straßenverkehr wurden für diese Strecke ca. 5 bis 6 Stunden benötigt. Heute benötigt man per Bahn für diese Strecke 5,5 Stunden. Neben den technischen Störungen gab es aufgrund der eingleisigen Strecke Verspätungen zwischen 2 und 4 Stunden. Im Güterverkehr dauerte im Jahre 1980 die weiteste Verbindung zwischen dem Westen und Osten (İstanbul-Kars) mit der Bahn zwischen einer Woche und 20 Tagen.

- Der durchschnittliche Kapazitätsauslastungsgrad sank bei Passagierwaggons von 73% und bei Güterwaggons von 86% im Jahre 1950 auf 41% bzw. 47% im Jahre 1985.

- Die Bahnnetzdichte (km/1.000 qkm) stieg von 9,4 im Jahre 1950 nur auf 10,3 im Jahre 1980 und veränderte sich bis heute kaum.[263] Durch geringe Netzbildungsfähigkeit verbesserte sich die Qualität der türkischen Eisenbahn im Maßstab der Verkehrswertigkeit "Erreichbarkeit" kaum. Die interregionalen Schnellzugverbindungen haben im Osten

---

262 Vgl. TİFTİKÇİ, Osman (1996): Verkehrsprobleme in der Türkei und die Eisenbahn (in türkischer Sprache), İstanbul, S. 21f.

263 Die durchschnittliche Bahnnetzdichte betrug in Deutschland im Jahre 1980 126,7 km/1.000 qkm. Vgl. STATISTISCHES BUNDESAMT (1992): Datenreport 1992, Zahlen und Fakten über die Bundesrepublik Deutschland, Bd. 309, Bonn, S. 375.

weiterhin Stichbahncharakter beibehalten. Die Verbindungen wurden in West-Ost-Richtung erstellt und enthalten kaum Nord-Süd-Verbindungen (s. Abb. 15).

Abb. 15: Schnellzugstreckennetz in der Türkei im Jahre 1984

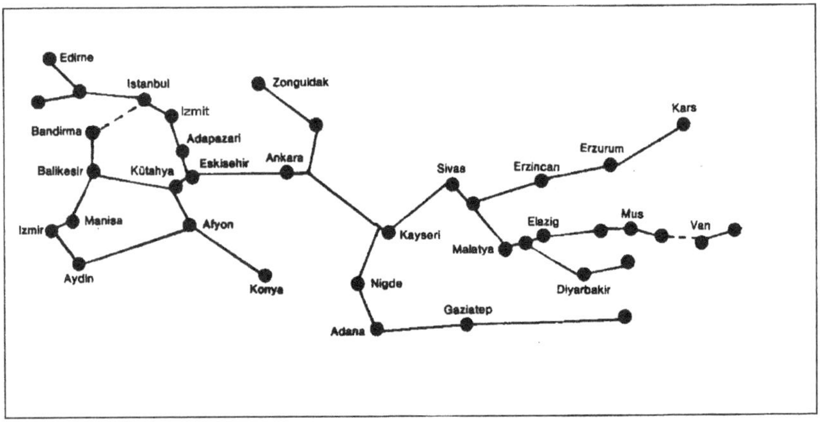

Quelle: EGGELIN, Willi (1985): Verkehrs- und Energiewirtschaft, in: Türkei, Südosteuropa-Handbuch, Bd. 4, Hrsg.: GROTHUSEN, Klaus-Detlev, Göttingen, S. 417.

- Auch die Teilwertigkeit "Sicherheit" sank aufgrund veralteter Lokomotiven sowie Schienenanlagen. Das Sicherheitsrisiko stieg durch technische und personelle Mängel: So erhöhte sich die Zahl der Zusammenstöße von 45 im Jahre 1950 auf 209 im Jahre 1980, die Zahl der Zugentgleisungen stieg in den gleichen Jahren von 82 auf 686 an. Für diesen Vergleich sollen auch die jährlich befahrenen Zug-km berücksichtigt werden, die von 22,9 Mio. Zug-km im Jahre 1950 und auf 35,5 Mio. Zug-km im Jahre 1980 stiegen. Demnach erhöhten sich die befahrenen Zug-km ca. 1,5 mal, während die Zahl der gesamten Bahnunfälle um ca. das 14fache gestiegen sind.[264]

- Die Vorteile der Eisenbahn zeigen sich besonders beim Massentransport auf längeren Strecken. Seit 1950 transportierte die Eisenbahn Bergbauprodukte (fast ausschließlich Eisen und Kohle) mit einem Anteil von 50% an dem gesamten Gütertransport. Landwirtschaftliche Produkt- und Viehtransporte spielten eine untergeordnete Rolle mit einem Anteil von 4% am gesamten Eisenbahngütertransport. Entsprechend diente die Eisenbahn im Güterverkehr nur zum Rohstofftransport für die Eisen- und Stahlindustrie.
  Im Personenverkehr spielten die Vorortbahnen seit ihrem Ausbau 1950 in den Großstädten wie İstanbul, İzmir und Ankara eine bedeutende Rolle. Zum Beispiel wurden im Jahre 1976 in den Vorortstrecken insgesamt 94.190 Passagiere transportiert, bei den interregionalen Fahrten dagegen insgesamt nur 13.603 Personen.[265]

---

264 Vgl. TCDD (1990), Annual Statistics (1985-1989), Ankara, S. 62f.

265 Vgl. EGGELIN, Willi / RITTER, Gert (1979): Türkische Binnenverkehrsnetze, Bochum, S. 26.

- Durch fehlende Investitionen veralteten große Teile des Schienennetzes. So waren im Jahre 1980 44% der Schienen älter als 21 Jahre, d.h. ca. die Hälfte der Schienen hat ihre ökonomische Effektivitätsgrenze erreicht.[266] Das Gewicht der türkischen Schienen betrug Maximal 49,05 kg/m und lag somit um rd. 10 kg/m unter dem üblichen Standard (ca. 60 kg/m). Auch die Achslast der Schienen war unter dem internationalen Standard: Nach dem üblichen Standard sollte die Achslast auf über 20t ausgelegt sein. 10% der türkischen Schienen hatten jedoch unter 15,5 t Achslast.[267] Bei weiteren Teilen der Schienen lag der Achslast dazwischen. Daher konnte die Auslastung eines Güterwagens und somit das Zuggewicht nicht erhöht werden.

Fazit

Obwohl die Eisenbahn zwischen 1923 und 1950 staatlicherseits besonders gefördert wurde und als dominierendes Verkehrsmittel zu Beginn des Industrialisierungsprozesses erheblich beigetragen hatte, wurden seit 1950 Erneuerungen und Wartungen der Gleisanlagen stark vernachlässigt. So verschlechterte sich die Qualität der türkischen Eisenbahn kontinuierlich. Damit begann eine neue Phase für die staatliche Eisenbahn, die als Verfallsprozeß bezeichnet werden muß. Der Grund lag eindeutig in der verkehrspolitischen Investitionspolitik (unzureichende finanzielle Mitteln).

Die Ausstattung der türkischen Eisenbahn konnte nur unzureichend an die gestiegenen Anforderungen an die Qualität von Verkehrsleistungen angepaßt werden. Eine Erhöhung der Verkehrswertigkeiten war hier durch die geringe Anzahl an Diesellokomotiven und den unzureichenden zweigleisigen Streckenausbau nur sehr begrenzt möglich. Gleichzeitig verringerte der Verschleiß der Schienen, der Lokomotiven und der Waggons die Verkehrswertigkeit. Indiz hierfür ist wiederum die geringe Geschwindigkeit der Züge. Somit konnte keine bedeutende Erhöhung der Schnelligkeit erreicht werden und damit auch keine Verringerung der ökonomischen Entfernung.

Die Folgen waren höhere Kosten, die sich im Staatshaushalt niederschlugen. Die TCDD begann seit 1959 mit Verlust zu arbeiten; das Betriebsdefizit stieg stetig an. Verantwortlich hierfür ist der sinkende Anteil an den gesamten Verkehrsleistungen und der geringe Kapazitätsauslastungsgrad der Eisenbahn. Die stärker werdende Konkurrenz des Straßenverkehrs spielte bei der Verlagerung des Verkehrs von der Schiene auf die Straße eine erhebliche Rolle. Hier fallen die niedrigeren Anfangsinvestitionen des Straßenbaus zum Schienenbau auf. Ein weiterer Grund war die generelle verkehrspolitische Entscheidung für den Straßenbau zu Lasten der Staatsbahn TCDD. Die verkehrspolitischen Zielsetzungen der Leistungsmaximierung und die Bevorzugung der Eisenbahn standen daher nur auf dem Papier.

Die Eisenbahn konnte noch bis 1950 die wirtschaftliche Entwicklung des Landes entscheidend beeinflussen, da sie die einzige Möglichkeit darstellte, entlegene Regionen in die Märkte des Landes zu integrieren. Aufgrund der seit 1950 schlechter werdenden Qualität

---

266 Vgl. TİFTİKÇİ, Osman (1996): Verkehrsprobleme in der Türkei und die Eisenbahn (in türkischer Sprache), İstanbul, S. 21f.

267 Vgl. TİFTİKÇİ, Osman (1996): Verkehrsprobleme in der Türkei und die Eisenbahn (in türkischer Sprache), İstanbul, S. 21f.

der Eisenbahn konnten die Anforderungen der wachsenden Wirtschaft nicht mehr befriedigt werden. Die Eisenbahn verlor ihre wirtschaftspolitische und regionalpolitische Funktion.

C. 3. 2. 2. Straßenverkehr

Die Republik Türkei hat beim Straßenbau erst in den dreißiger Jahren, also viel später als beim Eisenbahnbau, die Initiative ergriffen.[268] In der Zeit des Osmanischen Reiches gab es keine Straßen mit Asphaltbelag, sondern nur unbefestigte Wege (Gesamtlänge: 18.365 km). Da bis 1930 den Gemeinden die Straßenpflege überlassen worden war, konnte sich kein einheitliches Netz entwickeln, so daß erst danach eine technische Vereinheitlichung der Straßen erfolgte. 1937 verfügte die Türkei über ein 38.000 km langes Straßen- und Wegenetz, das entspricht 5 km/100 qkm, was etwa einem Zehntel der damaligen Straßendichte Mitteleuropas entsprach.[269] Bis zum Jahr 1950 hatte die Türkei nur 1.425 km asphaltierte Straßen gebaut.[270] Außerdem wurde der Straßenbau dort zurückgestellt, wo bereits Eisenbahnlinien verliefen, um die Eisenbahn indirekt zu unterstützen.[271]

Eine besondere Schwierigkeit im Straßenverkehr bildeten die zahlreichen Flußüberquerungen aufgrund des Fehlens von Brücken. So waren viele Verbindungen nur während der trockenen Jahreszeit nutzbar. Die Gesamtlänge der zu jeder Jahreszeit befahrbaren Straßen betrug nur 12.246 km. Des weiteren wiesen 1937 die meisten Straßen nur eine Breite von 4 bis 5 m auf, was zu erheblichen Verkehrsbehinderungen und starker Verkehrsgefährdung führte. Vielfach verdienten diese Wege die Bezeichnung Straße nicht.[272]

Obwohl die Türkei durch ihre hügelige und gebirgige Landschaft eher für den Straßenverkehr als für den Eisenbahnverkehr geeignet erscheint, erfolgte bis 1950 kein ausreichender Ausbau im Straßenverkehr.[273] Der Ausbau und die Rekonstruktion des Straßennetzes nach Kriegsende (1945) wurden zunächst unter amerikanischer Anleitung vorangetrieben. In den fünfziger Jahren wurde zunächst die Modernisierung der Landwirtschaft gefördert, wobei der Straßenverkehr aufgrund der kleinbetrieblichen Struktur des Sektors geeignet war. Ab 1960 wurden die Ziele der Wirtschaftspolitik zugunsten der Industrialisierung (erst Konsumgüter und später Investitionsgüter) geändert, wozu auch der Straßenverkehr dienen sollte.

Für die Türkei wurde im "Hilts-Bericht" im Rahmen des Marshall-Plans langfristig ein Straßennetz von 35.000 km empfohlen, das alle Zentren mit einer hohen Einwohnerdichte miteinander verbinden und weitgehend ganzjährig befahrbar sein sollte. Die regelmäßige Instandhaltung der Straßen begann schon im Jahre 1949 mit den aus den USA importierten

---

268 Kurz nach der Gründung der Türkischen Republik wurde der Straßenbau durch das Straßenbausteuergesetz von 1925, das Gesetz für Instandhaltung und Bau von Landstraßen von 1927 und das Chaussee- und Brückengesetz von 1929 neu geregelt. Vgl. EGGELIN, Willi / RITTER, Gert (1979): Türkische Binnenverkehrsnetze, Bochum, S.14.

269 Vgl. EGGELIN, Willi / RITTER, Gert (1979): Türkische Binnenverkehrsnetze, Bochum, S.15.

270 Vgl. EVREN, Güngör (1996): Die türkische Eisenbahn (in türkischer Sprache), in: Türkiye Mühendislik Haberleri, Nr. 384, Juli 1996, S. 23.

271 Vgl. ERGÜN, İsmet (1985): Der Verkehrssektor in der wirtschaftlichen Entwicklung der Türkei (in türkischer Sprache), Ankara, S. 75.

272 Vgl. İLTER, İsmet (1994): Die historische Entwicklung des türkischen Straßenverkehrs (in türkischer Sprache), İstanbul, S. 56.

273 Vgl. EGGELIN, Willi / RITTER, Gert (1979): Türkische Binnenverkehrsnetze, Bochum, S.15.

Maschinen, und im Jahr 1954 waren dadurch Strecken mit einer Länge von insgesamt ca. 20.300 km ganzjährig befahrbar.[274]

Nach der Gründung der Straßenbaubehörde KGM (1950) wurden alle Aufgaben im Bereich der Straßeninfrastruktur dieser zugeteilt. Aufgrund ihrer umfangreichen Aufgaben war der KGM seit ihrer Gründung immer das höchste Einzelbudget im Staatshaushalt zugeteilt worden. Dieser Anteil überstieg ab 1960 das Budget des Ministeriums für Öffentliche Arbeiten, das für die übrige Verkehrsinfrastruktur zuständig war (s. Tab. 20).

Tab. 20: Verteilung des Gesamthaushalts für das Verkehrswesens zwischen 1950 und 1980

Jahr	Anteil des Ministeriums für Öffentliche Arbeiten am Gesamthaushalt (in %)	Anteil der KGM am Gesamthaushalt (in %)
1950	6,7	4,1
1960	6,5	13,3
1970	1,6	7,7
1980	1,5	5,6

Quelle: İLTER, İsmet (1995): Die historische Entwicklung des türkischen Straßenverkehrs (in türkischer Sprache), İstanbul, S. 64.

Hinter dem Ausbau des Straßennetzes standen verschiedenste Interessen sowohl der Regierung als auch der Provinzverwaltungen. Wichtigstes Motiv für den Straßenausbau in dieser Phase war die Erschließung weiterer Landesteile, überwiegend auch entlegener Gebiete aus ökonomischen, politischen und militärischen[275] Gesichtspunkten. Nach Angaben der KGM waren zwischen 1950 bis 1958 ca. 40% der Straßen aus militärstrategischen Gründen gebaut worden.[276]

Die Straßen der Türkei waren seit der Gründung der KGM bis zum Beginn des Autobahnbaus in den achtziger Jahren in drei verschiedene Kategorien gegliedert:[277]

Staatsstraßen: Qualitativ bessere Straßen, die die Großzentren des Landes und die wichtigen Verkehrsknoten miteinander verbinden und ganzjährig befahrbar sind.

Provinzstraßen: Qualitativ mittelmäßige Straßen, die innerhalb einer Provinz wichtige Orte an die Staatsstraßen anbinden. Teilweise haben diese Straßen keine feste Fahrbahndecke.

---

[274] Vgl. ERGÜN, İsmet (1985): Der Verkehrssektor in der wirtschaftlichen Entwicklung der Türkei (in türkischer Sprache), Ankara, S. 79.

[275] Der Ausbau des Straßennetzes wurde besonders für die militärische Logistik empfohlen, da die Eisenbahnen bei Luftangriffen anfälliger sind. Vgl. ebd. und vgl. ALPBEK, Mehmet Cem (1997): Interessengegensätze bei Entscheidungsprozessen am Beispiel der Verkehrspolitik in der Republik Türkei und deren sozio-ökonomische Auswirkungen - eine sozio-historische Analyse für den Zeitraum 1950-1989 -, Berlin, S. 38f.

[276] Vgl. ebd., S. 33.

[277] Vgl. İLTER, İsmet (1994): Die historische Entwicklung des türkischen Straßenverkehrs (in türkischer Sprache), İstanbul, S. 57-58.

Dorfstraßen: Straßen, die mit geringer Befestigungsqualität teilweise von Dorfbewohnern gebaut sind.[278]

Als erster Schritt im Straßenbau sollte die Verbindung zwischen den dicht bevölkerten Siedlungen und den funktionsfähigen Märkten des Landes hergestellt werden. Der zweite Schritt sollte dann die Verbindung zwischen schwach besiedelten Gebieten und anderen Regionen ermöglichen. In den fünfziger und sechziger Jahren entwickelte und verfestigte sich die beherrschenden Stellung des Straßenverkehrs.

Die Entwicklung der Straßeninfrastruktur führte vor allem zu Beginn der fünfziger Jahre zu bedeutenden Qualitätssteigerungen im Straßenverkehr. In den Jahren 1948 und 1952 erhöhte sich die Durchschnittsgeschwindigkeit auf der Straße um ca. 50%, die Tragfähigkeit der Straßen um 56%, das Fahrzeugvolumen um 86% und die Fahrzeugzahlen um 111%. Dabei sanken die Transportkosten im Güterverkehr um 48% pro tkm und im Personenverkehr um 15% pro Pkm im gleichen Zeitraum. Zudem konnten die Fahrzeiten erheblich reduziert werden, z.B. sank die Fahrzeit zwischen Ankara und İstanbul von 20 Stunden im Jahre 1948 auf 13 Stunden im Jahre 1950 und weiter auf 6,5 Stunden im Jahre 1962.[279] Somit konnten ökonomische Entfernungen bedeutend reduziert und konnte ein großer Schritt zur interregionalen Integration des Landes gemacht werden.

Tab. 21: Das Straßennetz der Türkei zwischen 1950 und 1980 (in km)

Jahr	Staatsstraßen	Provinzstraßen	Dorfstraßen	Gesamt	Straßendichte ca. km/ pro 1.000 qkm
1950	24.306	22.774	-	47.080	60
1955	24.306	30.455	-	55.008	70
1960	26.711	34.831	150.000	211.542	271
1965	34.502	24.290	162.055	220.824	283
1970	35.016	24.437	162.055	221.508	284
1975	33.762	25.307	172.103	231.172	296
1980	31.976	28.785	172.103	232.864	298

Quelle: Eigene Darstellung, Daten aus KGM (1997): Annual Statistics of Turkish Highways (1995-1996), Ankara, S. 15.

Wie aus Tab. 21 zu entnehmen ist, war das Hauptstraßennetz der Türkei, bestehend aus Staats- und Provinzstraßen, im Jahre 1950 47.080 km lang und erweiterte sich bis zum Jahre

[278] Die KGM hatte bis 1965 auch die Aufgabe, Dorfstraßen zu bauen. Die knapp gewordenen Finanzmittel für Straßen führten zum Erlaß einer neuen Verordnung über den Bau und die Instandhaltung der Dorfstraßen im Jahre 1962. Gemäß dieser Verordnung sollten Dorfstraßen durch die Arbeitskraft der Dorfbewohner mit den vom Staat zur Verfügung gestellten Maschinen ausgebaut werden. In der Planungsperiode wurden die Dorfstraßen qualitativ etwas verbessert bzw. gepflastert. Erst nach 1980 wurde mit der Asphaltierung begonnen. Vgl. İLTER, İsmet (1994): Die historische Entwicklung des türkischen Straßenverkehrs (in türkischer Sprache), İstanbul, S. 57-58.

[279] Vgl. STEWIG, Reinhard (1999): Entstehung der Industriegesellschaft in der Türkei, Teil 2: Entwicklung 1950-1980, Kiel, S. 218.

1960 auf 61.542 km .[280] Somit war im Jahre 1960 das Straßennetz plangemäß vollständig. Es sollte in den kommenden Jahren nicht mehr quantitativ, sondern qualitativ verbessert werden. Die Gesamtlänge der Staatsstraßen wurde im Jahre 1980 sogar geringfügig verringert, wobei sich die Qualität der Straßen durch die Begradigung bestehender Strecken erhöhte.[281] So erreichte die gesamte Straßennetzdichte einen Wert von 298 km pro 1.000 qkm. Die Straßendichte vergrößerte sich damit, sie war aber im internationalen Vergleich immer noch gering. In Deutschland lag die Straßendichte 1970 bei ca. 1.673 km pro 1.000 qkm.[282]

Beim internationalen Vergleich der Straßenqualität fällt auf, daß es in der Türkei kaum Autobahnstrecken gab. Im Rahmen des Baus der Bosporusbrücke wurde im Jahre 1973 eine Autobahnstrecke von 24 km gebaut und mit dem Streckenbau für die Çukurova-Autobahn und die İzmit-Autobahn begonnen. Der Ausbau dieser Strecken verzögerte sich jedoch bis 1984.

Als ein Nachteil beim Ausbau des Straßenverkehrs erwies sich die Tatsache, daß die ältesten Wege auf den Karawanenverkehr zugeschnitten waren. Zu Beginn des Straßenbaus für schwerere Wagen wurden die bestehenden Wege ausgebaut, was zur Folge hatte, daß Schwierigkeiten bei Paßübergängen entstanden und z.B. Brücken der veränderten Situation oft nicht gewachsen waren. Erst die Anlage neuer Trassen brachte zufriedenstellende Passagen. Diese Anteludialbindungen erschwerten aufgrund der engen und nicht tragfähigen Paßübergänge den Ausbau des Straßenverkehrs.

Im Jahre 1982 standen 60.954 km Allwetterstraßen zur Verfügung, davon 54.619 km mit fester Fahrbahndecke. Dazu gehörten 54 Straßentunnel mit insgesamt 5.467m Länge und 3.041 Brücken mit insgesamt 108.122 m Länge.[283]

Die Entwicklung des Kfz-Verkehrs erfolgte in der Türkei in 3 Phasen (s. Abb. 16):

Zwischen 1950 und 1960 überwog der Lkw-Verkehr, sowohl im Güter- als auch Personenverkehr. Durch den Ausbau des Straßennetzes in den fünfziger Jahren, durch die leichten Zugangsbedingungen zum Transportgewerbe und durch die steigende Nachfrage nach Transportleistungen wuchs auch die Zahl der Lkw sehr stark an[284] (I. Phase).

Mit der Qualitätssteigerung der Straßen ab 1960 ergab sich ein verstärkter Einsatz von Bussen und Kleinbussen, während die Zahl der Lkw sich gleichzeitig erhöhte. In dieser II. Phase zwischen 1960 und 1970 wurden Lkw fast ausschließlich für den Güterverkehr eingesetzt.

---

280 Vgl. ERGÜN, İsmet (1985): Der Verkehrssektor in der wirtschaftlichen Entwicklung der Türkei (in türkischer Sprache), Ankara, S. 81.

281 Vgl. EGGELIN, Willi J. (1985), Verkehrs- und Energiewirtschaft, in: Türkei, Südosteuropa-Handbuch, Hrsg.: GROTHUSEN, Klaus-Detlev, Bd. 4, Göttingen, S. 421.

282 Vgl. ERGÜN, İsmet (1985): Der Verkehrssektor in der wirtschaftlichen Entwicklung der Türkei (in türkischer Sprache), Ankara, S. 82.

283 Vgl. İLTER, İsmet (1994): Die historische Entwicklung des türkischen Straßenverkehrs (in türkischer Sprache), İstanbul, S. 74 und Vgl. EGGELIN, Willi J. (1985), Verkehrs- und Energiewirtschaft, in: Türkei, Südosteuropa-Handbuch, Hrsg.: GROTHUSEN, Klaus-Detlev, Bd. 4, Göttingen, S. 421.

284 Vgl. AYAN, Cihan / YÜCELEN, Ufuk (1997): Verkehrswesen - Ansätze zur Lösung der größten Probleme der Türkei an der Jahrtausendwende (in türkischer Sprache), Hrsg.: TÜGİAD, Nr. 22, İstanbul, S. 3f.

Die III. Phase begann etwa 1970 und ist gekennzeichnet durch die starke Zunahme der Zahl der Pkw. Diese Tendenz hielt auch nach 1980 an und deutete auf eine Verstärkung des Individualverkehrs in der Türkei.

Abb. 16: Die Entwicklung der Kfz-Zahlen zwischen 1950 und 1980 im Drei-Phasen-Diagramm

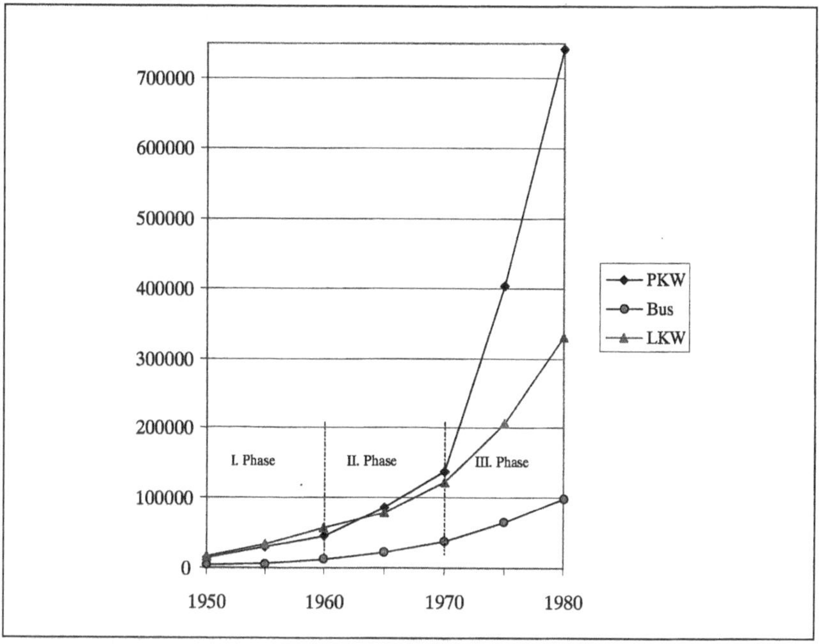

Quelle: Eigene Darstellung nach EGGELIN, Willi J. (1985): Verkehrs- und Energiewirtschaft, in: Türkei, Südosteuropa-Handbuch, Hrsg.: GROTHUSEN, Klaus-Detlev, Bd. 4, Göttingen, S. 423f., Daten aus SIS (1994): Summary Statistics on Transportation and Communication, Ankara, S. 3.

Als Straßenverkehrsmittel waren 1980 1.158.387 Kraftfahrzeuge gemeldet, davon 742.252 Pkw, 64.707 Minibusse, 32.783 Busse, 330.714 Lastwagen, 137.931 Motorräder und 35.867 Spezialfahrzeuge.[285] Von diesen Fahrzeugen waren allein 25% in İstanbul und in Ankara zugelassen. Die absolute Zunahme ist beachtlich, da 1960 in der gesamten Türkei erst 123.588 Fahrzeuge gemeldet waren.[286]

Obwohl immer mehr Kraftfahrzeuge zugelassen wurden, war der Motorisierungsgrad im Jahre 1980 dennoch relativ niedrig. Die Entwicklung der Kfz-Dichte pro 1.000 E zeigte im Vergleich zu den EU-Ländern einen geringen Umfang. So lag z.B. im Jahre 1950 in der Türkei die Gesamt Kfz-Dichte bei 1,5 je 1.000 E und stieg bis zum Jahr 1980 auf 25,4 je

[285] Vgl. SIS (1994): Summary Statistics on Transportation and Communication 1993, Ankara, S. 3.

[286] Vgl. EGGELIN, Willi und RITTER, Gert (1979): Türkische Binnenverkehrsnetze, Bochum, S. 16-17.

1.000 E an.[287] Zum Vergleich lag die durchschnittliche Pkw-Dichte in EU-Ländern im Jahre 1980 bei ca. 300 Pkw pro 1.000 Einwohner.[288]

Die Messung der regionalen Ausstattung mit Verkehrsmitteln bezogen auf die Bevölkerung, gibt den definitorischen Indikator "Mobilisierungsgrad" an.[289] Tab. 22 veranschaulicht, daß die Mobilitätschancen für die Einwohner der Marmara-, Ägäis- und Mittelmeer-Regionen im Vergleich zum Durchschnitt der Türkei hoch sind. In diesen Regionen ist auch ein überdurchschnittliches Motorisierungswachstum zu beobachten. Der Besitz von Pkw liegt in den Verdichtungsgebieten über dem Durchschnitt (d.h. 1,85 Pkw/1.000 E im Jahr 1970 und 5,72 im Jahr 1975) wobei im Zeitraum von 1970 bis 1975 ein rasches Wachstum zu beobachten ist.

Tab. 22: Die Pkw-Dichte (Pkw/ 1.000 E) in den Regionen der Türkei in den Jahren 1970 und 1975

Regionen	1970	1975
Marmara	3,6	10,5
Ägäis	3,0	9,2
Schwarzes Meer	1,0	3,9
Mittelanatolien	2,0	5,6
Mittelmeer	2,2	8,9
Südostanatolien	0,9	3,3
Ostanatolien	0,6	2,1
TÜRKEI	1,85	5,72

Quelle: DERİCİOĞLU, Taylan (1983): Konzepte zur dezentralen Raumentwicklung in der Türkei, Dortmund, S. 135.

Auch in den Provinzen der Mittelanatolien-Region und der Schwarzmeer-Region besteht eine gute Verkehrsversorgung. Dagegen weisen aber die Provinzen der Ost- und Südostanatolien-Region weit unter dem Landesdurchschnitt liegende Motorisierungsgrade auf. Dieses Bild ändert sich nicht wesentlich, wenn man die regionale Verteilung der Individualverkehrsmittel und die öffentlichen Verkehrsmittel getrennt betrachtet.[290]

Parallel zur erhöhten Mobilität der Bevölkerung verstärkte sich die Verstädterung in der Türkei. Die Gründe für die schnelle Verstädterung sind vielfältig; Push-Faktoren wie Freisetzung von Arbeitskräften in der Landwirtschaft, Pull-Faktoren wie Arbeitsplätze und ein höheres Versorgungsniveau in den Ballungsräumen waren ausschlaggebend. Durch bessere Verkehrsnetze und neue Kommunikationsmöglichkeiten erhöhte sich zunächst die

287 Vgl. EGGELIN, Willi J. (1985), Verkehrs- und Energiewirtschaft, in: Türkei, Südosteuropa-Handbuch, Hrsg.: GROTHUSEN, Klaus-Detlev, Bd. 4, Göttingen, S. 422.

288 Vgl. GERÇEK, Haluk (1997): Die Zukunft des Verkehrswesens und der Eisenbahn unter Berücksichtigung des Zusammenhangs zwischen Verkehr und Wirtschaft (in türkischer Sprache), İstanbul, S. 8.

289 Vgl. DERİCİOĞLU, Taylan (1983): Konzepte zur dezentralen Raumentwicklung in der Türkei, Dortmund, S.135.

290 Vgl. ebd., S. 118f.

Bereitschaft der ländlichen Bevölkerung in die Städte, teilweise als Saisonarbeiter, zu gehen.[291]

Diese Entwicklungen sind ein Nachweis der Richtigkeit von Voigts Theorie: Für VOIGT ist die Landflucht eine Konsequenz fehlender Maßnahmen anderer Politikbereiche, die parallel zum Ausbau des Verkehrsnetzes erfolgen. Er weist darauf hin, daß eine neue, qualitativ bessere Verbindung eines unterentwickelten Gebietes mit einer entwickelten Region eine Abwanderung von der ersten in die zweite verursachen wird.[292]

Seit der Gründung der Republik Türkei wurde der Ausbau des Verkehrsnetzes nicht immer durch ergänzende Maßnahmen anderer Politikbereiche (z.B. Bildungs- oder Gesundheitspolitik) unterstützt, wie in Kap. C. 1. gezeigt wurde. Der größte Teil dieser Maßnahmen war in den Großstädten wie İstanbul, Ankara, İzmir durchgeführt worden, was zu einer Abwanderung der ländlichen Bevölkerung in die Ballungsräume und Städte in den verkehrsgünstig gelegenen Westen führte.[293]

Ferner löste diese Entwicklung beträchtliche Standortverlagerungen sowie Veränderungen des städtischen Strukturgefüges aus.[294] Die überlasteten Straßen der Ballungsräume hatten durch die verschlechterte Verkehrsqualität (Verkehrswertigkeit "Schnelligkeit") eine negative Auswirkung auf die Wirtschaftlichkeit der Unternehmen. Expandierende Unternehmen drängten an den Stadtrand. Erneut veränderte sich das Stadtbild aufgrund der fehlenden Planung und Kontrolle von seiten des Staates. Die Agglomerationsräume der Türkei wiesen gravierende Mängel und Probleme im Bereich der Infrastruktur auf. Diese Tendenzen bestehen auch nach 1980 fort. So wurden die Agglomerationsvorteile teilweise zu Nachteilen, z.B. Flächenknappheit in den Ballungszentren.

Die Entwicklung der Straßeninfrastruktur führte neben dem steigenden Motorisierungsgrad zu steigendem Verkehrsaufkommen auf der Straße. In der ersten Phase des verstärkten Ausbaus bis 1960 stiegen die Verkehrsleistungen nicht so stark wie nach dem Jahre 1960 (s. Tab. 23). Zwischen 1960 und 1980 erhöhte sich die Verkehrsleistung um das Siebenfache im Personenverkehr und um das Zehnfache im Güterverkehr.

---

291 Vgl. ERGÜN, İsmet (1985): Der Verkehrssektor in der wirtschaftlichen Entwicklung der Türkei (in türkischer Sprache), Ankara, S. 92f.

292 Vgl. VOIGT, Fritz / WITTE, Hermann (1975): Die Bedeutung des Verkehrssystems für die Entwicklung ländlicher Räume, Gesellschaft für Wirtschafts- und Verkehrswissenschaftliche Forschung, Heft 17, Königswinter, S. 5.

293 Vgl. ERGÜN, İsmet (1985): Der Verkehrssektor in der wirtschaftlichen Entwicklung der Türkei (in türkischer Sprache), Ankara, S. 89f.

294 Vgl. RITTER, Gert / RICHTER, Wolfgang (1990): Aktuelle Urbanisierungsprozesse in der Türkei, Geostudien 12, Leverkusen, S. 26.

Tab. 23: Verkehrsleistungen im Straßenverkehr zwischen 1950 und 1980

Jahr	Güterverkehr		Personenverkehr	
	in Mio. tkm	Anteil an den gesamten Verkehrsleistungen (in %)	in Mio. Pkm	Anteil an den gesamten Verkehrsleistungen (in %)
1950	957	22,3	2.597	50,3
1960	3.678	43,4	10.880	72,9
1970	17.447	73,9	41.311	91,4
1980	36.418	87,4	74.721	92,0

Quelle: Eigene Darstellung, Daten aus KGM (1985): Annual Statistics of Turkish Highways, Ankara, S. 12ff., und SIS (1992): Summary Statistics on Transportation and Communication 1992, Ankara, S. 1f.

Die Zahlen der Tab. 23 zeigen die deutliche Erhöhung des Transportvolumens. Sie stehen in unmittelbarem Zusammenhang mit der wirtschaftlichen Expansion. Der Anteil des Straßenverkehrs an den gesamten Verkehrsleistungen ist zwischen 1950 und 1980 extrem angestiegen; im Güterverkehr vervierfachte er sich und im Personenverkehr verdoppelte er sich beinahe.

Allerdings zeigte sich ein West-Ost-Gefälle auch bei der räumlichen Verdichtung der verkehrsachsenbezogenen Belastung im Straßenverkehr. Dies wird in der Verteilung der Verkehrsleistungen deutlich. So wurden 1982 rund 50% aller Fahrzeug-km auf 10% aller Straßen in der Westtürkei registriert. Zudem führte die ungleichmäßige räumliche Verteilung des Verkehrsaufkommens besonders auf den Hauptstrecken zu Problemen. In Abb. 17 spiegeln sich die Straßenverkehrsdichte und die räumlichen Gegensätze der türkischen Siedlungs- und Wirtschaftszonen wider.[295]

Abb. 17 zeigt die Güterströme zwischen den Provinzen im Jahr 1973. Die Ströme geben nicht nur einen Überblick über die verkehrsbezogene Belastung, sondern sind auch von großer Bedeutung für die Feststellung der Agglomerationsräume. Obwohl die Richtung-Mengenverhältnisse in einem regionalen Austauschsystem von transportierten Gütern unter den segmentierten Achsen nicht zu unterscheiden sind, ergeben sich wichtige Informationen über die Wachstums- und Entleerungsräume der Türkei:[296]

Abb. 17 deutet darauf hin, daß İstanbul-Kocaeli-Adapazarı-Bursa-Zonguldak sowie İzmir-Aydın-Manisa und Adana-İçel-Hatay-Gaziantep die drei Raumkomplexe sind, in denen die Güterströme hauptsächlich fließen. Die auf den Verbindungsstrecken zwischen diesen drei Raumkomplexen liegenden Provinzen wie Eskişehir, Afyon, Kütahya, Kayseri, Niğde, Konya und Bolu zeigen eine relativ hohe Verdichtung des Gütertransports, und auch von Ankara aus verläuft entlang der östlichen Schwarzmeer-Küste eine Achse mit relativ starken Güterströmen.

---

295 Vgl. EGGELIN, Willi J. (1985), Verkehrs- und Energiewirtschaft, in: Türkei, Südosteuropa-Handbuch, Hrsg.: GROTHUSEN, Klaus-Detlev, Bd. 4, Göttingen, S. 423.

296 Vgl. DERİCİOĞLU, Taylan (1983): Konzepte zur dezentralen Raumentwicklung in der Türkei, Dortmund, S. 115f.

Abb. 17: Güterverkehrsströme auf türkischen Straßen im Jahre 1973

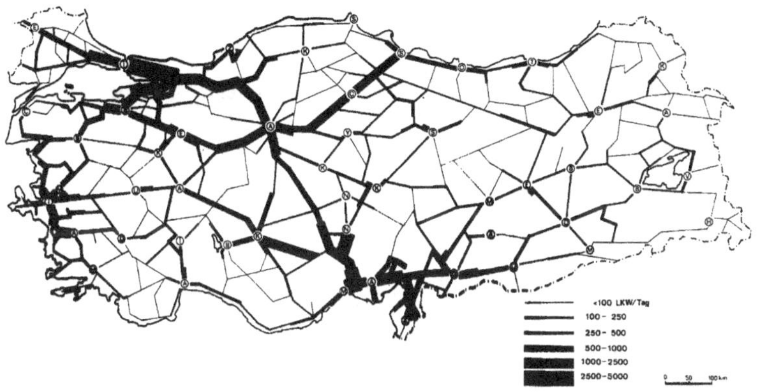

Quelle: EGGELIN, Willi / RITTER, Gert (1979): Türkische Binnenverkehrsnetze, Bochum, Abb. 16 im Anh., o.S.

Mit der Verbesserung des Straßenverkehrs Anfang der siebziger Jahre zeigte der Transitverkehr ein rapides Wachstum, was wiederum sowohl Nachteile als auch Vorteile für die türkische Wirtschaft mit sich brachte. Durch den steigenden Transitverkehr nahm die Bedeutung der Straße immer weiter zu. Während z.B. 1972 nur 10.261 ausländische Lkw die Türkei passierten, erhöhte sich diese Zahl im Jahre 1974 auf 24.205 und 1975 auf 70.541. Die Zahl der durchfahrenden Lkw ist also innerhalb von drei Jahren etwa auf das Siebenfache gestiegen.[297] Der Grund dieser Entwicklung waren höhere Einnahmen durch die Erdölförderung der Nahostländer, was gegen Ende der sechziger Jahre eine erhöhte Nachfrage nach Konsum- und Investitionsgütern in diesen Ländern zu Folge hatte. Die Türkei wurde aufgrund ihrer geographischen Lage zum Transitland.[298]

Die rasche Steigerung des Transitverkehrs verursachte eine unvorhergesehene Belastung der türkischen Straßen; die Unfallgefahr auf den Transitstrecken stieg an. Zugleich brachte der Transitverkehr auch erhöhte Instandhaltungskosten mit sich sowie externe Kosten, z.B. durch Luftverschmutzung verursachte Umweltschäden. Die Einnahmen aus Transittransporten blieben jedoch hinter den Erwartungen zurück, z.B. brachte der Transitverkehr im Jahre 1977 nur die Hälfte der geplanten Einnahmen ein.[299] Insbesondere aufgrund der Vielfalt der

---

297 Vgl. ERGÜN, İsmet (1976): Türkische Verkehrsprobleme, in: Transportproblem Nahost, Güterströme suchen ihren Weg, Hrsg.: ALTHAMMER, Walter, Südosteuropa Studien, München, S. 65.

298 Die Exporte der EU-Länder in die Länder des Nahen Ostens stiegen von 2,8 Mrd. Dollar in 1960 auf 10,8 Mrd. Dollar im Jahre 1974. Die Importe in die EG-Länder aus dem Nahen Osten stiegen von 4,0 auf 28,0 Milliarden Dollar im gleichen Zeitraum. Allein der Export der BRD in die arabischen Länder stieg in den Jahren 1974-1975 von 7,3 auf 11,3 Mrd. DM. Vgl. ERGÜN, İsmet (1976): Türkische Verkehrsprobleme, in: Transportproblem Nahost, Güterströme suchen ihren Weg, Hrsg.: ALTHAMMER, Walter, Südosteuropa Studien, München, S. 63.

299 Vgl. ERGÜN, İsmet (1985): Der Verkehrssektor in der wirtschaftlichen Entwicklung der Türkei (in türkischer Sprache), Ankara, S. 114f.

Gebührenbestimmungen waren die Regelungen nicht praktikabel und fanden dementsprechend in der Praxis auch keine Anwendung.[300]

Neben diesen negativen Auswirkungen des Transitverkehrs gab es auch einige Vorteile für die türkische Wirtschaft. Da die straßengebundenen Importe der arabischen Länder größer als deren Exporte waren, verlief der Transitverkehr über die Türkei überwiegend in eine Richtung, nämlich nach Osten. Folglich konnten Leerfahrten der zurück nach Europa fahrenden Lkw von den türkischen Unternehmen als eine günstige und schnelle Transportmöglichkeit für den Export genutzt werden. Die Türkei begann, frische Lebensmittel nach Europa zu exportieren.[301]

Demzufolge stieg das Interesse des Privatsektors am internationalen Transportgeschäft. Im Jahre 1967 gab es sieben Unternehmen, die internationale Transporte abwickelten. Bis zum Jahr 1975 erhöhte sich deren Zahl auf 80. Durch die Förderung der Regierung und internationale Kredite vergrößerte sich die Anzahl der im internationalen Verkehr eingesetzten Fahrzeuge von 3.000 im Jahre 1975 auf 7.000 im Jahre 1980.[302]

Die Entwicklung des internationalen Straßenverkehrs führte Anfang der siebziger Jahre zu einer Vereinigung der internationalen Transportunternehmen (Uluslararası Nakliyeciler Derneği / UND) in der Türkei. Die UND konnte sich in kurzer Zeit als bedeutende Interessengruppe der Transportbranche landesweit etablieren. Somit wurde UND bald als Ansprech- und Vertragspartner sowohl von der türkischen Regierung als auch von ausländischen Regierungen und von in- und ausländischen Branchenorganisationen anerkannt.[303]

In der ersten Entwicklungsphase des Kfz-Verkehrs zwischen 1950 und 1960 bestand die Gewerbestruktur des Binnentransports überwiegend aus kleinen Unternehmen mit meist nur einem Fahrzeug. Parallel dazu entstanden neue Berufe und Arbeitsplätze, die mit dem Kraftfahrzeug verbunden waren, wie Kraftfahrer, Fahrbegleiter, Tankwart, Tank- und Raststättenarbeiter, Kfz-Mechaniker, Reifenreparaturdienste und Ersatzteilhändler. Die meisten dieser Arbeitnehmer gehörten niedrigen Einkommensgruppen an.[304]

Im Gegensatz zu internationalen Transportunternehmen hatten die Firmen im Binnentransport bis in die achtziger Jahre eine kleingewerbliche Struktur beibehalten; dementsprechend stieg im Güterverkehr neben der Zahl der Lkw auch die Zahl der Kleintransporter und die Zahl der

---

300 SPO (1993): 3. İzmirer Kongreß 4.-7. Juni 1992: Kfz-Industrie - Arbeitsgruppe für das Verkehrswesen (in türkischer Sprache), Ankara, S. 120.

301 Vgl. ERGÜN, İsmet (1985): Der Verkehrssektor in der wirtschaftlichen Entwicklung der Türkei (in türkischer Sprache), Ankara, S. 114.

302 Vgl. SPO (1993): 3. İzmirer Kongreß 4.-7. Juni 1992: Kfz-Industrie - Arbeitsgruppe für das Verkehrswesen (in türkischer Sprache), Ankara, S. 117.

303 Die schnelle Entwicklung der Transportbranche führte auch zu einem schnellen Anwachsen der Mitgliederzahlen der UND. Im Jahre 1981 hatte die UND bereits 407 Mitglieder. UND (1994): Die Entwicklung der UND (in türkischer Sprache), in: UND'nin Sesi, März 1994, S. 20.

304 Vgl. SPO (1993): 3. İzmirer Kongreß 4.-7. Juni 1992: Kfz-Industrie - Arbeitsgruppe für das Verkehrswesen (in türkischer Sprache), Ankara, S. 113f.

Minibusse stetig an[305]. Die kleinen Unternehmen im Binnenmarkt waren von Transportmaklern oder Spediteuren abhängig. Daher begannen die Kleinunternehmen in den sechziger Jahren, Transportgenossenschaften zu gründen, um sich gegen diese Abhängigkeitsverhältnisse zu wehren.[306]

Nach der Untersuchung von GÜVEN (1982) wurden 72% der Transportgenossenschaften im Bereich Güterverkehr nach 1971 gegründet. Sie haben sich schnell entwickelt, so daß es Anfang der achtziger Jahre 720 solche Genossenschaften gab. Aber der Einfluß der Genossenschaften auf das Wirtschaftsgeschehen blieb aus, da zwischen der Vielzahl von Genossenschaften keine effektive Zusammenarbeit stattfand. Die angebotenen Transportkapazitäten stiegen schneller als die Transportnachfrage, genauso wurde die Position der Auftraggeber stärker als die der Transportunternehmen bzw. Genossenschaften. Die Konkurrenz zwischen den Transportunternehmen stieg durch die hohe Zahl der Transportgenossenschaften an. Das Ergebnis von GÜVEN verdeutlicht die Entstehung einer eher schwachen Interessengruppe, die aus einem bloßen Zusammenschluß von vielen Transportunternehmen besteht. Eine grundsätzliche Änderung der beschriebenen Struktur konnte bis 1980 nicht festgestellt werden.[307]

Im Personenverkehr entwickelte sich die Struktur der Transportunternehmen ähnlich der des Güterverkehrs, wobei Omnibusse erst ab 1960 verstärkt eingesetzt wurden. Die Omnibusse waren in den fünfziger Jahren regelmäßig überfüllt und arbeiteten daher mit Vollkapazität. Der Omnibusverkehr war daher von einer befriedigenden Dienstleistung weit entfernt. In den folgenden Jahren verbesserten sich die eingesetzten Reisebusse ständig im Komfort und in der Technik. Jedoch blieben im Bereich des allgemeinen Service und insbesondere der Sicherheit weiterhin Defizite bestehen. Die unbefriedigende Ausrüstung und die personelle Ausstattung der Verkehrspolizei sowie der Mangel an Sicherheitsvorschriften verhinderten den reibungslosen Ablauf des Straßenverkehrs und eine vollständige Umsetzung des Straßenverkehrsgesetzes.[308]

Die seit 1964 in der Türkei begonnene Omnibusproduktion und die Verbesserung des Straßennetzes führte zu einer Zunahme des Omnibusverkehrs (die zweite Entwicklungsphase des Kfz-Verkehrs). Die Omnibusse waren zum dominierenden Verkehrsmittel im Personenverkehr geworden. Der Anteil der Busse stieg in der Personenbeförderung von 72% auf 92%, und die Anzahl der Omnibusse verdreifachte sich zwischen 1960 und 1980. Mit

---

305 Vgl. TİFTİKÇİ, Osman (1996): Verkehrsprobleme in der Türkei und die Eisenbahn (in türkischer Sprache), İstanbul, S. 21.

306 Vgl. TÜSİAD (1988): Der Verkehrssektor in den EG-Ländern und in der Türkei - Probleme der Integration (in türkischer Sprache), İstanbul, S.22.

307 Vgl. GÜVEN, Sami (1982): Das türkische Verkehrssystem und die Kooperativen im Bereich des Straßenverkehrs (in türkischer Sprache), Ankara, S. 313f.

308 Der Straßenverkehr unterlag bis Anfang der fünfziger Jahre einer unzureichenden Gesetzgebung. Erst im Jahre 1953 konnte mit dem Straßenverkehrsgesetz ein spezielles Gesetz für die Regelung des Straßenverkehrs verabschiedet werden. Damit konnten einige Lücken des vorherigen Gesetzes beseitigt werden, dennoch zeigte das Gesetz in den folgenden Jahren - im Bereich der Regelung des Straßenverkehrs, der Verkehrskontrolle und der Besteuerung - durch die steigenden aktuellen Erfordernisse des Straßenverkehrs weitere Defizite. Vgl. AYAN, Cihan / YÜCELEN, Ufuk (1997): Verkehrswesen - Ansätze zur Lösung der größten Probleme der Türkei an der Jahrtausendwende (in türkischer Sprache), Hrsg.: TÜGİAD, Nr. 22, İstanbul, S. 3f. und vgl. UND (1982): Die Gesetze im Straßenverkehr (in türkischer Sprache), in: UND'nin Sesi, Mai 1982, S. 14.

zunehmendem Einsatz moderner Reisebusse konnte der Omnibusverkehr im Fernverkehr Erfolge aufweisen, jedoch im Nahverkehr besonders im ländlichen Raum aufgrund der geringen Zahl und Qualität der Fahrzeuge keine befriedigenden Dienstleistungen erbringen.[309] Der Omnibusbetrieb zeigte eine ebensolche Kleinunternehmerstruktur wie der Straßengüterverkehr.

Im Jahre 1970 wurde eine Vereinigung der Interregionalen Omnibusunternehmer von Anatolien und Thrakien (Anadolu ve Trakya Otobüscüler Derneği) gegründet. Der Vereinigung wurde vom Staat im asiatischen Teil İstanbuls im gleichen Jahr ein Omnibusbahnhof zur Verfügung gestellt. Ferner wurden im Jahr 1971 zwei weitere Omnibusbahnhöfe auf der europäischen Seite İstanbuls fertiggestellt.[310]

Bei der starken Zunahme der Kfz-Zahlen und der Förderung des Straßenverkehrs durch die Verkehrspolitik spielte der Produktionsbeginn der inländischen Automobil- bzw. Montageindustrie eine große Rolle. Deshalb soll die Entwicklung der Automobil- bzw. Montageindustrie im nun folgenden Exkurs näher dargestellt werden.

Exkurs: Die türkische Kfz-Industrie

Durch die Förderung des Straßenverkehrs im Rahmen des Marshall-Plans wurde die Voraussetzung für die Belieferung der Türkei mit amerikanischen Autos, Bussen und Lkw geschaffen.[311] Aufgrund der Zahlungsschwierigkeiten der Türkei seit Mitte der fünfziger Jahre wurde der Import von Kraftfahrzeugen jedoch eingeschränkt. Somit begann die Montage der Kraftfahrzeuge in der Türkei. Die erste Kfz-Montagefabrik für Traktoren nahm in Ankara im Jahre 1954 ihre Produktion auf. Mit der Gründung der türkischen Automobilindustrie AG (Türk Otomotiv Endüstrileri AŞ -TOE) im Jahre 1955 wurden die ersten Lkw, Traktoren, Busse und Ersatzteile auf Lizenz amerikanischer Firmen hergestellt.[312]

Die ausländischen Kfz-Produzenten, darunter z.B. Daimler-Benz, Ford, Fiat und Chrysler, wurden von der Regierung unter Menderes im Jahre 1958 eingeladen, in den Kfz-Bereich der Türkei zu investieren. Die Verwirklichung konkreter Projekte dauerte jedoch bis in die Mitte der sechziger Jahre.[313] Ein Projekt war die Zusammenarbeit in Form von "Dealer Assembler" zwischen OTOSAN (Otomotiv Sanayii von der Koç Holding[314]) und der Ford-Motor-

---

309 Vgl. EGGELIN, Willi J. (1985), Verkehrs- und Energiewirtschaft, in: Türkei, Südosteuropa-Handbuch, Hrsg.: GROTHUSEN, Klaus-Detlev, Bd. 4, Göttingen, S. 423.

310 Vgl. UND (1982): Beschwerden der Busunternehmer (in türkischer Sprache), in: UND'nin Sesi, Oktober 1982, S. 22.

311 Vgl. MELINZ, Gerhard (1995): Erfahrung mit importsubstituierender und exportorientierter Industrialisierungsstrategie - Die Fallstudie Türkei (1838-1990), in: Industrialisierung-Entwicklungsprozesse in Afrika, Asien und Lateinamerika, Hrsg.: FELDBAUER, Peter u.a., Wien, S. 73.

312 Diese Montagebetriebe haben auch für den Bedarf des Militärs produziert. Vgl. ALPBEK, Mehmet Cem (1997): Interessengegensätze bei Entscheidungsprozessen am Beispiel der Verkehrspolitik in der Republik Türkei und deren sozio-ökonomische Auswirkungen - eine sozio-historische Analyse für den Zeitraum 1950-1989 -, Berlin, S. 43.

313 Vgl. ALPBEK, Mehmet Cem (1997): Interessengegensätze bei Entscheidungsprozessen am Beispiel der Verkehrspolitik in der Republik Türkei und deren sozio-ökonomische Auswirkungen - eine sozio-historische Analyse für den Zeitraum 1950-1989 -, Berlin, S. 44.

314 Die Koç Holding ist eine der größten Holdings der Türkei. Seit 1928 stellt die Koç Holding die Vertretung der Ford-Motor-Company (USA).

Company im Jahre 1959. Somit besaß OTOSAN die Vertretung der Montagerechte von der Ford-Motor-Company, jedoch ohne Markenzeichen. Der für die Produktion benötigte Kredit wurde von der türkischen Regierung gewährt. Nach dieser ersten Erfahrung im Bereich des Fahrzeugbaus wurde TOFAŞ als zweite Firma im Jahre 1966 gegründet. Erst 1971 wurde mit der Produktion des "Fiat 124" in Bursa begonnen.

Nach dem Militärputsch 1960 wurde die Kfz-Industrie von den Streitkräften weiterhin gefördert. Die Streitkräfte hatten, teilweise aufgrund des Eigenbedarfs, Interesse an der Gründung einer nationalen Kfz-Produktion. Anfang der sechziger Jahre waren schon drei Fabriken für die Produktion von Lkw und Traktoren vorhanden. General Cemal Gürsel, der damalige Staatspräsident, setzte sich persönlich für die Automobilindustrie ein und gab im Jahre 1961 eine Anweisung zur Produktion eines Prototyps für ein rein türkisches Auto. Dieses Auto sollte bei einheimischer Konstruktion und Herstellung den Bedürfnissen der Türkei und des türkischen Militärs entsprechen. Jedoch ist das Projekt aus politischen und ökonomischen Gründen gescheitert.[315]

Die türkischen Streitkräfte haben seit der Gründung der Republik bis zum Militärputsch 1960, gewissermaßen als neutrale Gruppe, zur Weiterentwicklung der Gesellschaft beigetragen. Nach dem ersten Putsch wurde diese Stellung des Militärs mit der Gründung der Armeehilfsorganisation (Ordu Yardımlaşma Kurumu /OYAK) im Jahre 1961 verändert. Die Streitkräfte wurden - wie bisher in der Politik - auch im Bereich der Wirtschaft aktiv. Die Investitionen von OYAK für die Kfz-Industrie machten das türkische Militär zum bedeutendsten Industrieunternehmer des Landes. Eine der ersten Investitionen der Armee galt der Türk Otomotiv Endustrileri AŞ (TOE), die Traktoren und Lkw herstellte. Im Jahre 1969 erfolgte eine weitere Investition im Bereich der Pkw-Produktion durch den Erwerb der Lizenz der französischen Firma Renault. OYAK-Renault war nach OTOSAN und TOFAŞ die dritte Automobilfabrik in der Türkei. OYAK besaß einen Anteil von 41,6% an der Firma OYAK-Renault, die wiederum im Binnenmarkt einen Marktanteil von 44% hatte.[316]

OYAK investierte in fast allen Bereichen der Industrie, des Handels und der Dienstleistungen und wurde zu einem starken Wirtschaftssubjekt. Dennoch wurde OYAK staatliche Hilfe zugeteilt: Die staatlichen Betriebe, Polizei und Streitkräfte wurden vorrangig mit OYAK-Autos ausgestattet. Viele steuerliche Vergünstigungen blieben aufgrund ihrer sozialen Ziele weiter bestehen. OYAK hat sich von dem eigentlichen Zweck der sozialen Sicherung der Armeemitglieder entfremdet und sich zu einer der größten Holdings der Türkei entwickelt.[317]

OTOSAN begann ab 1966 mit der Produktion des ersten in der Türkei in Serie gebauten Automobil namens "Anadol", die ersten Motoren aber konnten erst 1982 produziert werden.[318] Im Bereich schwerer Lkw und Omnibusse wurde die Montage ab 1968 von OTOMARSAN (Otobüs ve Motorlu Araçlar Sanayii) durchgeführt. Der Anteil der

---

315 Für detaillierte Informationen: ALPBEK, Mehmet Cem (1997): Interessengegensätze bei Entscheidungsprozessen am Beispiel der Verkehrspolitik in der Republik Türkei und deren sozio-ökonomische Auswirkungen - eine sozio-historische Analyse für den Zeitraum 1950-1989 -, Berlin.

316 Vgl. ebd., S. 91-92.

317 Vgl. WEIHER, Gerhard (1985): Die innenpolitische Rolle des Militärs, in: Türkei, Südosteuropa-Handbuch, Hrsg.: GROTHUSEN, Klaus-Detlev, Bd. 4, Göttingen, S. 306-307.

318 Vgl. ALPBEK, Mehmet Cem (1997): Interessengegensätze bei Entscheidungsprozessen am Beispiel der Verkehrspolitik in der Republik Türkei und deren sozio-ökonomische Auswirkungen - eine sozio-historische Analyse für den Zeitraum 1950-1989 -, Berlin, S. 46.

einheimischen Produktion an der Montageindustrie lag in der gesamten Kfz-Produktion bei ca. 60%.[319]

Die Produktion der türkischen Kfz-Industrie erhöhte sich zwar zwischen 1950 und 1998, blieb sie jedoch im internationalen Vergleich unbedeutend. Beispielsweise stieg die Kfz-Produktion von 27.000 im Jahre 1967 auf 67.000 im Jahre 1980, was im internationalen Vergleich aber unerheblich war. [320]

Die Standorte der Kfz-Industrie konzentrierten sich in den westlichen Großstädten. 15 von insgesamt 20 Kfz-Produzenten befanden sich im Jahre 1980 in der Region Marmara, vor allem im Großraum İstanbul und in Bursa.

Die Entwicklung der Kfz-Industrie läßt sich folgendermaßen zusammenfassen: Die türkische Kfz-Industrie entwickelte sich unter der importsubstituierten Industrialisierungspolitik (ISI-Politik) zwischen 1962 und 1980. Die Produktion bzw. Montage war nur auf den Binnenmarkt hin orientiert, eine Einfuhr von Kfz wurde durch ein Importverbot verhindert. Durch diese Politik blieb die Produktion hinter der Nachfrage zurück, wodurch der Marktwert von Fahrzeugen stieg. Durch das Ausbleiben der weltweiten Konkurrenz erfolgte keine technologische Weiterentwicklung bzw. Innovation in diesem Bereich.[321]

Die Kfz-Industrie hatte bis in die achtziger Jahre den Vorteil eines gesicherten Absatzes ihrer Produkte ohne die Notwendigkeit technischer Verbesserungen. VOIGT betont in seinen Veröffentlichungen ausdrücklich, daß eine bessere Qualität der Verkehrssysteme bzw. Verkehrsmittel Vorteile bei den Transportkosten für alle Firmen im Markt bringt und die Unternehmen somit den Gewinn wiederum für neue Investitionen einsetzen können.[322] In der Türkei wurde mit der importsubstituierenden Wirtschaftspolitik genau das Gegenteil erreicht. Neue Investitionen blieben aus, und nur die Kfz-Hersteller konnten hohe Gewinne ohne qualitative Verbesserung ihrer Produktion erzielen.

Kfz-Exporte waren teilweise wegen der Lizenzverträge und aufgrund der veralteten Technik nur in den Nahen Osten oder nach Afrika möglich. Durch die inkonsequente Wirtschafts- bzw. Industrialisierungspolitik wurde die eigentlich vorgesehene einheimische Herstellung

---

319 Vgl. ERGÜN, İsmet (1985): Der Verkehrssektor in der wirtschaftlichen Entwicklung der Türkei (in türkischer Sprache), Ankara, S. 87.

320 Die Kfz-Produktion betrug in Deutschland ca. 3,8 Mio. im Jahre 1980. Vgl. ORAK, Kemal (1991): Die Automobilindustrie in der Türkei und der EG-Binnenmarkt, München, S. 8-9.

321 Allerdings waren die Kfz-Modelle der ersten Kfz-Produktion nicht bereits veraltet, sondern veralteten im Laufe der Zeit aufgrund der Vernachlässigung der technischen Verbesserungen. Für die veraltete Technologie der türkischen Automobilproduktion kann der Typ FIAT 124 als stellvertretendes Beispiel der türkischen Kfz-Hersteller genommen werden. In der Türkei begann die Produktion dieses Modells erst im Jahre 1971, während in Italien dieses Modell seit 1966 gebaut wurde. Das nachfolgende Modell FIAT- 131 verblieb von 1978 bis in die neunziger Jahren in der Produktion - allerdings mit keinen technischen Verbesserungen. Vgl. ALPBEK, Mehmet Cem (1997): Interessengegensätze bei Entscheidungsprozessen am Beispiel der Verkehrspolitik in der Republik Türkei und deren sozio-ökonomische Auswirkungen - eine sozio-historische Analyse für den Zeitraum 1950-1989 -, Berlin, S. 89f.

322 Vgl. VOIGT, Fritz (1973): Verkehr, Bd. I/2, Berlin, S. 650-660.

von Motoren verzögert. Erst Mitte der achtziger Jahre konnten die Motorfabriken mit der Produktion beginnen.[323]

Obwohl die Qualität der im Straßenverkehr eingesetzten Fahrzeuge gering war, was die Gestaltungskraft des Verkehrssystems und dessen Entwicklungsprozesse beeinträchtigte, bedeutete die Phase zwischen 1960 und 1980 für die Kfz-Industrie die Herausbildung einer industriellen Infrastruktur, die sie in den Jahren nach 1980 verstärkt als "Partner" für multinationale Kfz-Produzenten interessant machte.

Die technische Rückständigkeit der eingesetzten Fahrzeuge führte zu einer Qualitätsminderung der Verkehrsleistungen und trieb damit die Transportkosten in die Höhe. Neue innovative Investitionen wurden in der Kfz-Industrie wie im gesamten Industriesektor durch die ISI-Politik begrenzt. Dies führte auch zu einem geringeren Einkommens- und Kapazitätseffekt in der Kfz-Industrie. Die schlechte Qualität des Transportmittels im Straßenverkehr hatte einen negativen Einfluß auf die gesamt- und raumwirtschaftliche Entwicklung des Landes.

Ende des Exkurses

Fazit

Zusammenfassend kann für das türkische Straßenverkehrssystem festgestellt werden, daß beachtliche Erfolge beim Ausbau des Straßennetzes erzielt werden konnten, allerdings muß von einem sehr niedrigen Ausgangsniveau ausgegangen werden. Ferner erschöpften sich die Netzerweiterungen bis 1980. Eine Ausnahme bildete der Ausbau der Autobahnen, da der Bau der zwei Autobahnstrecken (Gebze-İzmit und Pozantı-Tarsus) schon 1973 begann, die Fertigstellung jedoch bis 1984 gedauert hat.

Im folgenden werden zunächst die positive Wirkungen des Straßenbaus auf die wirtschaftliche und räumliche Entwicklung der Türkei und anschließend die Grenzen dieser Entwicklung zusammengefaßt.

Die positive Wirkung des weitgehenden Ausbaus des Straßennetzes hat sich

- in den günstigeren Transportkosten und –zeiten,
- bei der Entstehung neuer Wirtschaftsbereiche und Berufsgruppen,
- bei der Entwicklung des internationalen Transportsektors und
- bei der Entwicklung der türkischen Kfz-Industrie gezeigt.

Die Entwicklung des Straßenverkehrs wirkte sich günstig auf die Transportkosten und Transportzeiten von Gütern und Personen aus. Durch den Ausbau des Straßennetzes erhöhte sich die Verkehrswertigkeit besonders am Anfang sehr stark, da die ökonomische Entfernung zwischen den Großstädten verringert wurde. Auch große Teile des Transitverkehrs profitierten von dieser Entwicklung. Durch die verkürzte ökonomische Entfernung konnten die Unternehmen ihre Transportkosten senken und weitere Investitionen vornehmen. Parallel

---

[323] Vgl. ALPBEK, Mehmet Cem (1997): Interessengegensätze bei Entscheidungsprozessen am Beispiel der Verkehrspolitik in der Republik Türkei und deren sozio-ökonomische Auswirkungen - eine sozio-historische Analyse für den Zeitraum 1950-1989 -, Berlin, S. 89-91.

dazu stieg das durchschnittliche Einkommen der Bevölkerung (zwischen 1950 und 1980 um das 15fache) an. Die Kluft bezüglich der regionalen Einkommensverteilung zwischen Westen und Osten vergrößerte sich jedoch (s. Kap. C. 1.). Das Wachstum der türkischen Wirtschaft zeigt sich im BSP, das durchschnittlich um ca. 6% jährlich gewachsen ist; allerdings traten auch drei Wirtschaftskrisen (1960, 1970 und 1980) auf, die das Wachstum der türkischen Wirtschaft hemmten.

Aufgrund der steigenden Anzahl von Fahrzeugen auf der Straße sind neue Wirtschaftsbereiche und Berufsgruppen entstanden. Durch die Gründung der Omnibusbahnhöfe in den Städten entstanden neue Dienstleistungsschwerpunkte. In und um die Omnibusbahnhöfe entwickelten sich weitere Unternehmen mit unterschiedlichen Dienstleistungen, z.B. Werkstätten, Ersatzteilhändler, Gaststätten, Teestuben.[324]

Im internationalen Transportsektor haben die türkischen Unternehmen den Anschluß an die internationale Transportbranche gefunden und sich weiterentwickelt. Im internationalen Transport entstand dadurch eine Alternative zum Seeverkehr.

Die Entwicklung der Kfz-Industrie eröffnete neue Dimensionen der Automobilnutzung und verlieh dem Verkehrswesen neue Impulse. Dennoch blieben weitere Investitionen in diesem Bereich begrenzt, da die Kfz-Hersteller, nachdem ihr Gewinn gesichert war, keine weiteren Investitionsanreize erhielten, was auf die Wirtschaftspolitik der sechziger und siebziger Jahre zurückzuführen ist.[325]

Der qualitative Aspekt des Straßennetzausbaus ist als Maßnahme zur Erhöhung der Transporteffektivität und Verkehrswertigkeit zu sehen, was eine Intensivierung des Verkehrs ermöglichte. Das weitere Wachstum und die dadurch vermehrten Verkehrsleistungen wurden jedoch auf konstanter Netzlänge erbracht, wodurch insbesondere Hauptstrecken stärker belastet wurden. Somit führte die Erhöhung der Effektivität der Verkehrsleistungen zu einer verstärkten Beanspruchung der Straßen. Die erhöhte Mobilität in Folge gestiegener Einkommen führte im Personenverkehr zu demselben Effekt, denn auch im Personenverkehr nahm die Straße die dominierende Stellung ein.

Die Grenzen der positiven Wirkung des Straßenverkehrs sind dort zu erkennen, wo die Qualität der Verkehrsleistungen gering ist:

1- Niedrige Qualität der Straßeninfrastruktur: Für weite Teile des Straßennetzes ist besonders in den siebziger Jahren eine Verschlechterung der Verkehrswertigkeit zu beobachten. Dies betraf insbesondere die stark befahrenen Hauptstrecken, obwohl nur 1/3 der türkischen Straßen für eine Achsenlast von 8t ausgelegt war, wurden zeitweise (z.B. zwischen 1963-

---

324 Vgl. ALPBEK, Mehmet Cem (1997): Interessengegensätze bei Entscheidungsprozessen am Beispiel der Verkehrspolitik in der Republik Türkei und deren sozio-ökonomische Auswirkungen - eine soziohistorische Analyse für den Zeitraum 1950-1989 -, Berlin, S. 58f.

325 Zum Beispiel durften vor 1975 die Kfz-Hersteller für Lkw und Omnibusse keine eigenen Motoren bauen, sondern die Motorenproduktion sollte ausschließlich durch staatliche Unternehmen erfolgen. Damit beabsichtigte der Staat eine Verminderung der Ressourcenverschwendung, die durch Forschungs- und Entwicklungskosten verschiedener Motoren entstehen würde. Aufgrund der finanziellen Schwierigkeiten des Staates konnten die Motorenfabriken jedoch erst Mitte der achtziger Jahre mit der Produktion beginnen, so daß in der Zwischenzeit weiterhin Motoren, vor allem für Lkw und Busse, importiert werden mußten.Vgl. ebd., S. 83-91.

1968) die maximalen Achsenlasten für Lkw per Gesetz auf 11t erhöht.[326] Auch schwierige Streckenführung und starke Auslastung führten zu extrem hohen Unfallquoten.

2- Niedrige Qualität der eingesetzten Verkehrsmittel: Die Analyse der Kfz-Industrie der Türkei läßt den Schluß zu, daß die Fertigungsmethoden auf einem veralteten technischen Entwicklungsstand basierten, wodurch die gesamtwirtschaftlichen Kosten des Straßenverkehrs sich erhöhten.

3- Schlechte Verkehrsleistungen aufgrund der Verkehrsunternehmen: Die ruinöse Konkurrenz führte im betrachteten Zeitraum teilweise zu einem sich verschlechternden Angebot an Verkehrsleistungen auf dem Binnenmarkt. Dies zeigte sich dadurch, daß die Fahrzeuge überladen fuhren und die Fahrer zu lange Lenkzeiten hatten, was wiederum zum Anstieg der Zahl der Verkehrsunfälle führte.

Die Verschlechterung der Straßenqualität und der Verkehrsleistungen führte zu erhöhtem Verschleiß bei Fahrzeugen, verringerte die Durchschnittsgeschwindigkeit, die Sicherheit, die Berechenbarkeit und die Bequemlichkeit. Zudem erhöhten sich die Kosten der Transporte, die vielfach im Staatshaushalt sozialisiert wurden. So konnte der durch den Straßenausbau erwünschte Effekt nicht erreicht werden.

Die räumliche Gestaltungskraft des Straßenverkehrs zeigt sich zwar in einer vermehrten Netzdichte, was zur ökonomischen Integration des gesamten Landes erheblich beigetragen hat. Die ländlichen Regionen der Türkei waren im Jahre 1980 weitgehend an das Gesamtnetz angeschlossen. Durch die verbesserte Erreichbarkeit nahm auch die Mobilität der Bevölkerung zu. Allerdings nahm die Qualität des Straßennetzes von Westen nach Osten hin ab. Die Raumordnungs- und Regionalpolitik, die in den fünfziger Jahren auf einer einseitigen Förderung der westlichen Ballungsräume beruhte, führte zu einer raschen, planlosen Verstädterung. Die erhöhte Verkehrswertigkeit der Straßen im Westen setzte einen Differenzierungsprozeß in Gang: Während einige Räume im westlichen Teil des Landes von diesen Verbesserungen profitierten, blieben die östlichen und ländlichen Räume des Landes davon unberührt. So begann ein Entleerungsprozeß im Osten und Südosten des Landes. So verstärkten sich die räumlichen Disparitäten in diesem Zeitraum. Dieser Entwicklungsprozeß ist heute noch aktuell, was in Kap. D noch genauer zu analysieren sein wird.

---

[326] Vgl. ALPBEK, Mehmet Cem (1997): Interessengegensätze bei Entscheidungsprozessen am Beispiel der Verkehrspolitik in der Republik Türkei und deren sozio-ökonomische Auswirkungen - eine sozio-historische Analyse für den Zeitraum 1950-1989 -, Berlin, S. 105.

C. 4. Zusammenfassung

Das Verkehrssystem war zwischen 1923 und 1950 eine abhängige Variable der etatistischen Wirtschaftspolitik.[327] In dieser Anfangsphase der türkischen Industrialisierung diente das Eisenbahnnetz überwiegend der Ressourcenerschließung und der gleichmäßigen Entwicklung des Landes. Mit dem Ausbau des Straßennetzes nach 1950 wurde das bestehende Verkehrssystem jedoch eine unabhängige Variable. Von ihm gingen Impulse für strukturelle und räumliche Differenzierungsprozesse der türkischen Wirtschaft aus.

Der Schwerpunkt der Verkehrspolitik verschob sich seit den fünfziger Jahren zugunsten des Straßenverkehrs. Diese Wendung war zunächst eine Folge der liberaleren Wirtschaftspolitik in den fünfziger Jahren, welche die Industrialisierung durch die Produktion von Konsumgütern und Landwirtschaftsgütern zum Ziel hatte.

In den drei Planungsperioden zwischen 1963 und 1979 blieb diese Tendenz weiter bestehen, da vor allem die Leichtindustrie gefördert werden sollte. Nach 1970 wurden im Industriesektor Änderungen in bezug auf die Produktion dauerhafter Konsumgüter und von Zwischen- und Investitionsgütern - wenn auch geringfügig - festgestellt. Für diese Produktion war der Straßentransport besonders geeignet, da die Qualität des Straßenverkehrs (Wertigkeit des Verkehrsmittels), z.B. die Schnelligkeit und der Haus-zu-Haus-Transport, die Bedürfnisse der Nachfrager (Güteraffinität) besser befriedigen konnte.

Im Vergleich zur Ausgangslage wurden im betrachteten Zeitraum anfänglich erhebliche Verbesserungen, insbesondere im Bereich des Straßenverkehrs in bezug auf Transportkosten und -zeiten, erzielt. Durch die verbesserte Erreichbarkeit bzw. die Verminderung der ökonomischen Entfernung konnten Unternehmen ihre Absatzräume vergrößern und ihre Güter und Produktionsfaktoren besser bzw. kostengünstiger transportieren. So konnte das Verkehrssystem einen Beitrag zur Minderung des Absatzrisikos für Privatunternehmen leisten, was auch neue Nettoinvestitionen ermöglichte.

Nach der Voigtschen Theorie können diese Entwicklungen im Idealfall erneut Nettoinvestitionen erzeugen und somit einen nachhaltigen Wachstumsprozeß initiieren. In der Türkei war dies im betrachteten Zeitraum jedoch durch die politische und wirtschaftliche Instabilität des Landes und durch externe Faktoren, wie z.B. der Erdölkrise, gebremst.

Ende der siebziger Jahre konnte der Ausbau des Verkehrssystems der sonstigen wirtschaftlichen Entwicklung des Landes nicht standhalten. Das türkische Verkehrssystem zeigte zahlreiche Mängel im Bereich der Infrastruktur und des Managements der Verkehrsbetriebe bzw. -institutionen. Zudem existierten auch regionale Unterschiede in der Qualität des Verkehrssystems, wie im vorangegangenen Kapitel gezeigt wurde.

Im folgenden sollen wirtschafts- und verkehrspolitische Faktoren dargestellt werden, die sich hemmend auf die wirtschaftliche Entwicklung des Landes auswirkten.

---

327 Vgl. GUMPEL, Werner (1973): Etatismus oder Sozialismus?, in: Probleme des Industrialismus in Ost und West, Hrsg. : GUMPEL, Werner / KEESE, Dietmar, München, Wien, S. 57.

Hemmende Faktoren in der Wirtschaftspolitik

Das in Kap. A. 2. dargestellte Konzept von VOIGT basiert auf einem marktwirtschaftlichen Prinzip. Die räumlichen Differenzierungsprozesse bedingen einzelwirtschaftliche Kalküle und die Möglichkeit der Ausnutzung von Wettbewerbsvorteilen in Preis- und Qualitätskonkurrenz durch gewinnorientierte Unternehmen. In der Phase der liberalen Wirtschaftspolitik (1950-1960) waren marktwirtschaftliche Rahmenbedingungen für die Entstehung von Differenzierungsprozessen, wie sie im Voigtschen Konzept vorgesehen sind, gegeben.

Die unternehmerische Initiative türkischer Betriebe war jedoch aufgrund der durchgeführten ISI-Politik zwischen 1960 und 1980 begrenzt. Da staatliche Entscheidungen im Rahmen der ISI-Politik dem einzelwirtschaftlichen Kalkül und der spontanen Ausbreitung von Entwicklungsimpulsen entgegenwirkten, stellten die durch Senkung der Transportkosten erzielten Gewinne keine großen Investitionsanreize für Unternehmen dar. Da sich die Produktion aufgrund staatlicher Restriktionen fast ausschließlich auf den Binnenmarkt konzentrierte und die Unternehmen nicht auf internationalen Märkten frei agieren konnten, waren die Absatzmöglichkeiten der Unternehmen begrenzt. In diesem Zusammenhang konnte sich der Induktionseffekt des Verkehrs nach dem Voigtschen Modell nicht entfalten, wie sich in der Kfz-Industrie gezeigt hat (Exkurs in Kap. C. 2. 3. 1.).

Die bevorzugte inländische Produktion von Zwischengütern und Industriegütern ab der zweiten Phase der Importsubstitution (1972) führte aufgrund des technologischen Rückstandes zu einer erhöhten Importabhängigkeit der türkischen Industrie. Diese Abhängigkeit führte zu einem hohen Verbrauch an Devisen. Durch den erhöhten Maschinenimport für die Produktion flossen die Gewinne der Industrie ins Ausland ab. Dadurch konnte der Kapital- bzw. Einkommenseffekt eher dort stattfinden als im Inland.

Ein wichtiger Faktor bei der Analyse des türkischen Verkehrswesens ist die Erreichbarkeit als Standortfaktor eines Industriebetriebes. Bei der Betrachtung von Standortfaktoren muß zwischen staatlichen und privatwirtschaftlichen Industriebetrieben unterschieden werden. Für letztere ist die Erreichbarkeit aufgrund der Transportkosten für Zulieferung und Absatzmärkte von entscheidender Bedeutung. Staatliche Industriebetriebe wurden jedoch auch in peripheren Regionen errichtet, mit dem Ziel, Arbeitsplätze und Wohlstand in diese Regionen zu bringen.

Bei der Standortwahl der staatlichen Unternehmen spielte die Beseitigung sektoraler und regionaler Defizite des Arbeitsangebotes eine entscheidende Rolle. Deshalb haben staatliche Unternehmen zum Teil mehr Beschäftigte als erforderlich eingestellt. Es war für die staatlichen Unternehmen schwierig, überhaupt gewinnbringend zu wirtschaften. Im staatlichen Bereich wurde jedoch in diesem Zeitraum der Induktionseffekt des Verkehrs beschränkt. Zudem wurde der von staatlichen Unternehmen erzielte Gewinn aufgrund des Zentralismus zum Teil in anderen Orten neu investiert, es fand also eine Verschiebung der räumlichen Effekte der Verkehrsinvestitionen (Kapazitätseffekt und Einkommenseffekt) statt.

Zusammenfassend muß betont werden, daß der Induktionseffekt des Verkehrs in den Planungsperioden fast ausschließlich von privatwirtschaftlichen Unternehmen - wenn auch durch Importsubstitutionspolitik eingeschränkt - ausgehen konnte.

Hemmende Faktoren in der Verkehrspolitik

Folgende drei Faktoren lassen sich ausmachen:

- Zum einen beeinflußten die Anteludialbindungen im Verkehrssektor, insbesondere im Eisenbahnverkehr, die Entwicklung des Verkehrssystems und somit die wirtschaftliche Entwicklung des Landes negativ. Die türkische Eisenbahn arbeitete aufgrund des veralteten technischen Niveaus bzw. der sehr niedrigen Transportqualität, die besonders auf der geringen Geschwindigkeit basierte, nicht gewinnbringend. Dies bedeutete enorme Kosten für die türkische Wirtschaft, die immer wieder aus dem Staatshaushalt sozialisiert wurden. Die Veralterung des Kapitalstocks insbesondere bei der Eisenbahn bremste die Wachstumsimpulse.

- Zum anderen lassen sich negative Impulse auch bei Engpässen des Verkehrssystems im Straßen- und Seeverkehr beobachten. Unter den Engpässen des Verkehrs kann man die steigende Nachfrage nach Verkehrsleistungen bei gleichzeitig geringer Ausweitung der Kapazität auffassen. Die Kapazitäten der Seehäfen - insbesondere Containerlagerplätze - konnten Ende der siebziger Jahre nicht mehr die Nachfrage befriedigen. Obwohl der Ausbau des Verkehrssystems - insbesondere im Straßenverkehr - anfangs positive Induktionswirkungen auf die türkische Wirtschaft hatte, sank ab 1970 die Qualität der Straßen - auch aufgrund des Transitverkehrs -, und der Transportbedarf konnte nicht mehr ausreichend befriedigt werden. Im Straßenverkehr entstanden Kapazitätsengpässe auf den meistbefahrenen Hauptstraßen. Demzufolge verschlechterte sich die Qualität des Verkehrssystems. Die Störungen der Verkehrsleistungen konnten aufgrund des Haushaltsdefizites nicht beseitigt werden. Dabei kam es zu einer Verringerung der Teilwertigkeiten Geschwindigkeit, Zuverlässigkeit, Bequemlichkeit und Sicherheit. Die steigenden Kosten der Instandhaltung der Straßen und ein erhöhtes Unfallrisiko verursachten volkswirtschaftliche Schäden. Die Engpässe konnten Liefer- und Produktionsverzögerungen verursachen, und die Störungen konnten sich auf den Kapazitätsauslastungsgrad der Unternehmen bzw. auf die Produktivität der Unternehmen auswirken. Somit ist der niedrige Kapazitätsauslastungsgrad der türkischen Industrie zwischen 1950 und 1980 zum Teil auch auf die niedrige Qualität des Verkehrssystems zurückzuführen. Im Jahre 1980 lagen die Kapazitätsauslastungsgrade sogar in den Schlüsselindustrien sehr niedrig, etwa in der Textil- und Bekleidungsindustrie bei ca. 58 % und in der Nahrungsmittelindustrie bei 55%.[328]

- Zum dritten hinderten auch die instabilen politischen Verhältnisse seit den fünfziger Jahren die Umsetzung der verkehrs- und regionalpolitischen Ziele der Fünfjahresentwicklungspläne. Ihren deutlichsten Ausdruck fand diese Situation in oft wechselnden Verkehrsministern (35 Minister in 30 Jahren). So konnte auch das Ziel, die regionalen Disparitäten abzubauen, nicht erreicht werden, wie in Kap. C. 2. dargestellt wurde. Die regionalen Disparitäten wurden durch die inkonsequent durchgeführte Raumordnungs- und Regionalpolitik, vor allem aber durch die einseitige Förderung westlicher Regionen, sogar weiter verschärft.

Dies läßt insgesamt die Schlußfolgerung zu, daß sowohl positive als auch negative Entwicklungsimpulse für die türkische Wirtschaft vom Verkehrswesen ausgegangen sind.

---

[328] Vgl. ÇELEBİ, Işın (1991): Exportorientiertes Wachstum und die Türkei (in türkischer Sprache), İstanbul, S. 167.

Diese Entwicklungen waren allerdings nicht gleichmäßig auf das Staatsgebiet verteilt, sondern wiesen typische Ballungen auf. Die Auswirkungen der Entwicklung des türkischen Verkehrssystems fanden in der räumlichen Differenzierung einen besonders deutlichen Ausdruck. So lassen sich große Ballungsräume wie İstanbul, Ankara und İzmir mit einem größeren Verkehrsangebot und Räume mit minderwertigen Verkehrsanbindungen beobachten, wie die Provinzen Muş, Kars, Şanlıurfa in Ost- und Südostanatolien. Diese Gebiete wurden bereits im Osmanischen Reich beim Eisenbahnbau ebenso vernachlässigt wie in der Zeit der Planungsperioden des Straßenausbaus.

Der verstärkte Ausbau des Straßennetzes hatte einen bedeutenden Einfluß auf die räumliche Entwicklung der Türkei. Im gesamten Staatsgebiet entstanden durch den Differenzierungsprozeß Entleerungsgebiete in Ost- und Südostanatolien und Wachstumsgebiete in Nordwest- und Westanatolien. Diese ungleiche Entwicklung brachte gesellschaftliche und wirtschaftliche Probleme mit sich, die sich nach 1980 noch verstärkt haben. Die gravierenden Probleme lassen sich erst mit Beginn der marktwirtschaftlichen Wirtschaftsordnung nach 1980 zeigen.

Die Untersuchung hat gezeigt, daß die positiven Auswirkungen der partiellen Verbesserung des türkischen Verkehrssystems nicht ausreichend waren, um einen sich selbst tragenden Entwicklungsprozeß in Gang zu setzen. Also konnten vom Verkehrssystem zwischen 1923 und 1980 auf die Gesamtwirtschaft nur unzureichende Impulse ausgehen. Dadurch konnte nur eine partielle Entwicklung in den Regionen im Westen stattfinden, und die regionalen Disparitäten zwischen dem Westen und Osten verschärften sich.

Im nächsten Kapitel sollen die Veränderungen in der Verkehrswirtschaft und deren Auswirkungen auf die räumliche Entwicklung der Türkei unter den veränderten Rahmenbedingungen der achtziger und neunziger Jahre untersucht werden.

D. Die Entwicklung des türkischen Verkehrssystems nach 1980: Verschärfung des Problems der regionalen Disparitäten

Mit der wirtschaftlichen Wende im Jahre 1980, hin zu Liberalisierung und Exportorientierung, traten große Veränderungen in allen Teilbereichen der türkischen Wirtschaft ein. Wie schon in Kap. B. 2. dargestellt, zog sich der Staat Schritt für Schritt zurück und ließ den marktwirtschaftlichen Kräften freien Lauf. In diesem Zusammenhang stellt sich die Frage, welche Veränderungen in der regionalen Entwicklung und in der Verkehrswirtschaft stattgefunden und ob und in welche Richtung sie sich gegenseitig beeinflußt haben. Dabei sind auch die veränderten Ziele der Raumordnungs- und Verkehrspolitik zu erörtern.

Anschließend wird die qualitative Entwicklung der Hauptverkehrsträger analysiert, um die Bedeutung des Verkehrssystems bei der räumlichen Entwicklung der Türkei aufzuzeigen und den politischen Handlungsbedarf für die Zukunft zu untersuchen. Dabei wird der Frage nachgegangen, inwiefern Verbesserungen des Verkehrssystems als Instrument zur Verminderung der regionalen Disparitäten gelten können.

D. 1. Verschärfung der regionalen Disparitäten

Für die folgende Analyse der regionalen Disparitäten sind einige Indikatoren nötig, die die regionalen Unterschiede in wichtigen sozio-ökonomischen Bereichen zeigen können. Von der Definition der regionalen Disparitäten ausgehend, sind die Bereiche, in denen die unterschiedlichen Lebensbedingungen gezeigt werden können, auszuwählen. Bei der Auswahl der Bereiche stellen sich einige Fragen:[329]

- Welche Faktoren sind bestimmend für wirtschaftliche Entwicklungsmöglichkeiten?

- Welches unterschiedliche Gewicht kommt dabei den drei Produktionsfaktoren Boden, Arbeit und Kapital als Impulsgeber für den Entwicklungsprozeß unter Berücksichtigung gegenseitiger Abhängigkeiten, zeitlicher Dimensionen, aber auch historischer Wurzeln zu?

Eine umfassende Erklärung räumlicher Disparitäten unter Berücksichtigung aller Einflußgrößen ist nicht möglich.[330] Die Auseinandersetzung mit regionalen Disparitäten erfordert eine Segmentierung der Fragestellung und die Auswahl adäquater Indikatoren.

Neben der Bevölkerungsentwicklung sind die Einkommens-, Beschäftigungs- und Infrastrukturdisparitäten gut dokumentiert und nicht zuletzt deshalb zentrale Themenbereiche der folgenden Abschnitte.

In diesem Zusammenhang werden einige Indikatoren unter drei Kategorien zusammengefaßt, um die regionalen Disparitäten in der Türkei nach 1980 darzustellen. So können die

---

329 Vgl. VORAUER, Karin (1997): Europäische Regionalpolitik - Regionale Disparitäten: Theoretische Fundierung, empirische Befunde und politische Entwürfe, Passau, S. 25.

330 Vgl. ebd., S. 26.

Entwicklungsniveaus der Teilräume des Landes ermittelt werden, um regionale Problemlagen zu erkennen und zu beurteilen. Erst dann können die Wirkungen politischen Handelns auf die Raumentwicklung festgestellt werden.

Die drei Kategorien sind

1- regionale Bevölkerungsentwicklung,

2- regionale Wirtschaftsstruktur,

3- regionale Infrastruktur.

Dabei geht es um die Attraktivität einer Region, die von ihrem Entwicklungspotential (z.B. regionaler Siedlungsstruktur, regionalem Arbeitskräftepotential sowie sozio-ökonomischer und technischer Infrastruktur) bestimmt wird. Eine Verbesserung des Verkehrssystems, wie etwa Erreichbarkeit, erhöht die Lagegunst, verbessert die Standort- und Siedlungsattraktivität und bewirkt positive Investitions- und Einkommenseffekte sowie eine Stabilisierung der Arbeitsmärkte.[331] Aufgrund dieser starken Interdependenzen werden im folgenden die obigen Kategorien der räumlichen Entwicklung untersucht, und insbesondere diese wechselseitige Beziehungen zwischen der regionalen Entwicklung und des Verkehrssystems verdeutlicht.

D. 1. 1. Regionale Bevölkerungsentwicklung

Das Bevölkerungspotential und dessen räumliche Verteilung sind wesentliche Einflußfaktoren bei der Verkehrsplanung (z.B., Verkehrsmittelauswahl, Verkehrsnetzdichte) und bei der Entstehung der regionalen Disparitäten. Deshalb sind hier die Veränderungen des Bevölkerungswachstums, der Bevölkerungsmobilität (Migrationssrate), der Richtung der Verstädterung, der Bevölkerungskonzentration (Bevölkerungsdichte) sowie der Siedlungsstruktur von Bedeutung. Diese Bereiche der Bevölkerungsentwicklung hängen zum Teil zusammen und bestimmen den Rahmen der folgenden Untersuchung.

Mit einer zwischen 1980 und 1997 durchschnittlichen jährlichen Bevölkerungswachstumsrate von 2,02% liegt die Türkei im europäischen Vergleich extrem hoch, obwohl sich diese Wachstumsrate im Vergleich zum jährlichen Durchschnitt zwischen 1950 und 1980 (2,61%) etwas verringert hat.[332] Die Bevölkerungszahl stieg von ca. 45 Mio. im Jahre 1980 auf ca. 63 Mio. E im Jahre 1997 an, was einem Bevölkerungszuwachs von 140% entspricht. SIS schätzt die Einwohnerzahl im Jahre 2000 auf 70 Mio.[333]

---

[331] Vgl. ABERLE, Gerd (1983): Verkehrsinfrastrukturpolitik und räumliche Entwicklung - Zur Integration von regionaler Entwicklungsplanung und Verkehrsplanung, in: Determinanten der räumlichen Entwicklung, Hrsg.: MÜLLER, Heinz J., Berlin, S. 12.

[332] Im Jahre 1996 lag die jährliche Bevölkerungswachstumsrate in der Türkei bei 1,7% und in EU (15 Länder) bei 0,3%. Vgl. EUROPEAN COMMUNITIES (1998): EU Transport in Figures Statistical Pocketbook, Luxemburg, S. 94, und SIS (1999), Population growth, Online Ausgabe (www.die.gov.tr), o. S.

[333] Vgl. SIS (1999): Population, Online-Ausgabe (www.die.gov.tr), o. S.

In Tab. 24 sind die Veränderungen der Bevölkerungszahl und Bevölkerungsverteilung im städtischen und ländlichen Raum dargestellt.[334] Die Wachstumsrate der Stadtbevölkerung ist nach wie vor höher als die Wachstumsrate der Gesamtbevölkerung. Diese beruht weniger auf dem natürlichen Wachstum, sondern vielmehr auf der starken anhaltenden Zuwanderung. Gleichzeitig nahm die Zuwachsrate der ländlichen Bevölkerung seit 1980 ab. Nach den Prognosen von SIS wird die Stadtbevölkerung, die im Jahre 1997 65% der Gesamtevölkerung ausmachte, im Jahre 2005 einen Anteil von 80% haben.[335]

Tab. 24: Bevölkerungsentwicklung in der Türkei zwischen 1975 und 1997

Jahr	Gesamte Bevölkerung		Städtische Bevölkerung			Ländliche Bevölkerung	
	Anzahl der Bevölkerung (in Mio.)	Jährliche Wachstums-rate	Anzahl der Bevölkerung (in Mio.)	Jährliche Wachstums-rate	Anteil an der gesamten Bevölkerung	Anzahl der Bevölkerung (in Mio.)	Jährliche Wachstums-rate
1975	40,3	k.A.	16,8	k.A.	41%	23,5	k.A.
1980	44,7	2,06%	19,6	3,04%	44%	25,1	1,33%
1985	50,6	2,48%	26,8	6,26%	53%	23,7	-1,06%
1990	56,5	2,17%	33,3	4,31%	59%	23,2	-0,56%
1997	62,8	1,51%	40,8	2,82%	65%	21,9	-0,66%

Quelle: SIS (1998): Statistical Yearbook of Turkey 1997, Ankara, S. 68 und 71, und o.V. (1998): Sozioökonomische Indikatoren der Türkei (in türkischer Sprache), in: Ekonomist Yıllığı Türkiye 1999, 27. Dezember 1998, S. 174.

Das Bevölkerungswachstum vollzieht sich nicht in allen Teilräumen einheitlich. Erhebliche Unterschiede bestehen zwischen den Provinzen. Neben den regional unterschiedlichen Sterbe- und Geburtenziffern sind die Ab- und Zuwanderungen die Hauptdeterminanten unterschiedlicher Zuwachsraten. In Tab. 25 wird das Bevölkerungswachstum in den Regionen dargestellt. Detaillierte Informationen über die Entwicklung in den einzelnen Provinzen sind der Tab. D1-1 im Anh. zu entnehmen.

---

[334] Bei den Angaben des Staatlichen Statistischen Amtes (SIS) sind die 80 Provinzen (İl) und die dazu gehörenden Distrikte (İlçe) als "Stadt" und alle anderen kleineren Siedlungen als "Land" definiert. Andere Institutionen wie die Staatliche Planungsorganisation (SPO) sehen die Grenze zwischen "Stadt" und "Land" bei 20.000 Einwohnern. Deshalb treten zum Teil unterschiedliche statistische Daten in verschiedenen Untersuchungen auf. In dieser Arbeit wurde die Definition von SIS zugrunde gelegt. Vgl. SIS (1999): Population, Online-Ausgabe (www.die.gov.tr), o. S.

[335] Vgl. CINGI, Aydın (1997): Arbeitsemigration in der Türkei, in: Migration und sozioökonomische Transformation in Südosteuropa, Hrsg.: HELLER, Wilfried, Südosteuropa-Studien, Bd. 59, München, S. 86.

Tab. 25: Die jährliche durchschnittliche Bevölkerungswachstums- sowie Sterbe- und Geburtenrate in den Regionen der Türkei zwischen 1990 und 1997

Regionen	Bevölkerungswachstum srate 1990 - 1997 in %	Sterberate im Jahre 1990 in %	Geburtenrate* im Jahre 1990 in %
Marmara	2,27	0,67	2,34
Ägäis	1,50		
Mittelanatolien	0,92	0,75	2,59
Schwarzes Meer	-0,52	0,88	2,86
Mittelmeer	1,92	0,72	2,53
Ostanatolien	0,69	0,95	3,71
Südostanatolien	2,41		
TÜRKEI	1,50	0,77	2,76

* SIS unterscheidet die Regionen nach der Bevölkerungsentwicklung und rechnet die Daten für die Regionen Ost- und Südostanatolien sowie für die Regionen Marmara und Ägäis zusammen.

Quelle: SIS (1998): Population, Online-Ausgabe (www.die.gov.tr), o. S.

Die hohe Geburtenrate und die im Vergleich dazu niedrig erscheinende Bevölkerungsachstumsrate in Südost- und Ostanatolien deuten darauf hin, daß hier eine enorme Sterberate vorhanden sein müßte oder extreme Abwanderungsströme zu verzeichnen sind. Da in Ost- und Südostanatolien aber die Geburtenrate deutlich stärker als die Sterberate stieg, kann davon ausgegangen werden, daß ein erheblicher Teil der Bevölkerung abgewandert ist. Zum Beispiel lag im Landesdurchschnitt die Zahl der Kinder pro Familie im Jahre 1997 in der Türkei bei 3,14 und in Südostanatolien bei 4,21. Betrachtet man die einzelnen Provinzen nach der Zahl der Kinder pro Familie, wird der höchste Wert mit 4,79 in Mus erreicht. Am wenigsten Kinder pro Familie gibt es in İzmir mit durchschnittlich 2,15 Kindern.[336]

Um die räumlichen Unterschiede und Zusammenhänge besser darstellen zu können, werden sie an Hand von Karten mit Indizes verdeutlicht. Die kartographische Darstellung des Indikators "Bevölkerungswachstum" zeigt mit Indexwerten die Abweichung der einzelnen Provinzen vom jährlichen Landesdurchschnitt der Bevölkerungswachstumsrate zwischen den Jahren 1990 und 1997 (s. Abb. 18).

[336] Vgl. SÖNMEZ, Mustafa (1998): Regionale Disparitäten - Ost-West-Kluft in der Türkei (in türkischer Sprache), İstanbul, S. 15f.

Abb. 18: Index der Bevölkerungswachstumsrate in den türkischen Provinzen (1990-1997)

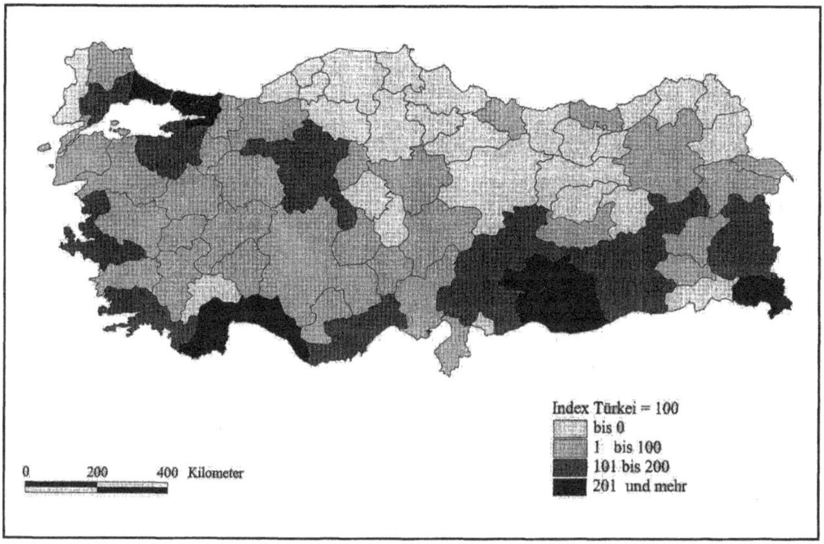

Quelle: Eigene Bearbeitung, Karte ArcView 3.1, Daten aus SIS (1999): Population, Online-Ausgabe (www.die.gov.tr), o.S.

Die Abweichungen des Bevölkerungswachstums, die über dem Landesdurchschnitt (Index = 100) liegen, basieren in den Kerngebieten im Westen (İstanbul, İzmir, Bursa, İzmit und Tekirdağ), in Mittelanatolien (Ankara) und im Süden (Adana, İçel, Muğla und Antalya) auf den Zuwanderungsströmen. Die über dem Landesdurchschnitt liegende Abweichung in den südöstlichen Provinzen der Türkei basiert auf einem massiven gleichmäßigen natürlichen Bevölkerungswachstum. Adıyaman, Şanlıurfa und Hakkari weisen ein extrem hohes natürliches Wachstum auf, was sich auf die Werte auswirkt. Antalya hat seit dem Ausbau des Tourismus an der Türkischen Riviera in den achtziger Jahren ebenfalls eine Zuwanderung zu verzeichnen. Die Provinzen in Ostanatolien, Mittelanatolien und an der Schwarzmeerküste sind durch unterdurchschnittliche Werte gekennzeichnet, die auf extrem hohen Abwanderungsaten, die das natürliche Bevölkerungswachstum übertreffen, basieren (vgl. dazu Abb. 18 und Abb. 19).

Abb. 19: Index der Nettomigrationsrate in den türkischen Provinzen (1985-1990)

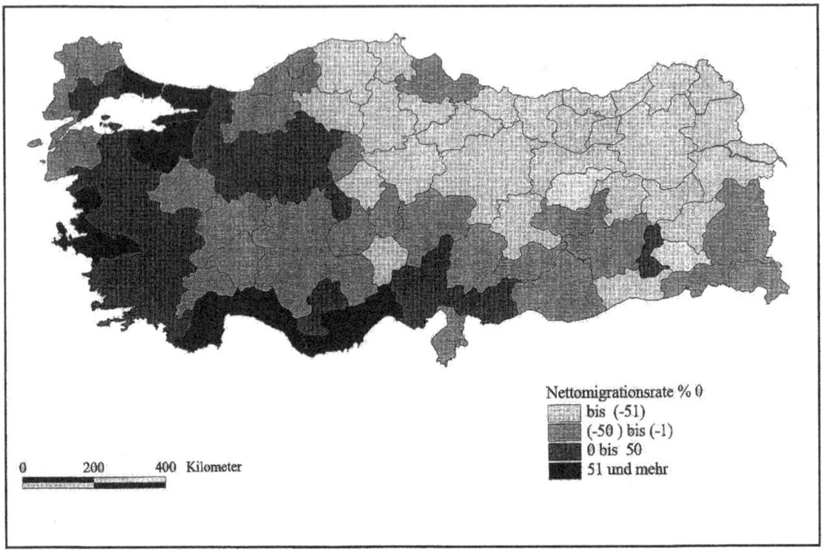

Quelle: Eigene Bearbeitung, Karte ArcView 3.1, Daten aus SIS (1998): Statistical Yearbook of Turkey 1997, S. 97f. und SIS (1999): Population, Online-Ausgabe (www.die.gov.tr), Ankara, o. S.

In Tab. 26, die die Bevölkerungsentwicklung der zehn größten Städte der Türkei zeigt, sind das überdurchschnittliche Wachstum der Ballungsräume und die dortige hohe Nettowanderung deutlich zu erkennen. Die östlichen Provinzen, Diyarbakır und insbesondere Şanlıurfa, weisen trotz einer negativen Nettowanderung eine hohe Bevölkerungswachstumsrate auf (Abb. 18 und 19), die auf einer hohen Geburtenziffer basiert (s. Tab. 25). Die Provinz Zonguldak entwickelte sich von einem Zuwanderungsgebiet zu einem Abwanderungsraum, was mit der wirtschaftlichen Struktur der Provinz zusammenhängt, wie in Kap. D. 1. 2. näher erörtert wird. Da keine Daten über die Nettowanderungsrate zwischen 1980 und 1997 veröffentlicht wurden, werden hier hilfsweise die Nettowanderungen nach den Daten zwischen 1980 und 1985 sowie zwischen 1985 und 1990 dargestellt.

Tab. 26: Die zehn Großstädte der Türkei nach Einwohnerzahl (1997) und ihre Bevölkerungswachstums- und Nettowanderungsrate

Großstädte	**Einwohnerzahl in Mio. Personen**		**Jährliches Bevölkrungswachstum in %**	**Nettowanderungsrate in %**	
	1980	**1997**	**1980-1997**	**1980-1985**	**1985-1990**
1. İstanbul	4,7	9,2	4,02	5,6	10,8
2. Ankara	2,8	3,6	1,48	1,2	2,5
3. İzmir	1,9	3,1	2,90	3,9	6,4
4. Bursa	1,1	1,9	3,20	4,0	6,2
5. Konya	1,5	1,9 (2,1)*	1,90	-0,7	-1,7
6. Adana	1,5	1,7 (2,1)*	1,90	1,6	1,6
7. Antalya	0,7	1,5	4,60	3,2	9,0
8. İçel/ Mersin	0,8	1,5	3,70	5,4	6,8
9. Şanlıurfa	0,6	1,3	4,70	-2,2	-3,0
10.Diyarbakır	0,9	1,3	2,21	-1,6	-3,5

* Nach 1990 wurden die Distrikte Osmaniye von Adana und Karaman von Konya getrennt und als Provinz neu definiert. Um den Vergleich zu ermöglichen, wurden hier die Zuwachsraten mit den Zahlen in Klammern gerechnet, also mit der Bevölkerung der Städte Osmaniye und Karaman.

Quelle: Eigene Darstellung, Daten aus SIS (1998): Statistical Yearbook of Turkey 1997, Ankara, S. 37ff., und SIS (1999): Population, Online-Ausgabe (www.die.gov.tr), Ankara, o. S.

Der wesentliche Bestimmungsfaktor der Netzdichte des Verkehrssystems, die Bevölkerungsdichte, zeigt eine verstärkte Konzentration in den Ballungsräumen. Darüber hinaus ist eine Erhöhung der Bevölkerungsdichte in den Nachbarprovinzen der Großstädte zu erkennen. Die Dichtewerte (Landesdurchschnitt 56 E/qkm im Jahre 1980 und 81 E/qkm im Jahre 1997) werfen einige Probleme bei der Interpretation der funktionalen Raumnutzungsintensität auf. Die Aussagekraft der Dichtezahl wird um so größer, je umfassender die Räume hinsichtlich des Verstädterungsprozesses, der Siedlungs- und Wirtschaftsstruktur untersucht und historisch verglichen werden.[337]

---

[337] Vgl. BAUSTEDT, Otto (1975): Grundriß der empirischen Regionalforschung, Taschenbücher zur Raumplanung, Bd. 5, Hannover, S. 98ff.

Tab. 27: Bevölkerungsdichte (1980 und 1997) und Verstädterungsgrad (1985 und 1997) in den türkischen Regionen.

Regionen (ausgewählte Provinzen)	**Bevölkerungsdichte Einwohner/qkm**		**Verstädterungsgrad in %**	
	1980	**1997**	**1985**	**1997**
Marmara (İstanbul)	149 (828)	223 (1610)	54 (95)	78 (92)
Ägäis (İzmir)	64 (115)	93 (260)	46 (78)	65 (82)
Mittelanatolien (Ankara)	41 (90)	57(144)	50 (86)	70 (89)
Schwarzes Meer (Zonguldak)	63 (106)	67 (103)	34 (37)	48 (39)
Mittelmeer (Antalya)	62 (34)	90 (73)	51(47)	61 (57)
Ostanatolien (Bingöl)	31 (26)	39 (28)	37 (28)	54 (54)
Südostanatolien (Gaziantep)	51 (98)	81(162)	47 (67)	64 (77)
TÜRKEI	56	81	56	65

Quelle: Eigene Darstellung nach Daten von SIS (1993): Statistical Yearbook of Turkey 1992, Ankara, S. 54ff., und SIS (1998): Population, Online-Ausgabe (www.die.gov.tr), o.S.

Aus Tab. 27 und Abb. 20 geht hervor, daß die Regionen im Westen weiterhin eine höhere Bevölkerungsdichte als die östlichen aufweisen. In İstanbul, Ankara, Adana und İzmir und in deren Hinterland ist die Verdichtung aufgrund der städtischen Agglomerationen sehr hoch. Dagegen liegen die Dichtewerte in den östlichen Provinzen, außer Gaziantep, Adıyaman, Diyarbakır und Batman, unter dem Durchschnitt. Gaziantep weist seit 1960 eine privatwirtschaftliche industrielle Entwicklung auf, wobei in Batman die staatliche Erdölraffinerie eine wichtige Rolle spielt. In weiten Teilen der östlichen Regionen verhindern die Rückständigkeit der Agrarwirtschaft und Defizite der Produktions- und Vermarktungsmöglichkeiten Agglomerationen sowie die Konzentration von Einwohnern in bestimmten Zentren.

Abb. 20: Index der Bevölkerungsdichte in den türkischen Provinzen im Jahre 1997

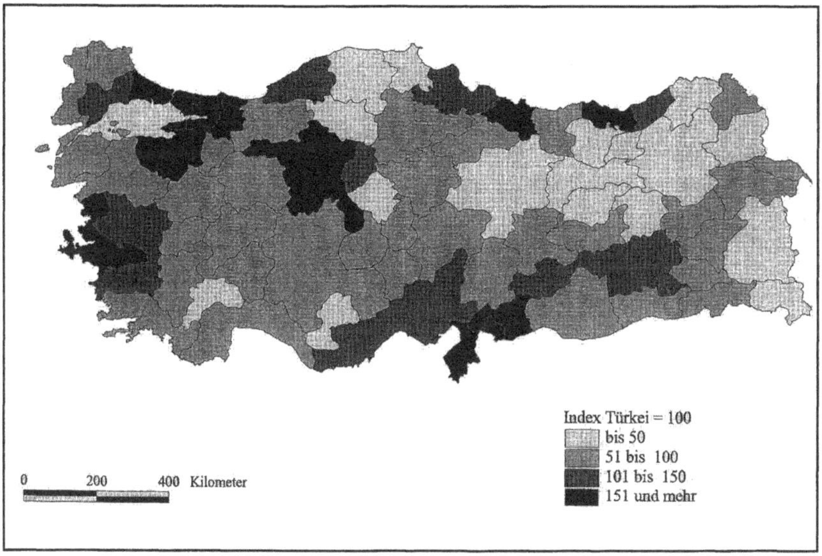

Quelle: Eigene Bearbeitung, Karte ArcView 3.1, Daten aus SIS (1999): Population, Online-Ausgabe (www.die.gov.tr), Ankara, o.S., und SPO (1999): Various indicators related to provinces and regions, Online-Ausgabe (www.dpt.gov.tr), o.S.

Die Bevölkerungsentwicklung in der Türkei ist seit 1950 durch einen anhaltenden Verstädterungsprozeß gekennzeichnet.[338] Auch die Vergleichszahlen zwischen 1985 und 1997 lassen ein großstädtisches Wachstum erkennen. Abb. 21 (und Tab. D1-4 im Anh.) zeigt deutlich den überdurchschnittlichen Verstädterungsgrad in den Provinzen İstanbul, Ankara, İzmir, Kayseri, Adana, Osmaniye und Gaziantep, die, wie in Abb. 20 bereits demonstriert, erhebliche Zuwanderungsströme verzeichnen. Dieser Urbanisierungsprozeß führt zu starken Differenzierungen der räumlichen Strukturen, d.h. zu ländlichen Entleerungsgebieten einerseits und starken Konzentrationen von Bevölkerung und wirtschaftlichen Aktivitäten in den Städten anderseits (s. Abb. 21).

---

[338] Dazu werden Siedlungen ab 2000 Einwohnern gezählt. Diese Definition ist die Grundlage der Berechnungen von Verstädterungsgraden. SIS (1998): Population, Online-Ausgabe, (www.die.gov.tr), o.S.

Abb. 21: Index des Verstädterungsgrades in den türkischen Provinzen im Jahre 1997

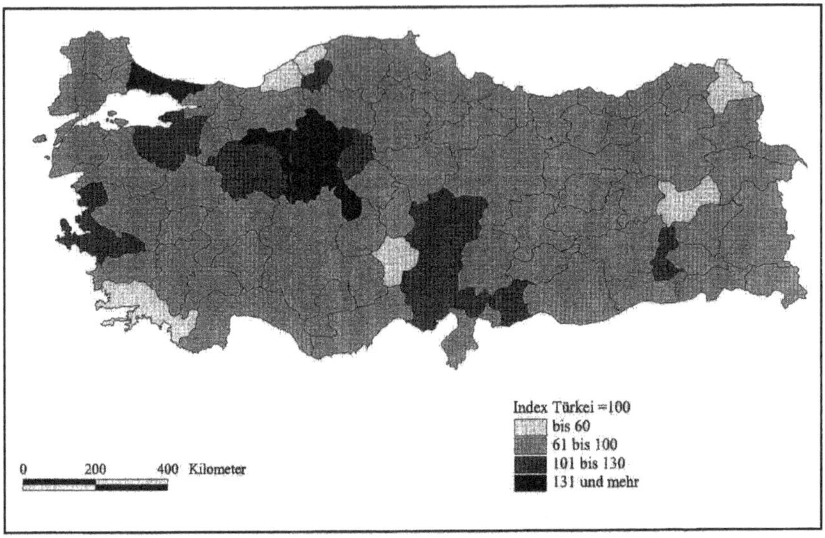

Quelle: Eigene Bearbeitung, Karte ArcView 3.1, Daten aus SIS (1999): Population, Online-Ausgabe (www.die.gov.tr), o.S., und SPO (1999): Various indicators related to provinces and regions, Online-Ausgabe (www.dpt.gov.tr), o.S.

Die Provinzen, die im Jahre 1985 einen über dem Landesdurchschnitt liegenden Verstädterungsgrad (Index 100) aufwiesen, behielten diesen Status auch bis zum Jahre 1997 bei. Allerdings hatten diese Provinzen in den letzten Jahren eine allgemeine Abnahme in ihren relativen Verstädterungsgraden zu verzeichnen (s. Tab. D1-4 im Anh.). Die Ursache liegt wohl darin, daß aufgrund einer Bevölkerungswanderung aus den Kernstädten ins städtische Umland und der Landflucht die Mittel- und Kleinstädte im Umland eine Bevölkerungszunahme zu verzeichnen haben. Durch diese Suburbanisierung haben die Provinzen des Agglomerationsraumes İstanbul und İzmit/Kocaeli eine Abnahme in ihren Verstädterungsraten zu verzeichnen, die eine Zunahme in den Nachbarprovinzen Yalova, Bursa, Tekirdağ verursachte. Diese Tatsache ist ein Beispiel für die Umschaltung vom intensiven auf das extensive Wachstum im Agglomerationsprozeß. Agglomerationsvorteile werden teilweise zu Agglomerationsnachteilen (Versorgungsengpässe, Flächenknappheit, Ansteigen der Bodenpreise usw.). Die dadurch verursachte Suburbanisation wirkte als Ausstrahlungseffekt in die nahe Umgebung des Raumes İstanbul.

Die Entwicklung der Siedlungsstruktur zwischen 1980 und 1990 ist aus der folgenden Tabelle zu entnehmen. Demnach hat sich die siedlungsstrukturelle Konzentration bzw. Dispersion der Bevölkerung in diesem Zeitraum vergrößert.

Tab. 28: Entwicklung der Siedlungsstruktur in der Türkei zwischen 1980 und 1990

Siedlungsgrößen nach Einwohnerzahl	1980		1990	
	Zahl der Siedlungen	Bevölkerungsanteil in %	Zahl der Siedlungen	Bevölkerungsanteil in %
bis 500	20.365	12,9	21.830	10
501-2.000	14.313	27,9	12.290	19,7
2.001-5.000	1.448	9,3	1.817	9,2
5.001-10.000	288	4,5	389	4,7
10.001-25.000	206	6,9	257	6,8
25.001-100.000	128	13,8	155	12,8
100.001- 500.000	41	18,8	66	27,5
500.001 und über	4	5,9	7	9,3
Gesamt	36.793	100	36.811	100

Quelle: SIS (1998): Statistical Yearbook of Turkey 1997, Ankara, S. 68.

Die Analyse der räumlichen Verteilung von Siedlungen und die bisherige Darstellung der Indikatoren ergibt zum einen große Ansammlungen und Konzentrationen (36% der Bevölkerung leben in Städten mit über 100.000 E), zum anderen eine weiträumige Streuung von Einzelsiedlungen, in der ca. 30% der Bevölkerung wohnen.

Anhand der bisherigen Darstellungen kann man zu dem Ergebnis gelangen, daß das derzeitige Siedlungsgefüge der Türkei unregelmäßige Erscheinungsformen aufweist: Einerseits sind an wenigen Orten wirtschaftliche Wachstumsgebiete feststellbar, mit einer zunehmenden Konzentration von Bevölkerung und Produktionsstätten, andererseits bilden sich wirtschaftliche Stagnationsgebiete heraus, die auf einen Mangel an Arbeitsplätzen im sekundären und tertiären Sektor und einen unzureichenden Ausbau der Infrastruktur hindeuten. Auf diese Punkte soll in Kap. D. 1. 3. eingegangen werden.

Fazit

Faßt man die Indikatoren "Bevölkerungswachstum", "Migration", "Bevölkerungsdichte" und "Verstädterung" zusammen, können für die räumliche Bevölkerungsentwicklung der Türkei folgende Punkte festgehalten werden:

Zum einen gibt es den traditionellen Ballungsraum İstanbul mit den Nachbarstädten Kocaeli (İzmit), Bursa und Adapazarı. Diese Gebiete sind auch nach 1980 Zuwanderungsgebiete geblieben und durch eine hohe Bevölkerungsdichte gekennzeichnet. Der überdurchschnittliche Verstädterungsgrad ist aufgrund der Suburbanisierung und des hohen Bevölkerungswachstums im ländlichen Umland etwas zurückgegangen. Für die Ballungsräume Ankara in Mittelanatolien, İzmir im Südwesten und die südöstliche Hafenstadt Adana ist ähnliches zu beobachten. Ebenso sind die traditionellen Abwanderungsgebiete Ostanatolien, Südostanatolien sowie die östliche Schwarzmeerküste trotz eines hohen natürlichen Bevölkerungswachstums weiterhin durch eine unterdurchschnittliche Nettomigration gekennzeichnet. Sogar eine Verstärkung der Abwanderungen im Untersuchungszeitraum ist zu beobachten.

Zum anderen entwickelten sich im Westen nach 1980 aufgrund der Suburbanisierung im Großraum İstanbul neue Zuwanderungsräume wie Yalova und Tekirdağ. Im Raum İzmir ist ähnliches in Manisa und Aydın zu beobachten. Antalya im Süden ist aufgrund der Tourismusentwicklung ebenfalls ein jüngeres Zuwanderungsgebiet. Gaziantep und Batman sind Ausnahmen im Abwanderungsraum Südostanatolien. Sie weisen seit den achtziger Jahren auch eine hohe Zuwanderung auf, deren Ursachen im regionalen Entwicklungsprojekt für Südostanatolien (GAP-Projekt)[339] liegen, was in Kap. D. 1. 2. analysiert wird.

Die regionalen Unterschiede der Bevölkerungsentwicklung zeigen einerseits die Konzentration im Westen, anderseits die Entleerungsräume im Osten. Diese Entwicklung hängt zum Teil vom bestehenden Verkehrssystem ab, denn die Bevölkerungsentwicklung determiniert einerseits die Verkehrsaffinität (Nachfrage nach Verkehrsleistungen), und anderseits wird sie auch von der Verkehrswertigkeit (Qualität des bestehenden Verkehrssystems) beeinflußt. Die Bevölkerung siedelte sich entlang bedeutender Verkehrslinien (Autobahn, Schnellstraße und Eisenbahn) an. Diese Entwicklung führte dazu, daß die Bevölkerung sich über diese Achsen hinaus dehnte. Die Impulse, die von den Achsen ausgingen, ließen die Ballungsräume bis in die Nachbarprovinzen hinein wachsen. Die dargestellten Ab- und Zuwanderungsräume deuten bereits hin, welche Regionen vom Verkehr benachteiligt und begünstigt worden sind, wie noch im Kap. D. 3. zu zeigen ist. Die Richtung und das Ausmaß der Bevölkerungsentwicklung lassen Defizite im Verkehrsangebot bestimmen: Zum einen sind die Engpässe in den Ballungsräumen durch Überlastung des Verkehrssystems und zum anderen in den dünnbesiedelten ländlichen Räumen des Landes durch fehlende Infrastruktur zu erkennen.

Ferner ist die dargestellte Bevölkerungsentwicklung für die künftige Verkehrsplanung von großer Bedeutung, denn die extremen Wanderungsbewegungen verlangen nach einer dynamischen Verkehrsplanung, die mögliche Engpässe voraussieht und entsprechend agiert. Im Verkehrssektor wurde in der Türkei bisher weitgehend adaptiv geplant, ohne daß die raumdifferenzierende Eigendynamik des Verkehrs beachtet wurde (s. Kap. D. 3.).

Für die Erklärung dieser Disparitäten der Bevölkerungsentwicklung werden im folgenden Kapitel die regionalen Wirtschaftsstrukturen der Türkei dargestellt.

---

339 Das GAP-Projekt wurde vom türkischen Staat für die Region Südostanatolien geplant und seit Anfang der achtziger Jahre durchgeführt. Für eine detaillierte Ausführung über das GAP-Projekt s. Kap. D. 2. 1.

D. 1. 2. Regionale Wirtschaftsstruktur

Der wirtschaftliche Entwicklungsstand einer Region kann durch ihren Beitrag zum Bruttoinlandsprodukt (BIP) gemessen werden. Tab. 29 zeigt den Beitrag der türkischen Regionen zum BIP. Die Zahlen der Tabelle weisen jedoch lediglich Mittelwerte auf. Hinter diesen Mittelwerten verbergen sich einige extreme Differenzen zwischen den einzelnen Provinzen, z.B. trugen die Regionen Marmara und Ägäis zusammen einen Anteil von 54,6% zum BIP bei. In den beiden Regionen erwirtschafteten im Jahre 1997 İstanbul 21,8%, İzmir 8,0% und Ankara 7,5% des BIP.[340]

Tab. 29: Die regionalen Beiträge zum BIP in der Türkei und die jährliche durchschnittliche Wachstumsrate des BIP zwischen 1983 und 1997

Regionen	Die regionalen Beiträge zum BIP in %		BIP je Einwohner in 1.000 TL zu den konstanten Preisen von 1987		Jährliche durchschnl. Wachstumsrate des BIP (in %)
	1983	1997	1983	1997	1983-1997
Marmara	37,1	37,4	2.038	2.618	5,2
Ägäis	16,5	17,1	1.476	2.172	5,0
Schwarzes Meer	11,2	9,3	827	1.271	3,3
Mittelmeer	11,4	11,9	1.138	1.657	5,4
Mittelanatolien	15,4	15,7	1.003	1.616	4,9
Ostanatolien	4,5	3,4	517	683	2,5
Südostanatolien	3,9	5,2	565	952	7,2
TÜRKEI	100	100	1.190	1.767	4,9

Quelle: SPO (1999): Gross Domestic Product, Online Ausgabe (www.dpt.gov.tr), o.S.

Aufgrund des staatlichen Entwicklungsprojekts GAP stieg die Wachstumsrate der Region Südostanatolien am stärksten, während die Schwarzmeer-Region und die Region Ostanatolien zwischen 1983 und 1997 eine unterdurchschnittliche Wachstumsrate verzeichneten.

Die Güternachfrage und die daraus resultierende Nachfrage nach Verkehrsleistungen hängen von den Einkommen der Nachfrager ab; deshalb ist es wichtig, die regionalen Einkommensunterschiede darzustellen. Die wirtschaftlichen Unterschiede zwischen den einzelnen Provinzen der Türkei veranschaulicht Abb. 22 anhand des Indikators "BIP je Einwohner".

---

340 Vgl. SPO (1999): Various indicators related to provinces and regions, Online-Ausgabe (www.dpt.gov.tr), o.S.

Abb. 22: Index des BIP je Einwohner (Pro-Kopf-Einkommen) in den türkischen Provinzen 1996

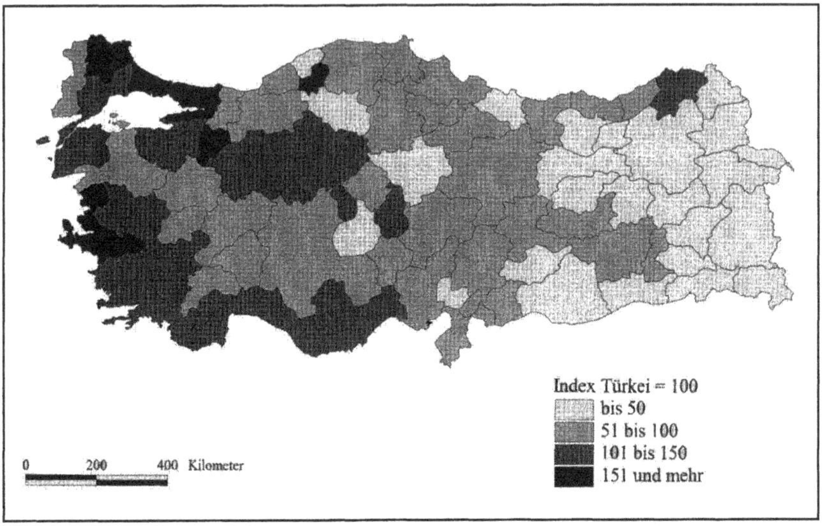

Quelle: Eigene Bearbeitung, Karte ArcView 3.1, Daten aus SPO (1999): Various indicators related to provinces and regions, Online-Ausgabe (www.dpt.gov.tr), o.S.

Aus Abb. 22 (s. auch Tab. D1-5 im Anh.) geht hervor, daß die durchschnittlichen Pro-Kopf-Einkommen im Westen und Osten der Türkei stark voneinander abweichen. Allerdings sind auch weitere Unterschiede des Einkommens, die durch die soziale Schichtung in den einzelnen Provinzen begründet sind, zu berücksichtigen.[341]

Ein überdurchschnittliches Pro-Kopf-Einkommen zeigt sich in den traditionellen Ballungsräumen der Türkei, wobei im Vergleich zu den siebziger und achtziger Jahren einige Provinzen wie Kırklareli, Çanakkale, Tekirdağ und Bilecik in der Region Marmara, Antalya in der Region Mittelmeer und das Hinterland İzmirs in der Region Ägäis ein höheres Einkommensniveau erreicht haben. Das überdurchschnittliche BIP pro Einwohner in Artvin in Nordostanatolien ist auf die Lage der Provinz an der Grenze zu Georgien zurückzuführen. Im Osten des Landes ist dies die einzige Grenze, die seit dem Zusammenbruch der Sowjetunion ganzjährig offen ist und wo ein grenzüberschreitender Handel legal möglich ist. Karabük weist nach der Trennung von Zonguldak durch die Verwaltungsreform von 1996 als einzige Provinz in der westlichen Schwarzmeer-Region ein hohes Pro-Kopf-Einkommen auf, wobei dies auf die hohe Zahl der dort ansässigen staatlichen Betriebe zurückzuführen ist.

Das Pro-Kopf-Einkommen spielt bei der künftigen Verkehrsplanung eine wichtige Rolle. Bei der Planung einer neuen oder besseren Erschließung von unterentwickelten Gebieten ist die mögliche Veränderung der Nachfrage einzukalkulieren, denn durch diese Maßnahmen wird

---

[341] Detaillierte Information über die Einkommensunterschiede in den sozialen Schichten s. SÖNMEZ, Mustafa (1998): Regionale Disparitäten - Ost-West-Kluft in der Türkei (in türkischer Sprache), İstanbul, S. 20-50.

eine Einkommensnivellierung beabsichtigt (Einkommens- und Kapazitätseffekt). Diese Einkommensveränderungen verändern auch die Güternachfrage (Güterstruktureffekt). Bei niedrigem Realeinkommen dominiert die Nachfrage nach Grundnahrungsmitteln, mit steigendem Einkommen werden höherwertige Lebensmittel, Textilien und schließlich Luxusgüter sowie moderne Dienstleistungen nachgefragt. Da diese Produkte an unterschiedlichen Orten produziert werden, wird eine Veränderung der Nachfrage nach Transportleistungen stattfinden.[342] Deshalb werden im folgenden die Produktionsorte der Türkei nach den Wirtschaftssektoren anhand der Beschäftigung untersucht, um die Ursachen dieser ungleichgewichtigen Einkommensentwicklung zu analysieren.

Im Zuge des Wachstumsprozesses der Türkei weichen die Entgelte für gleiche Güter und Leistungen sektoral bzw. regional bedeutend voneinander ab. Dies gilt insbesondere für die Arbeitskraft, aber auch für das Kapital.

Die Schaffung gleichwertiger Lebensbedingungen hängt hauptsächlich von ausgewogenen wirtschaftlichen Verhältnissen und Arbeitsbedingungen in allen Teilräumen ab. Dabei erfüllt der Arbeitsmarkt eine Ausgleichsfunktion für die Angebotsseite (Arbeitsplätze) und für die Nachfrage (Arbeitskräfte) eines Wirtschaftssystems. Hier ist die regionale Verteilung und Struktur der Arbeitsplätze relevant, da die Struktur der Arbeitsplätze den Spezialisierungsgrad der Teilräume in bestimmten Wirtschaftsbereichen zeigt und die Verteilung der regionalen Arbeitsplätze und damit die Konzentration der kaufkräftigen Nachfrage in den Teilräumen wiedergibt.[343] Diese Analyse kann somit auch zur Bestimmung der Richtung der Güterströme dienen.

Des weiteren reagieren die Arbeitskräfte in der Raumdimension auf die von Unternehmen vorgegebenen Verteilungsmuster der Arbeitsplätze oder auf unzureichende Arbeitsplatzverhältnisse. Die Analyse der räumlichen und sektoralen Verteilung von Arbeitsplätzen schafft eine solide Basis zur Erläuterung der Reaktion von Arbeitskräften und zur Begründung ihrer erzwungenen räumlichen Mobilität. Als Grundlage dieser Analyse dient die Beschreibung der Wirtschaftsstruktur der Teilräume. Bei der folgenden Analyse der räumlichen Wirtschaftsstruktur spielt die Aufgliederung von Erwerbstätigen nach ihren Wirtschaftssektoren eine wichtige Rolle. Die Berechnung der Standortquotienten[344], d.h. für einen bestimmten Wirtschaftssektor (x) in einem bestimmten Teilraum (y) im Verhältnis zum entsprechenden Wert im übergeordneten Raum bzw. Gesamtraum, ermöglicht es, regionale Besonderheiten der Branchenstruktur zu bestimmen. Der Standortquotient berechnet sich nach folgender Formel, wobei die Aussagekraft dieser Formel stark mit den Spezialisierungen im Sektor zusammenhängt[345]:

---

342 Vgl. VOIGT, Fritz / WITTE, Hermann (1975): Die Bedeutung des Verkehrssystems für die Entwicklung ländlicher Räume, Gesellschaft für wirtschafts- und verkehrswirtschaftliche Forschung, Heft 17, Königswinter, S. 22-23.

343 Vgl. SCHLIEBE, Klaus (1978): Das System "Arbeit" in der laufenden Raumbeobachtung, in: Informationen zur Raumentwicklung, Heft 9/8, S. 615-626.

344 Vgl. SCHÄTZL, Ludwig (1994): Wirtschaftsgeographie 2, Empirie, 2. Auflage, Paderborn u.a., S. 62f.

345 Vgl. ebd., und vgl. MÜLLER, Josef H. (1973): Methoden zur regionalen Analyse und Prognose, Hannover, S. 45-49.

$$QS_{xy} = \frac{b_{xy} / \Sigma_x b_{xy}}{B_x / \Sigma_x B_x}$$

QS_{xy} = Standortquotient
b_{xy} = Beschäftigte im Teilraum y
$\Sigma_x b_{xy}$ = Gesamtbeschäftigte im Teilraum y
B_x = Beschäftigte im Wirtschaftssektor x im Gesamtraum
$\Sigma_x B_x$ = Gesamtbeschäftigte im Gesamtraum

Bewertung:
$QS_{xy} = 1$ der Wirtschaftssektor ist (x) im Teilraum (y) und im Gesamtraum relativ gleich stark
$QS_{xy} > 1$ überdurchschnittliche Repräsentation des Wirtschaftssektors (x) im Teilraum (y)
$QS_{xy} < 1$ unterdurchschnittliche Repräsentation des Wirtschaftssektors (x) im Teilraum (y)

Die Berechnung von Standortquotienten läßt strukturelle Abweichungen zwischen den Teilräumen deutlich werden. So wird es möglich, nach dem sektoralen Konzentrationsgrad der Beschäftigten bestimmte Räume zu typisieren. Kapital- und arbeitsintensive Produktionsarten können zu hohen Beschäftigungsunterschieden innerhalb des gleichen Wirtschaftssektors in einem Raum führen. Durch zusätzliche Informationen, die auf die Produktivität der Sektoren hinweisen, können Erkenntnisse über die Ursachen der starken regionalen Differenzen in den Wirtschaftssektoren gewonnen werden. Bei der Analyse der Standortquotienten wurden die Daten der Beschäftigung aus den Volkszählungen herangezogen. Die amtlichen Statistiken wurden weit differenzierter gefaßt.[346] Zur Vereinfachung der Statistiken wurden im weiteren die Wirtschaftssektoren wie üblich nach Landwirtschafts-, Industrie- und Dienstleistungssektor unterschieden. Dabei werden Wirtschaftssektoren wie Fischerei und Forstwirtschaft zur Landwirtschaft und Bergbau und verarbeitende Industrie zum Industriesektor gezählt. Alle anderen Sektoren einschließlich Energiewirtschaft und Bauwesen werden zum Dienstleistungssektor bzw. tertiären Sektor gezählt. Die letzte Volkszählung hat im Jahre 1997 stattgefunden, aber die Daten der Beschäftigungsstruktur wurden bisher nicht veröffentlicht. Deshalb ist man derzeit gezwungen, die Daten der vorletzten Volkszählung von 1990 zu verwenden.

Bei der Darstellung der Beschäftigungsstruktur ergeben sich hinsichtlich der statistischen Daten Definitionsprobleme. Die ländliche Unterbeschäftigung sowie versteckte, stationäre, saisonale oder zyklische Arbeitslosigkeit werden im Rahmen der statistischen Angaben nicht ausreichend dokumentiert. Die Berechnungen der Unterbeschäftigung basieren auf dem Ländervergleich[347], was die Aussagefähigkeit beeinträchtigt. Die ländliche Bevölkerung über 12 Jahre wird zu den Beschäftigten im primären Sektor gezählt. Um die Dimensionen der Arbeitslosigkeit in der Türkei zu beschreiben, kann das Verhältnis von Arbeitern mit einem jährlichen Gehalt zu den Arbeitslosen (inkl. geschätzten versteckten Arbeitslosen) herangezogen werden. Dieses Verhältnis lag im Jahre 1994 bei etwa zwei zu eins. Von 7 Mio. Gehaltsempfängern im Jahre 1994 zahlten ca. 2,7 Mio. keine Steuern und Sozialversicherungsabgaben, während ca. 3,4 Mio. Personen auf einen Arbeitsplatz warteten. Nach offiziellen Angaben leben ca. 50% der Arbeitslosen, die sich beim Arbeitsamt gemeldet

---

346 Für detaillierte Aufzählung der Wirtschaftssektoren s. SIS (1999): Information, Online-Ausgabe (www.die.gov.tr), o. S.

347 Die Länder, die eine ähnliche Wirtschaftsstruktur wie die Türkei haben, werden ausgewählt und demnach die Unterbeschäftigung für die Türkei geschätzt. Detaillierte Information s. SIS (1999): Information, Online-Ausgabe, (www.die.gov.tr), o. S.

haben, in den Städten. Die Arbeitslosenrate wurde im Jahre 1994 mit 16% für die ländlichen Räume und mit 21% für die Städte angegeben.[348]

a) Beschäftigungsstruktur im primären Wirtschaftssektor

Nach 1980 hielten die Strukturänderungen in Richtung Modernisierung bzw. Mechanisierung im primären Sektor weiter an. Der Anteil der im primären Sektor Beschäftigten an den Gesamtbeschäftigten sank von 60% im Jahre 1980 auf 44% im Jahre 1996.[349] Der Anteil dieses Sektors geht also kontinuierlich zurück, wobei die Beschäftigung im Agrarbereich mit ca. 9 Mio. Beschäftigten stagniert. Gleichzeitig ist ein unterproportionaler Anstieg der Landbevölkerung bei einem überproportionalen natürlichen Bevölkerungszuwachs im ländlichen Raum festzustellen.[350] Daher kann die These aufgestellt werden, daß die räumliche Bevölkerungsbewegung hauptsächlich auf der Stagnation im Landwirtschaftssektor basiert.

Die anhaltende Umstrukturierung in der Landwirtschaft, die bei gleichbleibender Beschäftigung eine höhere Produktion ermöglicht, bedeutet eine Steigerung der Produktivität pro Beschäftigtem und führt zu einer Freisetzung von Arbeitskräften. Die ländliche Bevölkerungsentwicklung und der landwirtschaftliche Strukturwandel stehen in einer Wechselbeziehung und wirken als "Push-Faktor" auf die interne Binnenwanderung ein. Dabei wirkt sich umgekehrt eine spezielle Agrarstruktur in einigen Provinzen wie in Adana oder Şanlıurfa, insbesondere nach der Erweiterung der bewässerten Fläche im Rahmen des GAP-Projektes, als "Pull-Faktor" günstig aus.[351]

Neben der Umstrukturierung im Landwirtschaftssektor spielen bei der Freisetzung von Arbeitskräften auch die Realteilung im Erbrecht sowie ideologische Prägungen der Machtgruppen in den ländlichen Gebieten eine große Rolle. Insbesondere in der Region Südostanatolien, in der ein hoher Anteil an landlosen Familien (40% im Jahre 1994) und ein hoher Anteil an Großbetrieben existiert, verstärkte sich die Landflucht in den Westen des Landes. Die Bemühungen des Staates, eine Bodenreform zugunsten der landlosen Familien in der GAP-Region durchzuführen, scheiterten 1983 und 1994. Somit blieben die strukturbestimmenden Faktoren der Landwirtschaft in der Region auch nach 1980 unverändert bzw. sie verstärkten sich teilweise: Aufgrund der Bewässerung stiegen die Bodenpreise in der Region, und die landlosen Familien werden von den Großgrundbesitzern nicht wie bisher als Pächter eingesetzt, sondern als Saisonarbeiter. Aufgrund moderner Bewässerung, zunehmendem Maschineneinsatz und geringer bzw. fehlender Entschädigung während der Flurbereinigung des Atatürk-Staudamm-Projektes wurden die Kleinbauern und die landlosen Familien gezwungen, von dort wegzuziehen.[352] Militärische Einsätze in dieser Region, in der

---

348 SIS (1999): Labour, Online-Ausgabe (www.die.gov.tr), o. S.

349 SPO (1999): Social and Economic Indicators (1950-1998),Online-Ausgabe (www.dpt.gov.tr), o. S.

350 Vgl. KEPENEK, Yakup / YENTÜRK, Nurhan (1996): Die türkische Wirtschaft (in türkischer Sprache), İstanbul, S. 303.

351 Vgl. ebd., S. 305, und vgl. SÖNMEZ, Mustafa (1998): Regionale Disparitäten - Ost-West-Kluft in der Türkei (in türkischer Sprache), İstanbul, S. 20-50

352 Aus der Analyse der Expertengespräche. Weiterführende Literatur: STRUCK, Ernst (1993): Sozialgeographische und geopolitische Aspekte des Südost-Anatolien-Projektes (GAP), in: Bewässerungsgebiete im Mittelmeerraum, Hrsg.: POPP, Herbert / ROTHER, Klaus, Heft 13, Passau, S. 122ff.

seit Mitte der achtziger Jahre bürgerkriegsähnliche Kämpfe zwischen der PKK und dem türkischen Militär stattfinden, waren ein weiterer Grund für die starke Abwanderung.

Abb. 23: Standortquotienten im primären Wirtschaftssektor in den türkischen Provinzen im Jahre 1990

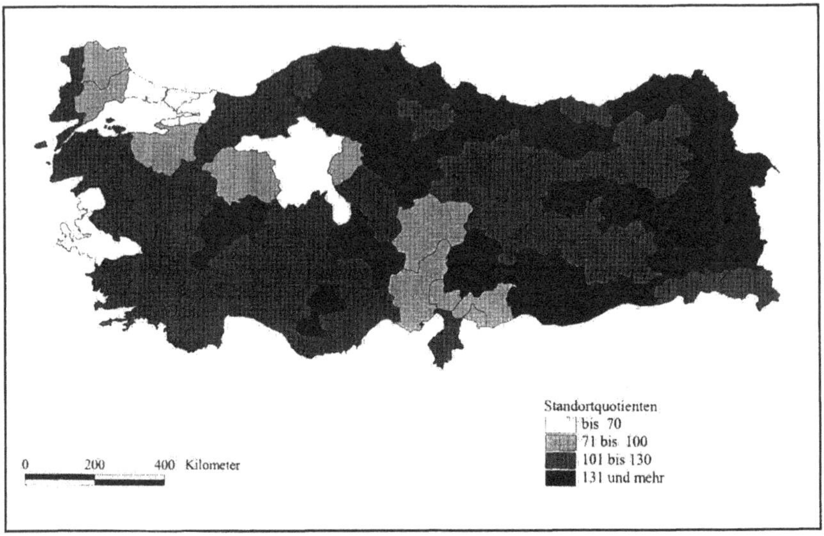

Quelle: Eigene Bearbeitung, Karte ArcView 3.1, Daten aus SIS (1999): Labour, Online-Ausgabe (www.die.gov.tr), o. S.

Abb. 23 veranschaulicht die regionalen Standortquotienten im primären Sektor. Es ist festzustellen, daß die Beschäftigtenkonzentration im primären Wirtschaftssektor in Nord-, Nordost-, Ost- und Südostanatolien weit über dem Landesdurchschnitt liegt. Die Regionen Ägäis, Mittelmeer und Mittelanatolien weisen noch im Jahre 1990 eine überdurchschnittliche Beschäftigung im primären Sektor auf. Die Berechnung der Standortquotienten für den primären Wirtschaftssektor nach der räumlichen Verteilung der Beschäftigten (s. Tab. D1-6 im Anh. und Abb. 23) besitzt einige Schwachstellen. Diese deskriptive Darstellungstechnik bietet keine Information über die Produktionsweisen in den Untersuchungsräumen. Um diese formale Lücke zu schließen, sind zusätzliche Informationsquellen erforderlich.

Anhand der Produktivität im Landwirtschaftssektor können Erkenntnisse über die Produktionsbedingungen in den Teilräumen der Türkei erlangt werden. Neben den landwirtschaftlichen Gunsträumen der Türkei in bezug auf den Anteil des Kulturlandes[353] liefern die eingesetzten Produktionstechniken bzw. die Bewässerung und der Kunst-

353 Aufgrund des Reliefs nimmt der Anteil des Kulturlandes von Mittelanatolien nach Osten um mehr als die Hälfte ab; er beträgt in der Provinz Yozgat 56%, während er in Erzurum 25%, in Erzincan 17% und in Tunceli 14% einnimmt. Vgl. STRUCK, Ernst (1987): Regionale Disparitäten der Türkei, Das West-Ost-Gefälle, in: Probleme peripherer Regionen, Hrsg.: POPP, Herbert, Passauer Kontaktstudien Erdkunde, Berlin, S. 51.

düngerverbrauch weitere Informationen über das regionale Entwicklungsniveau des Sektors. Seit 1980 ist die Mechanisierung (Traktornutzung) von Westen nach Osten vorangeschritten. Landwirtschaftliche Gunsträume wie die östliche Schwarzmeer-Region (Tee, Nüsse und Tabak), die Region Ägäis (Baumwolle), die Region Mittelmeer mit Antalya (Gemüse und Obst) und Adana (Baumwolle), die Region Mittelanatolien (Getreideanbau) und die Region Südostanatolien (Baumwolle und Pistazien) sind wichtige landwirtschaftliche Exporträume der Türkei. Dabei haben die seit 20 Jahren laufenden Bemühungen des türkischen Staates in Form des Landwirtschaftsprojekts MEYSEP in den Regionen Ägäis und Mittelmeer weitgehende Erfolge gezeigt. Durch Bewässerung und Gewächshäuser sorgen die Regionen Ägäis und Mittelmeer für den Binnenbedarf und den Export von landwirtschaftlichen Produkten. Gemüseausfuhren gingen Mitte der achtziger Jahre etwa zur Hälfte in die islamischen Länder und zu 20% in die EU-Länder.[354] Das MEYSEP-Projekt wurde in den siebziger und achtziger Jahren von der Weltbank gefördert. Zwar erreichte das Projekt seine quantitativen Ziele, die Produktivität des Gemüsebaus zu steigern, aber die bestehenden regionalen Disparitäten zwischen der Küste und dem Hinterland verstärkten sich.[355]

Tab. D1-7 im Anh. zeigt die Produktivitätserhöhung in der Türkei im Landwirtschaftssektor zwischen 1980 und 1995; die Produktivität des Baumwollanbaus verdoppelte sich seit Beginn der Bewässerung in der GAP-Region im Jahre 1992. Insgesamt konnte zwischen 1980 und 1995 die Produktivität der Baumwollproduktion um 115% und in der GAP-Region um ca. 198% gesteigert werden. Der Produktionsanteil der GAP-Region an der türkischen Baumwollproduktion stieg im gleichen Zeitraum von 4,6% auf ca. 25%. Allerdings ist die Qualität der Baumwolle der GAP-Region geringer als die der Baumwolle in der Region Ägäis.[356]

Die Betriebsgröße ist bei der Betrachtung der Produktivität ein wichtiger Faktor, denn die kleinbetriebliche Struktur (größtenteils Subsistenzwirtschaft) verhindert eine effektive Arbeitsweise, da kleine Betriebe nicht immer moderne Techniken einsetzen können. Wie aus Tab. 30 zu entnehmen ist, ist der Anteil der landwirtschaftlichen Kleinbetriebe in der Türkei sehr hoch. Dabei weist die Region Südostanatolien den höchsten Anteil der Großbetriebe mit 55% auf. Allerdings war in dieser Region die Produktivität im landwirtschaftlichen Sektor aufgrund der semi-feudalen Strukturen sehr gering. Auch wegen der geringen Bewässerung und des geringeren Maschineneinsatzes dominierten bis 1980 die arbeitsintensiven primitiven Produktionsweisen.[357]

Im Verlauf des GAP-Projektes werden sich diese Strukturen in der Region ändern, wobei die Großgrundbesitzer davon am meisten profitieren werden. Dies zeigt sich bereits am Mechanisierungsgrad in der Region: Während in der Türkei zwischen 1980 und 1995 die Zahl der Traktoren um ca. 78,8% zugenommen hat, liegt diese Zuwachsrate in der GAP-Region bei 131,3% (s. Tab. D1-7 im Anh.).

---

354 Vgl. HÖHEFELD, Volker (1995): Türkei, Schwellenland der Gegensätze, Gotha, S. 130ff.

355 Zudem konnte der erwartete Export, aufgrund der veränderten Ansprüche der Nahoststaaten an die Qualität und des kaum abzuschätzenden Bedarfes in den europäischen Märkten, nicht erreicht werden. Deshalb wurde ein vergrößertes Angebot auf den Binnenmarkt gebracht, was wiederum die Preise im Binnenmarkt sinken ließ. Vgl. ebd., S. 135.

356 Aus der Analyse der Expertengespräche

357 Vgl. STRUCK, Ernst (1993): Sozialgeographische und geopolitische Aspekte des Südost-Anatolien-Projektes (GAP), in: Bewässerungsgebiete im Mittelmeerraum, Hrsg.: POPP, Herbert / ROTHER, Klaus, Heft 13, Passau, S. 122

Tab. 30 stellt die Umsätze im primären Sektor dar. Der Umsatz pro Beschäftigtem ist in den Regionen Ost- und Südostanatolien sowie in der Schwarzmeer-Region geringer als im Landesdurchschnitt, was auf eine arbeitsintensive Produktionsweise hinweist. Bei der östlichen Schwarzmeer-Region handelt es sich um einen landwirtschaftlichen Gunstraum, dennoch ist aufgrund des Reliefs dort größtenteils nur manuelle Kultivierung möglich. Außer dem Viehhandel hat die Region Ostanatolien einen geringen Anteil am gesamten landwirtschaftlichen Umsatz. Die landwirtschaftlichen Gunstgebiete der Türkei, Marmara Ägäis, Mittelmeer und Mittelanatolien, trugen einen höheren Anteil am gesamten Umsatz bei als der Osten des Landes.

Tab. 30: Betriebsgröße und Umsätze im primären Wirtschaftssektor in den türkischen Regionen (1991 und 1995)

Regionen	Anteil der Betriebe mit mehr als 50 ha Fläche an den gesamten Betrieben im Landwirtschaftssektor 1991 in %	Umsatzanteil der Ernte 1995 in %	Umsatzanteil des Viehhandels 1995 in %	Umsatzanteil der tierischen Erzeugnisse 1995 in %	Umsatz Mio.TL/ Beschäftigte im primären Sektor* 1995
Marmara	4	16	16	22	224
Ägäis	10	19	15	15	182
Mittelanatolien	14	19	19	18	202
Mittelmeer	11	19	10	10	180
Schwarzes Meer	2	13	16	18	111
Ostanatolien	22	4	16	11	109
Südostanatolien	55	10	8	6	147
Türkei	19	100	100	100	160

* nach laufenden Preisen und den Beschäftigten im Landwirtschaftssektor im Jahre 1990

Quelle: SIS (1999): Agriculture, Online-Ausgabe (www.die.gov.tr), o.S.

Fazit

Aufgrund der schon in den fünfziger Jahren begonnenen Modernisierung durch den Einsatz moderner Technologien in der Landwirtschaft konnten die Betriebe in den Regionen Marmara, Ägäis und Mittelmeer ihre Produktivität überdurchschnittlich steigern, wobei der Anteil der Landwirtschaftsbeschäftigten an den Gesamtbeschäftigten geringer als in den östlichen Landesteilen Anatoliens ausfällt. Dabei spielte die gute Verkehrserschließung, wie noch zu zeigen ist, eine entscheidende Rolle in diesen Regionen. Durch den kostengünstigen Transport und die Nähe dieser Regionen an den Absatzmarkt konnte die Produktivität im Sektor gesteigert werden.

Auch die GAP-Region zeigt seit der staatlich geplanten Bewässerung und Mechanisierung im landwirtschaftlichen Sektor Fortschritte. Der Baubeginn der Autobahnverbindung des GAP-Gebietes an den Ballungsraum Adana und an die östlichen Mittelmeerhäfen (Ceyhan, Dörtyol, İskenderun) brachte für die Entwicklung des Gebietes in den neunziger Jahren Vorteile. Nach dem GAP-Masterplan soll die landwirtschaftliche Produktion bis 2005 erheblich vergrößert werden. Diese zusätzliche Produktion ist für den Export nach Nahost eingeplant, deshalb ist es von Interesse, die verkehrswirtschaftliche internationale Erschließung des GAP-Gebiets zu verbessern. Im Jahre 1998 begannen die Bemühungen um einen neuen Plan für die Verkehrserschließung in neue Zielregionen (GUS-Staaten). Die Türkei sieht in den GUS-Staaten neue Märkte für agroindustrielle Produkte aus der GAP-Region.[358] Da diese Länder ebenfalls über landwirtschaftliche Ressourcen verfügen, müßte die Türkei sehr günstige Preise anbieten, was bei hohen Transportkosten aufgrund schlechter Verkehrsverbindungen eher unwahrscheinlich ist.

Die entwicklungsbedürftigen Regionen der Türkei im Bereich der Landwirtschaft sind Ostanatolien, Teile Mittelanatoliens und die Schwarzmeer-Küste. Insbesondere Ostanatolien blieb von der Modernisierung ausgeschlossen. Die schlechte Verkehrsverbindung und die dadurch erhöhten Kosten landwirtschaftlicher Erzeugnisse in dieser Region führten dazu, daß trotz der Spezialisierung im Bereich der Viehhaltung und der Milchproduktion keine nennenswerte Entwicklung zu verzeichnen ist. Hauptgründe dieser Rückständigkeit sind der geringe Mechanisierungsgrad, die geringe Produktivität und die hohen Transportkosten, die zu Wettbewerbsnachteilen der Region führen. Einige Provinzen in der Region Mittelanatolien wie Çankırı, Çorum, Yozgat, Afyon, Kütahya, Sivas und auch die Provinzen der östlichen Schwarzmeerküste sind auch förderungsbedürftige Teilräume im primären Wirtschaftssektor.

b) Beschäftigungsstruktur im sekundären Sektor

Im folgenden wird zunächst die raumspezifische Beschäftigungsstruktur des sekundären Wirtschaftssektors analysiert. Zudem werden die Industriebetriebe hinsichtlich ihrer Produktivität, Kapitalintensität und Investitionstätigkeit untersucht.

Im Jahre 1996 waren ca. 15% der Erwerbstätigen im sekundären Sektor beschäftigt, der knapp ein Viertel zum BSP der Türkei beiträgt. Abb. 24 zeigt die Standortquotienten der Industriebeschäftigten in den einzelnen Provinzen der Türkei. In dieser Berechnung (s. auch Tab. D1-6 im Anh.) wurden die Beschäftigten im Bergbau und in der verarbeitenden Industrie getrennt betrachtet. Die tabellarischen und kartographischen Darstellungen der Ergebnisse weisen gegenüber dem Landesdurchschnitt einen relativ hohen Anteil der Industriebeschäftigten in den Regionen Marmara und Ägäis im Westen, der Çukurovaregion (Adana) und ihrer Nachbarprovinz Gaziantep im Süden, Ankara, Eskişehir und Kayseri in Mittelanatolien auf.

---

358 Aus der Analyse der Expertengespräche

Abb. 24: Standortquotienten im Industriesektor in den türkischen Provinzen 1990

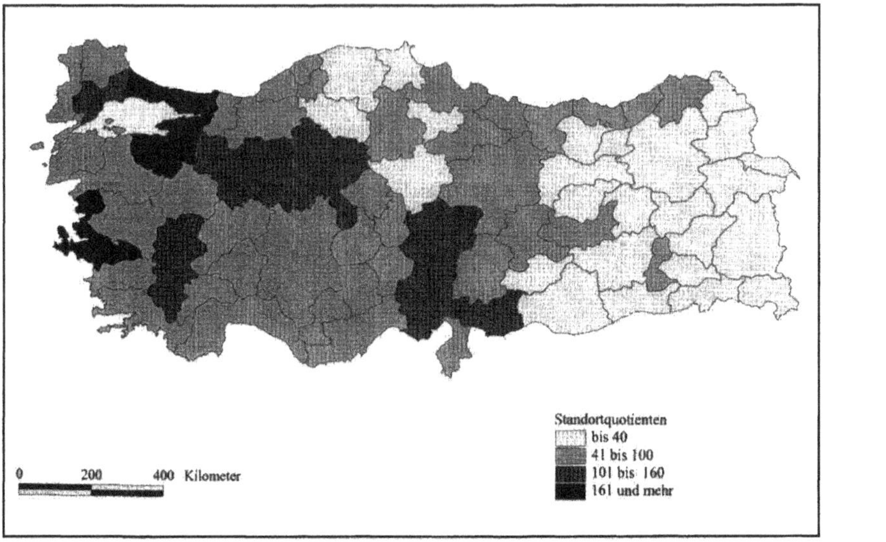

Quelle: Eigene Bearbeitung, Karte ArcView 3.1, Daten aus SIS (1999): Labour, Online-Ausgabe (www.die.gov.tr), o.S.

Mit einem überdurchschnittlichen Anteil an Industriebeschäftigten gehört die Provinz Tekirdağ seit 1980 zu den Industriezentren der Region Marmara. Eine gute Verkehrsanbindung (Schnellstraße E5 und Autobahn TEM) zum Ballungsraum İstanbul und nach Europa, das Vorhandensein eines Flughafens sowie des Seehafens machte die Provinz Tekirdağ für die Industriellen aus İstanbul (insbesondere im Bereich Textilien und Lederverarbeitung) attraktiv. In den neunziger Jahren haben die Investoren die Distrikte Tekirdağs, insbesondere Çerkezköy und Çorlu, auch aufgrund der Nähe İstanbuls als Standort ausgewählt: Die Zahl der Industriebetriebe verdoppelte sich in Tekirdağ zwischen 1980 und 1996, während sich die Zahl der Industriebeschäftigten verdreifachte. Auch die Provinz Kırklareli verzeichnete insbesondere nach der Investition des Glasherstellers Şişe-Cam Anfang der neunziger Jahre ein erhebliches industrielles Wachstum (s. Tab. D1-8 im Anh.). Diese beiden Provinzen sind neue Standorte in der Region Marmara, die insbesondere neue Investitionen der Holdings aus İstanbul an sich ziehen.[359]

Auch nach 1980 blieben die Großstädte Ankara, Adana und İzmir im Bereich der Industrie dominant. Allerdings war İzmir in den neunziger Jahren von Investoren weniger begehrt, wie in Tab. 31 zu sehen ist. İzmir lag an achter Stelle der Provinzen mit den höchsten Investitionen. Neben den zu hohen Bodenpreisen spielt die industrielle Auslastung der Provinz İzmir eine große Rolle. In der Provinz Denizli wurde nach İzmir am meisten investiert. Insbesondere in der Textilbranche liegt Denizli nach Höhe der Investitionen auf

---

[359] Vgl. SÖNMEZ, Mustafa (1998): Regionale Disparitäten - Ost-West-Kluft in der Türkei (in türkischer Sprache), İstanbul, S. 64f.

dem 10. Rang (s. Tab. 31). Die Zahl der Industriebetriebe und -beschäftigten vervierfachte sich zwischen 1980 und 1996, und Denizli wird in der türkischen Wirtschaftsliteratur "Tiger Anatoliens" genannt. Eine Verbesserung der Verkehrsanbindung Denizlis zum Hafen von İzmir wird zur Zeit durch den Ausbau der Autobahn Denizli-İzmir verwirklicht.[360]

Neben den traditionellen Wachstumszentren weisen die Provinzen Kayseri, Kahramanmaraş und Gaziantep (alle benachbarte Provinzen Adanas) eine hohe industrielle Entwicklungsdynamik auf. Ein großer Teil der staatlich geförderten Investitionen floß in den neunziger Jahren in Spinnereiunternehmen. Kahramanmaraş und Gaziantep erreichten den vierten bzw. sechsten Rang bei den Neuinvestitionen der Türkei zwischen 1990 und 1996. Adana, Gaziantep, Kayseri und Kahramanmaraş bilden das Spinnerei-Zentrum, in der sich rd. 70% Spinnereien der Türkei befinden. 80% der türkischen Baumwollgarne wurden in dieser Region produziert. Nach Schätzungen wird diese Region durch das GAP-Projekt in den kommenden Jahren im Baumwollgarn-Weltmarkt eine wachsende Bedeutung haben.[361]

Tab. 31: Provinzen nach staatlich geförderten Investitionsanteilen im sekundären Sektor zwischen 1990 und 1996

Provinzen	**Anteile der staatlich geförderten Industrieinvestitionen in den Provinzen in %**	**Höhe der Investitionen in Mio. US$**
1. İstanbul	16,5	22,7
2. Bursa	11,1	15,3
3. Tekirdağ	9,1	12,5
4. Kahramanmaraş	6,3	8,7
5. Ankara	6,3	8,6
6. Gaziantep	5,8	8,0
7. Adana	4,5	6,2
8. İzmir	4,0	5,6
9. İzmit	4,0	5,5
10. Denizli	2,4	3,3
11. Kayseri	1,6	2,3
12. Kırklareli	1,6	2,2
Sonstige	26,8	37,1
Türkei	100	138

Quelle: Vgl. SÖNMEZ, Mustafa (1998): Regionale Disparitäten - Ost-West-Kluft in der Türkei (in türkischer Sprache), İstanbul, S. 64f.

Neben der räumlichen Verteilung der Erwerbstätigen ist die Produktivität, d.h. das Verhältnis von Produktionsvolumen und zu Kapital- bzw. Arbeitseinsatz, die andere wichtige Komponente der folgenden Analyse. Durch eine Erweiterung des Kapitalbestandes können sowohl neue Arbeitsplätze geschaffen als auch die Bedingungen bestehender Arbeitsplätze

---

360 Vgl. DENİZLİ TİCARET ODASI (1998): Industrie in Denizli (in türkischer Sprache), Denizli, S. 17.

361 Vgl. SÖNMEZ, Mustafa (1998): Regionale Disparitäten - Ost-West-Kluft in der Türkei (in türkischer Sprache), İstanbul, S. 65f.

verbessert werden. Eine Zunahme der Kapitalintensität, d.h. des Kapitaleinsatzes je Arbeitsplatz, steigert die potentielle Effizienz des Produktionsfaktors Arbeit.[362]

Statistisches Material zur Darstellung regionaler Produktionsstrukturen und Produktivitätsunterschiede in der türkischen verarbeitenden Industrie ist nur begrenzt verfügbar. Als Anhaltspunkt kann die Berechnung von Indexwerten des Mehrwertes (Output minus Input) pro Arbeitsplatz für Industriebetriebe in den jeweiligen Provinzen der Türkei sein. Diese Indexwerte ermöglichen einen Vergleich der räumlichen Produktivitätsunterschiede im sekundären Wirtschaftssektor (s. Tab. D1-8 im Anh.). Diese Indikatoren setzen die Marktpreise von Ein- und Ausfuhrwaren der Betriebe (Mehrwert) in Beziehung zur Beschäftigung und geben Informationen über ihren organisatorischen und technologischen Zustand, d.h. über das Produktivitätsniveau.[363]

Tab. 32: Regionale Struktur der Industrieunternehmen in der Türkei in den Jahren 1980 und 1996

Regionen	Zahl der Industrieunter-nehmen*		Zahl der Industriebe-schäftigten in Tausend		Anteil der Beschäftigten in privaten Industrieunter-nehmen in %		Index des Mehrwertes** pro Beschäftigtem		Index des Outputs pro Industrie-beschäftigtem	
	1980	**1996**	**1980**	**1996**	**1980**	**1996**	**1980**	**1996**	**1980**	**1996**
Marmara	4898	5229	364	395	83	93	110	141	209	141
Ägäis	1399	2102	114	179	67	87	99	108	189	104
Mittelanatolien	1018	1337	101	125	42	73	73	97	117	87
Mittelmeer	488	604	85	80	65	77	134	116	181	111
Schwarzes Meer	602	1131	95	76	21	59	76	79	130	83
Südostanatolien	172	380	10	28	64	86	45	47	89	63
Ostanatolien	130	142	19	19	17	33	60	42	101	51
TÜRKEI	8707	10545	797	1035	58	85	100	100	100	100

*Gesamte staatliche und private Industrieunternehmen mit mehr als 10 Beschäftigten.
**Mehrwert = Output abzgl. Input

Quelle: Eigene Berechnungen, Daten aus SIS (1999): Manufacturing Industry, Online-Ausgabe (www.die.gov.tr), o.S. (auf Provinzbasis s. Tab. D1-8 im Anh.).

Auch die Produktivität der Industriebetriebe (Output abzgl. Input) pro Beschäftigtem war im Jahre 1996 in den Regionen Marmara, Ägäis und Mittelmeer überdurchschnittlich hoch, während sie in den restlichen Regionen unter dem Landesdurchschnitt lag. In Tab. 32 werden die Mittelwerte der Regionen gezeigt. Die Werte für alle Provinzen sind der Tab. D1-8 im Anh. zu entnehmen.

Das produktionstechnologische Niveau der Betriebe in İstanbul, Bursa, Kocaeli, Çanakkale, Kırklareli, Bilecik, Eskişehir, Kırıkkale, İzmir, Osmaniye (früher ein Distrikt von Adana), İçel

---

[362] Vgl. İSO (1998): Industry, Online-Ausgabe (www.iso.gov.tr), o.S.

[363] Vgl. GATZWEILER, Hans Peter (1978): Regionale Disparitäten im Bundesgebiet, in: Information zur Raumentwicklung, Heft 8/9, Bonn, S. 699.

(Mersin), Zonguldak, Trabzon und Batman liegt über dem Landesdurchschnitt. Die hohen Werte in der Provinz Kırıkkale bzw. Batman sind jedoch auf den hohen Produktwert von Rüstungsindustrien und einer staatlichen Erdölraffinerie zurückzuführen. Die Indexwerte ermöglichen es, die produktivitätsschwachen und -starken Räume der Türkei zu erkennen, die wesentlich als Folge von unterschiedlichem Kapitaleinsatz, technischem Fortschritt und Bildungsintensität entstehen.

Die Zahl der Industriebetriebe in den Regionen Ost- und Südostanatolien mit 2% bzw. 1,5% ist sehr niedrig. Der Anteil in der Region Südostanatolien (GAP-Region) stieg im Jahre 1996 auf 3,6%, während der Anteil der Industriebetriebe in der Region Ostanatolien auf 1,3% sank.[364] Allerdings befanden sich 85% der insgesamt 380 Industriebetriebe in Südostanatolien im Jahre 1996 in Gaziantep (s. Tab. D1-8 im Anh.).

Anhand der tabellarischen Darstellungen (s. Tab. 32 und Tab. D1-8 im Anh.) kann man das Arbeitsplatzangebot der Privatwirtschaft von dem der öffentlichen Hand in der verarbeitenden Industrie unterscheiden.[365] Aus den Daten geht hervor, daß der prozentuale Anteil der Erwerbstätigen in privatwirtschaftlichen Unternehmen an den gesamten Industrieunternehmen in den Regionen Marmara, Ägäis, Südostanatolien und Mittelmeer im Jahre 1980 hoch ist. Im Zuge der Liberalisierung stiegen die Anteile der privatwirtschaftlichen Industrie am gesamten Industriesektor.[366] Im Jahre 1996 wiesen die Regionen Marmara, Ägäis und Südostanatolien weiterhin einen überdurchschnittlichen Anteil privatwirtschaftlicher Unternehmen auf, während die privaten Anteile in den Regionen Ostanatolien und Schwarzmeerküste weit unter dem Landesdurchschnitt lagen. In Südostanatolien ist aufgrund der in Gaziantep befindlichen privatwirtschaftlichen Industriebetriebe ein hoher Anteil an privatwirtschaftlichen Unternehmen für die Region zu erkennen, wobei sich die räumlichen Disparitäten innerhalb der Region erhöht haben (s. Tab. D1-8 im Anh.). In den Regionen im Osten ist eine Rückgang der Beschäftigten und der Unternehmen sowohl im öffentlichen als auch privatwirtschaftlichen Industriesektor zu beobachten.

Fazit

Die Ergebnisse der Untersuchung durch ausgewählte Indikatoren in den drei Bereichen

1- Beschäftigung in der verarbeitenden Industrie und Bergbau,

2- Produktivität der Industriebetriebe,

3- regionale Verteilung der staatlichen und privaten Industriebetriebe

zeigen eine deutliche Konzentration des Sekundärsektors in den Ballungsgebieten, während in ländlichen Gebieten weiterhin ein Entleerungsprozeß zu beobachten ist. Zudem kam es insbesondere in den neunziger Jahren zu industriellen Neuinvestitionen und

---

364 Vgl. SIS (1999): Manufacturing Industry, Online-Ausgabe (www.die.gov.tr), o.S.

365 Mit Hilfe von Industriezählungen und -umfragen für die Jahre 1980 und 1996 kann man die Entwicklungen der staatlichen und privaten Industriebetriebe in den einzelnen Regionen vergleichen. Bei den durchgeführten Zählungen und Umfragen wurden die Betriebe, in denen das staatliche Kapital unter 50 Prozent betrug, als private Firmen gezählt. Vgl. SIS (1999): Industrie- und Arbeitsstättenzählungen (in türkischer Sprache), Online-Ausgabe (www.die.gov.tr), o.S

366 Vgl. KEPENEK, Yakup / YENTÜRK, Nurhan (1996): Die türkische Wirtschaft (in türkischer Sprache), İstanbul, S. 303.

Industrieansiedlungen in den Provinzen, welche in der Nähe der Ballungsgebiete (z.B. in Tekirdağ) liegen und gute Verkehrsverbindungen (z.B. die Autobahn Edirne-Ankara) aufweisen. Die Ansiedlungen erfolgten vorwiegend entlang bedeutender Verkehrsachsen.

Das Entwicklungsprojekt GAP führte im westlichen Teil der Region Südostanatolien, namentlich in Gaziantep, zur Industriekonzentration. Überwiegend in dieser Provinz konnten Industrieunternehmen Nettoinvestitionen vornehmen und ihre Kapazitäten erweitern sowie technischen Fortschritt umsetzen. Die Gründe liegen zum einen in der geographischen Entfernung zwischen der Provinz Gaziantep und dem Ballungsraum Adana (Internationale Seehäfen), zum anderen in der ökonomischen Entfernung der Provinz, die durch eine gute Verkehrsanbindung zum Ballungsraum Adana sehr gering ist. Eine der wenigen Autobahnstrecken verbindet Gaziantep und Adana und ermöglicht den Anschluß der Provinz an die funktionierenden Märkte der Türkei, wie noch zu zeigen sein wird.

In den Gebieten Ostanatoliens und der Schwarzmeerküste besteht ein erhebliches Defizit an industriellen Arbeitsplätzen, was vor allem auch auf die Benachteiligung durch unzureichende Verkehrserschließung zurückzuführen ist (s. Kap. D. 3.).

c) Beschäftigungsstruktur im tertiären Wirtschaftssektor

Es besteht eine enge Relation zwischen wirtschaftlichem Wachstum und Strukturwandel der Wirtschaft. Im Vordergrund steht dabei die These, daß sich in wachsenden Volkswirtschaften langfristig das Schwergewicht des Wachstums von der primären zur sekundären und schließlich bei Erreichen eines bestimmten Entwicklungsniveaus zur tertiären Produktion hin verlagert.[367] Die in den achtziger und neunziger Jahren betriebene Industrialisierungsstrategie der Türkei hat im Zuge der Liberalisierung nicht genügend Arbeitsplätze geschaffen: Durch die geringen Beschäftigungschancen für ungelernte Landarbeiter kam es hier zu einer Verstärkung des sozialen Problems. Wenn das Wirtschaftswachstum mit dem Wachstum der Großstadtbevölkerung nicht Schritt hält, versuchen die Nicht-Lohnempfänger, Tätigkeiten im informellen Sektor (als Schuhputzer, Losverkäufer, Diener, fliegende Händler u.a.) aufzunehmen, um so der Arbeitslosigkeit zu entkommen. Mit Hilfe der verfügbaren statistischen Angaben ist es schwer, die Unterbeschäftigung als charakteristische Erscheinungsformen der wirtschaftlichen Unterentwicklung quantitativ zu erfassen. Daher kann dieser Wirtschaftsbereich nur als eine Sammelbezeichnung stark differenzierter Tätigkeiten und Arbeitsleistungen, deren statistische Erfassung große Schwierigkeiten bereitet, gelten.[368]

Im tertiären Wirtschaftssektor werden in der Türkei die Erwerbstätigkeit in die Bereiche Strom-, Gas- und Wasserversorgung, Wohnungswesen, Groß- und Einzelhandel sowie Gastgewerbe, Transport- und Kommunikationsgewerbe, Finanzen und kommunale soziale und kulturelle Dienste unterteilt.[369]

Wie die tabellarischen und kartographischen Darstellungen des Konzentrationsgrades der Beschäftigten mit Hilfe von Standortquotienten zeigen, bilden die meisten Provinzen der

---

367 Vgl. SCHÄTZL, Ludwig (1993): Wirtschaftsgeographie 1, Theorie, München, S. 166f.

368 Vgl. KEPENEK, Yakup / YENTÜRK, Nurhan (1996): Die türkische Wirtschaft (in türkischer Sprache), İstanbul S. 347f. und 367.

369 Vgl. SIS (1990): Labour, Online Ausgabe (www.die.gov.tr), o.S.

Region Marmara von Kırklareli bis Ankara (in Form einer Achse) im Nordwesten, İzmir im Westen sowie Antalya, İçel (Mersin), Adana und Kayseri im Süden drei räumliche Komplexe. Sie weisen überdurchschnittliche Beschäftigungsquoten im Dienstleistungssektor auf (s. Tab. D1-6 und D1-9 im Anh. sowie Abb. 25).

Abb. 25: Standortquotienten im tertiären Sektor in den türkischen Provinzen 1990

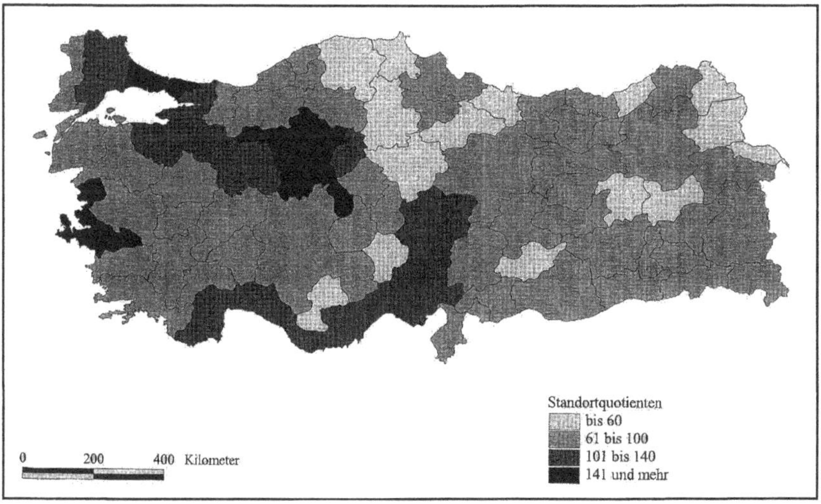

Quelle: Eigene Bearbeitung, Karte ArcView 3.1, Daten aus SIS (1999): Labour, Online-Ausgabe (www.die.gov.tr), o.S.

Die bisherigen Ausführungen zeigen, daß die raumprägende Wirkung des sekundären Wirtschaftssektors bei der Entwicklung von Großstädten in bestimmten Räumen der Türkei eine herausragende Rolle gespielt hat. Durch die Konzentration hochwertiger Dienstleistungen in relativ größer räumlicher Nähe entstehen Fühlungsvorteile (Localisation economies).[370] Die räumliche Verteilung der Arbeitsplätze in öffentlichen und privaten Verwaltungseinrichtungen, sozialen und technischen Versorgungsbereichen, kulturellen Einrichtungen und schließlich Bautätigkeiten spiegelt die beschriebene Tendenz wider (s. Tab. D1-9 im Anh.).

Eine nähere Präzisierung raumfunktionaler Arbeitsteilung in wesentlichen Dienstleistungsbereichen zeigt, wie branchenspezifische Dienstleistungsüberschüsse bzw. -defizite in den aufgezeigten Provinzen als binnenorientierte Export- bzw. Importräume unterschieden werden. Mit Hilfe von Tab. D1-9 im Anh. können die räumlichen Gliederungen nach Finanzwesen, Strom-, Gas- und Wasserversorgung, Wohnungswesen, Verkehrswesen und Handel nach Provinzen räumlich unterteilt werden. Hier werden die Provinzen, die in bestimmten Sektoren Dienstleistungsüberschüsse pro Beschäftigtem aufweisen, als Exporträume und die Provinzen, die Dienstleistungsdefizite zeigen, als Importräume bewertet.

[370] Vgl. LESER, Hartmut / HAAS, Hans-Dieter / D.(1992): DIERCKE-Wörterbuch der allgemeinen Geographie, Bd. 2, München, S. 184.

Die Provinzen İstanbul, Ankara und İzmir sind die Hauptfinanzzentren der Türkei. Auf diese Finanzmärkte konzentrieren sich die Beschäftigten in Banken und im Versicherungsgewerbe. Die Konzentration des Dienstleistungssektors in den Ballungsräumen ist zum Teil eine Folge des infrastrukturellen Versorgungsbedarfs, wie in den Branchen Energie- und Wasserversorgung, im Bau- und Verkehrswesen.

Einer der wichtigen Dienstleistungssektoren, in dem auch der Tourismussektor statistisch erfaßt ist, ist der Handelssektor. Die Hotels und Gastronomiebetriebe hatten im Jahre 1990 einen Anteil von 20% zum Bruttosozialprodukt beigetragen. Eine eindeutige Einordnung der Beschäftigten ist jedoch nicht möglich, da der Tourismussektor durch eine ausgeprägte Saisonalität gekennzeichnet ist.[371]

Aber der Tourismus bietet nicht nur im Beherbergungsbereich, sondern auch in anderen fremdenverkehrswirtschaftlichen Einrichtungen v.a. zusätzliche Beschäftigungseffekte. Zudem entstehen primäre Beschäftigungseffekte auch in Wirtschaftsbereichen, die nur gelegentlich der touristischen Nachfrage dienen. Für die türkische Südküste gilt jedoch im allgemeinen, daß die Tätigkeiten, die unmittelbar an den Tourismus gekoppelt sind, entsprechend den Nachfragemustern durch eine relativ stark ausgeprägte Saisonalität gekennzeichnet sind. Dabei handelt es sich in erster Linie um Restaurants. Darüber hinaus entstehen weitere umfangreiche, aber nicht quantifizierbare Beschäftigungseffekte. Dazu gehören beispielsweise örtliche Reisebüros, der Omnibus-, Taxi- und Bootsverkehr, der Einzelhandel, die Land- und Bauwirtschaft sowie der weitverzweigte informelle Sektor. Auch der Handel mit Souvenirs, Teppichen, Textil- und Lederwaren sowie Strandartikeln, die zu einem Großteil vor Ort produziert werden, spielt in den Provinzen an der Küste der Ägäis und am Mittelmeer eine bedeutende Rolle[372].

Fazit

Die Beschäftigung in den Ballungsräumen liegt nicht nur im Bereich der Industrie, sondern auch im Dienstleistungssektor höher als außerhalb dieser Räume. Die Gründe sind zum einen der Versorgungsbedarf in den Verdichtungsräumen und zum anderen die Agglomerationsvorteile dieser Standorte für Unternehmen, wie im Bereich der Finanzen und des Groß- und Einzelhandels. Die Nähe zu den Nachfragern ist ein wichtiges Kriterium für Dienstleistungsbetriebe, was dazu führt, daß diese ihren Sitz in erster Linie in den Ballungszentren wählen. Dort entstehen die Finanz- und Verwaltungszentren, und diese lassen weitere Pull-Faktoren für die Arbeitskräfte entstehen.

Die gute Erreichbarkeit einer Region durch ein leistungsfähiges Verkehrssystem ist für den Dienstleistungssektor und für die staatliche Versorgungs- und Verwaltungsaufgabe wesentliche Voraussetzung. Deshalb sind die Teilwertigkeiten des Verkehrsmittels wie Netzbildungsfähigkeit, Schnelligkeit, Erreichbarkeit des Verkehrssystems von größer Bedeutung. Nach 1980 trifft dies in der Türkei nur noch auf den Straßenverkehr zu (s. Kap. D. 3.).

---

[371] Vgl. o.V. (1997): Tourismussektor in der Türkei (in türkischer Sprache), in: Ekonomist, Heft 6, Juni 1997, S. 40f.

[372] Vgl. HÖFELS, Thomas (1990): Fremdenverkehr und regionale Beschäftigungseffekte in der Türkei, das Beispiel Alanya/ Südtürkei, in: Geographische Rundschau, Bd. 42, Heft 1, S.21-26, hier 24.

In den folgenden Kapiteln soll zunächst die räumliche Entwicklung der sozio-ökonomischen Infrastruktur dargestellt werden; anschließend erfolgt die Auswertung der Raumentwicklungsanalyse anhand aller dargestellten Indikatoren.

D. 1. 3. Regionale Infrastruktur

Die technische und soziale Infrastruktur hat wesentlichen Einfluß auf die Entstehung von Wachstums- und Entleerungsräumen, da sie die Standort- und Siedlungsattraktivität einer Region bestimmt. Eine qualitativ hochwertige technische Infrastruktur kann nur zusammen mit einer intakten sozialen Infrastruktur funktionieren. Für die Raumentwicklungsanalyse müssen sowohl aus dem Bereich der technischen als auch der sozialen Infrastruktur Indikatoren herangezogen werden. Daher werden Indikatoren aus den Bereichen Bildungswesen, Gesundheitswesen und Kommunikations- sowie Verkehrswesen verwendet.[373]

Bildungswesen

Eine wesentliche Voraussetzung für die Gewährleistung gleichwertiger Lebensverhältnisse ist ein ausreichendes und vielfältiges Angebot an Bildungsmöglichkeiten in allen Teilräumen, deren Einrichtungen und Personal eingeschlossen. Der räumlich unterschiedliche Bildungsstand der Bevölkerung ist bedingt durch das regionale Ausstattungsniveau mit schulischen Einrichtungen. Die Wirkung der regionalen Leistungsangebote im Bildungswesen kann mit Hilfe verschiedener Indikatoren ermittelt werden:[374]

Die Analphabetenrate kann als Indikator zur Messung des Bildungsstandes der Bevölkerung in den jeweiligen Provinzen herangezogen werden. Zur Verdeutlichung der regionalen Disparitäten wird die Analphabetenrate mit Indizes dargestellt, die die Abweichungen vom Landesdurchschnitt (20% im Jahre 1990) zeigen. (s. Abb. 26 und Tab. D1-9 im Anh.).

---

[373] Seit 1980 wurden im Bereich der Energie- und Wasserversorgung erhebliche Verbesserungen in den ländlichen Räumen vorgenommen. Energie- und Wasserversorgung sind die regional bedeutsamsten Bestandteile der technischen Infrastruktur. Diese beiden Versorgungssektoren sind lebenswichtige Ausrüstungsfaktoren für die industrielle Entwicklung. Die statistische Erfassung in diesen Infrastrukturbereichen erlaubt aber nur, deren privaten haushaltsorientierten Aspekt quantitativ zu analysieren. Eine Messung des regionalen Ausstattungsniveaus mit energie- und wasserversorgenden Einrichtungen ist aufgrund der Datenlücke leider nicht zu realisieren.

[374] Vgl. ARNOLD, Heinz (1997): Begründung und Anwendung eines komplexeren Indikators für die regionalen Disparitäten in der Europäischen Union. S. 204f.

Abb. 26: Index der Analphabetenrate in den Provinzen der Türkei 1990

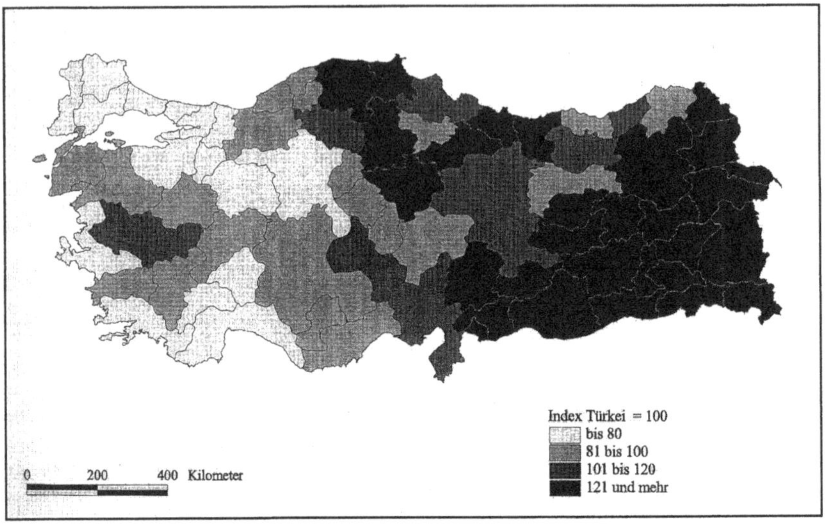

Quelle: Eigene Bearbeitung, Karte ArcView 3.1, Daten aus SIS (1999): Education and Culture, Online-Ausgabe (www.die.gov.tr), o.S.

Abb. 26 veranschaulicht auch hier das West-Ost-Gefälle. Die Analphabetenrate ist mit 40% in der Region Südostanatolien so hoch wie in Kamerun.[375] In der Region Ostanatolien beträgt diese Rate 32% und ist damit mit Libyen gleichzusetzen,[376] während sie in der Region Marmara bei nur 11,8% liegt. Zwischen den einzelnen Provinzen zeigt sich dieser Unterschied noch gravierender. In Şırnak z.B. können 59% der Bevölkerung weder schreiben noch lesen, während die Analphabetenrate in İstanbul mit 10% am niedrigsten in der Türkei liegt.[377]

Die Ausstattung der Regionen mit Sekundärschulen[378] kann weitere Informationen über das Bildungsniveau geben. Als Indikatoren werden die Zahl der Sekundärschulen pro 10.000 E und die Zahl der Lehrer pro 1.000 Schüler dargestellt.[379] (s. Tab. D1-10 im Anh.).

Das schulische Versorgungsniveau der Regionen entspricht nicht dem Entwicklungsniveau der Regionen. In den Wachstumszentren der Türkei herrscht ein Mangel an Lehrern und

---

375 Vgl. AKTUELL (1998): Aktuell' 99- Harenberg Lexikon der Gegenwart, Dortmund, S. 463.

376 Vgl. ebd., S. 449.

377 Vgl. SÖNMEZ, Mustafa (1998): Regionale Disparitäten - Ost-West-Kluft in der Türkei (in türkischer Sprache), İstanbul, S. 18f.

378 Bis 1998 erstreckte sich die Schulpflicht nur auf fünf Jahre Grundschule. Unter Sekundärschulen sind Mittelschulen, Gymnasien bzw. Berufsoberschulen mit einer Schulzeit von jeweils 3 Jahren zu verstehen. Durch die Bildungsreform im Jahre 1998 wurde die Schulpflicht auf 8 Jahre erhöht.

379 Die Daten über die Sekundärschulen stammen vom Sommersemester 1996 und 1997, vgl. SIS (1999): Education, Online-Ausgabe (www.die.gov.tr), o.S.

Schulen. Auf 4.000 E kommt in der Türkei durchschnittlich eine Sekundärschule und auf 23 Schüler ein Lehrer.[380] In İstanbul kommt jedoch auf 6.000 E eine Sekundärschule und auf 33 Schüler ein Lehrer (s. Tab. D1-10 im Anh.). Auch in den Regionen Südostanatolien und Ostanatolien (29 und 28 Schüler pro Lehrer) kommt eine überdurchschnittliche Schülerzahl auf einen Lehrer und zum Teil über 8.000 E auf eine Sekundärschule. Der Grund für die schlechte schulische Versorgung in diesen Teilräumen liegt hauptsächlich im Mangel an finanziellen Mitteln. Die starke Zunahme der jungen Bevölkerung in den Ballungsräumen durch Zuwanderung und eine hohe Nachfrage nach einem sekundären Schulabschluß führen zu Engpässen in den Ballungsräumen. Trotz der für die Lehrer zu absolvierenden Pflichtjahre[381] herrschen hohe Defizite an Lehrern in den rückständigen Regionen. Die Region Mittelanatolien hat eine überdurchschittlich gute Versorgung mit Sekundärschulen. In den anderen Regionen zeigen die Indikatoren keine gravierenden Unterschiede im Vergleich zum Landesdurchschnitt.

Von der räumlichen Verteilung der Sekundärschulen und der Analphabetenrate ausgehend kann festgestellt werden, daß die Ausbildungsmöglichkeiten in der Marmara-, Ägäis- und Mittelmeer-Region sowie in den Provinzen Ankara, Kırşehir, Eskişehir, Kayseri und Konya in Mittelanatolien, an der westlichen Schwarzmeerküste, Amasya, Trabzon und Artvin in der östlichen Schwarzmeer-Region und Erzincan in Ostanatolien über dem Landesdurchschnitt liegen. Demgegenüber leiden aber die östlichen Teilräume der Türkei, insbesondere die Provinzen Hakkari, Ağrı, Muş, Diyarbakır, Şırnak, Siirt, Mardin und Van unter mangelndem Bildungsangebot (s. Tab. D1-10 im Anh.). Die Folgen dieses unzureichenden Angebots sind für die benachteiligten Regionen schwerwiegend. Viele Jugendliche werden zur Abwanderung in Regionen mit besserem Angebot gezwungen. Die unterversorgten Regionen werden damit für qualifizierte Arbeitsplätze im interregionalen Wettbewerb weniger attraktiv.

Gesundheitswesen

Die gesellschaftspolitischen Ziele der Entwicklungspläne schreiben für alle Einwohner eine qualitativ gute Versorgung mit medizinischen Leistungen vor. Voraussetzung dafür ist der Aufbau eines bedarfsgerechten Netzes von Ärzten und Krankenhäusern. Im folgenden werden diese Ziele nach ihrer Verwirklichung untersucht.

Bei der Feststellung der regionalen medizinischen Versorgungsgrade werden zwei Indikatoren, die Krankenhausbettendichte und die Ärztedichte, verwendet. Diese Indikatoren stellen eine Relation zwischen den im Bezugsraum vorhandenen Angebotsquantitäten und den Einwohnern dar (s. Abb. 27 und Tab. D1-10 im Anh.).

---

[380] In Deutschland betrug die Zahl der Schüler pro Lehrer in Gymnasien im Jahre 1997 17,4 (I. Stufe) bzw. 12,0 (II. Stufe). Die Bildungssysteme der Türkei und Deutschland sind sehr unterschiedlich, dennoch bieten diese Zahlen grobe Vergleichswerte. Vgl. INSTITUT DER DEUTSCHEN WIRTSCHAFT KÖLN (1999): Zahlen zur wirtschaftlichen Entwicklung der Bundesrepublik Deutschland, Köln, S. 127.

[381] In der Türkei müssen die Lehrer ihr Referendariat in den vom Staat bestimmten ländlichen Räumen durchführen, wo das Angebot an Lehrern mangelhaft ist.

Abb. 27: Index der Ärztedichte in den Provinzen der Türkei 1996

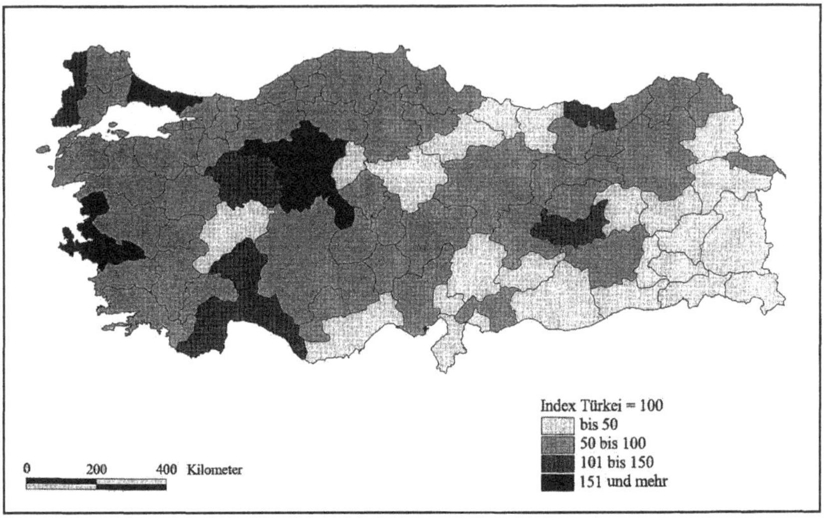

Quelle: Eigene Bearbeitung, Karte ArcView 3.1, Daten aus SIS (1999): Health, Online-Ausgabe (www.die.gov.tr), o.S.

In der Türkei kamen im Jahre 1996 auf 10.000 E 23 Ärzte und 11 Krankenhausbetten. Im europäischen Durchschnitt lag die Zahl der Krankenbetten bei 115 pro 10.000 E und in Pakistan bei 11,5 pro 10.000 E. Zwischen den einzelnen Regionen der Türkei zeigt sich eine Kluft bezüglich der Krankenhausbettdichte. In der Region Marmara liegt die Krankenhausbettdichte bei 36 pro 10.000 E, in der Region Südostanatolien bei 11,5 pro 10.000 E. Insbesondere Beschäftigte im Gesundheitswesen wollen in westlichen Ballungsräumen arbeiten, da die privaten Krankenhäuser bzw. Praxen bessere Verdienstmöglichkeiten bieten. Trotz der vorgeschriebenen Pflichtjahre der Ärzte in entlegenen Regionen der Türkei besteht insbesondere im Osten ein enormes Defizit in der medizinischen Versorgung.[382]

Im Rahmen quantitativer Angaben sind große interregionale Unterschiede in der medizinischen Versorgung in der Türkei festzustellen. Auch zwischen 1990 und 1996 ist keine regionale Angleichung des Versorgungsniveaus zu beobachten. In den hoch verdichteten Regionen, vor allem in wirtschaftlich stark frequentierten, ist die Versorgung mit Krankenhausbetten und Ärzten weitaus besser als in peripheren, ländlichen Regionen.[383]

Die Region Marmara ist mit medizinischen Leistungsangeboten deutlich über Landesdurchschnitt ausgestattet. Obwohl die Großstadt İstanbul die höchsten Leistungsangebote besitzt, leidet sie unter der schlechter werdenden Versorgung mit Kranken-

---

382 Vgl. SÖNMEZ, Mustafa (1998): Regionale Disparitäten - Ost-West-Kluft in der Türkei (in türkischer Sprache), İstanbul, S. 19.

383 Vgl. o.V. (1998): Gesundheit (in türkischer Sprache), in: Ekonomist Yıllığı Türkiye 1999, 27. Dezember 1998, S. 102.

hausbetten und Ärzten. Zwischen 1990 und 1996 verdoppelte sich die Zahl der privaten Krankenhäuser und Krankenhausbetten in İstanbul, während die Zahl der staatlichen Krankenhäuser gleichblieb. Es ist zu bemerken, daß der Bedarf sich mit der wachsenden Bevölkerung in diesem Zeitraum vergrößert hat, aber nicht im selben Maße gedeckt wurde. Vor allem verstärkte die mit 4% geringe Erhöhung der staatlichen Krankenhausbetten die Probleme der gesundheitlichen Versorgung der mittleren und unteren Schicht der Gesellschaft in İstanbul, da kein geregeltes Kranken- und Sozialversicherungssystem existiert.

In Mittelanatolien besitzen die Provinzen Ankara und Eskişehir und Kayseri ein vergleichsweise besseres Versorgungsniveau in beiden medizinischen Versorgungsbereichen, da sich in diesen Provinzen Universitäten mit medizinischen Fakultäten befinden. In anderen Provinzen der Region Mittelanatolien müssen beträchtliche Anstrengungen unternommen werden, um das Versorgungsdefizit im Gesundheitswesen zu beseitigen.

In der Provinz Antalya ist eine überdurchschnittliche Versorgung mit Ärzten zu verzeichnen. Parallel zum Wachstum des Tourismus nach 1980 wurden in Antalya zahlreiche private Krankenhäuser eröffnet, um die steigende Nachfrage nach moderner medizinischer Versorgung zu befriedigen.[384] Mit Ausnahme von İsparta und Antalya ist die Versorgung mit Krankenhausbetten und Ärzten in der Region Mittelmeer mangelhaft. Als Beispiel für die sich verschlechternde medizinische Versorgungsqualität als Folge des rapiden Bevölkerungswachstums kann auch die Çukurova-Region (Adana) betrachtet werden.

In den Regionen Ost- und Südostanatolien herrschen mit Ausnahme von Erzurum und Elazığ, die Universitäten mit medizinischen Fakultäten besitzen, schlechteste medizinische Versorgungsbedingungen vor. Die niedrigen und sogar weiter sinkenden Zahlen von Ärzten und Krankenhausbetten bestätigen die These, daß im Untersuchungszeitraum keine wirkungsvollen Anstrengungen unternommen worden sind, um das in peripheren Teilräumen bestehende Angebotsdefizit zu beseitigen. Das regionale Disparitätengefälle in der medizinischen Versorgung blieb zwischen 1990 und 1996 auch unverändert.[385] Diese Entwicklung zeigt die bisher erfolglose Gesundheitspolitik und die Reformbedürftigkeit des Gesundheitswesens.[386]

Kommunikationswesens

Seit 1980 ist erheblich in die Telekommunikation investiert worden. Alle Teilräume der Türkei sind an des Telefonnetz angeschlossen. Ausschlaggebend war ein Projektvorschlag der NATO, das türkische Militärnetz zu modernisieren und eine Adaptation des türkischen Telekommunikationsnetzes zu ermöglichen. Dieses Projekt wurde im Jahre 1983 erweitert und das Gesamtnetz der Türkei modernisiert bzw. ausgebaut. Im Jahre 1980 kamen 2,5

---

[384] Im Jahre 1990 gab es in Antalya 1 Privatkrankenhaus mit 71 Krankenbetten, im Jahre 1997 stieg diese Zahl auf 8 und die Zahl der Krankenhausbetten auf 356. Im gleichen Zeitraum wurden 3 neue staatliche Krankenhäuser mit 363 zusätzlichen Krankenbetten in der Provinz Antalya eröffnet. SIS (1999): Health, Online-Ausgabe (www.die.gov.tr), o.S.

[385] SIS (1999): Health, Online-Ausgabe (www.die.gov.tr), o.S.

[386] Das Vorhaben der Koalitionsregierung, die seit 1999 unter Ministerpräsident Ecevit regiert, eine Gesundheitsreform bezüglich der Sozialversicherung und des Abbaus der regionalen Versorgungsdisparitäten durchzuführen sind insofern zu begrüßen, um eventuell eine Milderung der regionalen Disparitäten zu erreichen.

Telefonanschlüsse auf 100 E, diese Zahl stieg im Jahre 1998 auf 26 an.[387] Für das Jahr 2000 wird die Zahl der Telefonanschlüsse pro 100 E auf 33 geschätzt. Die Modernisierung des Telekommunikationsnetzes ermöglichte einen erheblichen Abbau der Disparitäten im Bereich der Kommunikation.[388]

Verkehrswesen

Die regionalen Disparitäten der Verkehrsinfrastruktur werden in Kap. D. 3. weitgehend analysiert. Im folgenden ist es von Bedeutung, bei der Betrachtung der gesamten regionalen Disparitäten die regionale Kfz-Dichte bzw. Pkw-Dichte darzustellen. Denn diese Indikatoren der Verfügbarkeit der Verkehrsmittel geben eine Grundinformation über die regionale Verteilung der Mobilitätschancen, soweit diese von der Verkehrsmittelausstattung abhängen.[389]

Die Messung des regionalen Ausstattungsniveaus mit Verkehrsmitteln, bezogen auf die Bevölkerung, ergibt den Indikator "Motorisierungsgrad"[390] (s. Tab. D1-12 im Anh.; der Landesdurchschnitt beträgt 690 Kfz/10.000 E im Jahr 1996). Die regionale Verteilung der öffentlichen Verkehrsmittel weist keine wesentlichen Unterschiede zu der mit Individualverkehrsmitteln auf. Der Besitz von Pkw (s. Abb. 28) liegt in den Verdichtungsgebieten über dem Durchschnitt (d.h. 57 Pkw/10.000 E im Jahre 1975 und 549 Pkw/10.000 E im Jahr 1996) mit einem relativ rapiden Wachstum im Zeitraum von 1975 bis 1996.

---

387 Vgl. o.V. (1998): Sozio-ökonomische Indikatoren der Türkei (in türkischer Sprache), in: Ekonomist Yıllığı Türkiye 1999, 27. Dezember 1998, S. 158.

388 Vgl. o.V. (1996): Der Erfolg in der Infrastruktur: Telekommunikation (in türkischer Sprache), in: Forum, März 1996, S. 28f.

389 GATZWEILER, Hans Peter (1978): Regionale Disparitäten im Bundesgebiet, in: Information zur Raumentwicklung, Heft 8/9, Bonn, S. 642.

390 Vgl. KLEEHAUPT, Barbara (1997): Verkehrliche Mobilitätskritik aus ökonomischer Sicht, München, S. 12.

Abb. 28: Index der Pkw-Dichte in den Provinzen der Türkei 1996

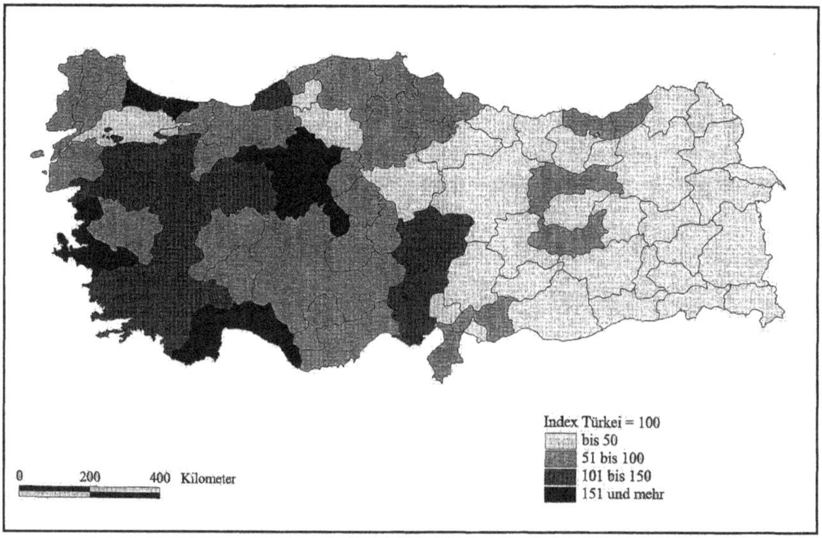

Quelle: Eigene Bearbeitung, Karte ArcView 3.1, Daten aus SPO (1999): Various indicators related to provinces and regions, Online-Ausgabe (www.dpt.gov.tr), o.S.

Die Analyse verdeutlicht, daß die Mobilitätschancen der Einwohner in den Regionen Marmara, Ägäis und in den Provinzen Antalya, Adana und Kayseri hoch sind. In diesen Regionen ist auch ein überdurchschnittliches Motorisierungswachstum zu beobachten. In den Provinzen Ankara, Kırşehir, Eskişehir, und Konya, in der Region Mittelanatolien und in Zonguldak besteht auch eine gute Verkehrsversorgung, die rasche Kontaktaufnahme und günstige Erreichbarkeit ermöglicht. Auf der anderen Seite weisen aber die Provinzen der Regionen Südostanatolien und Ostanatolien, außer der Provinz Gaziantep, weit unter dem Durchschnitt liegende Motorisierungsgrade auf, was auf das geringe Einkommen der Bevölkerung zurückzuführen ist.

Im Hinblick auf die individuellen Mobilitätsmöglichkeiten erweisen sich die Provinzen Ostanatoliens sowie der Schwarzmeer-Region und einige Provinzen der Region Mittelanatolien mit weit unterdurchschnittlichen Ausstattungsziffern als verbesserungsbedürftig, was zum Teil auf das geringe Einkommen der Bevölkerung sowie auf die mangelhafte Qualität des Verkehrssystems zurückzuführen ist. Diese wird im folgenden Kapitel weitergehend untersucht.

Fazit

Seit 1980 wurden in der Türkei erhebliche Verbesserungen im Bereich der technischen Infrastruktur (Energie- und Wasserversorgung, Kommunikations- und Verkehrswesen) vorgenommen, während die soziale Infrastruktur (Bildungs- und Gesundheitswesen) vernachlässigt wurde. Ferner weist die Türkei neben dem wirtschaftlichen West-Ost-Gefälle erhebliche interregionale Unterschiede in der infrastrukturellen Versorgung auf.

Die regionalen Disparitäten zwischen dem Westen und Osten verstärkten sich seit 1980 hauptsächlich aufgrund mangelhaften staatlicher Regulierung in den Bereichen Gesundheits- und Bildungswesen. Neben der technischen ist auch die soziale Infrastruktur für die Standort- und Siedlungsqualität einer Region von Bedeutung. Hier stellt sich die Frage, ob in den Provinzen, die Defizite in den Bereichen Gesundheits- und Bildungswesen aufweisen, auch Defizite im Verkehrswesen vorhanden sind. Darauf wird in Kap. D.3. eingegangen.

Eine Auswertung der Raumentwicklungsanalyse anhand der bisher dargestellten Indikatoren soll im folgenden ein Gesamtbild der bestehenden regionalen Disparitäten der Türkei schaffen.

D. 1. 4. Auswertung der Raumentwicklungsanalyse

Die regionalen Disparitäten der Lebensbedingungen stellen ein komplexes Gebilde dar. Zum einen beeinflussen sich die regionalen Disparitäten gegenseitig, zum anderen werden sie von zahlreichen Sachverhalten und von verschiedenen Politikbereichen beeinflußt. Zudem führen die einzelnen Indikatoren zu unterschiedlichen Ergebnissen bezüglich der regionalen Disparitäten. Trotzdem muß ein Gesamturteil für die bestehenden regionalen Disparitäten anhand der bisher dargestellten Indikatoren getroffen werden.

Die von DERİCİOĞLU verwendete Auswertungsmethode[391] erscheint für diese Arbeit geeignet, da die Interdependenzen zwischen den verschiedenen Indikatoren nicht zu identifizieren sind und die Gewichtung einzelner Indikatoren aufgrund der Komplexität der Sachverhalte nicht erkennbar ist.

Bei der Auswertung werden alle einzelnen Indikatoren nebeneinandergestellt und verglichen. Allerdings müssen die einzelnen Indikatoren bezüglich ihrer Aussagekraft kritisch betrachtet werden.[392] Es wird versucht, die Lage der einzelnen Provinzen anhand einzelner Indikatoren zu identifizieren. Für die Darstellung der voneinander abweichenden Indikatorenwerte wird eine vereinfachte Skalogrammanalyse verwendet.[393] Mit Hilfe der Anlehnung an die Skalogrammmethode wird versucht, festzustellen, welche Regionen in welchen konkreten Teilbereichen der Lebensbedingungen Nachholbedarf haben. Die Skalogrammanalyse (s. Tab. 33a und 33b) zeigt die Lage der Provinzen im Verhältnis zum Landesdurchschnitt. Damit werden die Abweichungen der jeweiligen Variablenwerte vom Durchschnitt aller 80 Provinzen dargestellt.

Dabei werden die Indizes der jeweiligen Indikatoren herangezogen. Entsprechend den Abweichungen von den Indexwerten der einzelnen Indikatoren werden den Provinzen positive und negative Vorzeichen zugeordnet. Liegt der Indikatorwert einer Provinz etwa beim Durchschnitt, wird der Provinz ein Nullzeichen zugeordnet. Liegt der Wert unter (bzw. weit unter) oder über (bzw. weit über) dem Durchschnitt, so wird der Provinz ein bzw. ein doppeltes Minuszeichen oder ein bzw. ein doppeltes Pluszeichen zugeteilt.

Während eine starke Häufung von Minuszeichen bei bestimmten Provinzen als Kennzeichen einer besonderen Förderungsbedürftigkeit anzusehen ist, bedeutet eine starke Häufung von Pluszeichen eine über dem Durchschnitt entwickelte Provinz.

---

391 Vgl. DERİCİOĞLU, Taylan (1983): Konzepte zur dezentralen Raumentwicklung in der Türkei, Dortmund, S. 116f.

392 Mit besonderer Vorsicht ist dabei der Indikator "Beschäftigte in der Landwirtschaft" zu betrachten, da dieser eher auf Unterentwicklung hinweisen könnte. Dagegen spricht allerdings, daß landwirtschaftliche Gunsträume wie z.B. die Çukurova (Adana) eine Entwicklung hervorgebracht haben. Daher kann auch dieser Indikator für Entwicklung stehen.

393 Vgl. MÜLLER, Josef H. (1973): Methoden zur regionalen Analyse und Prognose, Hannover, S. 10ff.

Tab. 33a: Raumstrukturanalyse: Skalogramm

Rangordnung	Provinzen	Infrastruktur					Bevölkerungsentwicklung				Beschäftigung			Analyse-werte	Kategorien
		Pkw-Dichte	Ärzte-dichte	Krankenhaus bettdichte	Alphabeti-sierung	Sekundär-schule	Verstäd-terung	Bevöl. Wachstum	Zuwan-derung	Bevöl. Dichte	im tertiär. Sektor	im indust. Sektor	im primär. Sektor		
1	İstanbul	++	++	++	++	--	++	++	++	++	++	++	--	16	
2	Ankara	++	++	++	++	+	++	+	+	++	++	+	--	16	Kategorie 1
3	İzmir	+	++	+	++	++	+	+	++	++	+	++	--	15	
4	Bursa	+	-	-	++	+	+	+	++	++	+	++	-	10	
5	Yalova	--	-	++	++	+	+	+	++	++	++	++	--	9	
6	Eskişehir	+	+	++	++	+	+	-	+	-	+	+	-	8	
7	Antalya	++	+	--	++	++	-	++	++	-	+	-	+	8	
8	Kocaeli (İzmit)	-	-	-	++	-	-	++	++	++	+	++	--	4	
9	Osmaniye	+	--	+	-	--	+	+	+	++	+	+	-	3	Kategorie 2
10	Tekirdağ	-	-	--	++	+	-	+	+	+	+	+	-	2	
11	İçel	-	--	-	+	+	-	+	++	+	+	-	+	2	
12	Adana	+	-	+	-	--	+	-	+	+	+	+	-	1	
13	Sakarya (Adapazarı)	-	-	++	++	-	-	-	+	++	-	-	+	1	
14	Aydın	+	-	-	+	++	-	-	+	+	-	-	+	1	
15	Denizli	+	-	-	+	++	-	-	+	-	-	+	+	1	
16	Isparta	-	+	++	++	++	-	-	-	-	0	-	0	1	
17	Bilecik	-	-	--	++	++	-	-	+	-	+	+	+	1	
18	Muğla	+	-	-	++	++	--	+	+	-	-	-	+	1	
19	Balıkesir	+	-	0	+	++	-	-	+	-	-	-	+	0	
20	Uşak	+	-	-	0	++	-	-	+	-	-	+	+	0	
21	Artvin	-	-	++	+	+	-	--	++	--	-	-	++	-1	
22	Trabzon	-	+	++	+	-	-	-	--	++	-	-	+	-1	
23	Manisa	-	-	-	0	++	-	-	+	+	-	-	+	-2	
24	Burdur	+	-	+	++	++	-	--	-	--	-	-	+	-2	
25	Kayseri	0	0	-	+	--	+	-	-	-	+	+	-	-3	
26	Kırıkkale	-	-	-	+	-	+	-	-	0	+	+	-	-3	
27	Gaziantep	-	-	-	--	--	+	+	0	++	0	+	-	-3	Kategorie 3
28	Elazığ	-	+	++	--	+	0	-	-	-	-	-	+	-3	
29	Çanakkale	+	-	-	+	++	-	-	-	-	-	-	+	-3	
30	Kırklareli	0	-	-	++	+	-	-	-	-	+	-	0	-3	
31	Zonguldak	+	-	+	+	-	-	--	-	+	-	-	+	-3	
32	Karabük	--	-	--	+	+	+	--	-	++	++	-	+	-4	
33	Edirne	-	+	-	+	+	-	--	-	-	-	-	+	-5	
34	Kütahya	0	-	-	+	+	-	-	-	-	-	-	+	-5	
35	Karaman	-	-	--	+	+	-	-	+	--	-	-	++	-5	
38	Samsun	-	-	+	-	0	-	--	-	+	-	-	++	-5	
39	Nevşehir	0	-	--	+	++	-	--	-	-	-	-	+	-6	
40	Kilis	--	--	-	--	++	-	--	0	++	++	+	-	-6	
41	Batman	--	--	--	--	--	+	+	+	+	-	-	++	-6	

Quelle: Eigene Darstellung (Daten aus Tab. D1-1 bis D1-11 im Anh.)

Tab. 33b: Raumstrukturanalyse: Skalogramm

Rangordnung	Provinzen	Infrastruktur					Bevölkerungsentwicklung				Beschäftigung			Analyse-werte	Kategorien
		Pkw-Dichte	Ärzte-dichte	Krankenhaus bettdichte	Alphabeti-sierung	Sekundär-schule	Verstäd-terung	Bevöl. Wachstum	Zuwan-derung	Bevöl. Dichte	im tertiär. Sektor	im indust. Sektor	im primär. Sektor		
42	Afyon	-	--	-	+	0	-	-	-	-	-	-	++	-7	Kategorie 3
43	Konya	-	-	--	+	+	-	-	-	-	-	-	+	-7	
44	Rize	-	-	+	-	-	-	--	--	+	-	-	++	-7	
45	Amasya	-	-	0	0	++	-	--	--	-	-	--	+	-8	
46	Kastamonu	-	-	++	--	++	-	--	--	--	-	--	++	-8	
47	Hatay	-	-	--	-	--	-	-	-	++	-	-	+	-9	Kategorie 4
48	Diyarbakır	--	-	0	--	--	0	+	-	+	-	--	+	-9	
49	Çorum	-	-	0	--	+	-	--	--	-	-	-	++	-9	
50	Adıyaman	--	--	--	--	-	-	++	-	+	-	--	++	-9	
51	Aksaray	-	-	--	-	-	-	-	-	-	-	-	++	-10	
52	Sinop	-	-	-	--	++	-	--	--	--	-	-	++	-10	
53	Malatya	-	-	--	-	-	-	+	--	-	-	-	+	-10	
54	Kırşehir	-	-	-	+	-	-	--	--	--	-	-	+	-11	
55	Sivas	--	-	++	-	-	-	--	--	--	-	-	+	-11	
56	Kahramanmaraş	--	--	--	--	-	-	+	-	-	-	-	++	-11	
57	Giresun	-	--	+	--	-	-	--	--	-	-	-	++	-11	
58	Ordu	--	--	--	--	-	-	-	--	++	-	-	++	-11	
59	Şanlıurfa	--	--	--	--	-	-	++	-	-	-	--	++	-11	
60	Erzincan	-	-	--	0	++	-	--	--	--	-	--	+	-11	
61	Niğde	-	-	--	-	0	--	-	--	-	-	-	++	-11	
62	Tunceli	--	-	-	--	+	0	--	--	--	-	--	++	-12	
63	Erzurum	--	-	+	--	0	-	-	--	--	-	--	++	-12	
64	Çankırı	--	-	--	-	++	-	--	--	--	-	--	++	-12	
65	Yozgat	--	--	--	--	++	-	-	--	-	-	--	++	-12	
66	Gümüşhane	-	-	-	-	0	-	--	--	--	-	--	++	-12	
67	Bayburt	--	-	--	-	++	-	--	--	--	-	--	++	-12	
68	Tokat	-	--	-	--	-	-	--	--	-	-	-	++	-13	
69	Hakkari	--	--	--	--	--	-	++	-	--	0	--	+	-13	
70	Mardin	--	--	--	--	--	-	+	--	-	-	--	++	-14	
71	Siirt	--	--	--	--	0	-	-	--	-	-	--	++	-14	
72	Van	--	--	--	--	--	-	+	-	--	-	--	++	-14	
73	Igdır	--	-	--	--	-	-	-	--	++	++	--	++	-15	
74	Bitlis	--	--	--	--	-	-	-	--	-	-	--	++	-15	
75	Bingöl	--	--	--	--	+	-	--	--	--	-	--	++	-15	
76	Muş	--	--	--	--	-	--	+	--	-	--	--	++	-15	
77	Ağrı	--	--	--	--	--	-	-	--	-	-	--	++	-16	
78	Şırnak	--	--	--	--	--	-	--	-	-	-	--	+	-17	
79	Kars	--	--	--	--	-	-	--	--	--	-	--	++	-17	
80	Ardahan	--	-	--	--	-	--	--	--	++	++	--	++	-17	

Quelle: Eigene Darstellung (Daten aus Tab. D1-1 bis D1-11 im Anh.)

Legt man die Abweichungen der strukturspezifischen Landesdurchschnittswerte zugrunde, so läßt sich feststellen, daß zwischen den Provinzen nach wie vor erhebliche Entwicklungsunterschiede bestehen. Die Ermittlung von räumlich spezifischen Abweichungswerten belegt, daß der Prozeß der Raumentwicklung in der Türkei zu einer Verschärfung des Disparitätengefälles in den Lebensbedingungen geführt hat.

Die auf bestimmte Zentren ausgerichtete Verdichtung von Bevölkerung, Arbeitsplätzen und Infrastrukturleistungen ist auch nach 1980 ein wesentliches Charakteristikum des räumlichen Entwicklungsprozesses in der Türkei.

Addiert man die Vorzeichen der einzelnen Indikatoren, so ergibt dies einen Wert, der eine Rangordnung der einzelnen Provinzen ermöglicht. Daraus ergeben sich Räume, die unterschiedliche Entwicklungsniveaus bezüglich aller herangezogenen Indikatoren aufweisen. Es ergeben sich vier räumliche Kategorien mit den addierten Werten: "9 und mehr", "0 bis 8"; "-1 bis –8" und "-9 und weniger". Dies ist zwar eine nicht unumstrittene Methode, dennoch ermöglicht sie eine räumliche Abgrenzung, aus der die Entwicklungsniveaus der Provinzen aller Indikatoren zusammengefaßt dargestellt werden können.

Aus der Analyse der räumlichen Entwicklung (Kap. D. 1.) und der daraus folgenden Skalogrammanalyse (Tab. 33a und 33b) gehen folgende Raumkategorien hervor:

Kategorie 1 (9 und mehr) besteht aus den traditionellen Ballungsräumen der Türkei, die hinsichtlich fast aller Indikatoren weit über Landesdurchschnitt liegen: İstanbul, Ankara, İzmir, Bursa, Yalova[394].
Eine kontinuierliche Konzentrationstendenz der Bevölkerung sowie eine fortschreitende strukturelle Differenzierung in sämtlichen gesellschaftlichen und wirtschaftlichen Lebensbereichen dieser Ballungsräume und die sich beschleunigende räumliche Expansion ihrer Zentren in das umgebende Land führen zu einer Ausdehnung der großstädtischen Agglomerationsräume in die Nachbarprovinzen hinein, die so von den Entwicklungsimpulsen der traditionellen Ballungsräume profitieren.

Darüber hinaus gibt es Provinzen, die ebenfalls Ballungsräume aufweisen, jedoch aufgrund ihrer wirtschaftlichen Struktur etwas rückständiger sind; so z.B. Kocaeli aufgrund der dort ansässigen Schwerindustrie. Sie lassen sich in **Kategorie 2** (0 bis 8) einordnen. Diese Kategorie besteht aus folgenden Provinzen:

- In der Region Marmara: Kocaeli, Adapazarı, Tekirdağ, Balikesir und Bilecik.
- In der Region Ägäis: Aydın, Denizli, Uşak und Muğla.
- In der Region Mittelanatolien: Eskişehir.
- In der Region Mittelmeer: Adana, Osmaniye (früher Adana), İçel, Antalya und İsparta.

Die Kategorien 1 und 2 bilden die Wachstumsräume der Türkei. Jedoch zeigen sich in der ersten Kategorie einige Mängel in der schulischen Versorgung in İstanbul und in der medizinischen Versorgung in Bursa. Ferner weisen einige Provinzen in der zweiten Kategorie in der infrastrukturellen Versorgung, insbesondere im Bildungs- und Gesundheitswesen, noch erhebliche Mängel auf (s. Tab. 33a und 33b).

---

394 Yalova war bis 1996 ein Distrikt der Provinz İstanbul, deshalb sind die Daten beiden Provinzen bis dato identisch.

In **Kategorie 3** (-1 bis -8) befinden sich die Provinzen, die zum Teil in der Nähe der oben genannten Wachstumsräume liegen, dennoch von der Entwicklung nur geringfügig profitiert haben. Sie weisen meist unter dem Landesdurchschnitt liegende Werte auf (s. auch Tab. 33a und 33b):

- In der Region Marmara: Kırklareli, Edirne und Çanakkale.
- In der Region Ägäis: Manisa, Kütahya und Afyon.
- In der Region Mittelanatolien: Kırıkkale, Kayseri, Karaman und Nevşehir.
- In der Region Mittelmeer: Burdur.
- In der Schwarzmeer-Region: Bolu, Samsun, Trabzon, Zonguldak, Rize, Artvin u.a.
- In der Region Ost- und Südostanatolien: Elazığ und Batman.

In **Kategorie 4** (-9 und weniger) werden die Provinzen zusammengefaßt, die weit unter dem Landesdurchschnitt liegende Werte bei fast allen ausgewählten Indikatoren aufweisen. Insgesamt sind es 32 Provinzen, wovon die meisten sich in den Regionen Ost- und Südostanatolien befinden. Dazu kommen die Provinzen der östlichen Schwarzmeer-Region wie Sinop, Gümüşhane, Ordu und einige Provinzen aus der Region Mittelanatolien wie Sivas Niğde und Kırşehir. Diese Provinzen sind typische Entleerungsgebiete. Sie sind nach der räumlichen Strukturanalyse sehr rückständig. Besonders förderungsbedürftig sind die Provinzen Ostanatoliens, wie Muş, Ağrı, Kars, Ardahan und Hakkari (s. Tab. 33a und 33b).

Ein zusammenfassender Überblick über die Raumentwicklung in der Türkei ergibt ein städtisches Wachstum in bestimmten Räumen. Das großräumige und funktionale Gefüge bedarf der Auflockerung überbelasteter Verdichtungsräume und gleichzeitig einer Entwicklung in den rückständigen Gebieten.

Natürliche Standortvorteile, Konzentration von Betrieben im privaten und öffentlichen Bereich, große Arbeitsmärkte, vielfältige Angebote von Gütern und Diensten, differenzierte und spezialisierte Konsummärkte sowie gute Ausstattung mit Infrastruktureinrichtungen in den Wachstumsräumen bedingen den Trend siedlungsräumlicher Disparitäten in der Türkei.

Die überproportionale Begünstigung der Agglomerationsräume mit Hilfe von technischen und sozialen Infrastrukturleistungen sowie die üblichen Förderungsmaßnahmen haben die Attraktivität der Verdichtungsräume noch vergrößert. Die sich verschärfenden sozio-ökonomischen Gegensätze zwischen den Städten und den ländlichen Räumen sind als Folge der beschränkten Wirksamkeit der Sickereffekte gegenüber den Polarisierungseffekten aufgrund von Entleerungsprozessen entstanden. Aus diesem Grund besteht eine asymmetrische Raumstruktur in der Türkei, die sich in Form von demographischen und sozio-ökonomischen Disparitäten zeigt.

Wenn man die obigen Kategorien mit der Untersuchung von DERİCİOĞLU für den Zeitraum von 1950 bis 1975 vergleicht, ergibt sich folgende Erkenntnis:

- Die regionalen Disparitäten haben sich nach 1980 erheblich verschärft,
- die Richtung des Entwicklungsgefälles West-Ost hat sich nicht geändert,
- auch in den Wachstumsgebieten herrschen erhebliche Versorgungsdefizite.

Während der Veränderung der Wirtschaftspolitik nach 1980 hin zu einer Liberalisierung verschärften sich die bestehenden regionalen Disparitäten. Die Ausgleichsfunktion des Staates in den rückständigen Regionen konnte nicht ausreichend eingesetzt werden. Grund dafür ist neben mangelnden Finanzmitteln im Staatshaushalt auch die geringe Entwicklungsfähigkeit der rückständigen Regionen. Dazu kamen innenpolitische sowie außenpolitische Einflüsse, die negative Auswirkungen hatten: Darunter fallen die ethnische Auseinandersetzung im Südosten des Landes, die permanente Wirtschaftskrise im Inland und außenpolitische Hindernisse wie der Golfkrieg oder die Querelen zwischen der Türkei und den östlichen Nachbarländern und natürlich der Konflikt mit Griechenland.

Im folgenden soll die Entwicklung des türkischen Verkehrswesens nach 1980 analysiert werden, um das Verkehrsnetz in Relation zur Raumstruktur setzen zu können. Zunächst sollen aber die relevanten raumordnungspolitischen und verkehrspolitischen Zielsetzungen der Türkei für den Untersuchungszeitraum dargestellt und bewertet werden.

D. 2. Relevante politische Zielsetzungen

D. 2. 1. Raumordnungs- und Regionalpolitik

Seit Beginn der Liberalisierung in der Türkei fanden die Fünfjahresentwicklungspläne (FEP) wenig Beachtung von Seiten der Regierungen, dennoch bestimmten sie die Grundzüge der Raumordnungs- und Regionalpolitik.

Die vierte FEP-Periode (1979-1983) war stark von der vom Militär eingesetzten Übergangsregierung bestimmt. Dadurch trat die Umsetzung der Pläne zum Teil in den Hintergrund. Die Ziele der Raumordnungs- und Regionalpolitik waren aufgrund der starken Verstädterung auf die Förderung der Mittelzentren sowie der ländlichen Regionen ausgerichtet. Diese Zielsetzungen wurden in den fünften FEP (1985-1989) übertragen: In den Mittelzentren mit Einwohnerzahlen zwischen 50.000 und 500.000 sollte die Industrialisierung in Gang gesetzt werden. Die unterentwickelten Regionen, die über Standortvorteile für Industrieunternehmen (z.B. Rohstoffaufkommen) verfügen, sollten durch gezielte Förderungsmaßnahmen aufgebaut werden. Als letzte Entwicklungsstufe wurden 28 Provinzen, die sich meist in den östlichen Regionen des Landes befanden, als "förderungsbedürftig" (Kalkınmada Öncelikli Yöreler /KÖY) eingestuft.[395] Die weitere Ansiedlung von Unternehmen in den Ballungsräumen İstanbul, İzmir und Ankara sollte durch fiskalische Instrumente und Ansiedlungsverbote beschränkt werden. Die Inanspruchnahme von Förderungsmaßnahmen wie Steuerbegünstigung und Kreditvergabe blieb in den KÖY-Regionen in der Planungsperiode hinter den Erwartungen zurück. Zudem konnte die geplante Entlastung der Ballungsräume nicht verwirklicht werden.

In dieser Periode standen die Infrastrukturinvestitionen insbesondere in ländlichen Räumen im Vordergrund. Die wichtigsten Ziele waren die Versorgung mit Elektrizität und Telefon sowie die Asphaltierung von Straßen. Dementsprechend konnte zwischen 1984 und 1989 der Anteil der Stromanschlüsse in den ländlichen Regionen von 43,6% auf 97,8% erhöht werden. Auch der Anteil der ländlichen Räume mit Telefonanschluß stieg im gleichen Zeitraum von 20,6% auf 100%.[396]

Die wichtigste Maßnahme **des fünften FEP (1985-1989)** war die Fertigstellung des Masterplans für die Entwicklung der entlegenen Region Südostanatolien (Güneydoğuanadolu) im Jahre 1989. Die seit den siebziger Jahren vorhandenen und geplanten Teilprojekte (Staudammprojekte) an Euphrat und Tigris wurden mit diesem Masterplan unter der Bezeichnung GAP (Güneydoğu Anandolu Projesi) vereinigt. Der Plan basiert auf den regionalen Daten von 1985 und umfaßt die Entwicklung bis 2005. Seit 1989 koordiniert eine

---

[395] 13 Provinzen, in denen die durchschnittliche Bevölkerungsdichte bei 39 E/qkm lag, wurden der Dringlichkeitsstufe I für die Förderung zugeteilt: Ağrı, Adıyaman, Bingöl, Bitlis, Diyarbakır, Gümüşhane, Hakkari, Kars, Mardin, Muş, Siirt, Tunceli, Van. Weitere 15 Provinzen, welche ein durchschnittliche Bevölkerungsdichte von ca. 41 E/qkm aufweisen, wurden zur Dringlichkeitsstufe II gezählt: Amasya, Artvin, Çankırı, Çorum, Elazığ, Erzincan, Erzurum, Kahramanmaraş, Kastamonu, Malatya, Sinop, Sivas, Şanlıurfa, Tokat und Yozgat. In den restlichen 39 Provinzen betrug die Bevölkerungsdichte 85 E/qkm im Jahre 1985. Vgl. SPO (1989): Altıncı Beş Yıllık Kalkınma Planı öncesinde gelişmeler, 1984-1988 (Die Entwicklungen vor dem sechsten FEP), Ankara, 385-386.

[396] Vgl. SPO (1995): Der siebte FEP (1996-2000) (in türkischer Sprache), Ankara, S. 52.

eigene Planungsorganisation (GAP-İdaresi Başkanlığı) die 13 Teilprojekte, die nicht nur Energie- und Bewässerungsprojekte, sondern auch die sozio-ökonomische Entwicklung der Region umfassen. Für die GAP-Region wurde auch ein Verkehrsplan vorbereitet, der einen internationalen Flughafen in Şanlıurfa, Schnellstraßen zwischen den Provinzhauptstädten und eine parallel verlaufende Eisenbahn- und Autobahnverbindung von Adana bis an die irakische Grenze vorsieht.[397]

Im sechsten FEP (1990-1995) war das Ziel der Raumordnungs- und Regionalpolitik wiederum der Abbau regionaler Disparitäten im Lande. Insbesondere sollten die KÖY-Regionen gefördert werden. In die KÖY-Regionen wurde auch die Provinz Zonguldak einbezogen[398]. Durch die Verwaltungsreform in dieser Planungsperiode stieg die Zahl der Provinzen von 67 auf 76.[399] Bei dieser Verwaltungsreform spielten für einige Provinzen wie Şırnak und Bayburt, Batman, Ardahan und Iğdır an der Grenze zum Irak und zu Armenien politische und strategische Überlegungen eine große Rolle. Aufgrund der verstärkten politischen und militärischen Auseinandersetzungen im Osten bzw. Südosten der Türkei Ende der achtziger Jahre waren in diesen Provinzen neu gegründete bzw. errichtete Garnisonstädte von strategischer Bedeutung. Für die Provinzen Karaman, Kırıkkale, Aksaray und Bartın waren ökonomische und historische Gründe sowie Wahlversprechen von Regionalpolitikern entscheidend für die Teilung der Provinzen.[400]

Im sechsten FEP war die planmäßige Verwirklichung des GAP-Projektes das wichtigste Ziel der Regionalpolitik. Das größte Teilprojekt des GAP-Projektes, der "Atatürk-Staudamm", wurde in dieser Periode begonnen und im Jahre 1995 fertiggestellt. Im Testgebiet Harran (Şanlıurfa) begann auch die Bewässerung. Für den Ausbau der modernen Infrastruktur in der Region wurden Machbarkeitsstudien durchgeführt, etwa für den Autobahnbau und den Bau des internationalen Flughafens in Şanlıurfa. Auch der Ausbau der Autobahnverbindung zwischen Gaziantep und der Region Çukurova (Adana) begann in dieser Planungsperiode.[401]

Im sechsten Plan wurden auch die Probleme der Großstädte in Angriff genommen, wobei die vorgesehenen Maßnahmen zur Lenkung der Unternehmen zu den Mittel- und Kleinzentren nicht konkretisiert wurden. Die infrastrukturelle Versorgung in den Mittel- und Kleinzentren sollte verbessert werden. Aufgrund politischer Interessen wurden diese Maßnahmen in den Zuwanderungsgebieten (mit den meisten Wählerstimmen) durchgeführt. Die Gecekondus - illegal gebaute Häuser - wurden aufgrund von Wahlversprechen der jeweiligen politischen Führung immer wieder nachträglich legalisiert. Dies führte zu einem planlosen Wachstum der Großstädte. Zudem begrenzte die schlechte finanzielle Lage des Staates (z.B. während der

---

397 Vgl. GAPİB (1999): GAP-Masterplan, Online-Ausgabe (www.gap.gov.tr), o. S.

398 Im Jahre 1995 waren 36 Provinzen als KÖY-Regionen eingestuft: Neben Zonguldak wurden die neu hinzugekommenen Provinzen im Osten einbezogen.

399 Die neu hinzugekommenen Provinzen sind Karaman (Konya), Aksaray (Nevşehir), Kırıkkale (Ankara), Bayburt (Gümüşhane), Şırnak (Mardin) im Jahre 1990, Batman (Siirt) im Jahre 1991, Bartın (Zonguldak) im Jahre 1992, Ardahan und Iğdır (Kars) in den Jahren 1993 und 1994.

400 Vgl. o.V. (1998): Neue Provinzen der Türkei (in türkischer Sprache), Cumhuriyet, am 17.7.1998.

401 Vgl. SPO (1989): Die Entwicklungen vor dem sechsten FEP (in türkischer Sprache), Ankara, S. 385-386.

Wirtschaftskrise von 1994) die Umsetzung der regionalpolitischen Ziele zur Förderung der Mittel- und Kleinzentren.[402]

Der siebte FEP (1996-2000) setzt sich erneut den Abbau der regionalen Disparitäten zum Ziel. In diesem Zusammenhang wurden die unterentwickelten Regionen im Osten und Südosten des Landes an erster Stelle für die wirtschaftliche Förderung eingestuft. Auch ein ähnlicher Entwicklungsplan wie beim GAP-Projekt sollte in dieser FEP-Periode für Ostanatolien vorbereitet werden.

Aufgrund mehrfacher Verwaltungsreformen wurden zu den 76 Verwaltungsprovinzen weitere vier Provinzen zugeordnet, Yalova (İstanbul), Osmaniye (Adana), Kilis (Gaziantep) und Karabük (Zonguldak). Die Provinzen Yalova und Osmaniye dienten zur Entlastung der Ballungsräume, während Kilis an der Grenze zu Syrien eine strategische Bedeutung hatte. Zonguldak nahm seit Anfang der neunziger Jahre parallel zu dem weltweiten Bedeutungsverlust der Eisen- und Stahlindustrie und steigender Verluste der ineffizient arbeitenden staatlichen Betriebe eine besondere Stellung ein. Die Verschlechterung der Situation im Bergbau sowie ausländische Konkurrenz für türkische Braunkohle und die Privatisierung der staatlichen Betriebe (Eisen- und Stahlindustrie und Kohlenreviere) führten zu hoher Arbeitslosigkeit in der Region. Deshalb soll ein seit 1990 begonnenes Entwicklungsprojekt für Bartın-Zonguldak auch auf Karabük ausgedehnt werden, um neue Arbeitsplätze in der Region zu schaffen.[403]

Die Zahl der KÖY-Provinzen stieg im Jahre 1999 auf 50 an, d.h. über die Hälfte der türkischen Provinzen gehört zu den unterentwickelten Regionen. Neben den neuen Verwaltungsprovinzen zählten auch die der Schwarzmeer-Region Giresun, Ordu, Trabzon und Rize dazu. Zudem stehen die sechs unterentwickelten Provinzen Diyarbakır, Hakkari, Siirt, Şırnak, Tunceli und Van aufgrund des Ausnahmezustandes unter verschärfter Militärüberwachung. Auch die benachbarten Provinzen (Batman, Bingöl, Bitlis, Mardin, Muş) sind wegen der möglichen Ausweitung der Sicherheitsrisiken davon betroffen. In diesen Provinzen, die zum Teil zur GAP-Region gehören, ist das türkische Militär sogar in der obersten Verwaltungsebene zuständig.[404]

Zur Entlastung der Ballungsräume sollten auch die benachbarten Provinzen gefördert und die infrastrukturellen Versorgungsdefizite insbesondere in den Großstädten gelöst werden. Dafür sollte ein institutioneller und gesetzlicher Rahmen geschaffen werden. Das lückenhafte Bebauungsgesetz sollte an die heutigen Anforderungen einer modernen Stadt angepaßt werden. Die Koordinationsaufgaben sowie Planungs- und Kontroll-Mechanismen sollten neu definiert werden.

Die Vorbereitungen zum Entwicklungsplan für Ostanatolien (Doğu Anadolu Projesi/DAP) begannen im Jahre 1998 unter der Regie der SPO mit Beteiligung der Universitäten der Osttürkei. Der Masterplan für das DAP-Projekt soll im Jahre 2000 fertiggestellt werden. Das

---

402 Vgl. AYDIN, Ali Rıza (1993): Die Stadt - Lebensraum, in dem Verantwortung zur Freiheit wird (in türkischer Sprache), in: Türkiye Mühendislik Haberleri, Nr. 367, August 1993, S. 13ff.

403 Vgl. SPO (1995): Der siebte FEP (1996-2000) (in türkischer Sprache), Ankara, S. 55.

404 Vgl. SPO (1999): Regionale Entwicklung (in türkischer Sprache), Online-Ausgabe (www.dpt.gov.tr), o. S. und vgl. GAPİB (1999): GAP-Masterplan, Online-Ausgabe (www.gap.gov.tr), o. S.

Projekt umfaßt die am wenigsten entwickelte Region mit 16 Provinzen und soll wie das GAP-Projekt die gesamte sozio-ökonomische Entwicklung der Region fördern.[405]

Im Rahmen des siebten FEP wurde auch für die sieben Provinzen der östlichen Schwarzmeer-Region ein regionales Entwicklungsprojekt geplant. Da diese Region nach Ostanatolien das zweitgrößte Abwanderungsgebiet (-6,43%) mit dem geringsten Bevölkerungszuwachs (+0,019%) zwischen 1985 und 1990 ist, wird ein Masterplan für ein multi-sektorales Entwicklungsprojekt der Region in Zusammenarbeit mit der Japanischen Institution für internationale Zusammenarbeit (JICA) vorbereitet. Die Projektarbeit begann im April 1999. Aufgrund der verstärkten wirtschaftlichen Beziehungen zu den GUS-Staaten hat diese Region auch an internationaler Bedeutung gewonnen.[406]

Die staatlichen Investitionen und die Subventionen zur Förderung privater Unternehmen in peripheren Regionen sind Instrumente der Regionalpolitik der Türkei zum Abbau der regionalen Disparitäten. Ihre Verteilung verdeutlicht, warum die vorgesehenen Ziele zum Teil nicht verwirklicht werden konnten.

Tab. 34 zeigt die ungleichmäßige Verteilung von staatlichen Investitionen bzw. Förderungen in den einzelnen Regionen der Türkei. Die westlichen Regionen der Türkei und Südostanatoliens hatten zwischen 1983 und 1997 den höchsten Anteil an staatlichen Investitionen pro Einwohner. Die staatliche Finanzierung des GAP-Projektes, insbesondere der Bau des Atatürk-Staudamms, erhöhte den Investitionsanteil in Südostanatolien im Vergleich zu den Jahren vor 1980. Die privaten Unternehmen in der Region Marmara nahmen doppelt so hohe Förderungsmaßnahmen in Anspruch wie die in Südostanatolien. Der hohe Anteil der beanspruchten staatlichen Förderung in den Regionen Mittelmeer und Ägäis ist auf das erhebliche Wachstum des Tourismussektors zurückzuführen. In der Schwarzmeer-Region und in Ostanatolien beanspruchten die Unternehmen die Förderungsmaßnahmen im geringsten Maße, obwohl diese Regionen laut Regionalpolitik besonders gefördert werden. Der Grund dieses scheinbaren Widerspruchs liegt darin, daß diese Standorte für neu zu gründende private Unternehmen trotz Förderungsmaßnahmen nicht attraktiv genug waren. Ein wichtiger Standortfaktor, der in diesen Regionen fehlte, war die Verkehrsanbindung zu den funktionierenden Märkten der Türkei, wie noch zu zeigen ist. In Ostanatolien trug die instabile politische Lage erheblich zu dieser Situation bei.[407] Zudem erschwerten schwache Handelsbeziehungen zwischen der Türkei und den Nachbarländern (Irak, Syrien, Iran) die Lage in den östlichen Regionen.

---

405 Vgl. SPO (1999): DAP, Online-Ausgabe (www.dpt.gov.tr), o.S.

406 Vgl. SPO (1999): Regionale Entwicklung (in türkischer Sprache), Online-Ausgabe (www.dpt.gov.tr), o. S.

407 Vgl. SZ (1999): Krawatten statt Kalaschnikows, 4./5. September, 1999.

Tab. 34: Regionale Verteilung von staatlichen Investitionen und Förderungsmaßnahmen in der Türkei zwischen 1983 und 1997

Regionen	1983-1997 Anteile der Regionen an den jährlichen durchschnittlichen staatlichen Investitionen (%)	1983-1997 durchschnittliche jährliche staatliche Investitionen je Einwohner in US$	1983-1997 Anteil der Regionen an den jährlichen durchschnittlichen Förderungsmaßnahmen	1983-1997 jährliche durchschnittliche Förderungsmaßnahmen pro Einwohner in US$
Marmara	22,2	123	42,7	673
Ägäis	20,2	186	12,6	379
Mittelmeer	10,1	113	14,0	439
Mittelanatolien	19,5	142	13,2	315
Schwarzes Meer	9,3	90	5,0	157
Südostanatolien	10,2	126	9,6	388
Ostanatolien	6,9	94	2,9	129
Türkei	100	123	100	401

Quelle: SPO (1999): Regionale Entwicklung (in türkischer Sprache), Online-Ausgabe (www.dpt.gov.tr), o.S.

Die Einschränkung der staatlichen Förderungen für Neuinvestitionen in den Ballungsräumen, insbesondere in İstanbul, hat dazu geführt, daß große Holdings ihre Standorte für Neuinvestitionen meist in den benachbarten Provinzen ausgewählt haben. Dennoch floß der größte Teil der staatlichen Förderung in die Ballungsräume, wie aus Tab. 34 zu entnehmen ist. Der Grund lag in den Ausnahmen des Förderungsgesetzes, die zwar keine Förderung von Neuinvestitionen in den westlichen Ballungsräumen vorsehen, aber Förderungen für Erweiterung und Modernisierung der Industriebetriebe. Deshalb wurden die Ballungsräume nach wie vor am meisten gefördert. So bekam z.B. İstanbul 16,5% der Gesamtförderung zwischen 1990 und 1996, Bursa folgte mit einem Anteil von 11% an der Gesamtförderung.[408]

Fazit

Die Pläne der Raumordnungs- und Regionalpolitik konnten aufgrund der populistischen Politik der Regierungen und der finanziellen Schwierigkeiten des Landes in den achtziger sowie neunziger Jahren nicht in vollem Umfang verwirklicht werden.

Einerseits konzentrierte sich die Regionalpolitik auf die Durchführung großräumiger Entwicklungsprojekte wie des GAP-Projekts. Im Bereich der GAP-Verkehrsinvestitionen konnte nur die Autobahnverbindung Gaziantep-Adana, eine von zahlreichen geplanten Verkehrsprojekten, umgesetzt werden. Insbesondere erweisen sich die intraregionalen Straßenverbindungen als mangelhaft, wodurch die räumlichen Disparitäten innerhalb des Projektgebietes verschärft werden. Dies führt zu weiteren Defiziten bei der gesamten Entwicklung für das GAP-Gebiet.

---

[408] Vgl. SÖNMEZ, Mustafa (1998): Regionale Disparitäten - Ost-West-Kluft in der Türkei (in türkischer Sprache), İstanbul, S. 101.

Andererseits wurden Lösungsansätze für die aufgrund der verstärkten Zuwanderung überfüllten Ballungsräume, insbesondere İstanbul, gesucht. Da die verantwortlichen Instanzen zum Teil wegen der lückenhaften Gesetzgebung und zum Teil aus wahltaktischen Gründen nicht rechtzeitig reagieren konnten, wuchsen die Ballungsräume bis in die neunziger Jahre mit ihren unveränderten Problemen.

Die türkische Raumordnungs- und Regionalpolitik reagiert einerseits auf die enormen Probleme der Ballungsräume im Westen, anderseits auf die Entwicklung im Osten jeweils mit einer zeitlichen Verzögerung von 30 Jahren.[409] Diese „Strategie" ist auch bei der Umsetzung der Verkehrspolitik zu beobachten, wie im folgenden zu zeigen ist.

D. 2. 2. Verkehrspolitik

Durch die weitgehende Förderung des Straßenverkehrs hat sich die türkische Verkehrspolitik nach 1980 gravierend verändert. Unter der Übergangsregierung zwischen 1980 und 1983 wurde zum erstenmal ein umfangreicher langfristiger Verkehrsmasterplan für 1983-1993 vorbereitet. Da dieser Masterplan der einzige geblieben und beispielhaft für die Planung wie auch für die Nicht-Durchführung der Pläne ist, soll auf ihm im folgenden näher eingegangen werden.

a) Masterplan für Verkehr (1983-1993)

Schon seit 1963 wurden von Wissenschaftlern und privatwirtschaftlichen Vereinigungen (Verein der internationalen Gütertransporte, Automobilvereine, Verein der Omnibusinhaber usw.) immer wieder der Vorwurf der Planlosigkeit im Verkehr und der Wunsch nach dessen planmäßiger Entwicklung geäußert. Dementsprechend begannen im Jahre 1981 die Vorbereitungen zum ersten Verkehrsmasterplan für die folgenden 10 Jahre. An der Vorbereitung des Verkehrsmasterplans haben alle zuständigen Minister, die Vertretungen betroffener Wirtschaftsunternehmen, Verkehrsunternehmen und alle für den Verkehr verantwortlichen staatlichen Organisationen sowie Verkehrswissenschaftler mitgearbeitet.[410]

Ziel des Masterplans war eine generelle Neuorientierung des Verkehrssektors. Es sollte ein dynamischer Plan sein, der auch die Veränderungen der Nachfrage und die interdependente Beziehungen zwischen den einzelnen Verkehrsträger berücksichtigt. Der Plan sollte dementsprechend alle drei Jahre aktualisiert werden. Ein besonderes Ziel des Masterplans war es, die gleichmäßige Verteilung der Transportleistungen im Güterverkehr auf die verschiedenen Verkehrsträger zu gewährleisten[411] (s. Tab. 35). Im Güterverkehr sollten Verlagerungen von der Straße auf die Eisenbahn und den Seeverkehr stattfinden, bei geeigneten Gütern auch auf die Pipelines. Im Personenverkehr sollte jedoch weiterhin der

---

409 Vgl. KEYDER, Çağlar (1996): Untergang einer nationalen Entwicklungsstrategie (in türkischer Sprache), İstanbul, S. 108.

410 Vgl. TÜSİAD (1988): Der Verkehrssektor in den EG-Ländern und in der Türkei - Probleme der Integration (in türkischer Sprache), İstanbul, S. 17.

411 Vgl. EVREN, Güngör (1996): Die türkische Eisenbahn (in türkischer Sprache), in: Türkiye Mühendislik Haberleri, Nr. 384, Juli 1996, S. 24.

Straßenverkehr dominierend bleiben, der Anteil der Straße sollte sogar steigen. So war die Zielsetzung des Masterplans teilweise in sich widersprüchlich, nämlich hinsichtlich einer ausgewogenen Entwicklung der Verkehrsträger.[412]

Tab. 35: Prognosen für die Anteile der Verkehrsträger im Personen- und Güterverkehr nach dem Masterplan für Verkehr (1983-1993)

Personenverkehr (in %)			**Güterverkehr (in %)**		
Verkehrsträger	**1983**	**1993**	**Verkehrsträger**	**1983**	**1993**
Straße	93,96	94,06	**Straße**	72,26	36,06
Schiene	4,12	4,04	**Schiene**	10,41	27,45
See	1,18	1,08	**See**	15,87	32,16
Luft	0,74	0,82	**Pipelines**	1,46	4,33

Quelle: TÜSİAD (1988): Der Verkehrssektor in den EG-Ländern und in der Türkei - Probleme der Integration (in türkischer Sprache), İstanbul, S. 17.

Dennoch war der Masterplan für Verkehr ein gutes Beispiel, da eine langfristige Planung und eine ausführliche Auseinandersetzung mit dem Gesamtverkehr stattfand. Die ANAP-Regierung (seit 1983) setzte jedoch 1984 den Masterplan außer Kraft. Daher konnten die Planziele nicht erreicht werden. Die Gründe für die Aufhebung des Planes waren nicht politische Vorbehalte gegenüber einem von einer Militärregierung verabschiedeten Plan, sondern der eindeutige Wunsch der ANAP-Regierung, die Verkehrspolitik gemäß ihrer eigenen Wirtschaftspolitik zu entwickeln.[413]

Tab. 36 zeigt die Verteilung der in dem Plan vorgesehenen Investitionen auf die einzelnen Verkehrsträger. Um einen Vergleich zu ermöglichen, werden in Tab. 36 sowohl die Investitionsvorhaben im Jahre 1982 als auch die geplanten jährlichen Investitionsanteile der Verkehrsträger dargestellt.

---

412 Vgl. KAYNAK, Muhteşem (1992): Verkehrssektor (in türkischer Sprache), in: Die türkische Wirtschaft, Sektorale Entwicklungen), Hrsg.: TEK, Ankara, S. 79.

413 Vgl. ALPBEK, Mehmet Cem (1997): Interessengegensätze bei Entscheidungsprozessen am Beispiel der Verkehrspolitik in der Republik Türkei und deren sozio-ökonomische Auswirkungen - eine sozio-historische Analyse für den Zeitraum 1950-1989, Berlin, S. 147.

Tab. 36: Verteilung der öffentlichen Investitionen im Verkehrssektor nach dem Masterplan für Verkehr 1983-1993

Verkehrsträger	Investitionsvorhaben im Jahre 1982 (in %)	Jährliche Investitionsprognosen 1983-1993 (in %)
Straßenverkehr	53, 76	45,98
Eisenbahnverkehr	17,56	28,34
Seeverkehr	10,04	15,03
Luftverkehr	16,12	9,23
Pipelines	2,52	1,42
Gesamt	100	100

Quelle: Vgl. TÜSİAD (1988): Der Verkehrssektor in den EG-Ländern und in der Türkei - Probleme der Integration (in türkischer Sprache), İstanbul, S. 17.

Aus Tab. 36 geht hervor, daß der Masterplan eine ausgewogene Verteilung der staatlichen Investitionen auf die einzelnen Verkehrsträger vorsieht und damit den Eisenbahn- und Seeverkehr im Vergleich zu 1982 stärker fördert.[414] Im Masterplan für Verkehr 1983-1993 wurde auch betont, daß ein weiterer Masterplan für Verkehrswesen vorbereitet werden solle. Dieses Ziel wurde in den FEP eingetragen, jedoch bis zum Ende des Untersuchungszeitraumes nicht verwirklicht.[415]

a) Verkehrspolitik in den FEP von 1983 bis 2000

Mit der ersten ANAP-Regierung (1983 - 1987) erfolgte eine grundlegende Änderung in der Verkehrspolitik, die sich im Autobahnbau am deutlichsten zeigte. Besonders der damalige Ministerpräsident ÖZAL legte in seinen Regierungsprogrammen großen Wert auf den Autobahnbau. Die Autobahnbauarbeiten, die schon 1973 geplant worden waren, konkretisierten sich in der Legislaturperiode der ANAP. Im Jahre 1985 begannen die Ausschreibungen für weitere Bauabschnitte (s. Kap. D. 3. 2. 2.).

Exkurs

Gleichzeitig wurde durch einen Beschluß des Ministeriums für Öffentliche Arbeiten (Bayındırlık ve İskan Bakanlığı- BİB) eine neue Ausschreibungsrichtlinie bestimmt. Diese Richtlinie beinhaltete im einzelnen:[416]

---

414 Vgl. TCUB (1992): Masterplan für das Verkehrs- und Kommunikationswesen (1993-2002) (in türkischer Sprache), Ankara, S. 26.

415 Anfang des Jahres 1998 wurde nach Angaben des Verkehrsministeriums mit den Vorbereitungen eines Masterplans für Verkehr begonnen. Vgl. BALCI, Gonca (1998): Die hochgesteckten Ziele der Verkehrspolitik (in türkischer Sprache), in: Capital, Februar 1998, S. 52, und IŞIK, Aslı (1998): Ein neuer Masterplan für Verkehr wird erarbeitet (in türkischer Sprache), in: Dünya, am 6.3.1998, o. S.

416 Vgl. ALPBEK, Mehmet Cem (1997): Interessengegensätze bei Entscheidungsprozessen am Beispiel der Verkehrspolitik in der Republik Türkei und deren sozio-ökonomische Auswirkungen - eine sozio-historische Analyse für den Zeitraum 1950-1989, Berlin, S. 147f.

- Möglichst viele Interessenten sollten an der Ausschreibung teilnehmen.
- Unter den Interessenten sollte eine Vorauswahl getroffen werden.
- Die Ausschreibungskommission sollte eine Entscheidung bezüglich den verschiedenen vorgeschriebenen Maßstäben fällen.
- Die Auftragserteilung sollte einer Prüfung durch die Ministerien für Finanzen und Zoll und den Rechnungshof unterzogen werden.
- Die gesamte Baufinanzierung sollte über privatwirtschaftliche Unternehmen durch Auslandskredite aufgebracht werden.

Diese Kriterien der Richtlinie fanden außer bei der ersten Ausschreibung keine Anwendung, was in Kap. D. 3. zu belegen sein wird.

Ende des Exkurses

Seit 1980 wurden drei FEP vorbereitet. Im wesentlichen folgten diese Pläne den gleichen Zielsetzungen wie die vorherigen FEP, nämlich
- die Koordination und eine ausgewogene Entwicklung zwischen den einzelnen Verkehrsträgern zu verwirklichen und
- einen Masterplan für Verkehr vorzubereiten.

Deshalb sollen im folgenden nur die wesentlichen neuen Ziele des siebten FEP für 1996-2000 dargestellt werden:[417]

1- Im Verkehrssektor sollen Aspekte des Umweltschutzes erstmals berücksichtigt werden. Eine Verlagerung auf umweltschonende Verkehrsmittel soll stattfinden.

2- Maßnahmen zur Ausbildung des Personals im Verkehrssektor, Verkehrskontrollen im Straßenverkehr und technische Kontrollen der Fahrzeuge bezüglich ihrer Umweltverträglichkeit sollen eingeführt werden.

3- Eine weitgehende Liberalisierung im Verkehrssektor soll durch Privatisierung ermöglicht werden. Das BOT-Modell (Bulding-Operating-Transfer)[418] soll im Bereich der Verkehrsinfrastruktur verstärkt eingesetzt werden.

4- Im Rahmen der wirtschaftlichen Beziehungen zur EU und zur Schwarzmeerkooperation sollen die laufenden und geplanten Verkehrsprojekte verstärkt gefördert werden: Mit zehn europäischen Ländern[419] sind das TER-Projekt (Trans-Europaen-Railway) und das TEM-Projekt (Trans-Europaen-Motorway) in der Umsetzungsphase und mit den Ländern der Schwarzmeerkooperation weitere Straßenbauprojekte in der Planungsphase.

Vergleicht man das Entwicklungsziel der FEP einer weitgehend ausgeglichenen Förderung der einzelnen Verkehrsträger mit den vorgenommenen Investitionen, so wird die Widersprüchlichkeit der türkischen Verkehrspolitik sichtbar (s. Tab. 37).

---

417 Vgl. SPO (1995): Der siebte FEP (1996-2000) (in türkischer Sprache), Ankara, S. 120ff.

418 Dies Modell sah vor, daß private Unternehmen die Verwirklichung des Projektes durch das Erlangen ausländischer Kredite übernehmen und dieses Projekt über einen bestimmten Zeitraum (in der Regel 10 bis 20 Jahre) betreiben werden. Wenn die einkalkulierten Gewinne der Unternehmen erwirtschaftet werden konnten, wird das Projekt dann an den Staat übergeben.

419 Die zehn Länder sind neben der Türkei: Italien, Bulgarien, Georgien, Kroatien, Litauen, Ungarn, Polen, Rumänien, die Slowakei und Griechenland.

Tab. 37: Private und staatliche Investitionen im Verkehrs- und Kommunikationswesen und deren Verteilung nach Verkehrsträgern in den einzelnen FEP-Perioden

	IV. FEP-Periode (1979-1983)	**V. FEP-Periode (1985-1989)**	**VI. FEP-Periode (1990-1994)**	**VII. FEP-Periode* (1996-2000)**	**Verwirklichte Investitionen im Jahre 1998**
Anteil der Investitionen im Verkehrs- und Kommunikationswesen an den staatl. und priv. Gesamtinvestitionen (%)	17,9	22,4	21,6	20,4	20,0
In Mrd. US$ (Preise von 1994)	8,69	16,8	26,4	24,7	0,119
Anteile der Verkehrszweige an den gesamten Investitionen im Verkehrs- und Kommunikationswesen in %					
Autobahn	-	4,4**	42,6	65	70
Straßenverkehr	64	43,3	37		
Eisenbahn	26	16	6,9	6,8	6
Seeverkehr	5,3	9,8	0,28	3,4	2,8
Luftverkehr	2,9	18,1	0,68	19,8	11,5
Pipeline	1,8	12,8	0,51	3,6	9,7

*geplant, ** auch Auslandskredite

Quelle: Eigene Darstellung, Daten aus SPO (1999): Social and Economic Indicators (1950-1998), Online-Ausgabe (www.dpt.gov.tr), o. S., und AYAN, Cihan / YÜCELEN, Ufuk (1997): Ansätze zur Lösung der größten Probleme der Türkei an der Jahrtausendwende (in türkischer Sprache), Hrsg.: TÜGİAD, Nr. 22, İstanbul, S. 22-27.

Eine Gegenüberstellung der Investitionsprognosen des Masterplans in Tab. 37 und der verwirklichten Investitionen in Tab. 37 signalisiert den starken Zuwachs des Verkehrs auf der Straße, der sich im gesamten Verkehrssystem als großes Problem darstellt.[420] Im folgenden wird die Entwicklung der Verkehrsträger des türkischen Verkehrssystems untersucht, um die Engpässe im Verkehrssektor und deren Wirkungen auf die zukünftige wirtschaftliche und regionale Entwicklung des Landes analysieren zu können.

[420] Vgl. AYAN, Cihan / YÜCELEN, Ufuk (1997): Verkehrswesen - Ansätze zur Lösung der größten Probleme der Türkei an der Jahrtausendwende (in türkischer Sprache), Hrsg.: TÜGİAD, Nr. 22, İstanbul, S. 22-27.

D. 3. Das Verkehrswesen in der Türkei nach 1980

Nach STEWIGs Darstellung der Entwicklung der türkischen Industrialisierung begann die dritte Phase des Take-off im Jahre 1980. Im Zuge der Liberalisierung der Türkei veränderten sich

- die Wirtschaftsstruktur durch zunehmende interregionale sowie internationale Arbeitsteilung (s. Kap. B. 2.),
- die Anforderungen der türkischen Wirtschaft an die Verkehrsleistungen.[421]

Aufgrund der veränderten Rahmenbedingungen durch die Exportorientierung und die Liberalisierung ist die türkische Wirtschaft nun einem erhöhten Anpassungsdruck ausgesetzt.[422] Die Bedeutung des Verkehrssektors im seit 1980 begonnenen Anpassungsprozeß ist das Thema der folgenden Abschnitte.

Zunächst wird die Veränderung des Modal-Split dargestellt. Im Anschluß daran soll die Entwicklung der Hauptverkehrsträger und deren Auswirkungen auf die gesamtwirtschaftliche und regionale Entwicklung analysiert werden.

D. 3. 1. Veränderung des Modal-Split

Seit 1980 bewirken die zunehmende internationale Verflechtung und die wirtschaftliche Entwicklung ein Anwachsen der Güter- und Personenströme. Die Verkehrsleistungen steigen insgesamt sehr rasch an, wobei der Straßenverkehr seine Vorrangstellung im Güter- und Personenverkehr verstärkt hat.

a) Güterverkehr

Aus Tab. 38 geht hervor, daß die gesamten Verkehrsleistungen im Güterverkehr seit 1980 fast um das Dreifache angestiegen sind. Beim Flug- und Straßenverkehr ist eine erhebliche Erhöhung der Verkehrsleistungen zu beobachten. Eine Senkung bei den Seeverkehrsleistungen und eine geringfügige Erhöhung der Eisenbahnleistungen zeigen die starke Verlagerung des Güterverkehrs auf die Straße.

---

421 Vgl. ULUSOY, Saffet (1998): Die Vorrangstellung des Straßenverkehrs im Lichte heutiger Wirtschaftspolitik (in türkischer Sprache), in: Vorträge und Veröffentlichungen des Symposiums über sich für die türkische Wirtschaft aus dem internationalen Verkehrswesens ergebende Beiträge und Probleme, Hrsg.: UND / Universität Marmara, İstanbul, S. 25f.

422 Vgl. ebd., S. 29f.

Tab. 38: Die Entwicklung der Binnenverkehrsleistungen im Güterverkehr zwischen 1980 und 1997

Verkehrsträger	1980 Mio. tkm	1980 in %	1985 Mio. tkm	1990 Mio. tkm	1995 Mio. tkm	1997 Mio. tkm	1997 in %
Straße	36.418	87,4	45.464	65.710	112.515	124.340	90,3
Schiene	5.167	12,4	7.959	8.031	8.632	9.717	7,2
See	35	0,1	4.504	7.234	276	9	-
Luft	32	0,1	59	107	231	363	0,2
Pipelines (Öl)	-	-	3.913	6.839	3.192	3.272	2,3
GESAMT	41.652	100	63.884	89.911	126.841	139.698	100

Quelle: SIS (1998): Summary Statistics on Transportation and Communication 1997, Ankara, S. 2, und KGM (1998): Annual Statistics of Turkish Highways 1995-1996, Ankara, S. 85.

Ein Vergleich der prozentualen Anteile der Binnen-Verkehrsleistung nach Verkehrsträgern in den Jahren 1980 und 1997 zeigt, daß der Anteil des Straßenverkehrs im Güterverkehr auf 90,3% der Gesamtleistungen gestiegen ist. Wesentliche Unterschiede zeigen sich in der Güterverkehrsleistung auf der Schiene und dem Seeweg. Diese Anteile sanken von 12,4% bzw. 1% im Jahre 1980 auf 7,2% bzw. fast 0% im Jahre 1997.

Luft- und Seeverkehr

Obwohl die Verkehrsleistungen im Luftverkehr ungefähr um das Zehnfache angestiegen sind, hat der Flugverkehr mit 0,2% weiterhin einen geringen Anteil am gesamten Güterverkehr. Der Seeverkehr zeigt insbesondere in den neunziger Jahren nur im internationalen Güterverkehr Wachstumstendenzen auf (s. Abb. 29).

Das Außenwirtschaftsvolumen der Türkei hat sich durch die exportorientierte Wirtschaftspolitik nach 1980 erheblich vergrößert. Der Anteil des Seeverkehrs an den Außenhandelstransporten lag im Jahre 1997 bei ca. 90% des Verkehrsaufkommens (gemessen in Tonnen). Im selben Jahr wurden insgesamt 168,8 Mio. t Güter in türkischen Häfen umgeschlagen, wovon 24,7 % auf den Binnen-, 22% auf den Export-, 44,6% auf den Import- und 8,7% auf den Transitverkehr kamen.[423] Abb. 29 zeigt das Wachstum des Seetransports beim Export und Import seit 1987.

[423] Vgl. DTO (1998): Turkish Shipping Sector, Report´ 97, İstanbul, S. 55 und 96.

Abb. 29: Seetransport im Außenhandel zwischen 1987 und 1997

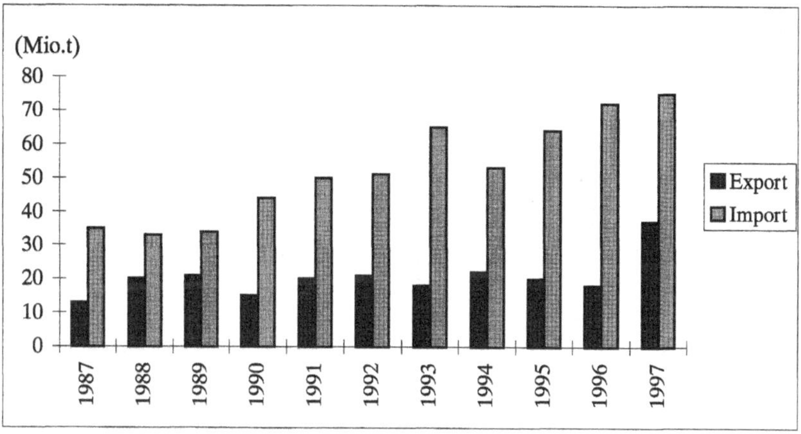

Quelle: DTO (1998): Turkish Shipping Sector, Report´97, İstanbul, S. 55.

Bei der Entwicklung des internationalen Seeverkehrs spielten die erhöhten staatlichen Investitionen eine große Rolle: Wie bereits dargestellt, konzentrierten sich diese seit Beginn der achtziger Jahre auf die Infrastruktur, insbesondere auf exportfördernde. So floß ein großer Teil der staatlichen Förderungen in den Seeverkehr. In der vierten FEP-Periode (1979-1983) wurden insgesamt ca. 250 Mio. US$ in den Seeverkehr investiert; diese Investitionen sind in der fünften FEP-Periode (1985-1989) rd. um das Sechsfache gestiegen.[424]

Als Folge der verstärkten staatlichen und privaten Investitionen wuchs die türkische Handelsflotte schnell. So stieg die Kapazität der Seeflotte von 1,9 Mio. BRT im Jahre 1980 auf 5,7 Mio. BRT im Jahre 1985. Die Kapazität der türkischen Handelsflotte erreichte im Jahre 1997 10,5 Mio. BRT,[425] an denen der Staat 6,2% und die Privatwirtschaft 93,8% Anteil hatten. Im Jahre 1997 verfügte die türkische Handelsflotte über 1.197 Schiffe und belegte die Türkei in der Welthandelsflotte nach der BRT-Größe den 16. Platz.[426]

Abb. 30 stellt die Entwicklung der Schiffsarten der türkischen Handelsflotte dar. Seit 1988 zeigen die Ro-Ro- und Container-Schiffe eine steigende Tendenz, während bei den Tankern eine Stagnation zu verzeichnen ist. Dies liegt am Fehlen moderner Technik beim LNG (Liquified Natural Gas)[427]-Transport und beim Erdöltransport. Im Jahre 1997 ist die Hälfte des gesamten Seeaußenhandels der Türkei mit 112,3 Mio. t über den Transport von Erdöl und

---

424 Preise von 1994 s. Kap. D.2.2. Vgl. AYAN, Cihan / YÜCELEN, Ufuk (1997): Verkehrswesen - Ansätze zur Lösung der größten Probleme der Türkei an der Jahrtausendwende (in türkischer Sprache), Hrsg.: TÜGİAD, Nr. 22, İstanbul, S. 22-27.

425 Vgl. o.V. (1997): Staatsminister Gürcan Dağdaş: Wenn eine Schiffahrtsbank gegründet wird, wird der Seesektor schnell wachsen (in türkischer Sprache), in: Forum, Februar 1997, S. 34.

426 Vgl. DTO (1998): Turkish Shipping Sector, Report´ 97, İstanbul, S. 162-163.

427 Erdgas wird gewöhnlich in flüssiger Form gelagert und auch so mit Tankern transportiert, wenn es keine unterirdischen Lagerungs- bzw. Transportmöglichkeiten gibt.

Erdölprodukten sowie Erdgas verwirklicht werden, wobei 75% dieser Produkte von ausländischen Schiffen transportiert wurden. Dadurch fließen Frachtkosten von durchschnittlich ca. 1,5 Mrd. US$ pro Jahr ins Ausland.[428]

Abb. 30: Die Anteile der Schiffsarten in der türkischen Handelsflotte nach der Kapazität

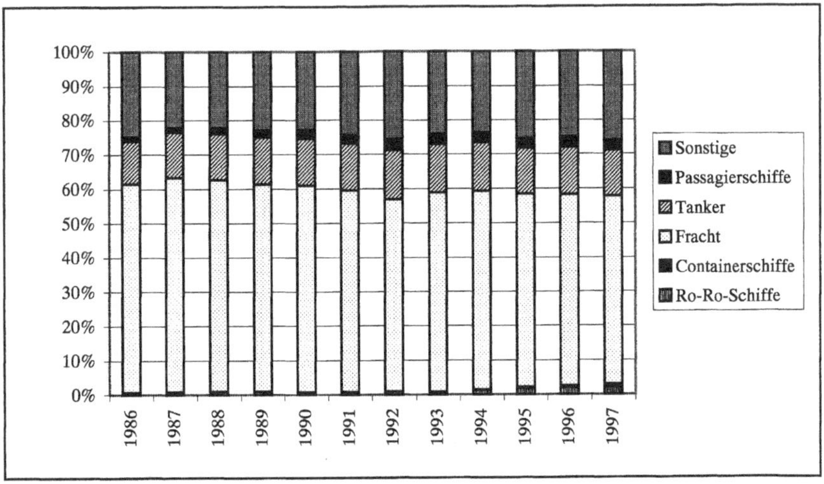

Quelle: DTO (1998): Turkish Shipping Sector, Report´97, İstanbul, S. 81.

In der zweiten Hälfte der achtziger Jahre erfolgten bedeutende Maßnahmen zur Liberalisierung des Seehandels. Eine Reihe von Steuern wurde aufgehoben und den Reedern wurden größere Spielräume beim Kauf und Verkauf von Schiffen zugestanden, was zu einem weiteren Wachstum der Flotte führte.[429] Neben der Kapazitätssteigerung erhöhte sich das durchschnittliche Alter der türkischen Flotte durch den Import älterer Schiffe. Im Jahre 1998 hatte die türkische Handelsflotte ein Durchschnittsalter von 21,9 Jahren. Nur 16% der gesamten Flotte ist bis zu neun Jahre alt.[430]

Die durch die politische Lage in Jugoslawien, Tschetschenien und dem Iran verursachten Transitschwierigkeiten auf der Straße machten Ro-Ro-Schiffe beim Außenhandel mit den EU- sowie GUS-Ländern zu einer Alternative. Der kombinierte Verkehr hat sich in den neunziger Jahren im Bereich der Gütertransporte durchgesetzt. Seit 1993 erhöhte sich der Anteil an Ro-Ro-Schiffen im türkischen Außenhandel. Das türkische Ro-Ro-Verkehrsangebot begann 1977 zwischen Italien und der Türkei mit zwei staatlichen Schiffen und erweiterte sich ab 1982 durch die Eröffnung der Linie Derince-Konstanza mit weiteren zwei Ro-Ro-Schiffen. Mit der Linie Haydarpaşa-Konstanza im Jahre 1985 und Derince-Triest im Jahre

---

428 Vgl. DTO (1998): Turkish Shipping Sector, Report´ 97, İstanbul, S. 56f.

429 Vgl. AYAN, Cihan / YÜCELEN, Ufuk (1997): Verkehrswesen - Ansätze zur Lösung der größten Probleme der Türkei an der Jahrtausendwende (in türkischer Sprache), Hrsg.: TÜGİAD, Nr. 22, İstanbul, S. 60f.

430 Vgl. DTO (1998): Turkish Shipping Sector, Report´ 97, İstanbul, S. 24 und 77.

1987 vergrößerte sich das Angebot weiter. Ab 1993 kauften auch private Unternehmen Ro-Ro-Schiffe. Ende 1996 ermöglichte die türkische Handelsflotte den Transport über 5 Häfen (İstanbul-Haydarpaşa, Samsun, Trabzon, İzmit-Derince, İzmir-Çeşme) mit 25 Ro-Ro-Schiffen zu sechs Zielpunkten, die in Italien oder aber am Schwarzen Meer liegen. So betrug die Gesamtzahl der beförderten Fahrzeuge im Jahre 1996 ca. 107.000.[431]

Strukturelle Mängel der Hafenbetriebe bei den Erweiterungsmöglichkeiten für Container und Lkw-Parkplätze und bei der ökologischen Ausrüstung bestanden in den achtziger Jahren weiterhin fort.[432] Daneben waren fehlende Lagermöglichkeiten, zu niedrige Hafentiefen und -längen sowie unmoderne und nicht standardisierte Hafenausrüstungen die hauptsächlichen Probleme. Eine befriedigende Regelung des Containertransportes erfolgte erst Mitte der neunziger Jahre. Die Hafenbetriebe waren bis dahin nicht in der Lage, einen 24-Stunden-Service anzubieten, auch ein standardisiertes Informationssystem war nicht vorhanden.[433]

Im Zuge des Deregulierungsprozesses wurde eine Privatisierung der staatlichen Häfen vorgesehen. Vom Obersten Privatisierungsrat (Özelleştirme Yüksek Kurulu) wurde am 7.4.1997 ein Gesetz für den Verkauf der Rechte zum Betreiben von sechs der acht TDI-Häfen für 30 Jahre erlassen. Die staatlichen Häfen haben jedoch nach wie vor in den Bereichen Personal und Technik sowie bei der Organisation Probleme, kein Hafen entspricht dem Standard der EU-Länder. Zudem erfolgt der Binnentransport vom und zum Containerhafen über den Straßenverkehr. Es fehlen weiterhin Containerumschlagbahnhöfe im Hinterland, die den Transport über die Schienen ermöglichen. Die meisten privaten Häfen liegen am Marmarameer, ihre Anzahl steigt seit 1995 stetig und lag im Jahre 1997 bereits bei über 200.[434]

Die beiden Meerengen der Türkei (Bosporus und Dardanellen) spielen beim Binnengütertransport sowie beim Transitverkehr eine wichtige Rolle. Für die Länder am Schwarzen Meer stellen die Meerengen den Zugang zum Mittelmeer dar, was bis heute zu chaotischen Zuständen in den Meerengen führt. Besonders hier entstehen durch das Fehlen einer Eisenbahnlinie Engpässe. Transporte von gefährlichen Gütern mit großen Tankern machen verstärkte Sicherheits- sowie Umweltschutzmaßnahmen nötig. Da das Verkehrsaufkommen durch die Meerengen und die Größe der passierenden Schiffe gewaltig steigt, wurde im Jahre 1994 ein Gesetz für die Sicherheit des Meerengen-Transportes erlassen.[435] Laut Seehandelskammer (DTO) deckt das Gesetz nicht die gesamten Problembereiche ab. Im

---

[431] Ziele am Schwarzen Meer sind Konstanza, Ilyichevsk, Noworossijsk, Sotschi, Krim. Zwei weitere Häfen (Zonguldak, Tekirdağ) stehen nach 1996 auch für Ro-Ro-Verkehr zur Verfügung. Vgl. DTO (1998): Turkish Shipping Sector, Report´ 97, İstanbul, S. 63.

[432] Vgl. ULUSOY, Saffet (1998): Die Vorrangstellung des Straßenverkehrs im Lichte heutiger Wirtschaftspolitik (in türkischer Sprache), in: Vorträge und Veröffentlichungen des Symposiums über sich für die türkische Wirtschaft aus dem internationalen Verkehrswesens ergebende Beiträge und Probleme, Hrsg.: UND / Universität Marmara, İstanbul, S. 25f.

[433] Die Seehäfen wurden unter dem Monopol staatlicher Unternehmen wie TCDD und TDI betrieben. Es fehlte eine politische Entscheidung für autonome Hafenbetriebe und langfristige Hafeninvestitionen. Vgl. SPO (1993): 3. İzmirer Kongreß 4.-7. Juni 1992: Kfz-Industrie - Arbeitsgruppe fürs Verkehrswesen (in türkischer Sprache), Ankara, S. 186-193.

[434] Vgl. DTO (1998): Turkish Shipping Sector, Report´ 97, İstanbul, S. 140f.

[435] Die Zahl der Schiffe, die den Bosporus passierten, stieg von ca. 24.000 im Jahre 1985 auf 50.000 mit einer Nettokapazität von ca. 280 Mio. t im Jahre 1997. Vgl. ebd., S. 65.

Jahre 1997 passierten den Bosporus 4.304 Tanker, und es wurden ca. 63 Mio. t Erdöl transportiert. Die Dardanellen passierten 6.043 Tanker mit ca. 80 Mio. t Erdöl. Die meisten Transitschiffe kommen aus Rußland, der Ukraine, Rumänien, Bulgarien und Griechenland. Für die Sicherheit der Bosporusfahrten wurde ein computerunterstütztes System initiiert, das die Fahrten regulieren und bis 2010 zum modernsten Sicherheitssystem der Welt ausgebaut werden soll.[436]

Nach den Prognosen der Seehandelskammer (DTO) zeigt sich eine gewaltige Zunahme der Tankertransporte durch die Meerengen, die im Jahre 2015 nicht mehr zu verkraften sein wird.[437] Im Bereich der Erdöl- und Erdgastransporte stellt der schnellere, sicherere und umweltfreundlichere Transport durch die Pipelines im Vergleich zu Tankschiffen oder zum Straßenverkehr in den neunziger Jahren eine Alternative dar.[438]

Pipelines

Mit der Gründung der Petroleum Pipeline Corporation (Boru Hatları ile Petrol Taşıma AŞ-BOTAŞ) im Jahre 1974 begann die Planung der Pipeline zum Transport des irakischen Erdöls von Kirkuk (im Nordirak) zum Mittelmeerhafen İskenderun. Im Jahre 1977 wurde die erste Pipeline dieses Projektes in Betrieb genommen. Ab 1987 wurden auch alle türkischen Erdgaspipelines der Verantwortung des staatlichen Wirtschaftsunternehmens BOTAŞ unterstellt.[439] Von einem Teil seiner Aufgabenbereiche, nämlich dem Verkauf bzw. der Verteilung des Erdgases im Inland, wurde BOTAŞ im Jahre 1998 entlastet. Bemühungen, die Verteilung des Erdgases zu privatisieren, wiesen bis Ende des Untersuchungszeitraumes keine großen Erfolge auf. Seit 1998 läuft die Erdgasverteilung in İstanbul, Ankara, Adapazarı und İzmit über die Gemeinden. In Eskişehir und Bursa blieb der Erdgasverkauf weiter im Tätigkeitsbereich von BOTAŞ, da die Privatwirtschaft kein Interesse signalisierte.[440]

Von den insgesamt 1.876 km langen Pipelines (zwei Rohre) zwischen dem Irak und der Türkei befinden sich 1.297 km auf türkischem Boden. Sie haben eine jährliche Kapazität von 70 Mio. t. Aufgrund des UN-Embargos gegen den Irak im Jahre 1990 wurden sie außer Betrieb gesetzt. Jedes Jahr macht BOTAŞ wegen des Embargos daher ca. 300 Mio. US$ (Gebühren für Transitverkehr) Verlust.[441] Seit 1996 wurde ein begrenzter Erdöltransport mit

---

436 Vgl. DTO (1998): Turkish Shipping Sector, Report´97, İstanbul, S. 64ff.

437 Vgl. AKYOL, Kürşat (1997): Die Türkei ist das Rotkäppchen im Poker um das Erdöl (in türkischer Sprache), in: Görüş, Hrsg.: TÜSİAD, August 1997, S. 45.

438 Die erste Pipeline zur Beförderung von Erdöl wurde in der Türkei im Jahr 1953 für den Bedarf des Militärs im Rahmen der Infrastrukturprogramme der NATO gebaut. Diese Pipelines mit einer mittlerweile auf 3.000 km angestiegenen Länge können für den zivilen Bedarf benutzt werden, wenn neben der Militärnutzung übrige Kapazitäten vorhanden sind. Für den zivilen Bedarf konnte erst im Jahre 1967 eine Erdölpipeline zwischen Batman und Dörtyol in Betrieb genommen werden. Vgl. SPO (1995): VII. Fünfjahresentwicklungplan, Bericht der Sonderkommission für Pipeline (in türkischer Sprache), Ankara, S. 11.

439 Vgl. BOTAŞ (1997), Annual Report 1996, Ankara, S. 14

440 Vgl. o.V. (1998): Neue Pipeline (in türkischer Sprache), in: Ekonimist Yıllığı Türkiye 1999, 27. Dezember 1998, S. 84.

441 Vgl. SPO (1993): 3. İzmirer Kongreß 4.-7. Juni 1992: Kfz-Industrie - Arbeitsgruppe fürs Verkehrswesen (in türkischer Sprache), Ankara, S. 291.

einem Maximum-Wert von zwei Mrd. US$ (ca. 110-115 Mio. Cask) durch die UN erlaubt.[442] Aus Tab. 39 ist die Kapazität und transportierte Menge der türkischen Pipelines zu entnehmen.

Tab. 39: Kapazitäten und transportierte Mengen der türkischen Pipelines 1996

Pipelines	Länge (km)	Kapazität (in Mio. t /Jahr)	Transportierte Menge (in t)
Irak - Türkei	1.876	70	701.137
Batman - Dörtyol	511	3,5	2.377.192
Ceyhan - Kırıkkale	448	5	3.859.407
Selmo-Batman	42	0,8	101.181
Erdgaspipeline	842	5-6 Mrd. m^3 /Jahr	5.524 Mio. m^3

Quelle: BOTAŞ (1997): Annual Report 1996, Ankara, S. 20-23.

Der Bau einer weiteren Pipeline für Erdgas begann im Jahre 1986. Die Strecke verläuft von der ehemaligen Sowjetunion aus über Bulgarien, İstanbul, İzmit, Bursa und Eskişehir nach Ankara. Schon 1987 konnte ein Teil davon in Betrieb genommen werden. Innerhalb von drei Jahren konnte die Pipeline bis Ankara fertiggestellt werden.[443] Der Gasverbrauch stieg in der Türkei kontinuierlich an. Im Bereich der Industrie bzw. der Energiewirtschaft (65% des gesamten Erdgasverbrauchs 1996) sowie in privaten Wohnungen (13%) wurde Erdgas insbesondere in den Großstädten wie Ankara und İstanbul, die unter der starken Luftverschmutzung zu leiden haben, eingesetzt. Abb. 31 zeigt den Erdgasverbrauch zwischen 1988 und 1996.

---

442 Vgl. BOTAŞ (1997), Annual Report 1996, Ankara, S. 19.

443 Vgl. BOTAŞ (1997), Annual Report 1996, Ankara, S. 21.

Abb. 31: Erdgasverbrauch in der Türkei zwischen 1988 und 1996

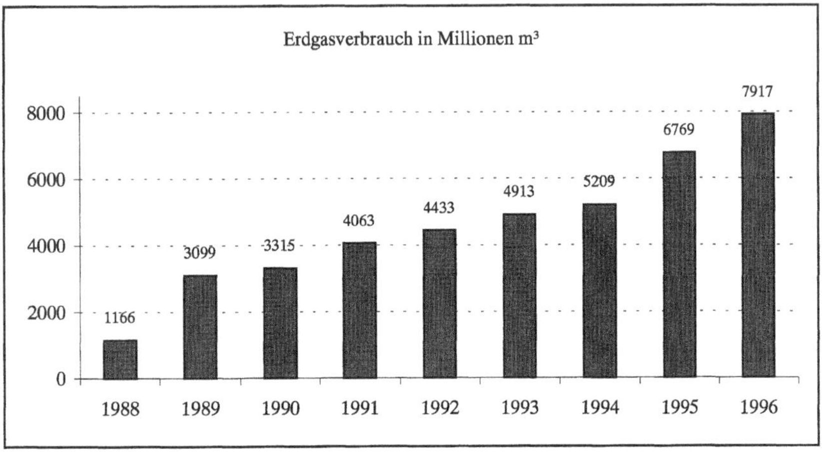

Quelle: BOTAŞ (1997): Annual Report 1996, Ankara, S. 26.

Die durch Pipelines transportierte Erdölmenge im Inland wuchs von 1,6 Mio. t im Jahre 1980 auf 6,5 Mio. t im Jahre 1997.[444] Die steigende Nachfrage nach Erdgas und Erdöl machte weitere Importe und somit auch Investitionen im Pipelinebereich erforderlich. Nach Schätzungen von BOTAŞ wird im Jahre 2010 die Nachfrage nach Erdgas in der Türkei ca. 50-60 Mrd. m³/Jahr betragen.[445]

1996 begannen die Vorarbeiten für eine Machbarkeits- und Umweltverträglichkeitsstudie für das große Erdölpipelineprojekt (Baku-Ceyhan). Die Streckenführung des Projektes soll von den Erdölstätten in Kasachstan (ca. 20 Mio. t/Jahre) über die Erdölstätten in Aserbeidschan (25 Mio. t./Jahre) über Georgien nach Ceyhan verlaufen.[446] Der Bau wurde im Jahre 1999 beschlossen. Dieses Projekt dient zum einen der Entlastung der anderen Verkehrsträger und somit auch der Reduzierung von Schadstoffemissionen und des Risikos bei Gefahrguttransporten. Zum anderen sielen dabei die wirtschaftlichen und politischen Interessen der Türkei eine Rolle.

---

444 Vgl. SPO (1999): Social and Economic Indicators (1950-1998), Online-Ausgabe (www.dpt.gov.tr), o.S.

445 Deshalb wurden einige Erdgas-Importverträge mit Nigeria im Jahre 1995 für ca. 1,2 Mio. m³/Jahr - erst ab dem Jahre 2000 - und im Jahr 1996 mit dem Iran für ca. 3 Mio. m³/Jahr - ab 2010 - abgeschlossen. Diesen Verträgen folgten auch die Bemühungen um Kapazitätserweiterungen vorhandener Pipelines und für den Import benötigter LNG (Liquified Natural Gas -Terminals. Bei diesem Transport in flüssiger Form werden vor und nach dem Transport Anlagen für die Umwandlung benötigt. Am Marmarameer existierte in der Türkei im Jahre 1997 nur ein LNG-Terminal. Vgl. BOTAŞ (1997), Annual Report 1996, Ankara, S. 27.

446 Vgl. AKYOL, Kürşat (1997): Die Türkei ist das Rotkäppchen im Poker um das Erdöl (in türkischer Sprache), in: Görüş, Hrsg.: TÜSİAD, August 1997, S. 42f.

b) Personenverkehr

Im Personenverkehr entfiel auch im Jahre 1997 der größte Anteil an den gesamten Verkehrsleistungen mit 94,8% auf den Straßenverkehr (s. Tab. 40). Seit 1980 sind keine großen Veränderungen im Modal-Split gegenüber der Zeit von 1950 bis 1980 zu beobachten, die Transportleistung des Luftverkehrs im Inland stieg jedoch von 395 Mio. Pkm im Jahre 1980 auf das Zehnfach, nämlich auf 3.007 Mio. Pkm im Jahr 1997. Prozentual erhöhte sich der Anteil im Vergleich zu anderen Verkehrsträgern geringfügig von 0,5% auf 1,7% im gleichen Zeitraum. Gleichzeitig sank der Anteil des Schienenverkehrs von 7,4% auf 3,4%; der Anteil des Seeverkehrs blieb konstant bei 0,1%.

Tab. 40: Die Entwicklung des Modal-Split im Personenverkehr in der Türkei zwischen 1980 und 1997

Verkehrsträger	1980 Mio. Pkm	1980 in %	1985 Mio. Pkm	1990 Mio. Pkm	1995 Mio. Pkm	1997 Mio. Pkm	1997 in %
Straße	74.721	92,0	91.567	134.991	155.202	162.979	94,8
Schiene	3.549	7,4	6.489	6.410	5.797	5.840	3,4
See	120	0,1	131	127	61	49	0,1
Luft	395	0,5	718	1208	2666	3007	1,7
GESAMT	80.765	100	100.890	144.726	165.721	173.872	100

Quelle: SIS (1998): Summary Statistics on Transportation and Communication 1997, Ankara, S. 2, und KGM (1998): Annual Statistics of Turkish Highways 1995-1996, Ankara, S. 86.

See- und Luftverkehr

Der Seeverkehr behält im Binnenverkehr außer dem Stadtverkehr in İstanbul und Çanakkale sowie in İzmir weiterhin seine untergeordnete Bedeutung bei. Im Bereich des internationalen Personenverkehrs hat die Aufnahme des Fährbetriebes nach Italien dazu beigetragen, daß der Seeverkehr zugenommen hat. Der kombinierte Verkehr (See- und Straßenverkehr) bot neben der überfüllten Europastraße (E 5) eine weitere Alternative für die Gastarbeiter in Europa. Durch den Ausbruch des Jugoslawien-Krieges 1992 stieg die Zahl der beförderten Passagiere bzw. Fahrzeuge im Seeverkehr.[447]

Ein wesentlich größeres Wachstum zeichnete sich aber im Personenluftverkehr nach 1980 ab. Parallel zur weltweiten Entwicklung im Luftverkehr (steigende Nachfrage, Liberalisierung, Deregulierung) verzeichnet der internationale Flugverkehr auch innerhalb der Türkei seit 1980 einen großen Zuwachs. So stieg die Zahl der Fluggäste Luftverkehr von 3,3 Mio. im Jahre 1980 auf 22,5 Mio. im Jahr 1997.[448]

---

[447] Im Jahre 1997 wurden ca. 167.000 Personen und 31.000 Fahrzeuge über die Linien İzmir-Venedig, Çeşme-Brindisi und Mersin-Girne (Nordzypern) transportiert. Vgl. DTO (1998): Turkish Shipping Sector, Report´ 97, İstanbul, S. 54.

[448] Vgl. SIS (1998): Summary Statistics on Transportation and Communication 1997, Ankara, S. 2

Die staatliche Fluggesellschaft (THY) wies zu Beginn der achtziger Jahre strukturelle Mängel in den Bereichen Service und Technik der Flugzeuge und der Flughäfen auf. Alle Piloten kamen aus der Luftwaffe, da es keine zivile Pilotenausbildung gab.[449] Für die mit den zunehmenden internationalen Wirtschaftsbeziehungen und dem sich verstärkenden Tourismus gestiegenen Anforderungen reichte die Flugflotte nicht mehr aus. Es fehlte ein neues Gesetz für die Zivilluftfahrt. Im Binnenflugverkehr machte die THY Verluste, da dieser als eine öffentliche Aufgabe (auch verursacht durch die Monopolstellung) angesehen und entsprechend subventioniert wurde.[450]

1982 begannen die Verbesserungen mit dem Flughafenausbau in İstanbul und İzmir. Auch die Kapazitäten der Reparatur- und Wartungsstätten wurden erhöht. Durch den Erlaß des Gesetzes zur Zivilluftfahrt im Jahre 1983 begannen die eigentlichen Veränderungen im Bereich des Luftverkehrs. Die Grundlagen für den Zugang der privaten Unternehmen zur Luftfahrtbranche wurden geschaffen. Dennoch war im Jahre 1989 der Anteil der THY bezüglich Sitzkapazitäten und Verkehrsleistungen der höchste im Binnenmarkt. Insgesamt besaßen die drei größten privaten Fluggesellschaften zusammen neun Flugzeuge, die fast ausschließlich auf Auslandslinien tätig waren. Die staatliche Fluggesellschaft (THY) hatte im Jahr 1989 dagegen 34 Flugzeuge.[451]

Erst in den neunziger Jahren stieg die Zahl der Fluggesellschaften und ihrer Flugzeuge kontinuierlich; seit 1989 verdoppelte sich die Zahl der Flugzeuge der THY, während die Zahl der Flugzeuge bei den privaten Fluggesellschaften fast um das Siebenfache anstieg. Ende 1998 stand den 12 privaten Fluggesellschaften[452] mit 60 Flugzeugen und einer Sitzkapazität von 11.755 die THY mit 72 Flugzeugen und einer Sitzkapazität von 10.869 gegenüber. Das Durchschnittsalter der Flugzeuge betrug bei der THY 5,55 Jahre; sie ist damit eine der jüngsten Flugflotten der Welt. Dieser folgen die privaten Fluggesellschaften SunExpress, welche im Besitz der Deutschen Lufthansa-Tochter Condor und der THY ist, mit 5,8 Jahren und Pegasus mit 5,83 Jahren Flottenalter.[453]

Im Zuge der Liberalisierung fanden erst in den neunziger Jahren ernsthafte Bemühungen um die Privatisierung der THY statt. Durch einen Ministerratsbeschluß im Jahre 1990 im Rahmen des Privatisierungsgesetzes wurden die Anteile der THY der Anstalt für öffentliche Beteiligungen (KOİ) übertragen.[454] Die Privatisierung wurde im Bereich der Bodendienste

---

449 Im Jahre 1986 wurde in Eskişehir eine Hochschule für Zivilluftfahrt gegründet. Durch das ausgebildete technische Personal konnte THY ihre Flugzeuge in den eigenen Werkstätten warten und notwendige Generalüberholungen durchführen. Die Pilotenausbildung für Zivilluftfahrt begann in Eskişehir im Jahre 1989. Die Hochschule entwickelte sich in den neunziger Jahren zu einer international anerkannten Schule. Vgl. SPO (1995): Der siebte FEP (1996-2000) (in türkischer Sprache), Ankara, S. 17.

450 Vgl. TCUB (1991): Masterplan für das Verkehrs- und Kommunikationswesen (1992-2010) (in türkischer Sprache), Ankara, S. 77f.

451 Vgl. SPO (1995): Der siebte FEP (1996-2000) (in türkischer Sprache), Ankara, S. 22f.

452 Neben den genannten Fluggesellschaften sind die größten Fluggesellschaften: Air Alfa, Pegasus, Onur Air, SunExpres, GTI (Air Anatolia), KKTC (Nord Zypern). Vgl. TCUB (1999): Berichte vom 9. Verkehrsrat 9.-12. September 1998, Ankara (in türkischer Sprache), Online-Ausgabe (www.tcub.gov.tr), o.S.

453 Vgl. DHMİ (1998): Air Transportation, Online-Ausgabe (www.dhmi.gov.tr), o.S.

454 Vgl. SPO (1993): 3. İzmirer Kongreß 4.-7. Juni 1992: Kfz-Industrie - Arbeitsgruppe für das Verkehrswesen (in türkischer Sprache), Ankara, S. 251.

verwirklicht. Die THY konnte sich im Bereich des Service und der Technik in den neunziger Jahren erheblich verbessern und ist nach wie vor die größte Fluggesellschaft der Türkei.

Im Bereich der Binnenflüge war bis 1985 fast ausschließlich die THY bzw. die später gegründete Fluggesellschaft für Inlandslinien THT (Türk Hava Taşımacılığı) tätig. Seither bietet die private Fluggesellschaft İstanbul Airlines auch Inlandsflüge an.[455] Die Zahl der Fluggesellschaften stieg kontinuierlich, wobei die THY immer noch die führende Fluggesellschaft im Binnenmarkt blieb. Der Anteil der durch private Anbieter beförderten Personen lag im Jahre 1998 bei einem Siebtel des gesamten Binnenmarktes.[456]

Die Zunahme des Tourismus führte zu zahlreichen Neugründungen kleiner Flug- und Reisegesellschaften, die aufgrund des großen Konkurrenzdruckes nicht fähig waren, ihre Leistungsqualität zu verbessern. Ebenfalls durch den Konkurrenzdruck begannen die Flugkosten drastisch zu sinken, was auch eine Senkung des Sicherheitsstandards zur Folge hatte.[457] Die Struktur des internationalen Luftverkehrs zeigt in der Türkei Tendenzen zu einer ruinösen Konkurrenz. Viele kleine Fluggesellschaften wurden eröffnet, die mit gebrauchten Flugzeugen (Miete bzw. Charter) arbeiten. Die Folge waren Dumpingpreise, die durch fallende Gewinnmargen innerhalb weniger Jahre zum Konkurs vieler Fluggesellschaften führten.[458]

Seit 1992 stieg infolge des Krieges in Jugoslawien die Einreise über den Luftweg in die Türkei kontinuierlich an. Vor Ausbruch des Krieges in Jugoslawien hatte der Straßenverkehr bei Türkeireisen einen entscheidenden Anteil; ca. 37% der gesamten Besucher sind im Jahre 1987 über den Straßenweg eingereist. Insbesondere Gastarbeiter aus Mitteleuropa (ca. 50% im Jahre 1987) wählten bei der Einreise überwiegend den Straßenweg. Im Jahre 1996 besuchten 12,6 Mio. Personen die Türkei, wovon 70% den Luftweg wählten.[459]

Die Anforderungen an infrastrukturelle Einrichtungen für die Flugzeugabfertigung steigen parallel zum Wachstum des Tourismus. Engpässe im internationalen Flugverkehr erfuhren insbesondere İstanbul und Antalya, denn ca. 60% der in die Türkei per Flugzeug eingereisten Touristen kamen im Jahre 1997 an diesen Flughäfen an. Deshalb wurde ein Erweiterungsprojekt des Flughafens İstanbul und ein neuer Flughafenbau im asiatischen Teil İstanbuls geplant.[460] Die Erweiterungsmaßnahmen laufen noch, und die Durchführbarkeitsstudie wurde

---

455 Vgl. SPO (1995): Der siebte FEP (1996-2000) (in türkischer Sprache), Ankara, S. 14.

456 Vgl. o.V. (1998): Wir haben fliegen gelernt (in türkischer Sprache), in: Ekonomist Yıllığı Türkiye 1999, 27. Dezember 1998, S. 77.

457 Vgl. SPO (1993): 3. İzmirer Kongreß 4.-7. Juni 1992: Kfz-Industrie - Arbeitsgruppe für das Verkehrswesen (in türkischer Sprache), Ankara, S. 263.

458 Vgl. ALPBEK, Mehmet Cem (1997): Interessengegensätze bei Entscheidungsprozessen am Beispiel der Verkehrspolitik in der Republik Türkei und deren sozio-ökonomische Auswirkungen - eine soziohistorische Analyse für den Zeitraum 1950-1989, Berlin, S. 164.

459 Im Jahre 1987 reisten 4,8 Mio. Personen in die Türkei ein, wobei der Anteil des Luftweges bei 46,2%, der Anteil der Straßen bei 37,1% lagen. Im Jahre 1996 reisten ca. 12 Mio. Personen in die Türkei, dabei lag der Anteil des Luftweges bei 68,5% und der Anteil des Straßenweges bei 20,2%. Vgl. SIS (1997): Tourism Statistics 1996, Ankara, S. 1.

460 Vgl. EVREN, Güngör (1998): Entwicklungsstudie für den Flughafen Atatürk (in türkischer Sprache), in: Veröffentlichungen des 4. Verkehrskongresses in Denizli, 3.-5. Juni 1998, Hrsg.: İMO, İstanbul 1998, S. 179f.

für den neuen Flughafen fertiggestellt. Der Baubeginn des neuen Flughafens soll voraussichtlich im Jahre 2000 sein.[461]

Zur Förderung des internationalen Tourismussektors wurden ein neuer Flughafen in Bodrum gebaut und der Flughafen in Antalya ausgebaut. Der Flughafen Antalya kann seit April 1998 20 Flugzeuge und 4.000 Passagiere gleichzeitig abfertigen. Das moderne Flughafengebäude wurde von Privatfirmen nach dem BOT-Modell finanziert.

Die Türkei hat 42 Flughäfen, wovon 24 Militärflughäfen sind, aber auch für den zivilen Flugbetrieb zur Verfügung stehen. Die Zahl der internationalen Flughäfen liegt mittlerweile bei 7. Bei den Flughäfen gibt es Defizite im Bereich des Service. Nach einer Untersuchung des ADAC wurden die internationalen Flughäfen İstanbul und Antalya, in bezug auf ihre Serviceleistungen, ihre Erreichbarkeit und andere Kriterien unter 20 wichtigen Flughäfen Europas mit "sehr mangelhaft" bewertet. Keiner der türkischen Flughäfen ist mit öffentlichen Verkehrsmitteln zu erreichen, es existiert lediglich der privatwirtschaftliche THT-Service.[462]

Ferner sind die Erreichbarkeit einer Flughäfen und die Häufigkeit der Flüge in den Provinzen der Türkei sehr unterschiedlich. Somit weist die Verkehrswertigkeit des Flugverkehrs gravierende Unterschiede zwischen den westlichen und östlichen Provinzen auf, wie Abb. 13 in Kap. C. 3. 1. zu entnehmen ist.

Fazit

Seit der dritten Phase des Take-off hat sich der schon im Jahre 1950 begonnene Verlagerungsprozeß des Verkehrs auf die Straßen fortgesetzt. Der Anteil des Eisenbahnverkehrs an den gesamten Verkehrsleistungen im Güter- und Personenverkehr nimmt kontinuierlich ab.

Gleichzeitig weist der Seeverkehr im internationalen Güterverkehr ein Wachstum auf, was zum einen auf die Erhöhung des türkischen Außenhandels mit den GUS-Ländern und zum anderen auf das Einsetzen der Ro-Ro-Schiffe zurückzuführen ist.

Der Pipelineverkehr hat sich im Bereich des speziellen Güterverkehrs durchgesetzt und wird durch steigende Nachfrage nach Erdgas und Erdöl in Zukunft noch an Bedeutung gewinnen.

Der Luftverkehr zeigt starke Entwicklungstendenzen im internationalen und nationalen Personenverkehr. Doch weist der türkische Luftverkehrssektor zahlreiche Mängel auf; bei den privaten Fluggesellschaften insbesondere in bezug auf Service und Sicherheitsmaßnahmen.

Die gegensätzliche Entwicklung des Schienen- und Straßenverkehrs und deren Auswirkung auf die raumwirtschaftliche Entwicklung der Türkei sind Themen der nächsten zwei Unterkapitel. Anschließend folgt eine Zusammenfassung der Entwicklung des gesamten Verkehrssystems im gesamtwirtschaftlichen Zusammenhang.

---

461 Vgl. ÜLENGİN, Füsun / TOPCU, İlker (1998): Machbarkeitsstudie für den Flughafen Kurtköy (in türkischer Sprache), in: Veröffentlichungen der 4. Verkehrskongresses in Denizli, 3.-5. Juni 1998, Hrsg.: İMO, İstanbul 1998, S. 208f.

462 Vgl. ADAC MOTORWELT (1999): 20 Flughäfen im Test, Heft 11, November 1999, S. 46ff.

D. 3. 2. Die Entwicklung der Hauptverkehrsträger

D. 3. 2. 1. Schienenverkehr

Seit 1980 ist im Schienenverkehr - mit Ausnahme des ÖPNV (öffentlicher Personen-Nahverkehr) - keine wesentliche Entwicklung zu beobachten.[463] Im Gegensatz dazu begannen in den siebziger Jahren in einigen westlichen Industrieländern ernsthafte Bemühungen um die Modernisierung der Eisenbahnen, um den Nachteilen einer starken Verlagerung des Güter- und Personenverkehrs auf die Straße entgegenzuwirken. In einigen europäischen Ländern wurden seit 1985 große Investitionen zur Verwirklichung von Hochgeschwindigkeitszugstrecken vorgenommen. So wurde in Frankreich schon zwischen 1981 und 1983 die TGV-Hochgeschwindigkeitstrecke Paris-Lyon, auf der Geschwindigkeiten von 300 km/h erreicht werden, in Betrieb genommen. In Deutschland wurden im Jahre 1991 die ersten ICE-Strecken Mannheim-Stuttgart und Würzburg-Hannover eröffnet. Auf diesen Strecken können ICE-Züge mit einer Reisegeschwindigkeit von ca. 280 km/h fahren.[464] Japan spielte bei der Entwicklung der Schnellbahnen eine führende Rolle. Heute fahren die Züge in Japan mit einer Geschwindigkeit von über 300 km/h.[465]

Ähnliche Projekte erlangten in der Türkei keine Aufmerksamkeit. So wurde die türkische Staatsbahn (TCDD) weiterhin vernachlässigt. Neue Investitionen wurden erst in den neunziger Jahren lediglich mit dem verstärkten Bau von Metros und Straßenbahnen in den Großstädten (Ankara und İstanbul, İzmir, Konya) vorgenommen.

Entsprechend der äußerst geringen Netzdichte der türkischen Bahn ist die Eisenbahnverkehrsleistung im internationalen Vergleich sowohl im Güter- als auch Personenverkehr sehr schwach (Tab. 41).

---

463 Vgl. ÜSTÜNIŞIK, Belma / BAYAZIT, Sema (1996): Stadtverkehrsplanung und Schienenverkehrsprojekte im Stadtverkehr der Türkei (in türkischer Sprache), in: Türkiye Mühendislik Haberleri, Nr. 384, Juli 1996, S. 53f.

464 Vgl. GERÇEK, Haluk (1993): Aspekte eines Schnellzugprojektes (in türkischer Sprache), in: Türkiye Mühendislik Haberleri, Nr. 365, April 1993, S. 57f.

465 Vgl. OBERMAUER, Andrea (1999): Magnetschwebebahn in Japan: Probleme und Chancen der Realisierung, in: Internationales Verkehrswesen, Heft 9, Jg. 33, S. 373f.

Tab. 41: Die türkischen Schienenverkehrsleistungen von 1980 bis 1996 im Vergleich mit Italien und Griechenland

	Türkei					Italien	Griechenland
	1980	**1985**	**1990**	**1994**	**1996**	**1994**	**1994**
Verkehrsleistung in Mio. Pkm	3.549	6.489	6.410	6335	5.229	48.900	1.399
Verkehrsleistung in Mio. tkm	5.020	7.959	8.031	8.338	9.018	22.563	324
Verkehrsintensität in Mio. Pkm je Strecken-km	-	-	-	0,750	-	3,056	0,565
Verkehrsintensität in Mio. tkm je Strecken- km	-	-	-	1,968	-	2,5	0,314

Quelle: SIS (1997): Summary Statistic on Transportation and Communication 1996, Ankara, S. 2, und SEÇKİN, İlhan (1996): Ein Vergleich zwischen der Türkei und EU-Ländern in bezug auf den Eisenbahnverkehr (in türkischer Sprache), in: Türkiye Mühendislik Haberleri, Nr. 384, Juli 1996, S. 43f.

In der Türkei beträgt die Netzdichte 10,8 km/1.000 qkm. In den EU-Ländern lag sie bei durchschnittlich 56 km/1.000 qkm.[466] In Tab. 41 werden die Verkehrsleistungen der Mittelmeerländer Italien und Griechenland zum Vergleich herangezogen. Griechenland hat mit 18,7 km/1.000 qkm eine der geringsten Eisenbahnnetzdichten in der EU; Italien mit 105,7 km/1.000 qkm hat eine der höchsten. Neben der Netzdichte soll beim Vergleich die Verkehrsintensität, d.h. tkm oder Pkm je Streckenkilometer, berücksichtigt werden. So wird deutlich, daß die Nutzungsintensität in der Türkei im Personenverkehr sowie im Güterverkehr im Vergleich zu Italien gering ist. Dabei muß auch die Qualität der Verkehrsleistungen zwischen der Türkei und Italien unterschieden werden, da der Anteil der elektrifizierten Strecken im Gesamtnetz im Vergleichsjahr 1994 in Italien bei 64% und in der Türkei 11% lag.[467]

Im folgenden soll die Qualität der türkischen Staatsbahn im infrastrukturellen und betrieblichen Bereich dargestellt werden, um die Gründe der niedrigen Verkehrsleistungen auf der Schiene zu erklären.

---

466 Vgl. SEÇKİN, İlhan (1996): Ein Vergleich zwischen der Türkei und EU-Ländern in bezug auf den Eisenbahnverkehr (in türkischer Sprache), in: Türkiye Mühendislik Haberleri, Nr. 384, Juli 1996, S. 44f.

467 Vgl. EUROPEAN COMMUNITIES (1998): EU Transport in Figures Statistical Pocketbook, Luxemburg,S. 23 und SEÇKİN, İlhan (1996): Ein Vergleich zwischen der Türkei und EU-Ländern in bezug auf den Eisenbahnverkehr (in türkischer Sprache), in: Türkiye Mühendislik Haberleri, Nr. 384, Juli 1996, S. 44f.

a) Qualität der türkischen Eisenbahn

Das türkische Eisenbahnnetz besteht aus 8.607 km Haupt- und 1.901 km Nebenstrecken. Das Streckennetz umfaßt also insgesamt 10.508 km.[468] Wie bereits erwähnt, wurden die Hauptstrecken hauptsächlich in den Jahren von 1856 bis 1950 fertiggestellt. Seitdem betrafen die Investitionen überwiegend Erhaltungsmaßnahmen, den zweigleisigen Ausbau und die Elektrifizierung. Seit 1980 wurden insgesamt 210 km Hauptstrecken neu gebaut, und seither weist das Streckennetz nahezu konstante Parameter auf. Fast 98% der Hauptstrecken sind eingleisig. 2.065 km (20% des gesamten Netzes) sind elektrifiziert und 2.435 (23%) signalisiert.[469]

Zu den schlechten technischen Parametern der türkischen Staatsbahn zählen auch folgende Mängel:[470]

- 20% des gesamten Netzes sind unter dem Standard des maximalen Kurvenradius (d.h. kleiner als 2000 m)

- 25% des gesamten Netzes sind über dem Standard der maximalen Neigung (d.h. größer als 0,10%)

- 7,7% des gesamten Netzes sind unter dem Standard der Achslast (geringer als 18,5 t)

- 40% des gesamten Netzes sind unter dem Standard des Schienenalters (über 25 Jahre)

- 46% der Eisenbahnschwellen des gesamten Netzes sind unter dem üblichen Qualitätsstandard.

Die Gründe für den schlechten Zustand der Gleisanlagen sind vielfältig. Die häufig verwendeten Gleisbefestigungen entsprechen dem technischen Stand der fünfziger Jahre. Die Schwellen sind für eine Geschwindigkeit bis 80 km/h und eine Achsenlast von 18,5 - 20 t konstruiert. Neben dem schlechten Zustand der Anlagen setzt die Topographie des Landes der Geschwindigkeit und den Zuglasten vielfach natürliche Grenzen. So beträgt die durchschnittliche Landeshöhe 900-1.000 m über dem Meer. Die teilweise starken Steigungen und Gefälle, die bewältigt werden müssen, führen zu einem höheren Energieverbrauch und dadurch bedingt zu höheren Kosten. [471]

Eine weitere Ursache für die geringe Geschwindigkeit auf gebirgigen Strecken sind die scharfen Kurven und Bögen. Die in engen Kurven auftretende hohe Krafteinwirkung auf die Gleise führt zu einem schnelleren Verschleiß von Gleisanlagen und Material. Auch hier verursacht die Topographie des Landes erhöhte Kosten.[472]

---

468 Vgl. TCUB (1999): Berichte vom 9. Verkehrsrat 9.-12. September 1998, Ankara (in türkischer Sprache), Online-Ausgabe (www.tcub.gov.tr), o.S.

469 Vgl. ebd.

470 Vgl. ebd.

471 Vgl. TCDD (1995): Annual Statistics (1990-1994), Ankara, S. 16.

472 Vgl. TCUB (1999): Berichte vom 9. Verkehrsrat 9.-12. September 1998, Ankara (in türkischer Sprache), Online-Ausgabe (www.tcub.gov.tr), o.S.

Ferner erfordert die Oberflächenstruktur des Landes eine Vielzahl von Tunnels und Brücken. Der Zustand des größten Teils der Tunnels wird als noch befriedigend bezeichnet. Die insgesamt 765 Tunnels haben eine Gesamtlänge von ca. 179 km, wovon sich etwa 500 Tunnels mit 57 km Länge in der Eisenbahnverwaltungsregionen 4 und 5[473] in Ostanatolien befinden. Auch ca. 9.000 der insgesamt 23.492 Brücken befinden sich in der Eisenbahnverwaltungsregion 4 und 5. Ein Drittel der Stahlbrücken ist älter als 50 Jahre. Zwar wurden diese in den letzten Jahrzehnten verbessert, dennoch bedürfen sie dringend der Rekonstruktion und Modernisierung. Dies betrifft nicht nur die Erhöhung der Geschwindigkeit, sondern insbesondere auch die der Sicherheit.[474] Die Dringlichkeit solcher Maßnahmen beweist die Tatsache, daß seit 1980 der größte Teil der erforderlichen Erneuerungsmaßnahmen nicht durchgeführt worden ist.[475]

Somit wird die Geschwindigkeit bereits von einer Vielzahl von Faktoren begrenzt, die mit der geringen Zugkraft der veralteten Zugmaschinen und der geringen Bremskraft des rollenden Materials zusammenhängen. Das Streckennetz selbst erfordert aus technischen Gründen eine große Zahl an permanenten und vorübergehenden Geschwindigkeitsbeschränkungen. Die maximale Geschwindigkeit einiger Elektroloks und Dieselloks liegt bei 120 km/h.[476] Die oben genannten Faktoren verhindern jedoch, daß diese Geschwindigkeiten erreicht werden. Es gibt kaum eine Strecke, die schneller als mit 80 km/h befahrbar ist. Zum Teil muß die Geschwindigkeit bis auf 17 km/h reduziert werden.[477]

Der Fahrzeugpark der Staatsbahn TCDD besteht aus 654 Dieselloks, 158 elektrischen Loks, 1.033 Personenwaggons und 17.138 Güterwaggons. Aufgrund von Lieferschwierigkeiten wegen der Importabhängigkeit der Ersatzteile entsteht eine geringe Verfügungsquote des rollenden Materials. Dieses Problem kann nur durch die Verbesserung der inländischen Produktion der Eisenbahnfabriken gelöst werden.[478]

Die Topographie des Landes beeinflußt die Verkehrswertigkeit des Schienennetzes sehr stark hinsichtlich Netzbildung, Geschwindigkeit, Massenleistungsfähigkeit und Sicherheit. Die natürlichen Gegebenheiten erfordern, wie gezeigt wurde, einen höheren Kapitaleinsatz als in flachem und ebenem Terrain, um die Verkehrswertigkeit auf gleichbleibendem Niveau zu halten. Diese Anforderungen stehen dem reduzierten Kapitaleinsatz der seit den fünfziger Jahren durchgeführten Verkehrspolitik gegenüber.[479] So führte der Verschleiß der Anlagen und des Materials zu einem weiteren Absinken der Geschwindigkeit, der Massenleistungsfähigkeit und der Sicherheit.

---

473 Die türkische Staatsbahn hat die Eisenbahnstrecken in sieben Eisenbahnverwaltungsregionen eingeteilt s. Abb. D3-2 im Anhang. Vgl. TCDD (1995): Annual Statistics (1990-1994), Ankara, S. 18.

474 Die durchschnittliche Zahl der Entgleisungen betrug in den neunziger Jahren 550 pro Jahr.Vgl. SIS (1998): Summary Statistics on Transport and Communication 1997, Ankara, S. 13 und SIS (1993): Summary Statistics on Transport and Communication 1992, Ankara, S.12.

475 Vgl. TCUB (1999): Berichte vom 9. Verkehrsrat 9.-12. September 1998, Ankara (in türkischer Sprache), Online-Ausgabe (www.tcub.gov.tr), o.S.

476 Vgl. TCDD (1995): Annual Statistics (1990-1994), Ankara, S. 23.

477 Vgl. TCUB (1999): Berichte vom 9. Verkehrsrat 9.-12. September 1998, Ankara (in türkischer Sprache), Online-Ausgabe (www.tcub.gov.tr), o.S.

478 Vgl. ebd.

479 Aus der Analyse der Expertengespräche

Die Verkehrsintensität der Eisenbahn im Personenverkehr unterscheidet sich nach der Streckenlänge. Die Zahl der beförderten Personen bei interregionalen Fahrten ist sechsmal geringer als bei den Vorortbahnen, d.h. die Nachfrage nach kurzen Streckenfahrten ist höher als nach interregionalen Fahrten. Dies liegt daran, daß die interregionalen Reisezeiten sehr lang sind und die Häufigkeit der Verbindungen sehr gering ist. Zum Beispiel ist das Verhältnis der Schienenstreckenlänge zur Straßenlänge für die Strecke İstanbul-Zonguldak 1:3, für Ankara-Konya 1:2,65.[480] Es kann angenommen werden, daß keine Verkehrsaffinität nach Schienenbeförderung im Personenverkehr zwischen diesen Städten entstehen wird, solange die Verkehrswertigkeit so gering ist. Zudem gibt es zu einigen Städten der Türkei gar keine Schienenverbindung (s. Abb. D3-2 im Anh.).

Die Staatsbahn hat im Osten des Landes den Stichbahncharakter beibehalten. Die Verkehrsintensität ist hier geringer als bei vernetzten Bahnstrecken im Westen des Landes. Die Konzentration auf den westlichen Teil des Landes zeigen Abb. D3-3 und D3-4 im Anhang. Die elektrifizierten und signalisierten sowie zweispurigen Strecken befinden sich vorwiegend im Westen des Landes. So kann der Karte entnommen werden, daß die Netzdichte nach Osten des Landes hin abnimmt. Die gebirgige Struktur der Türkei und die Bindung der Trassenführung an Täler vermindert die Netzbildung erheblich. Dies betrifft insbesondere die entlegenen Regionen. Diese sind nicht nur bei der Netzbildung benachteiligt, sondern auch hinsichtlich anderer Teilwertigkeiten. So sind der Häufigkeit der Bedienung durch eingleisige Stichbahnen enge Grenzen gesetzt. Auch die Massenleistungsfähigkeit ist nicht im selben Maße gegeben wie auf dem westlichen Netz, da diese Strecken nicht elektrifiziert sind und vielfach durch gebirgige Regionen führen.

Die Konzentration der finanziellen Mittel auf die westlichen Strecken bzw. die Strecke Edirne-Ankara spiegelt sich auch in der regional sehr unterschiedlichen Verkehrswertigkeit des Systems hinsichtlich der Netzbildung, aber auch hinsichtlich technischer Parameter. Die geringe Verkehrswertigkeit insbesondere in entlegenen Gebieten, verbunden mit geringer Nachfrage, ist der Hauptgrund für die große Zahl der unrentablen Strecken und Dienste. So stiegen die Verluste der Staatsbahn (TCDD) von 63 Mio. US$ im Jahre 1988 auf fast 686 Mio. US$ im Jahre 1997.[481] Obwohl die Staatsbahn im Güterverkehr mehr Leistung als im Personenverkehr bringt, ist einem Verlust aufgrund der starken Abnutzung des alten Materials und dem daraus resultierenden hohen Wartungsbedarf bei Gleisen und rollendem Material nicht entgegenzusteuern.

Der internationale Verkehr auf der Schiene verliert seit 1980 seine Bedeutung. Im Jahre 1994 konnten insgesamt 183 Mio. tkm Verkehrsleistung erzielt bzw. 628.000 t Güter international transportiert werden.[482] Dies bedeutet einen Anteil von ca. 2% des gesamten Gütertransportes. Damit dient die türkische Staatsbahn überwiegend dem Binnenverkehr und mit den Verbindungen zu den sechs internationalen Häfen in İstanbul, İzmit (Derince), İskenderun, Mersin, İzmir und Samsun auch zum Teil dem internationalen Verkehr. Zudem existieren grenzüberschreitende Strecken über Bulgarien nach Europa, nach Armenien, Iran und Syrien, wobei die Strecke nach Europa wegen des Krieges in Jugoslawien bis heute stillgelegt ist.

---

480 Vgl. EVREN, Güngör (1996): Die türkische Eisenbahn (in türkischer Sprache), in: Türkiye Mühendislik Haberleri, Nr. 384, Juli 1996, S. 25.

481 Vgl. TCUB (1999): Berichte vom 9. Verkehrsrat 9.-12. September 1998, Ankara (in türkischer Sprache), Online-Ausgabe (www.tcub.gov.tr), o.S.

482 Vgl. TCDD (1995): Annual Statistics (1990-1994), Ankara, S. 60f.

Aufgrund des Kosovo-Konflikts ist auch der einzige regelmäßige Containertransport per Bahn zwischen Wien und İstanbul (Halkalı) derzeit gesperrt.

b) Geplante Maßnahmen

In den Fünfjahresentwicklungsplänen wurden einige wichtige Verbesserungs- und Neubaumaßnahmen für die Eisenbahn ins Auge gefaßt. Leider kamen die geplanten Investitionen sehr langsam voran oder wurden sogar zum Teil nicht realisiert. Dabei spielt der geringe Kapitaleinsatz seitens des Staates bzw. die Verkehrspolitik eine entscheidende Rolle. Die Politiker haben die FEP seit 1980 eher als einen Vorschlag angesehen und die Eisenbahn innerhalb ihrer Verkehrspolitik vernachlässigt. Dies zeigen die immer geringer werdenden Investitionen. So sank der Anteil der Investitionen für die Eisenbahn von 16% in der fünften FEP-Periode (1984-1989) auf 6,9% an den gesamten Verkehrsinvestitionen in der sechsten Planungsperiode (1990-1995), wobei dem Straßenverkehr ca. 50% bzw. 79,6% zugeteilt wurden. Damit stieg der Verlust der Staatsbahn TCDD kontinuierlich an.[483]

Im folgenden sollen zunächst die geplanten Projekte dargestellt werden, um die künftigen Entwicklungen im Bereich der Staatsbahnen zu diskutieren:

1. İstanbul-Ankara-Hochgeschwindigkeitszugprojekt

2. Modernisierungsprogramme der türkischen Eisenbahn

3. Eisenbahntunnelprojekt unter dem Bosporus

4. Restrukturierungsprojekt des Eisenbahnbetriebes

Zu 1: Das seit 1976 diskutierte Projekt der Hochgeschwindigkeitszugstrecke zwischen Ankara und İstanbul, das nach Angaben des Masterplans für Verkehr (1983-1993) die Fahrzeit von 12 Stunden auf 3 Stunden verkürzen sollte, wurde zunächst aufgrund des Finanzmangels Ende 1981 gestoppt und bis heute noch nicht verwirklicht.[484] Es fanden aber über den Bau dieser Eisenbahnstrecke in den letzten 20 Jahren zahlreiche Diskussionen auf unterschiedlichen Ebenen zwischen den verantwortlichen Behörden und Verkehrswissenschaftlern statt. Unter den für den Verkehr verantwortlichen Ministerien (Ministerien für Verkehr und für Öffentliche Dienste) gab es Kompetenzstreitigkeiten und unterschiedliche Beurteilungen der Bedeutung des Projektes.[485]

---

[483] Vgl. AYAN, Cihan / YÜCELEN, Ufuk (1997): Verkehrswesen - Ansätze zur Lösung der größten Probleme der Türkei an der Jahrtausendwende (in türkischer Sprache), Hrsg.: TÜGİAD, Nr. 22, İstanbul, S. 24-27

[484] Vgl. o.V. (1993): Interview mit Yıldırım Aktürk über die İstanbul-Ankara-Schnellzugverbindung und das Untertunnelungsprojekt des Bosporus (in türkischer Sprache), in: Türkiye Mühendislik Haberleri, Nr. 365, April 1993, S. S. 72.

[485] Während im Jahre 1987 vom Ministerium für Verkehr (Minister Veysel Atasoy) das Projekt unterstützt wurde, war Sefa Giray, Minister für Öffentliche Arbeiten, gegen das Projekt, da er den Flugverkehr als wirtschaftlicher betrachtete. Detaillierte Information s. ALPBEK, Mehmet Cem (1997): Interessengegensätze bei Entscheidungsprozessen am Beispiel der Verkehrspolitik in der Republik Türkei und deren sozio-ökonomische Auswirkungen - eine sozio-historische Analyse für den Zeitraum 1950-1989, Berlin, S. 153f.

Eine Gruppe von Verkehrswissenschaftlern und Politikern vertrat die Meinung, daß die Türkei derart hochtechnisierte und finanziell aufwendige Eisenbahnstrecken nicht bauen solle.[486] Andere Gruppen sahen ohne qualitativ und quantitativ verbesserte Eisenbahnen keine großen Entwicklungschancen der türkischen Wirtschaft.

Die Eisenbahngegner behaupteten, daß es keine Nachfrage nach Eisenbahnverbindungen gebe. Nach der Verbesserung des Angebots einiger Strecken zeigte sich jedoch eine deutliche Erhöhung der Nachfrage. Seit der Wiedereröffnung der Strecke Samsun-Çarşamba am Schwarzen Meer im Jahre 1981 stieg die Zahl der beförderten Personen an. Genauso erhöhte sich die Nachfrage im Personenverkehr zwischen Ankara und İstanbul durch die im Jahre 1989 eingesetzten Eilzüge (Mavi Tren) bei Nachtfahrten. Nach dem Einsatz der Eilzüge kam es zu einer Erhöhung der Passagierzahl, wodurch die TCDD zwischen 1989 und 1992 kurzfristig ihre Einnahmen aus interregionalen Binnenfahrten um 42% erhöhte.[487]

Ferner wird das umstrittene Projekt von Eisenbahngegnern als sehr teuer eingestuft. Die zwei unterschiedlichen Machbarkeitsstudien von Firmen aus Deutschland (OBERMAYER/ RAIL CONSULT) 1987 und aus Japan (JARTS) im Jahr 1988 haben jedoch bewiesen, daß die Kosten der Strecke bei etwa 10 Mio. US$ pro km liegen. Diese 416 km lange Strecke würde somit insgesamt ca. 4 Mrd. US$ und nicht, wie von Eisenbahngegnern behauptet, 10 bis 15 Mrd. US$ kosten.[488]

Als Grund für die Vernachlässigung der türkischen Staatsbahnen wird von den Eisenbahnbefürwortern die Vetternwirtschaft im Straßenbau genannt. Im Rahmen der Diskussion um den Neubau der Strecke Ankara-İstanbul wurde auch die Frage aufgeworfen, ob bestimmte Interessengruppen die Weiterführung dieses Projektes verhindern würden. In diesem Zusammenhang wurden konkret die Omnibushersteller und Reisebusunternehmen erwähnt. Diese Behauptungen wurden vom Verein der Busunternehmen dementiert.[489]

Wie oben erwähnt, haben die Projektdiskussionen für den Schnellzug zwischen Ankara und İstanbul schon im Jahre 1976 begonnen und werden bis heute fortgeführt. So ist die türkische Eisenbahn mit ihrer heutigen Qualität nicht in der Lage, die modernen wirtschaftlichen und gesellschaftlichen Bedürfnisse zu befriedigen. Dennoch zeigen die Regierungen für eine bessere Eisenbahnpolitik weiterhin kein Interesse.[490]

---

486 Zum Beispiel die Eisenbahn-Gewerkschaft (Demiryol-İş Sendikası), die Transportarbeitergewerkschaft (Birleşik Taşımacılık Çalışanları Sendikası), den Verein der Bauingenieure (İnşaat Mühendisleri Odası), Eisenbahnlehrstuhlinhaber der Universitäten, Straßenverkehrslehrstuhlinhaber, Eisenbahnexperten der SPO, KGM-Experten, Minister für Verkehr, Minister für Öffentliche Arbeiten, Verband der Automobilindustrie, Verband der Transportunternehmen, Verband der Busunternehmen, Straßenbaufirmen, Journalisten usw.

487 Vgl. TCDD (1990): Annual Statistics (1985-1989), Ankara, S. 88. und vgl. ALPBEK, Mehmet Cem (1997): Interessengegensätze bei Entscheidungsprozessen am Beispiel der Verkehrspolitik in der Republik Türkei und deren sozio-ökonomische Auswirkungen - eine sozio-historische Analyse für den Zeitraum 1950-1989, Berlin, S. 156.

488 Vgl. GERÇEK, Haluk (1993): Aspekte eines Schnellzugprojektes (in türkischer Sprache), in: Türkiye Mühendislik Haberleri, Nr. 365, April 1993, S. 57-58

489 Vgl. SAKA, Selda (1992): 11 Jahre Verspätung (in türkischer Sprache), in: Panorama, 12. April 1992, S. 28f.

490 Aus der Analyse der Expertengespräche

Zu 2: Im fünften und sechsten FEP (1983-1988 bzw. 1990-1995) wurden Modernisierung und Elektrifizierung für die wichtigsten Eisenbahnstrecken geplant. Es wurde pro Jahr die Erneuerung von 500 km Streckenlänge in den Programmen vorgesehen. Jedoch konnten diese Maßnahmen insbesondere nach 1990 aufgrund der finanziellen Schwierigkeiten nicht in vollem Umfang verwirklicht werden. Zum Beispiel betrug im Jahre 1989 die elektrifizierte Strecke 479 km, und in den nachfolgenden zehn Jahren konnten nur durchschnittlich ca. 150 km Strecke pro Jahr elektrifiziert werden.[491]

Ferner sind Erneuerungen für den Zeitraum zwischen 1998 und 2002 für Streckenlängen von ca. 2500 km vorgesehen, wobei die Verwirklichung dieser Maßnahmen auch in Frage gestellt ist. Wenn die dafür benötigten Importe von Gleisen nicht rechtzeitig getätigt werden können, wie es bisher der Fall war, muß mit einer Verzögerung gerechnet werden.

Den Widerspruch in der Eisenbahnpolitik verdeutlicht das folgende Beispiel: Im Rahmen der Modernisierungsbemühungen sollten in Eskişehir zwischen 1986 und 1989 von der Firma TÜLOMSAŞ mit japanischer Lizenz 45 Elektrolokomotiven gebaut werden. TÜLOMSAŞ durfte aber bis 1989 nur 16 Lokomotiven produzieren, da die geplanten Strecken noch nicht elektrifiziert waren und daher kein weiterer Bedarf bestand. Gleichzeitig konnten die für hohe Geschwindigkeiten ausgelegten Lokomotiven wegen der veralteten Gleisanlagen nicht wirtschaftlich eingesetzt werden. Doch statt die Gleise zu modernisieren, wurde die Produktion von Lokomotiven reduziert.[492]

Zu 3: Das steigende Transitverkehrsaufkommen und der Außenhandelsverkehr zwingen dazu, neue Transportmöglichkeiten über die Meerengen zu finden. Das Projekt, einen Eisenbahntunnel unter dem Bosporus zu bauen, wurde im Rahmen einer umfassenden Machbarkeitsstudie im Jahre 1988 für die Marmara-Region und den Stadtverkehr in İstanbul für das Jahr 2005 vorgeschlagen. Die Verwirklichung des Projektes würde 650 Mio. US$ kosten und 4 Jahre dauern.[493] Im Jahre 1997 fuhren über die beiden Bosporusbrücken insgesamt über 300 Tausend Fahrzeuge am Tag.[494] Aus diesen Gründen ist eine Eisenbahnverbindung unter oder über dem Bosporus dringend notwendig. Die Chancen einer Umsetzung des Eisenbahntunnel-Projektes sinken jedoch durch politische Einflüsse. Es gibt Konkurrenzprojekte wie das doppelte Brückenprojekt, eine dritte Bosporusbrücke und eine erste Dardanellenbrücke (beide mit Eisenbahnverbindung), die einem Eisenbahntunnel entgegenstehen. Obwohl im siebten FEP die Verwirklichung des Eisenbahntunnelprojektes vorgesehen wurde, wurde dieses Projekt - insbesondere aufgrund der finanziellen Problematik, die auch durch die erheblich hohen Kosten des erdbebensicheren Tunnelbaus entsteht - von den Regierungen kritisiert und in die Programme bis Ende des Untersuchungs-

---

491 Vgl. SPO (1995): Der siebte FEP (1996-2000) (in türkischer Sprache), Ankara, S.121ff.

492 Vgl. ALPBEK, Mehmet Cem (1997): Interessengegensätze bei Entscheidungsprozessen am Beispiel der Verkehrspolitik in der Republik Türkei und deren sozio-ökonomische Auswirkungen - eine sozio-historische Analyse für den Zeitraum 1950-1989, Berlin, S. 155.

493 Vgl. YÜLEK, Ertan (1996): Die Eisenbahnverbindung unter dem Bosporus in İstanbul und die Umwandlung der Vorortbahnstrecke Gebze-Halkalı in eine Metro-Verbindung (in türkischer Sprache), in: Türkiye Mühendislik Haberleri, Nr. 384, Juli 1996, S. 108f.

494 Vgl. KGM (1998): Allgemeine Informationen über den Autobahnausbau (in türkischer Sprache), Ankara, S. 115.

zeitraums nicht aufgenommen. Es bleibt offen, ob das Projekt in der kommenden Regierungsperiode begonnen wird.[495]

Zu 4: Auch im siebenten FEP (1996-2000) wurden Maßnahmen zur Modernisierung und Verbesserung des Eisenbahnnetzes vorgesehen. In diesem Zusammenhang sollte das schon im Jahre 1995 begonnene Projekt für die Restrukturierung der türkischen Staatsbahn fertiggestellt werden. Die Vorstudie für das Restrukturierungsprojekt wurde in Zusammenarbeit mit der englischen Unternehmensberatungsfirma Booz Allen and Hamilton (BAH) termingemäß im Jahre 1996 abgeschlossen. Dieses Projekt wurde von der Weltbank mit Krediten aus Japan in Höhe von einer Mio. US$ finanziert.[496]

Ausgangspunkt des Projektes war die Verbesserung des Kosten-Nutzen-Verhältnisses der TCDD. Die Hauptziele des Projektes können wie folgt zusammengefaßt werden:[497]

- Die Rolle und die Aufgaben der türkischen Eisenbahn im modernen Verkehrssystem sollen neu definiert werden.

- Für die marktwirtschaftliche Ordnung soll der rechtliche Rahmen der türkischen Staatsbahn neu bestimmt werden.

- Die Beziehungen zwischen der Regierung und der TCDD sollen neu geregelt werden.

- Das Organisationsschema der Staatsbahn soll für einen effektiven Betrieb und ein modernes Management neu festgelegt werden.

Die Projektplanung wurde von Beratungsämtern des Schatzamtes und der Staatlichen Planungsorganisation (SPO), von Vertretern vom Ministerium für Verkehr und der TCDD übernommen. Mit diesem Projekt sollte die seit 1989 mit erheblichem Verlust arbeitende Staatsbahn ihre Betriebseffektivität steigern. Nach der Beendigung dieser Vorstudie begannen die Projektgruppen (Passagier- und Güterbeförderung, Infrastruktur, Reparaturstätten usw.) gemäß der Erkenntnisse des Projektes die zentralen Abteilungen neu zu definieren. Diese Arbeiten sollen noch im Laufe des Jahres 1999 beendet werden.[498]

Ein bedeutendes Ergebnis des Projektes ist der Gesetzentwurf für die Staatsbahn, in dem ihr rechtlicher Status und ihre Beziehung zum Staat neu bestimmt wird. Dieser Gesetzentwurf enthält folgende wesentlichen Punkte:[499]

- Die für den Neubau und für die infrastrukturellen Verbesserungen benötigten Finanzmittel sind vom Ministerium für Verkehr zur Verfügung zu stellen,
- die Eisenbahntarife sind freizugeben,

---

495 Aus der Analyse der Expertengespräche

496 Vgl. GİRGİNER, Nurettin (1996): Die Meinung der Eisenbahn-Gewerkschaften zum Eisenbahnverkehr (in türkischer Sprache), in: Türkiye Mühendislik Haberleri, Nr. 384, Juli 1996, S. 120.

497 Vgl. TCUB (1999): Berichte vom 9. Verkehrsrat 9.-12. September 1998, Ankara (in türkischer Sprache), Online-Ausgabe (www.tcub.gov.tr), o.S.

498 Vgl. ebd.

499 Vgl. ebd.

- nicht rentable Strecken müssen subventioniert werden und die dabei entstehenden Verluste sind der TCDD zu erstatten,
- alle Schulden der TCDD sind nach Inkrafttreten des Gesetzes vom Staat zu übernehmen,
- der TCDD ist Einstellungsfreiheit für Personal zu gewährleisten.

Nach der Vollendung des Projektes soll das Verhältnis von Ausgaben zu Einnahmen von 4,43 : 1 im Jahre 1997 auf 1,33 : 1 sinken, d.h. unter den EU-Durchschnitt von 1,80 : 1. Die türkische Staatsbahn TCDD will ihre Reorganisation im Jahre 2005 vollendet haben. Im Zuge des internationalen Liberalisierungsprozesses der Eisenbahnen soll sich die türkische Bahn ihren Platz als eine der effektivsten Eisenbahnen in Europa sichern.[500]

Ob dieses ehrgeizige Projekt verwirklicht wird, bleibt offen: Zum einen wird ein erheblicher Kapitaleinsatz für die Umsetzung benötigt. Zum anderen ist die Reaktion der verschiedenen Interessengruppen (der zuständigen Behörden, der Bahnbeschäftigten und der Öffentlichkeit) für die Zukunft nicht eindeutig einzuschätzen.

Wenn das genannte Modernisierungsprojekt jedoch nicht verwirklicht wird, wird die Staatsbahn mit einer immer schlechter werdenden Verkehrswertigkeit gegenüber dem Straßenverkehr weitere Einbußen erleiden. Somit würde der Verfall der Eisenbahn beschleunigt. Es läßt sich vermuten, daß das Projekt nicht in einem absehbaren Zeitraum verwirklicht werden kann, da der entscheidende Kapitaleinsatz fehlt. (Die gesellschaftlichen und wirtschaftlichen sowie ökologischen Folgen des Verfalls der Eisenbahn werden in Kap. D. 3. 4 diskutiert.)

Falls das Projekt realisiert wird, werden einige der genannten Maßnahmen sich als ungeeignet darstellen, da diese schon in der Entwurfsphase Auseinandersetzungen auf politischer Ebene hervorgerufen haben. Deshalb soll zunächst auf einige konkrete Maßnahmenvorschläge des Projektes eingegangen werden, um über die Folgen für das Projekt Klarheit zu erhalten.

Die Probleme der Staatsbahn TCDD sind im wesentlichen identisch mit den Problemen anderer Staatsunternehmen (KİT): unrentable Betriebe und schlechtes Management, zum Teil mit starken staatlichen Eingriffen, sinkende Subventionen bzw. deren verspäteter Ausgleich.[501]

Privatisierung

Die TCDD betreibt neben der Eisenbahn auch sieben Seehäfen in den Städten İstanbul, İzmit, Samsun, Bandırma, İskenderun, Mersin und İzmir. Ferner besitzt die TCDD einige soziale Einrichtungen (Krankenhäuser, Wohnhäuser für Beamte und Grundstücke). Die Seehäfen der

---

500 Vgl. TCUB (1999): Berichte vom 9. Verkehrsrat 9.-12. September 1998, Ankara (in türkischer Sprache), Online-Ausgabe (www.tcub.gov.tr), o.S.

501 Vgl. KAYNAK, Muhteşem (1996): Exportorientierung und internationaler Güterverkehr (in türkischer Sprache), in: UTA, Februar 1996, S. 42.

TCDD sind die einzige Einheit, die seit 1985 gewinnbringend arbeitet. Im Jahre 1997 erwirtschaftete der Hafenbereich 53% der Gesamteinnahmen der TCDD.[502]

Gemäß der genannten Vorstudie sollen die Einrichtungen der TCDD, die außerhalb ihres Haupttätigkeitsbereiches, also der Beförderung, liegen, und die genannten Häfen privatisiert werden. Dieser Vorschlag löste derzeit wiederum große Diskussionen aus, da zum einen kein Interesse von seiten der Privatwirtschaft bestand und zum anderen starke Interessengruppen wie Gewerkschaften dagegen agierten.[503] Nach diesen Erfahrungen nimmt die Privatisierung in der Türkei sehr viel Zeit in Anspruch. Dies bedeutet, daß sich der Verfall der Eisenbahn weiter beschleunigen wird.

Als Vorschlag des Projektes wurde die Privatisierung der TCDD diskutiert, wobei Privatunternehmen kein großes Interesse an der technisch zurückgebliebenen Eisenbahn zeigen dürften. Der türkische Staat müßte in diesem Fall zunächst selbst Modernisierungsarbeiten durchführen und erst dann diese Strecken privatisiert werden. Die staatlichen Investitionsvorhaben müßten zur Modernisierung von Eisenbahnbetrieben vermehrt werden.[504]

Kapitalmangel

Wenn man die Struktur der Ausgaben der TCDD im Jahre 1997 untersucht, stellen sich die durch die Verschuldung entstandenen Beträge mit ca. 50% der Gesamtausgaben dar. Diese hohen Beträge bestehen aus den anfallenden Zinsen und Kommissionen sowie aus dem Verlust, der durch die in Devisen aufgenommenen Kredite entsteht. Zudem sanken die Subventionen auf Dollarbasis zwischen 1990 und 1994 um 45%.[505] Auch die wirtschaftliche Lage der Türkei, wie in Kap. B. 2. erwähnt, erlaubt keinen bedeutenden Kapitaleinsatz für den Eisenbahnbereich. Ohne Hilfe internationaler Finanzinstitutionen können diese Projekte nicht in absehbarer Zeit verwirklicht werden.

Personalabbau

Der Anteil der Personalkosten an den Gesamtausgaben (ohne Rückzahlung der Schulden) betrug im Jahre 1997 ca. 50%.[506] Deshalb wurde im oben genannten Restrukturierungsprojekt eine Senkung der Beschäftigtenzahl vorgeschlagen. Diese geplante Maßnahme löste bei den Bahnbeschäftigten heftige Kritik aus bis hin zum Streik.[507] Dieser Konflikt wird bis zur

---

502 Vgl. TCUB (1999): Berichte vom 9. Verkehrsrat 9.-12. September 1998, Ankara (in türkischer Sprache), Online-Ausgabe (www.tcub.gov.tr), o.S.

503 Vgl. EVREN, Güngör (1998): Finanzen der Verkehrsinvestitionen (in türkischer Sprache), in: Veröffentlichungen des 4. Verkehrskongresses in Denizli, 3.-5. Juni 1998, Hrsg.: İMO, İstanbul 1998, S. 39f.

504 Vgl. GÖKBUNAR, Ali Rıza (1994): Privatisierung der Eisenbahnen in der Türkei und in der Welt (in türkischer Sprache), in: Maliye Yazıları, Heft 44, Juli-September 1994, Ankara, S. 82f.

505 Vgl. TCUB (1999): Berichte vom 9. Verkehrsrat 9.-12. September 1998, Ankara (in türkischer Sprache), Online-Ausgabe (www.tcub.gov.tr), o.S..

506 Vgl. ebd.

507 Vgl. GİRGİNER, Nurettin (1996): Die Meinung der Eisenbahn-Gewerkschaften zum Eisenbahnverkehr (in türkischer Sprache), in: Türkiye Mühendislik Haberleri, Nr. 384, Juli 1996, S. 120.

Vollendung des Projektes andauern. Seit 1987 wurde kein neues Personal eingestellt, die Beamtenzahl sank sogar von 30 Tausend im Jahre 1991 auf 20 Tausend im Jahre 1995.[508] Erstaunlicherweise wurden in der Managementebene die 9 Direktionen um weitere 11 ergänzt. Damit erhöhte sich die Zahl der Führungskräfte im Bereich des Bahnmanagements.[509]

Netzausdünnung

Die Einnahmen im Bereich der Bahnbeförderung sanken ebenfalls. So deckten im Jahre 1997 die Einnahmen aus der interregionalen Personenbeförderung 16% der Ausgaben, für die Vorortbahnen lag dieser Anteil bei 52% und im Güterverkehr bei 30,7%.[510] Das bedeutet, daß die Hauptaufgabe der TCDD, Personen- und Güterbeförderung auf der Schiene, insbesondere bei den interregionalen Fahrten sehr ineffektiv erfüllt wurde. Die Vorstudie sieht vor, die wenig befahrenen Strecken zu reduzieren. Gleichzeitig sollen einige Bahnhöfe und Haltepunkte geschlossen werden. Es liegen noch keine genaueren Angaben vor, wo sich diese befinden, es ist jedoch anzunehmen, daß sie überwiegend in entlegenen Regionen sind. Dies würde die finanzielle Situation der Bahn verbessern, da solche Strecken bislang erheblich zu den Defiziten beigetragen haben. Ebenso denkbar ist auch die Schließung von kleineren Stationen auf den Hauptstrecken, um den Verkehr schneller fließen lassen zu können. Zwischen 1989 und 1994 wurden ca. 300 Bahnhöfe geschlossen, wovon 40 Bahnhöfe in der Eisenbahnregion 6 in Südostanatolien lagen.[511] Ferner wurde vorgeschlagen, die Strecken, auf denen überwiegend Gütertransporte durchgeführt werden, nur für den Güterverkehr zu nutzen somit den Personenverkehr völlig auszuschließen.

Diese Vorschläge sind in sich widersprüchlich: Das Ziel der Modernisierung soll die Förderung des Eisenbahnverkehrs bzw. die Verbesserung der Konkurrenzfähigkeit der Bahn gegenüber dem Straßenverkehr sein. Wenn die Zahl der Strecken reduziert wird oder nur noch wenige Güter transportiert werden, besteht weiterhin eine einseitige Entwicklung des Verkehrssystems im Binnenverkehr. Dies widerspricht dem in jedem FEP wiederholten Ziel der "gleichmäßigen Entwicklung aller Verkehrsträger". Dieses Vorgehen würde für die Zukunft bedeuten, daß die sowieso niedrige Nachfrage nach Eisenbahnbeförderung, die zum Teil aus der schlechten Verkehrswertigkeit der Bahn resultiert, noch weiter sinkt. Es werden weitere Verlagerungen auf die Straße stattfinden. Der Betrieb der TCDD würde durch die Kostensenkung kurzfristig profitieren, jedoch würde diese Verlagerung nachhaltig Schaden für Gesellschaft und Wirtschaft mit sich bringen, wie hohen Energieverbrauch, erhöhte Staugefahr und Schadstoffemissionen.

---

[508] Vgl. TCUB (1999): Berichte vom 9. Verkehrsrat 9.-12. September 1998, Ankara (in türkischer Sprache), Online-Ausgabe (www.tcub.gov.tr), o.S.

[509] Vgl. TİFTİKÇİ, Osman (1996): Verkehrsprobleme in der Türkei und die Eisenbahn (in türkischer Sprache), İstanbul, S. 59.

[510] Vgl. TCUB (1999): Berichte vom 9. Verkehrsrat 9.-12. September 1998, Ankara (in türkischer Sprache), Online-Ausgabe (www.tcub.gov.tr), o.S.

[511] Vgl. TCDD (1990): Annual Statistics (1985-1989), Ankara, S. 38, TCDD (1995): Annual Statistics (1990-1994), Ankara, S. 31 und vgl. TİFTİKÇİ, Osman (1996): Verkehrsprobleme in der Türkei und die Eisenbahn (in türkischer Sprache), İstanbul, S. 60.

Fazit

Abschließend soll auf den Handlungsbedarf im Eisenbahnbereich eingegangen werden. Wie oben dargestellt, hat sich der Zustand der türkischen Staatsbahnen auch seit 1980 nicht verbessert, sondern im Gegenteil verschlechtert. Die Kosten der Erhaltung stiegen kontinuierlich an. Der größte Teil der Maßnahmen, die bisher in den Plänen vorgesehen waren, konnte nicht verwirklicht werden. Die Folge werden ausgeweitete Geschwindigkeitsbeschränkungen und die Senkung der Gewichtsobergrenzen sein. Der sich kontinuierlich verschlechternde Zustand der Gleisanlagen wird die Kosten für die Erhaltung und Wartung von Lokomotiven und Wagen weiter erhöhen. Ferner wird die Verfügungsquote des rollenden Materials weiter sinken, so daß es zu einem höheren Bedarf an Kapazitätsvorhaltungen kommt oder, bei der fortgesetzt starken Aussonderung von Kapazitäten, zu Engpässen. Beides erhöht die Kosten für den laufenden Betrieb, die wiederum durch höhere Frachten und Tarife erwirtschaftet werden müssen, sofern die Defizite nicht aus dem Budget gedeckt werden.

Die unzureichenden und z.T. mangelhaften und verspäteten Erhaltungsmaßnahmen erhöhen auch die Folgekosten für die weitere Erhaltung der festen Anlagen. Gleichzeitig sinkt die Teilwertigkeit Sicherheit, wodurch sich die Gefahr der Entgleisungen erhöht. Die Folgen hiervon sind Sachschäden und massive Störungen des Verkehrsablaufs. In schwerwiegenden Fällen kann es auch zu Personen- und Umweltschäden kommen. Die Verschlechterung des Sicherheitsstandards insbesondere der Nebenstrecken kann auch zu deren vorübergehender oder endgültiger Schließung führen. Dies würde die ohnehin geringe Verkehrswertigkeit in einigen Gebieten drastisch senken.

Die steigenden Betriebskosten der TCDD würden zur Folge haben, daß die Bahn weitere Einbußen durch die fortgesetzte Verlagerung zum Straßenverkehr erleidet. Zukünftig werden nur noch sehr wenige Gütergruppen wie Kohle, Öl und Ölprodukte, Holz, Baumaterialien. über größere Entfernungen auf der Schiene transportiert werden. Die Produzenten dieser typisch eisenbahnaffinen Güter müßten jedoch höhere Preise für die niedrige Leistung der TCDD zahlen.

Auch im Personenverkehr würden langfristig stärkere Einbußen hinzunehmen sein. So verkehren viele Reisebusse auf den gleichen Strecken schneller als die Bahn. So kann die Bahn ohne die Verbesserung ihrer Geschwindigkeit keinen großen Erfolg erwarten. Ohne direkte Verbindungen zwischen Städten zu ermöglichen, kann die Eisenbahn keine Alternative zum interregionalen Busverkehr sein.

Somit wird zukünftig die Teilwertigkeit Netzbildung im Personen- wie auch Güterverkehr sinken. Langfristig werden wohl nur wenige Strecken befahren, da sich die Zahl der unrentablen Strecken durch die weitere Verlagerung des Güterverkehrs auf die Straße erhöhen wird.

D. 3. 2. 2. Straßenverkehr

In der folgenden Analyse wird zunächst die Entwicklung der Straßenverkehrsinfrastruktur, der Kfz-Industrie sowie der Struktur der Transportunternehmen untersucht. Der Schwerpunkt der Analyse liegt bei der Herausarbeitung der Zusammenhänge zwischen der Qualität des Straßenverkehrssystems und den regionalen Disparitäten. Ferner wird die Ausgangsthese überprüft, ob das regionale Entwicklungsgefälle dem Qualitätsgefälle des Straßenverkehrssystems entspricht. Da fast der gesamte Binnenverkehr auf die Straße verlagert wurde, ist diese Analyse für das gesamte Verkehrssystem und damit für die räumliche Entwicklung der Türkei von großer Bedeutung.

a) Straßeninfrastruktur

Der Beginn des Autobahnbaus

Schon seit Anfang der siebziger Jahre machte sich die Überlastung des Hauptstraßennetzes bemerkbar. Besonders die Strecke İstanbul-İzmit-Adapazarı-Ankara, die auch für den Transitverkehr Europa-Naher Osten genutzt wird, war durch die starke Verlagerung des Personen- sowie Güterverkehrs auf die Straße sehr betroffen. Als Lösung des Problems wurde in erster Linie der Bau oder Ausbau einer mehrspurigen Hochgeschwindigkeitsstraße angesehen. Diese wurde nach türkischer Definition "Autobahn" genannt. Hierfür wurde parallel zum Bau der ersten Bosporusbrücke (1973) ein Gesetz über "mehrspurige, zufahrtskontrollierte Straßen" geschaffen.[512]

Ende der siebziger Jahre beeinflußte das TEM-Projekt (Trans-European-Motorway) die türkische Autobahnpolitik. Die gebauten Autobahnstrecken liegen inzwischen innerhalb der geplanten TEM-Strecke. Der Bau der TEM begann offiziell am 1. September 1977; die Autobahn sollte im Norden bei Danzig (Polen) ihren Anfang haben und in der Türkei jeweils in Gürbulak, Trabzon, Mersin, İskenderun und Cizre enden. Die Gesamtlänge des TEM-Projektes sollte ca. 10.400 km betragen, wovon sich ca. 3.600 km in der Türkei befinden sollten. Durch das Projekt sollte eine schnelle Nord-Süd-Verbindung hergestellt werden, die dann mit den Trans-Asien- und den Trans-African-Highways verbunden werden sollte[513].

Im Jahre 1982 begann auch ein Straßenverbesserungsprojekt für die Transitroute "Türkiye Transit Karayolu / TETEK-Projekt". Dieses Projekt sah vor, daß die insgesamt ca. 3200 km lange Transitstrecke, die, von der Grenze zu Bulgarien beginnend, über İstanbul und Ankara in einer Achse bis zur syrischen Grenze, einer weiteren Achse nach dem Irak und einer dritten Achse über Erzincan nach dem Iran verläuft, doppelspurig auszubauen. Ferner sollte die

---

512 Nach Straßenverkehrsordnungsgs. Nr. 1593 § 1 sind Autobahnen in der Türkei für einen durchgehenden Verkehr geeignete, zufahrtskontrollierte mehrspurige Staatsstraßen, die nur von bestimmten motorisierten Fahrzeugen, in der Regel gegen Entgelt, befahren werden. Der Fahrpreis wird vom Ministerium für Öffentliche Arbeiten bestimmt. Vgl. İLTER, İsmet (1994): Die historische Entwicklung des türkischen Straßenverkehrs (in türkischer Sprache), İstanbul, S. 68.

513 Vgl. ARMANGİL, Ümit (1997): New Opportunities in the Black Sea Region Business Conference, Hrsg.: DEİK, İstanbul, April 1997, S. 276, und vgl. KGM (1995): Allgemeine Informationen über den Autobahnausbau (in türkischer Sprache), Ankara, S. 4.

technische Tragfähigkeit der Straßen erhöht werden. Mit Beginn des Autobahnbaus verlangsamte sich die Umsetzung des TETEK-Projektes, welches bis Ende der neunziger Jahre aufgrund den finanziellen Engpässen noch nicht ganz fertig ausgebaut werden konnte.[514]

Nach der Fertigstellung der seit 1973 gebauten Autobahnteilstrecken im Jahre 1984 begann die Auftragserteilung für die nachfolgenden Autobahnabschnitte.[515] Bis Anfang der neunziger Jahre wurde für insgesamt elf Autobahnabschnitte mit einer Gesamtlänge von 1.180 km ein Bauauftrag erteilt.[516] Die geplante Streckenlänge der Autobahnen wurde jedoch bis 1990 nicht erreicht. Nur 204 km von den geplanten 1.180 km konnten fertiggestellt werden. Als Grund wurden finanzielle Schwierigkeiten der Türkei genannt.[517]

Zu den Autobahnstrecken, die in den achtziger Jahren gebaut worden sind, gehört die zweite Bosporusbrücke. Der steigende Stau auf der ersten Bosporusbrücke stellte sich schon Ende der siebziger Jahre als großer Engpaß beim Europa-Asien-Transitverkehr und im städtischen Verkehr innerhalb İstanbuls dar. Deshalb begann im Jahre 1986 der Bau der zweiten Brücke über den Bosporus, und damit wurde eine weitere Verbindungsstrecke außerhalb der Innenstadt zwischen Edirne und Ankara hergestellt.[518]

In den neunziger Jahren wurden weitere Autobahnprojekte durchgeführt, wodurch die Länge der fertiggestellten Autobahnen im Jahre 1997 auf 1.514 km gestiegen ist. Im Jahre 1998 sollten mehrere Autobahnstreckenabschnitte mit einer Gesamtlänge von 399 km fertiggestellt und Bauaufträge für weitere Strecken von insgesamt ca. 1.862 km Länge erteilt werden.[519] Im Jahre 1998 wurde die Hälfte der geplanten Autobahnstreckenabschnitte eröffnet, so erreichte das türkische Autobahnnetz im Januar 1999 eine Gesamtlänge von 1.926 km, davon über 200 km "Autobahnanschlußstraßen", welche die Autobahnen mit den Staatsstraßen verbinden. Abb. 32 zeigt nach 1973 die eröffneten Autobahnstrecken.

---

514 Vgl. TCUB (1999): Berichte vom 9. Verkehrsrat 9.-12. September 1998, Ankara (in türkischer Sprache), Online-Ausgabe (www.tcub.gov.tr), o.S.

515 Çukurova-Autobahn (Pozantı-Tarsus) und İzmit-Autobahn (İzmit-Gebze). Vgl. KGM (1995): Allgemeine Informationen über den Autobahnausbau (in türkischer Sprache), Ankara, S. 4.

516 Vgl. TIĞLI, Hikmet (1993): Autobahnen in der Türkei (in türkischer Sprache), in: Türkiye Mühendislik Haberleri, Nr. 365, April 1993, S. 19.

517 Vgl. ebd., und KGM (1995): Allgemeine Informationen über den Autobahnausbau (in türkischer Sprache), Ankara, S. 10.

518 Auf der ersten Bosporusbrücke, die sich im Zentrum İstanbuls befindet, ist das Befahren nur Pkw und ÖPNV-Verkehrsmitteln erlaubt, so daß der Lkw-Schwerverkehr über die zweite Brücke umgelenkt wird. Vgl. o.V. (1998): Die Ausschreibung für die dritte Bosporusbrücke steht an (in türkischer Sprache), in: Finansal Forum, am 17.4.1998

519 Nach Angaben der KGM waren bis Ende 1997 insgesamt ca. 10,2 Mrd. US$ für die gebauten ca. 1.500 km lange Autobahnstrecke gezahlt worden. Vgl. PARLAK, Barış (1998): Die Autobahnstrategie der KGM wurde festgelegt (in türkischer Sprache), in: Dünya, am 2.2.1998, und KGM (1998): Allgemeine Informationen über den Autobahnausbau (in türkischer Sprache), Ankara, S. 79-90.

Abb. 32: Die zwischen 1973 und 1998 eröffneten Autobahnstreckenabschnitte in der Türkei

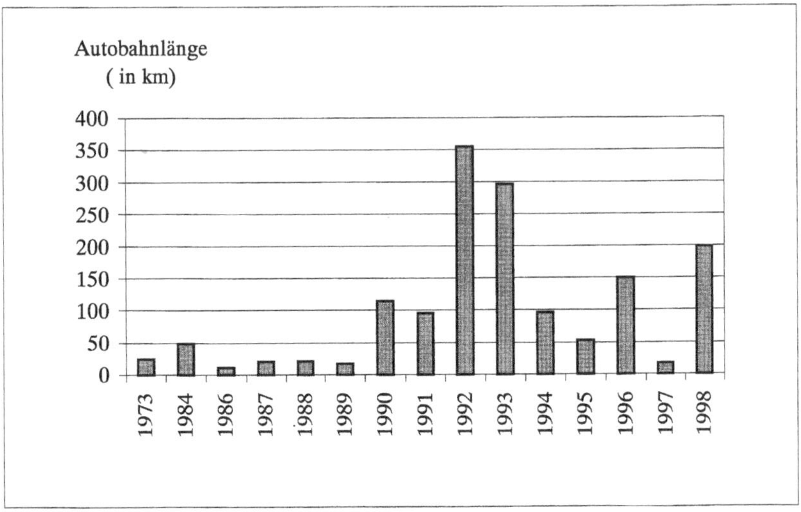

Quelle: KGM (1998): Allgemeine Informationen über den Autobahnausbau (in türkischer Sprache), Ankara, S. 11.

Von Beginn des Ausbaus des türkischen Autobahnnetzes an kam es zu Diskussionen in der Öffentlichkeit, unter Fachleuten und im Parlament zwischen Oppositionspolitikern und den zuständigen Ministern über die Planung, Umsetzung und Finanzierung der Projekte. Der Autobahnbau wurde zum Teil von den Oppositionspolitikern und zum Teil von Verkehrswissenschaftlern heftig kritisiert. Die kritischen Aspekte lagen

1. bei der Bauauftragsvergabe,

2. bei der Finanzierung,

3. bei der Planung der Route und den technischen Eigenschaften der Autobahnen.

Zu 1: Bei der Vergabe der Aufträge zu Autobahnprojekten wurde den zuständigen Behörden Korruption vorgeworfen. Hierbei spielte in erster Stelle das nicht vorschriftsgerechte Vorgehen bei der Projektauswahl eine Rolle. Die Bauaufträge wurden nicht nach den Ausschreibungsrichtlinien aufgeteilt: Es wurden keine Ausschreibungskommission gebildet, keine Ausschreibungen veröffentlicht und die Auftragsvergaben ohne Protokolle ausgehandelt.[520] Die Mängel des Auswahlverfahrens hatten höhere Kosten für die Staatskasse zur Folge. Denn die Auftragnehmer hatten zum Teil nicht ausreichende Kredite aufgebracht oder sogar falsche Angaben zu den Baukosten gemacht, wobei die Differenz zwischen den geplanten und den tatsächlichen Baukosten vom Staat übernommen wurde.

---

520 Vgl. ALPBEK, Mehmet Cem (1997): Interessengegensätze bei Entscheidungsprozessen am Beispiel der Verkehrspolitik in der Republik Türkei und deren sozio-ökonomische Auswirkungen - eine sozio-historische Analyse für den Zeitraum 1950-1989, Berlin, S. 149f.

Zudem hatten organisatorische Veränderungen stattgefunden, die den Vorwürfen neue Nahrung gaben: Durch einen Ministerratsbeschluß im Jahre 1985 wurden die Autobahnprojekte dem Zuständigkeitsbereich der Straßenbaubehörde (KGM) entzogen und der Anstalt für Öffentliche Beteiligungen (KOİ) übertragen. Als Finanzmittel stand der Fonds für öffentliche Beteiligungen und Wohnungsbau zur Verfügung. Diese Fonds durften nicht vom Rechnungshof kontrolliert werden. Somit sollte die Bauarbeiten ohne Bürokratie "zügig" vorangehen. Die KOİ war aber nicht befugt, die Autobahnen selbst zu bauen. Deshalb gab die KOİ die Projektplanung und -ausführung als Unterauftrag an die KGM weiter. So landeten die Autobahnprojekte nach diesem langwierigen Verfahren wieder bei der KGM. Das inkonsequente und nicht durchdachte Verfahren war die Ursache für die ineffiziente Arbeitsweise der KGM.[521]

Diese Undurchsichtigkeit des Vorgehens bekräftigte Vermutungen in der Öffentlichkeit, daß z.B. die Aufträge ohne Berücksichtigung der Richtlinien an Firmen vergeben wurden, bei den persönliche Renten von Entscheidungsträgern garantiert waren.[522]

Zu 2: Zur Finanzierung der Autobahnprojekte wurde das BOT-Modell (Build-Operate-Transfer) ins Leben gerufen. Die Privatfinanzierung durch ausländische Kredite sollte auch für den Autobahnbau eingesetzt werden.[523] Im Rahmen der Liberalisierung zog sich der Staat sowohl von den Industrieinvestitionen als auch von den Infrastrukturinvestitionen zurück und erwartete aufgrund des BOT-Modell ein großes Interesse von Privatunternehmen auch für die Infrastrukturinvestitionen. Die erwarteten Industrieinvestitionen konnten vom Privatsektor allerdings nicht immer erbracht werden, da die privaten Unternehmen statt im produzierenden Gewerbe in den Bausektor investierten. Dieses Desinteresse der privaten Wirtschaft zeigte sich auch zum Teil im Bereich der Infrastrukturinvestitionen. Da das BOT-Modell aufgrund der sektorspezifischen Diversifikationen keine standardisierte Anwendungsmöglichkeit anbietet und sehr viele Institutionen (Kreditgeber, Behörden, private Unternehmen) an Infrastrukturvorhaben beteiligt sind, weist das Modell einige rechtliche und organisatorische Probleme auf. Zudem erfordern die langfristig angelegten BOT-Projekte, die von nationalen und internationalen Firmen und Institutionen übernommen werden, eine wirtschaftliche und politische Stabilität des Landes. Die instabile Lage der Türkei in den neunziger Jahre hat dazu geführt, daß Investitionen ausbleiben und dadurch viele geplante Projekte im Bereich Energie und Verkehr nicht verwirklicht werden konnten.[524]

Die rechtlichen und organisatorischen Probleme des BOT-Modell ergeben sich aus der Tatsache, daß Gesetzeslücken bestanden und bei jeder Anwendung des BOT-Modell unterschiedliche Interessen der beteiligten Institutionen im Vordergrund standen. Zum Beispiel wurde in den Richtlinien von 1983 (Inhalt s. Kap. D. 2. 2.) eine zusätzliche Ausgleichforderung der Bauunternehmen aufgrund der möglichen Erhöhung der Baukosten ausgeschlossen. Dennoch wurden durch einen Ministerratsbeschluß von 1989 die Aus-

---

521 Vgl. ALPBEK, Mehmet Cem (1997): Interessengegensätze bei Entscheidungsprozessen am Beispiel der Verkehrspolitik in der Republik Türkei und deren sozio-ökonomische Auswirkungen - eine sozio-historische Analyse für den Zeitraum 1950-1989, Berlin, S. 148.

522 Vgl. ebd.

523 Vgl. SÖNMEZ, Mustafa (1996): Wie aus der Industrie hat sich der Staat nun auch aus der Infrastruktur zurückgezogen: BOT anstelle des Staates im Infrastrukturbereich (in türkischer Sprache), in: Forum, März 1996, S. 4f.

524 o.V. (1996): Notwendigkeit der wirtschaftlichen Stabilität für die BOT-Investitionen (in türkischer Sprache), in: Forum, März 1996, S. 6ff.

gleichszahlungen zugebilligt, da diese zusätzlichen Kosten nicht über Kreditverbindungen der Bauunternehmen finanziert werden konnten. Seit Beginn des Autobahnbaus bis Ende 1989 stiegen z.B. die Kosten, die mit drei Mrd. US$ veranschlagt waren, auf 12 Mrd. US$. Neun Mrd. US$ davon mußten durch inländische Mittel finanziert werden.[525]

Die genannten rechtlichen und organisatorischen Probleme des BOT-Modell sind trotz mehrmaliger Änderungen des Gesetzes zum Teil noch nicht gelöst,[526] weswegen die Ziele des siebten FEP (1996-2000) im Energie-, Verkehrs- und Tourismussektor, in dem das BOT-Modell verstärkt eingesetzt werden sollte, nicht vollständig erreicht werden konnten. Zum Beispiel wurde bis Ende 1995 ein Viertel der geplanten BOT-Projekte (146 Projekte in Höhe von 32,2 Mrd. US$) begonnen. Im Bereich des Verkehrswesens (Autobahnbau) konnten 39% der geplanten Projekte (28 Projekte mit Ausgaben in Höhe von 13,4 Mrd. US$) in Gang gesetzt werden.[527]

Zu 3: In den Publikationen des Vereins von Bauingenieuren (İMO) wurde die Qualität der türkischen Autobahn als niedrig eingeschätzt, da die kurvenreiche Streckenführung und die hohe Neigung der Autobahnstrecken nicht standardgemäß seien. Dazu muß nochmals erwähnt werden, daß dieser Verein zu einem linken Spektrum gehört und gegen den motorisierten individuellen Verkehr und für die Eisenbahn eintritt.

Kritisiert wurde die Auswahl der Routen, die parallel zu Staatsstraßen verlaufen, ohne daß die Möglichkeit alternativer Streckenführungen vorher überprüft worden wären.[528] Insbesondere wurde die Streckenführung Ankara-İstanbul angegriffen, da diese Strecke über den Boluberg führt. Die Überwindung des Bolubergs sollte zum Teil durch den Bau eines 3,3 km langen Tunnels erfolgen. Bis heute konnte diese Autobahnstrecke über den Boluberg noch nicht fertiggestellt werden. Aber auch die restlichen Strecken mußten größere Höhenunterschiede überwinden. Es war jedoch von den schon bestehenden Staatsstraßen her bekannt, daß im Winter in diesem Gebiet mit sehr schlechten Witterungseinflüssen wie Schnee, Eisglätte und vor allem Nebel zu rechnen sein würde, die dann den Verkehr erheblich behindern. Deshalb sind die Kosten dieser Strecke in der Bauphase und bei der Instandhaltung ziemlich hoch.[529] Auch unmittelbar nach der Eröffnung der Autobahn konnten noch die fehlende Beschilderung und fehlende Raststätten als weitere Mängel aufgezählt werden. Diese Mängel sind auch bis heute nicht vollständig behoben, sie werden aber nach und nach beseitigt.

---

525 Vgl. MERDOL, Arif (1993): Diskussionen über Autobahnen im Parlament (in türkischer Sprache), in: Türkiye Mühendislik Haberleri, Nr. 365 April 1993, S.33 und vgl. ALPBEK, Mehmet Cem (1997): Interessengegensätze bei Entscheidungsprozessen am Beispiel der Verkehrspolitik in der Republik Türkei und deren sozio-ökonomische Auswirkungen - eine sozio-historische Analyse für den Zeitraum 1950-1989, Berlin, S. 150.

526 Im Jahre 1984 wurde für das BOT-Modell das Gesetz Nr. 3565 zunächst nur für das Türkische Elektrizitätswerk und die Straßenbaubehörde KGM erlassen: erste Änderungen des Gesetzes wurden im Jahre 1988 vorgenommen. Eine weitere Regelung des BOT-Modell wurde durch das Gesetz vom 1.10.1994 (Gesetz-Nr. 3959) vorgenommen. Vgl. o.V. (1996): Notwendigkeit der wirtschaftlichen Stabilität für die BOT-Investitionen (in türkischer Sprache), in: Forum, März 1996, S. 6ff.

527 Vgl. o.V. (1996): Notwendigkeit der wirtschaftlichen Stabilität für die BOT-Investitionen (in türkischer Sprache), in: Forum, März 1996, S. 6ff.

528 Z.B. könnten diese Probleme durch eine Alternativroute (südlich vom Boluberg) umgegangen werden. S. Vgl. GEDİZLİOĞLU, Ergün (1993): Über die in den letzten Jahren in der Türkei gebauten Autobahnen (in türkischer Sprache), in: Türkiye Mühendislik Haberleri, Nr. 365, April 1993, S. 29f.

529 Vgl. ebd., S. 27f.

Die zweispurig geplanten Autobahnen wurden ab 1990 von der Regierung und den zuständigen Behörden auf drei Spuren erweitert, weswegen ebenfalls heftige Kritik an der Regierung geübt wurde. Als Grund für diese Änderung wurde angegeben, daß das zu erwartende Verkehrsaufkommen frühere Prognosen übertreffen werde. Da die späteren Erweiterungsmöglichkeiten beim Bau von Viadukten und Tunnels schwieriger und teurer ausfallen würden, sollte die künftige Entwicklung berücksichtigt werden. Um Fehler zu vermeiden, wurden Revisionen vorgenommen, und alle nach 1990 gebauten Autobahnstrecken erhielten auf beiden Fahrbahnen drei Spuren. Die Kritik gegen dieses Vorgehen begründet GEDİZLİOĞLU damit, daß die Überkapazitäten der Autobahnen zur Ressourcenvergeudung führen: Zum einen muß mit erhöhten Bau- und Instandhaltungskosten gerechnet werden, zum anderen führt der niedrige Kapazitätsauslastungsgrad zu weiteren wirtschaftlichen Schäden. Die bis 1998 in der Türkei gebauten Autobahnen werden mit einer sehr geringen Auslastung befahren. Die Autobahnstrecke Gerede-Ankara beispielsweise hat eine Fahrkapazität von 120.000 Fahrzeugen am Tag, die Strecke wird aber im Durchschnitt täglich von lediglich 4.356 Fahrzeugen befahren, was einem Kapazitätsauslastungsgrad von 3,63% entspricht.[530]

Insgesamt bilden die türkischen Autobahnstrecken noch kein richtiges Netz, wie aus der Abb. D3-7 im Anh. zu entnehmen ist. Dennoch bilden die Autobahnstreckenabschnitte zwischen Edirne und Ankara - mit Ausnahme der noch nicht gebauten Teilabschnitte - eine Achse, die sowohl für den internationalen Transport (Europa-Anatolien und auch Transitverkehr Europa-Naher Osten) als auch für den Binnenmarkt (Ankara und İstanbul) von großer Bedeutung ist. Die Gesamtlänge der türkischen Autobahnstrecken ist jedoch im Vergleich zu den EU-Ländern unbedeutend. Die durchschnittliche Autobahndichte der EU-Länder lag im Jahre 1996 bei 13,9 km/ 1.000 qkm, während sie in der Türkei im selben Jahr ca. 2 km/1.000 qkm betrug.[531]

Die Qualität des türkischen Straßennetzes

Im Jahre 1980 war zwar der türkische Straßennetz planmäßig ausgebaut, dennoch mangelte es an der Qualität des Straßennetzes, wie schon in Kap. C. 3. 2. 2. dargestellt wurde. Durch das ansteigende internationale Verkehrsaufkommen waren insbesondere die meistbefahrenen internationalen Straßenrouten überlastet. Deshalb wurden seit Beginn der achtziger Jahre grundlegende qualitative Verbesserungen der Straßen insbesondere auf den überlasteten Routen durchgeführt (TETEK-Projekt). Die Länge der Straßen hat sich mit Ausnahme der Autobahnbauten kaum geändert, die Staatsstraßen und Provinzstraßen wurden aber qualitativ verbessert. Die Straßen wurden asphaltiert und mehrspurig ausgebaut[532] (s. Tab. 42).

Im Jahre 1980 waren die Straßen in den ländlichen Räumen (Dorfstraßen) kaum asphaltiert. Zwischen 1980 und 1996 wurden jährlich durchschnittlich 3500 km Dorfstraßen asphaltiert. Die Gesamtlänge der Dorfstraßen und deren asphaltierten Anteil verdoppelte sich im selben

---

530 Vgl. IŞIK, Aslı (1998): Ein neuer Masterplan für Verkehr wird erarbeitet (in türkischer Sprache), in: Dünya, am 6.3.1998.

531 In Deutschland lag die Autobahndichte im Jahre 1996 bei 31,6 km/1.000 qkm. Vgl. EUROPEAN COMMUNITIES (1998): EU Transport in Figures Statistical Pocketbook, Luxemburg, S. 14 und 24.

532 Vgl. TCUB (1999): Berichte vom 9. Verkehrsrat 9.-12. September 1998, Ankara (in türkischer Sprache), Online-Ausgabe (www.tcub.gov.tr), o.S.

Zeitraum. Der Ausbau der Staats- und Landstraßen setzte sich auch fort. Zwischen 1986 und 1996 wurden jährlich durchschnittlich ca. 1.700 km Staatsstraßen und ca. 1.300 km Provinzstraßen ausgebaut. Reparaturarbeiten wurden im selben Zeitraum jährlich auf durchschnittlich ca. 7.000 km der Staats- und Provinzstraßen durchgeführt. Die Länge der in jeder Jahreszeit passierbaren Straßen erhöhte sich von 42.000 km im Jahre 1980 auf 50.000 km im Jahre 1996.[533]

Tab. 42: Die Arten der Fahrbahndecke der türkischen Straßen in den Jahren 1980 und 1998

Fahrbahndecke	**Straßenlänge in km**		**Anteil in %**
	1980	1998	1998
Betondecken	2.849	6.664	10,7
Asphaltdecken	32.848	47.679	76,5
Gepflasterte Straßen	140	107	0,2
Befestigte Straßen	18.508	5.574	8,9
Unbefestigte Straßen	6443	2.340	3,7
Gesamt	60.761	62.364	100

Quelle: KGM (1997): Annual Statistics of Turkish Highways (1995-1996), Ankara, S. 23, und Vgl. TCUB (1999): Berichte vom 9. Verkehrsrat 9.-12. September 1998, Ankara (in türkischer Sprache), Online-Ausgabe (www.tcub.gov.tr), o.S.

Seit Beginn der achtziger Jahre stiegen die aus dem Budget zugewiesenen Mittel für den Straßenbau und die Instandhaltung kontinuierlich an. Obwohl die Werte nominell seit 1980 eine starke Steigerung verzeichneten, blieben die realen Werte der zugewiesenen Budgetmittel mit einigen Schwankungen gleich groß. Die Verknappung der Finanzmittel kann aus nachstehender Tab. 43 entnommen werden.

Tab. 43: Budgetmittel für die Straßenbaubehörde (KGM) und deren Ausgaben von 1980 bis 1996

	1980	**1982**	**1985**	**1987**	**1990**	**1993**	**1996**
Budgetmittel mit den laufenden Preisen (Mio. US$)	400	600	370	420	690	980	710
Ausgaben der Straßenbaubhörde KGM (Mio. US$)	640	530	470	500	740	1.290	1.012

Quelle: Eigene Berechnungen, Daten aus KGM (1997): Annual Statistics of Turkish Highways (1995-1996), Ankara, S. 61.

Die Verteilung der Ausgaben der KGM zeigt deutlich, daß der mit 45,5 % höchste Anteil der Gesamtausgaben in die Instandhaltung der Straßen floß. So reichten z.B. im Jahre 1996 die

533 Vgl. TCUB (1999): Berichte vom 9. Verkehrsrat 9.-12. September 1998, Ankara (in türkischer Sprache), Online-Ausgabe (www.tcub.gov.tr), o.S.

Budgetmittel für die Instandhaltung nicht mehr aus, wenn man die entsprechenden Personalkosten abzieht (s. Tab. 43 und 44).

Tab. 44: Die Aufteilung der Ausgaben der Straßenbaubehörde im Jahre 1996

Art der Ausgaben	**(Mio. US$)**	**in %**
Gesamt	1.012	100
Personalkosten	323	31,9
Davon nur Personalkosten für Arbeiter	*287*	
Instandhaltungskosten	460	45,5
Ausbaukosten und Verstaatlichungskosten	53	5,2
Sonstige	176	17,4

Quelle: KGM (1997): Annual Statistics of Turkish Highways (1995-1996), Ankara, S. 61.

Zwar machten Entscheidungsträger im Bereich der Straßeninfrastruktur auf dem letzten Verkehrsrat am 9. September 1998 in Ankara darauf aufmerksam, daß die Länge der Straßen in der Türkei ausreichend und nur ihre Qualität zu verbessern sei.[534] Jedoch fehlen die direkten Nord-Süd-Straßenverbindungen; denn es wurden aufgrund der topographischen Gegebenheiten bevorzugt Ost- West-Straßenverbindungen ausgebaut (s. Abb. 34 im Anh.).[535]

Die technischen Merkmale der Straßen sind aus Tab. 45 zu ersehen. Demnach erreicht die Qualität von ca. 30% Staats- und Provinzstraßen (9.092 km) nicht das Standardniveau. Aus den Untersuchungen der KGM ging hervor, daß die Straßen, die täglich mit mehr als 1.000 Lkw befahren werden, am schnellsten ihre technische Qualität verlieren. Deshalb müsse eine Oberflächenbehandlung erfolgen, durch die die III. Klasse Staatsstraßen mindestens die II. Klasse erreichen, da die Anforderungen an einen modernen Straßenverkehr dies verlangen. Zudem zeigen die türkischen Straßen weitere Mängel bei den erforderlichen Beschilderungen (Verkehrszeichen) auf. Das Fehlen oder die Beschädigung von Verkehrsschildern kann Verkehrsunfälle verursachen und damit wird eine Senkung der Verkehrswertigkeit "Sicherheit" herbeigeführt.[536]

---

534 Vgl. TCUB (1999): Berichte vom 9. Verkehrsrat 9.-12. September 1998, Ankara (in türkischer Sprache), Online-Ausgabe (www.tcub.gov.tr), o.S.

535 Aus der Analyse der Expertengespräche

536 Vgl. TCUB (1999): Berichte vom 9. Verkehrsrat 9.-12. September 1998, Ankara (in türkischer Sprache), Online-Ausgabe (www.tcub.gov.tr), o.S.

Tab. 45: Technische Merkmale der türkischen Straßen (ohne Autobahnen) im Jahre 1998

Straßentypen	**Zweibahnige Straßen**	**einbahnige Straßen**			**nicht standardgemäß**	**gesamt**
		I. Klasse	**II. Klasse**	**III. Klasse**		
Staatsstraßen	2.301	10.775	12.409	5.597	238	31.320
Provinzstraßen	-	-	-	20.662	8.854	29.516
Zwischensumme- vom unter KGM-Verwaltung	-	-	-	-	*9.092*	*60.836*
Dorfstraßen	-	-	-	-	319.448	319.448
Forststraßen	-	-	-	-	127.959	127.959
Gesamt	2.301	10.775	12.409	26.259	456.499	508.843

I. Klasse: Die gesamte Straßenbreite: 10-12m und Sicherheitsstreifen: 2-2,5m
II. Klasse: Die gesamte Straßenbreite: 9,5-10m und Sicherheitsstreifen: 1,5m
III. Klasse: Die gesamte Straßenbreite: 8m und Sicherheitsstreifen: 1m

Quelle: Vgl. TCUB (1999): Berichte vom 9. Verkehrsrat 9.-12. September 1998, Ankara (in türkischer Sprache), Online-Ausgabe (www.tcub.gov.tr), o.S.

Wie in dem Masterplan für Verkehr (1983-1993) ausdrücklich betont wurde, sank die Straßenqualität von Westen nach Osten. Viele Straßen waren insbesondere im Osten der Türkei nicht für die tatsächlichen Lasten der Fahrzeuge ausgelegt.[537] Deshalb sollen im folgenden die regionalen Disparitäten bezüglich der Qualität des Verkehrswesens untersucht werden.

Wie in Tab. 45 zu sehen ist, sind alle Dorfstraßen nicht standardgemäß. Dennoch wurde die Fahrbahndecke der Straßen in den ländlichen Räumen und damit die Erreichbarkeit der ländlichen Räume kontinuierlich verbessert. Allerdings weisen die vorgenommenen Verbesserungen bezüglich Asphaltierung der Dorfstraßen auch eine räumliche Differenzierung auf (s. Tab. 46).

---

[537] Vgl. ALPBEK, Mehmet Cem (1997): Interessengegensätze bei Entscheidungsprozessen am Beispiel der Verkehrspolitik in der Republik Türkei und deren sozio-ökonomische Auswirkungen - eine sozio-historische Analyse für den Zeitraum 1950-1989, Berlin, S. 138.

Tab. 46: Die Straßen in den ländlichen Räumen (Dorfstraßen) im Jahre 1996

Regionen	Die Länge der Dorfstraßen in km	Anteil der asphaltierten Dorfstraßen in %
Marmara	36.183	36
Ägäis	37.796	39
Mittelanatolien	60.006	32
Mittelmeer	40.392	34
Schwarzes Meer	105.466	15
Südostanatolien	35.454	22
Ostanatolien	60.822	15
Türkei	376.116	25

Quelle: SPO (1998): Various indicators related to provinces and regions, Online-Ausgabe (www.dpt.gov.tr), o.S.

Die Region der östlichen Schwarzmeerküste und Ostanatolien weisen weit unter dem Durchschnitt liegende Werte bezüglich der Qualität der ländlichen Straßen auf. Auch in der Region Südostanatolien mit Ausnahme von Gaziantep zeigt sich der Anteil der asphaltierten Dorfstraßen an der Gesamtheit der Dorfstraßen unter dem Landesdurchschnitt (provinzspezifische Daten s. Tab. D3-1 im Anh.).

Im Zuge der Liberalisierung war das Ziel der Regionalpolitik eine allgemeine Verbesserung der Infrastruktur sowie der Abbau von regionalen Ausstattungsdefiziten. Da die Verkehrsinfrastruktur den regionalen Versorgungsgrad der Bevölkerung wesentlich bestimmt, bietet deren Verbesserung in rückständigen Gebieten Chancen zur Mobilisierung noch ungenutzter bzw. nicht ausreichend genutzter Produktionsfaktoren.[538]

Wie bei den meisten Bereichen der Raumstrukturanalyse stellt sich auch im Verkehrsbereich als wesentliches Operationalisierungsproblem die Frage, wie die gegenseitige Beeinflussung von Verkehr und regionaler Entwicklung zu messen ist. Theoretisch sind beispielsweise pro Autobahnneubaukilometer induzierte Arbeitsplätze ein geeigneter Indikator, praktisch ist der Indikator Straßendichte (Straßenkilometer pro Fläche oder pro Einwohner) am leichtesten zugänglich. Eine Isolation der verkehrsspezifischen Einflüsse auf die wirtschaftliche Entwicklung der Region - ohne andere Faktoren, wie die Höhe der Grundstückspreise oder Förderungsmaßnahmen - ist aufgrund der Wirkungszusammenhänge problematisch. Deshalb werden im folgenden mehrere Indikatoren ausgewählt, um die quantitativen und qualitativen Unterschiede der Straßen in den Teilräumen der Türkei darzustellen.

Die Daten über die Qualität und Quantität der türkischen Straßen werden von der Straßenbaubehörde (KGM) getrennt nach den 16 Verwaltungsregionen veröffentlicht. Die Provinzen gehören zum Teil zu mehreren Verwaltungsregionen der KGM. Deshalb wird im folgenden eine regionale Abgrenzung nach der Aufteilung der KGM vorgenommen.

---

538 Vgl. SPO (1995): Der siebte FEP (1996-2000) (in türkischer Sprache), Ankara, S. 73.

Abb. 33 zeigt die Straßendichte (Straßenlänge/ 1.000 qkm) in den Verwaltungsregionen der KGM. Daraus geht hervor, daß die westlichen Regionen Marmara und Ägäis und die Provinzen an der mittleren Schwarzmeerküste sowie eine Achse von İçel bis Erzurum eine hohe Straßendichte aufweisen, während sich in den restlichen Regionen unterdurchschnittliche Dichtewerte (Türkei = 82 km/1000qkm) erkennen lassen.

Abb. 33: Straßendichte in den Verwaltungsregionen der KGM in der Türkei 1998

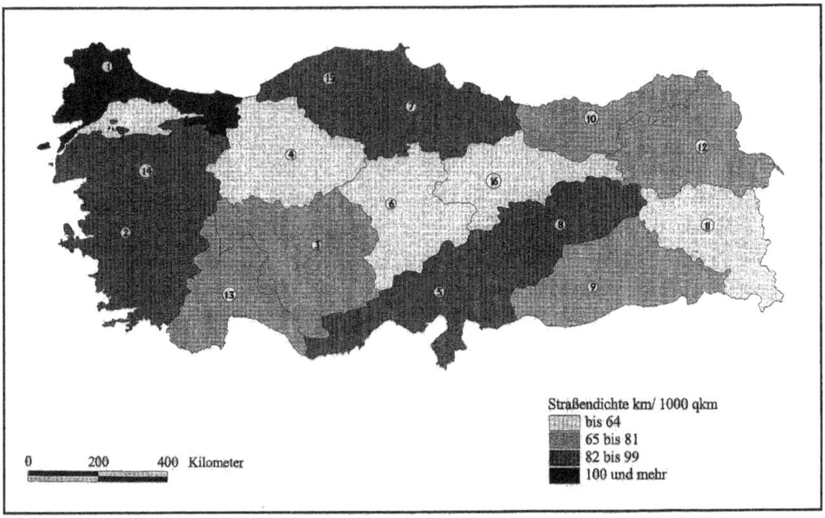

Quelle: Eigene Bearbeitung, Karte ArcView 3.1., Daten aus KGM (1999): Turkish Highways, Online-Ausgabe (www.kgm.gov.tr), o.S.

Bemerkenswert ist die Straßenregion 4 (Ankara und Umgebung), die eine unterduchschnittliche Straßendichte und eine hohe Kfz-Dichte aufweist (Abb. 33 und Tab. 47). Aufgrund der beiden Indikatoren kann behauptet werden, daß sich der Verkehr hauptsächlich auf bestimmte Routen konzentriert. Der Indikator "Straßendichte" wirft einige Probleme bei der Interpretation auf, da die Kapazität der Straßen, die Topographie und die Siedlungsstruktur der Region nicht berücksichtigt werden.[539] Da in der Region 4 neben einer zum Teil zweibahnigen Schnellstraße (İstanbul-Ankara) auch eine zur Schnellstraße parallel verlaufende Autobahn existiert, ist eine hohe Fahrkapazität vorhanden. Auch Abb. 34 "Kfz-Verkehrsmengen" verdeutlicht, auf welchen Strecken außer İstanbul-Ankara eine Verdichtung stattfindet.

---

539 In der zusätzlichen Tab. D3-2 im Anh. wird versucht, die Straßendichte mit einer Gewichtung zu verzeichnen. Die Ergebnisse der gewichteten Straßendichte führen zu ungefähr gleichen Ergebnissen. Zudem wurde die Straßendichte bezüglich Einwohner in Tab. D3-2 im Anh. berechnet. So weißt die Straßendichte pro 1.000 Einwohner darauf hin, daß die Straßendichte in den westlichen Regionen geringer als im Osten ist. Diese gegensätzlichen Ergebnisse sind Folge der gegensätzlichen Siedlungsstrukturen in der Türkei. Wie schon in Kap. D. 1. 1. dargestellt, konzentriert sich die Bevölkerung hauptsächlich in den westlichen Teilräumen der Türkei, und somit ergibt sich dort eine geringere Straßendichte pro 1.000 Einwohner.

Tab. 47: Qualität und Länge der Straßen in den Verwaltungsregionen der KGM 1998

Straßen-regionen der KGM	Provinzen der Straßenregionen der KGM	Gesamt-straßen der KGM	Straßenlänge nach Straßentypen (in km)			Anteile der Straßen an den Gesamtstraßen in % nach ihrer Ausbauqualität			
			Auto-bahn	Staats-straßen	Provinz straßen	I.	II.	III.	IV.
1. Region	İstanbul, İzmit, Çanakkale, Tekirdağ, Edirne, Yalova, Kırklareli, Adapazarı	4471	643	2223	1605	45	49	2	4
2. Region	İzmir, Manisa, Uşak, Aydın, Muğla, Denizli, Balıkesir, Afyon	5505	228	2589	2688	13	84	1	2
3. Region	Konya, Afyon, Kütahya, Karaman, Aksaray, Niğde, İsparta, Antalya, İçel, Ankara	4909	-	2387	2522	7	88	5	0
4. Region	Ankara, Bolu, Eskişehir, Kırıkkale, Teile von Cankırı, Sakarya, Konya, Karabük	3786	364	1870	1552	30	68	0	1
5. Region	İçel, Adana, Gaziantep, Hatay, Kahramanmaraş, Kilis, Osmaniye	5236	489	2219	2528	22	73	2	4
6. Region	Kayseri, Niğde, Nevşehir, Kırşehir, Sivas, Malatya, Konya, Adana, Kırıkkale, Aksaray, Teil von Yozgat	3668	-	1704	1964	6	90	2	2
7. Region	Samsun, Amasya, Çorum, Ordu, Tokat, Sinop und Teile von Yozgat und Kırıkkale	4587	-	2387	2200	9	81	8	2
8. Region	Elazığ, Malatya, Adıyaman, Bingöl, Tunceli und Teile von Erzincan und Gaziantep	4040	-	1467	2573	0	75	17	8
9. Region	Diyarbakır, Mardin, Şanlıurfa, Siirt, Batman, Şırnak	3988	-	2053	1935	11	71	9	9
10. Region	Trabzon, Rize, Giresun, Artvin, Gümüşhane, Bayburt	2491	-	1436	1055	3	74	17	6
11. Region	Van, Bitlis, Muş, Hakkari und Teile von Ağrı und Siirt	2712	-	1412	1300	0	75	13	12
12. Region	Erzurum, Kars, Ağrı, Ardahan, Iğdır, Artvin, Bayburt, Erzincan	3439	-	2599	840	3	74	16	8
13. Region	Antalya, Burdur, İsparta, Muğla, Afyon	3404	-	1893	1511	1	96	1	2
14. Region	Bursa, Balıkesir, Bilecik, Kütahya, Çanakkale, Teile von Yalova, Eskişehir, Adapazarı, Kocaeli, Manisa	4693	-	2285	2408	8	87	4	0
15. Region	Kastamonu, Zonguldak, Cankırı, Bartın, Karabük, Çorum	2955	-	1483	1472	8	79	11	1
16. Region	Sivas, Erzincan, Tokat, Ordu, Gümüşhane, Giresun, Tunceli	2745	-	1358	1387	4	80	13	3
Türkei		62629	1724	31365	29540	12	78	6	4

I.: Asphalt / Concrete
II.: Surface Treatment
III.: Stabilized
IV.: Graded Earth Road
Quelle: KGM (1999): Turkish Highways, Online-Ausgabe (www.kgm.gov.tr), o.S.

Neben den dargestellten quantitativen regionalen Unterschieden innerhalb des Straßennetzes existieren in der Türkei auch qualitative Unterschiede, die sich in Tab. 47 zeigen. Dort wird die Qualität der Staats- und Provinzstraßen in 4 Kategorien für die einzelnen Straßenregionen der Türkei dargestellt. Demnach weisen die Regionen, in denen die Straßendichte am höchsten ist, auch eine höhere Straßenqualität auf. So ist festzustellen, daß der Anteil der qualitativ besseren Straßen (Klassen I und II) sich meist in den westlichen Regionen bzw. Provinzen befindet (94% der Straßen in der Marmara-Region gehören in die Klassen I und II). Im Gegensatz dazu befinden sich im Osten des Landes (Region 8, 12, 11) fast ein Viertel der Straßen in einem schlechten Zustand (III. und IV. Klasse).

Die tabellarische Darstellung der Verkehrsleistungen in den Provinzen für 1995 (Tab. D3-1 im Anh.) und deren verkehrsbezogene Belastung für 1993 (s. Abb. 34) zeigen die Kfz-, Güter- und Personenmengen auf den Staatsstraßen der Türkei. Diese Darstellung schränkt zwar die Interpretation ein, indem sie beispielsweise über die Güterarten (Konsum- oder Investitionsgüter), den Zweck des Transports nichts aussagt, leistet aber einen wesentlichen Beitrag zum Erkennen von aktiven und passiven Teilräumen der Türkei. Da der Anteil des Straßenverkehrs sowohl beim Personen- als auch beim Güterverkehr bei über 90% der Gesamtverkehrsleistungen lag, ist diese Darstellung auch für den Gesamtverkehr aussagefähig.

Abb. 34: Tägliche Kfz-Verkehrsmengen auf den Staatsstraßen der Türkei 1993

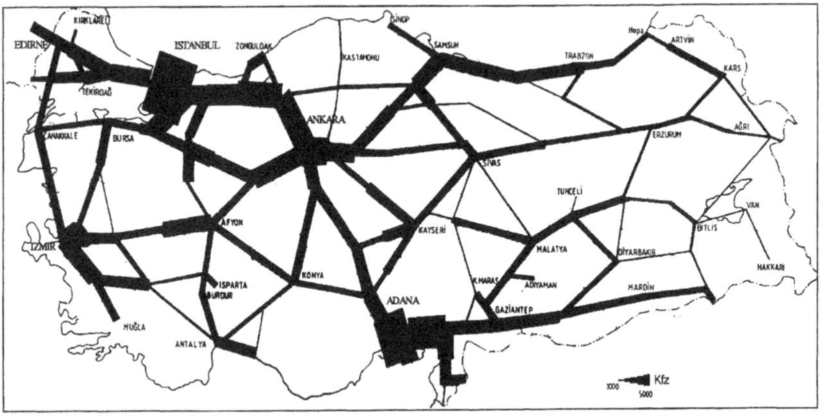

Quelle: Eigene Bearbeitung, nach ŞİLE, Saffettin (1995): Nationale Verkehrsprobleme, Untersuchung des türkischen Autobahnnetzes, in: 3. Verkehrskongreß, 5.-7. Juni 1995, İstanbul, Kongreßberichte, (in türkischer Sprache), İstanbul, S. 340.

Die Analyse deutet darauf hin, daß die Achse Edirne-İstanbul-Ankara, die von İzmir ausgehenden Achsen, die aus Ankara nach Trabzon verlaufende Achse und die Achse Ankara-Adana-Gaziantep vier Hauptachsen sind, auf die sich die Güter- und Personenströme hauptsächlich konzentrieren. Die Provinzen, die auf der Verbindungsstrecke zwischen diesen vier Komplexen liegen, weisen ein hohes Verkehrsaufkommen auf, wie in der Abb. 34 zu sehen ist. Nach 1980 erhöhte sich das Verkehrsaufkommen auf Strecken wie Çanakkale-İzmir, Antalya-Alanya, den Achsen von Kayseri, Çorum-Samsun-Artvin, İstanbul-Tekirdağ und Gaziantep-Şanlıurfa erheblich. In den Provinzen an diesen Achsen stieg die Nachfrage nach Transportleistungen aufgrund der Entwicklungen der Industrieproduktion, des

Tourismus, des Außenhandels mit den GUS-Ländern und des GAP-Projektes (s. Kap. D. 1. 2.) stark an.

Für eine einheitliche Darstellung wurden die Daten der regionalen Verkehrsleistungen auf den Staatsstraßen zu den Verwaltungsregionen der KGM vom Jahre 1995 in Tab. 48 herangezogen.

Tab. 48: Kfz-Dichte 1998, Verkehrsleistungen auf den Staatsstraßen in den Verwaltungsregionen der KGM in der Türkei 1995

Straßenregionen der KGM	Kfz-Dichte 1998	Verkehrsleistungen auf den Staatsstraßen 1995					
	(Kfz/1.000 E)	(Mio. Kfzkm)	%	(Mio. tkm)	%	(Mio. Pkm)	%
1. Region	169	4454	14	19403	14	11679	11
2. Region	171	4280	14	19843	14	13135	13
3. Region	121	1844	6	8936	6	8176	8
4. Region	169	3613	11	18441	13	11196	11
5. Region	113	2877	9	9975	7	8498	8
6. Region	102	1431	5	6980	5	5941	6
7. Region	88	2372	7	11300	8	7959	8
8. Region	77	768	2	3615	3	3327	3
9. Region	39	1382	4	4922	3	4790	5
10. Region	55	1149	4	5028	4	2271	2
11. Region	26	365	1	1328	1	1207	1
12. Region	35	647	2	3459	2	2710	3
13. Region	178	1854	6	8509	6	5366	5
14. Region	144	3212	10	11794	8	11517	11
15. Region	116	961	3	4997	4	2603	3
16. Region	68	448	1	2554	2	1904	2
Türkei /Gesamt	116	31657	100	141084	100	102279	100

Quelle: Eigene Darstellung, Daten aus KGM (1999): Turkish Highways, Online-Ausgabe (www.kgm.gov.tr), o.S.

Aus Tab. 48 geht hervor, daß die Verkehrsleistungen, basierend auf Kfz-, Güter- und Personenverkehr in den Regionen 1,2,4 und 14, sich im Westen konzentrieren. Demnach sind ca. 50% der gesamten Verkehrsleistungen im Jahre 1995 den Straßen dieser Regionen zuzurechnen, während auf die Verbindungen zu den Provinzen im Osten des Landes zum Teil nur 1% bis 3% der Verkehrsleistungen kamen. Die Mobilität von Gütern und Personen liegt in diesen Regionen weit unter dem Landesdurchschnitt, wie die Werte der Kfz-Dichte pro 1.000 E in Tab. 48 zeigen. Auch nach 1980 veränderten sich die Verhältnisse im Osten in bezug auf die Mobilität der Personen und Güter nicht. Außer in Richtung Gaziantep und Şanlıurfa in der GAP-Region sind keine große Güter- und Personenverkehrs-leistungen zu beobachten. Die provinzspezifischen Daten der Verkehrsleistungen von 1995 sind aus Tab. D2-1 im Anhang zu entnehmen. Die regionalen Disparitäten in bezug auf die Personen- und Gütermobilität verstärkten sich seit 1980. Die Entstehung der neuen Wirtschaftsräume parallel zur Verbesserung der Straßen brachte nach wie vor für die westlichen Provinzen der Türkei

Vorteile. Während im Westen neue Strecken mit hohen Verkehrsleistungen entstanden sind, blieb die Lage für den Osten unverändert.

b) Straßenverkehrsmittel: Entwicklung der Kfz- Industrie

Die Qualität der im Straßenverkehr eingesetzten Fahrzeuge erhöhte sich insbesondere in den neunziger Jahren parallel zur Verbesserung der Produktionstechnologien und der Produktionskapazitäten der türkischen Kfz-Industrie. Die Struktur der Kfz-Industrie änderte sich durch die neue, exportorientierte Wirtschaftspolitik. So stieg der Anteil der ausländischen Firmen und dadurch auch ihr Einfluß auf die Kfz-Industrie an. Es folgten Erweiterungsinvestitionen vor allem im Bereich der Motoren- und Getriebeproduktion.[540]

Nach 1980 entwickelte sich die Kfz-Industrie in Richtung einer verstärkten Integration in den Weltmarkt. Die japanischen Kfz-Hersteller, z.B. Toyota, Mitsubishi, Hino und Isuzu, hatten mittlerweile ihren Anteil am türkischen Binnenmarkt verstärkt. Diese Entwicklung begann mit dem Import von japanischen Autos und setzte sich mit der Einrichtung von Montage- bzw. Produktionsstätten fort. Die neuen Fabriken wurden meistens in Form von Joint-Ventures mit einheimischen Unternehmen gebaut, die ihre Modellpalette erweitern bzw. verbessern wollten.[541]

Die Montageverordnung wurde im Jahre 1983 durch die „Industrieproduktionsverordnung" ersetzt. Diese Verordnung war eine Abkehr von der Importsubstitutionspolitik und eröffnete der Türkei die Türen als Produktionsland, das mit Hilfe multinationaler Kfz-Produzenten auch den Weltmarkt beliefern konnte.[542] So stieg zwischen 1993 und 1996 die Zahl der exportierten Kfz von 8.121 auf 42.181, wovon der Pkw-Export mit 33.404 den größten Anteil der exportierten Kfz im Jahre 1996 stellte.[543]

Die Produktionszahlen der Kfz-Industrie entwickelten sich unterschiedlich. Die Omnibus- und LKW-Produktion stagnierte durch zeitweilige Importe, während die Pkw-Produktion insbesondere ab Mitte der achtziger Jahre stetig zunahm (Tab. 49). Aber im internationalen Vergleich blieb die türkische Produktion weiterhin unbedeutend. Im Jahre 1996 blieb die Pkw-Produktion in der Türkei unter 207.000 Einheiten, während die durchschnittliche Produktion der EU-Länder bei 913.000 Stück lag.[544]

---

[540] Vgl. ALPBEK, Mehmet Cem (1997): Interessengegensätze bei Entscheidungsprozessen am Beispiel der Verkehrspolitik in der Republik Türkei und deren sozio-ökonomische Auswirkungen - eine sozio-historische Analyse für den Zeitraum 1950-1989, Berlin, S. 135.

[541] Vgl. ebd., S. 134.

[542] Z.B. wurde OTOMARSAN zum Marktführer unter den Herstellern der Omnibusse und Lkw. Das Unternehmen konnte ihre Produkte wie geplant in die Länder des Nahen Ostens und Afrikas exportieren. Seit 1986 wurde die Produktionspalette durch den Kauf des Dieselmotorwerkes TÜMOSAN in Aksaray (AKMOSAN) erweitert. In Aksaray (MERCEDES-TÜRK) wurde neben dem zivilen Bedarf auch für das türkische Militär und für den Export produziert. Vgl. ALPBEK, Mehmet Cem (1997): Interessengegensätze bei Entscheidungsprozessen am Beispiel der Verkehrspolitik in der Republik Türkei und deren sozio-ökonomische Auswirkungen - eine sozio-historische Analyse für den Zeitraum 1950-1989, Berlin, S. 134.

[543] Vgl. SPO (1998): Social and Economic Indicators (1950-1998), Online-Ausgabe (www.dpt.gov.tr), o.S.

[544] Vgl. EUROPEAN COMMUNITIES (1998): EU Transport in Figures Statistical Pocketbook, Luxemburg , S. 31.

Die Anzahl der angemeldeten Fahrzeuge erhöhte sich mit steigendem Einkommen der Bevölkerung, jedoch sind die Kfz-Zahlen im Vergleich zu anderen europäischen Länder immer noch sehr gering, wenngleich eine steigende Tendenz zu erkennen ist. Beispielsweise lag im Jahre 1996 die Pkw-Dichte in der Türkei bei ca. 53 Pkw pro 1.000 E, in den EU-Ländern lag diese Zahl im gleichen Jahr durchschnittlich bei 444 Pkw pro 1.000 E.[545]

Tab. 49: Produktionszahlen der Kfz- Industrie und Kfz-Importe in den ausgewählten Jahren in Stück

Jahre	Pkw		Lkw		Omnibus		Gesamt	
	Prod.	Imp.	Prod.	Imp.	Prod.	Imp.	Prod.	Imp.
1980	31.529	k.A.	15.364	k.A.	3.722	k.A.	75.483	k.A.
1985	60.353	12.806	25.236	1135	11.225	194	134.644	15.978
1990	167.556	64.080	27.205	8.212	13.875	142	238.734	105.484
1995	233.412	19.935	36.567	12.8223	12.461	38	319.498	48.251
1996	207.757	63.253	50.464	34.364	18.526	449	325.467	121.575

Quelle: SPO (1998): Social and Economic Indicators (1950-1998), Online-Ausgabe (www.dpt.gov.tr), o.S

Durch die Integration der türkischen Kfz-Industrie in den Weltmarkt in den neunziger Jahren zeigt sich die Tendenz einer Fortsetzung der Umstrukturierung in den kommenden Jahren.

c) Verkehrsunternehmen im Güter- und Personenverkehr

Im Binnenverkehr

Die Struktur der Transportunternehmen im Güterverkehr änderte sich im Binnenmarkt unwesentlich im Vergleich zur Periode zwischen 1950 und 1980. Der Gütertransport lief im Binnenmarkt über zahlreiche kleine Transportunternehmen, Spediteure, die meist einen einzigen Lkw bzw. Transporter besitzen. Die ohnehin vorhandenen Überkapazitäten an Lkw im Binnentransport erhöhten sich in den achtziger Jahre weiter. Dies ist zum Teil auf die zollfreien Lkw-Importe zwischen 1983-1986 zurückzuführen. Daher sanken die Transportpreise sowie die Qualität der Transportleistungen im Binnenmarkt. Ein Transportgesetz für die Regelung und den Schutz vor ruinösem Wettbewerb konnte bis 1998 nicht erlassen werden. Dadurch entstehen immer mehr Kleinunternehmen, die zum Teil illegal arbeiten. Neben der Steuerhinterziehung verursachen diese Transportunternehmen aufgrund der schlechten Qualität der Fahrzeuge (meist ohne TÜV) und Fahrer häufig Verkehrsunfälle.[546] Überdies sind im Jahre 1997 ca. 1.000 Lkw samt Ladung verschwunden. Aufgrund dieser Umstände wird eine Regelung des Transportsektors im Bereich der Güterversicherung, der Tarife, der Arbeitsweise und der Ausbildung des Personals und im

---

545 Vgl. o.V. (1998): Sozio-ökonomische Indikatoren der Türkei (in türkischer Sprache), in: Ekonomist Yıllığı Türkiye 1999, 27. Dezember 1998, S. 158 und vgl. EUROPEAN COMMUNITIES (1998): EU Transport in Figures Statistical Pocketbook, Luxemburg , S. 29.

546 Vgl. MENDEKLİ, Kenan (1997): Qualität im Transportwesen ist wichtig (in türkischer Sprache), in: Ekonomist, Mai 1997, S. 61.

Lohnbereich dringlicher. Beim letzten Verkehrskongreß wurde darauf hingewiesen, daß ein Eintritt in die Branche reguliert werden muß, um die Verkehrssicherheit, vor allem aber auch die Effektivität der Transporte gewährleisten zu können.[547]

Die Entwicklung des Personenverkehrs in den achtziger und neunziger Jahren war auch nicht besser als die des Güterverkehrs. Durch den leichten Zugang zum Beförderungssektor dominierten in der Branchenstruktur weiter die Kleinunternehmen. Die unzureichende Gesetzgebung ermöglichte vielen kleinen Unternehmen, ohne die nötigen Sicherheitsmaßnahmen am Personentransport teilzunehmen. In einem Interview schlug der stellvertretende Vorsitzende des UND, SOLAKOĞLU, als mögliche Lösung für die Probleme der Transportunternehmen die Änderung der bestehenden Struktur der Omnibusunternehmen vor:

"...die Türkei braucht vielleicht 17-18, effektiv arbeitende Firmen statt der heute bestehenden 700 Unternehmen, die durchschnittlich jeweils 7-8 Omnibusse besitzen. Heute befördern einige Omnibusse nur 4-5 Passagiere zu ihren Fahrzielen. Diese geringe Auslastung kann sogar ein Industrieland wirtschaftlich nicht verkraften ..."[548]

Die sinkende Effektivität der Verkehrsunternehmen bedeutet eine Vergeudung der nationalen Ressourcen, die sich in der Gesamtrechnung der türkischen Wirtschaft niederschlägt.

Schon in den achtziger Jahren gab es bei einigen Omnibusunternehmen Verbesserungen in Richtung Sicherheit, Bequemlichkeit, Pünktlichkeit und weiteren Serviceleistungen. In den neunziger Jahren erreichten einige Unternehmen die internationalen Maßstäbe beim Service und im technischen Bereich. Diese Omnibusunternehmen, wie VARAN, ULUSOY, haben auf den Fahrtstrecken mit dem Betrieb von eigenen Raststätten, Hotels und Motels angefangen. Bei den Verbesserungen der Verkehrsleistungen spielen die Anforderungen des wachsenden Binnentourismus und des internationalen Tourismus eine große Rolle.

Dabei haben diese modernen Transportunternehmen ihre Fahrziele entsprechend der kaufkräftigen Nachfrage in Richtung der Großstädte der westlichen Landesteile und den Tourismuszentren konzentriert: ULUSOY bietet neben Fahrzielen wie Ankara, İzmir und Antalya auch die Strecke der östlichen Schwarzmeerküste (Samsun-Artvin), sowie eine Strecke nach Erzurum als einzige Provinz im Osten an. VARAN´s östliche Fahrziele sind dagegen nur Adana, Gaziantep und Mersin.[549]

Als weiterer Bereich der Infrastruktur folgte im Jahre 1987 der Baubeginn eines modernen Omnibusbahnhofs in İstanbul.[550] Eine Omnibuskapazität von täglich ca. 10.000-15.000 Fahrzeugen und eine Fahrgastkapazität von ca. 600.000 Personen sollten erreicht werden. Im

---

547 Vgl. TCUB (1999): Berichte vom 9. Verkehrsrat 9.-12. September 1998, Ankara (in türkischer Sprache), Online-Ausgabe (www.tcub.gov.tr), o.S.

548 SOLAKOĞLU, Cüneyt (1998): Den türkischen Transportunternehmen stellen sich kritische Fallen (in türkischer Sprache), in: UND'nin Sesi, Juli 1998, S. 24.

549 Aus der Analyse der Expertengespräche

550 Vgl. ALPBEK, Mehmet Cem (1997): Interessengegensätze bei Entscheidungsprozessen am Beispiel der Verkehrspolitik in der Republik Türkei und deren sozio-ökonomische Auswirkungen - eine sozio-historische Analyse für den Zeitraum 1950-1989, Berlin, S. 142.

Jahre 1996 wurde ein Teil des Omnibusbahnhofs in İstanbul-Esenler in Betrieb genommen, der gesamte Bau ist allerdings bis heute noch nicht fertiggestellt.[551]

Im Binnenmarkt konnte der Transportsektor keine großen Erfolge verzeichnen, im Bereich des Personenverkehrs jedoch verbesserten einige Transportunternehmen ihre Leistungen im Maßstab der Verkehrswertigkeit, wie Sicherheit, Bequemlichkeit, Erreichbarkeit. So blieben die positiven Impulse auf die wirtschaftliche Entwicklung äußerst beschränkt. Im Güterverkehr lassen diese Qualitätsverbesserungen weiterhin auf sich warten. Die niedrige Qualität der Verkehrsleistungen und die damit verbundenen hohen Transportkosten beeinflussen die raumwirtschaftliche Entwicklung des Landes negativ.

Im internationalen Verkehr

Wie in Kap. B. 2. dargestellt wurde, verstärkte sich die Bedeutung des internationalen Verkehrs mit der exportorientierten Wirtschaftspolitik und stieg die Kapazität der türkischen Transportflotte erheblich. Zur Steigerung der Fahrzeugzahlen führte die Förderung des internationalen Transportsektors durch die Politik, die den Import von Nutzfahrzeugen zollfrei zugelassen hatte, wie oben schon erwähnt.[552] Somit wurden zwischen 1983 und 1986 ca. 4.000 Transportfahrzeuge in schlechtem Zustand, teilweise sogar fast schrottreif, importiert. Zahlenmäßig war im Jahre 1985 die türkische Fahrzeugflotte mit 18.000 Sattelschleppern sogar eine der größten in Europa, jedoch entsprach die Qualität der Fahrzeuge nicht dem europäischen Standard. Die technischen Mängel der meisten Fahrzeugen sowie deren hohes Durchschnittsalter erklären die niedrige Wettbewerbsfähigkeit der türkischen Unternehmen auf dem europäischen Markt.[553]

Mit steigendem Außenhandelsvolumen erhöhte sich Anfang des Jahres 1998 die Zahl der im internationalen Transport eingesetzten Fahrzeuge von ca. 7.000 bei 196 Transportunternehmen im Jahr 1980 auf 50.000 bei 875 Firmen.[554] Die Hälfte der 875 Firmen wurden in den Jahren 1996 und 1997 neu gegründet, weil sie durch die Zollunion der Türkei mit der EU einen Boom im Gütertransportsektor erwarteten.[555] Jedoch fand die erwartete Zunahme beim internationalen Transport nicht statt; im Gegenteil ging die Zahl der internationalen Fahrten zunächst durch die Wirtschaftskrise in Asien und anschließend durch die Wirtschaftskrise in Rußland zurück. In den ersten 10 Monaten des Jahres 1998 sank die Zahl der internationalen Fahrten im Vergleich zum Vorjahr um 26 Tausend.[556] Insbesondere die Fahrten in die GUS-Länder gingen zurück. Im Jahre 1998 waren 30% der bestehenden Transportkapazitäten der türkischen Transportflotte nicht ausgelastet.

---

[551] Aus der Analyse der Expertengespräche

[552] Vgl. KAYNAK, Muhteşem (1996): Exportorientierung und internationaler Güterverkehr (in türkischer Sprache), in: UTA, Februar 1996, S 39.

[553] Vgl. SOLAKOĞLU, Cüneyt (1998): Den türkischen Transportunternehmen stellen sich kritische Fallen (in türkischer Sprache), in: UND'nin Sesi, Juli 1998, S. 24.

[554] Vgl. KAYNAK, Muhteşem (1996): Exportorientierung und internationaler Güterverkehr (in türkischer Sprache), in: UTA, Februar 1996, S. 39.

[555] Vgl. o.V. (1995): Türkische Transportunternehmen im Zuge der Zollunion (in türkischer Sprache), Dünya 10.7.1995.

[556] Vgl. o.V. (1998): An den Grenzen ist viel los (in türkischer Sprache), in: Capital, Mai 1998, S. 72.

Die Überkapazitäten im internationalen Transportsektor führten allein im Jahre 1987 dazu, daß 67 Firmen aus diesem Sektor ausschieden.[557] Die internationale Fahrzeugflotte verkleinerte sich auch durch den Einsatz der Fahrzeuge im Binnenmarkt. Etwa 8.000 der im Bereich des internationalen Transportes vorhandenen Zugmaschinen wurden im Binnentransport eingesetzt. Einige Tausend Fahrzeuge hatten die Grenze ihrer Wirtschaftlichkeit bzw. ihrer technischen Lebensdauer erreicht und wurden deshalb ausgemustert.[558] Nach Angaben von UND arbeiten die Transportunternehmen mit einem sehr geringen Auslastungsgrad und damit äußerst ineffektiv: Im Jahre 1998 hätten statt der 22.000 Zugmaschinen der Transportflotte eigentlich 16.000 für den Transportbedarf ausgereicht.[559]

Die internationale Fahrzeugflotte der Türkei bestand im Jahre 1998 neben den genannten Zugmaschinen aus 26.000 Sattelanhängern und 5.500 Lkw. Nur ca. 9.500 der bestehenden Zugmaschinen haben den gleichen Standard wie EURO-1 und EURO-2[560]. Das bedeutet, daß nur ca. 40% der Zugmaschinen als Grünes Fahrzeug gekennzeichnet sind und so das gleiche Qualitätsniveau haben wie Fahrzeuge im europäischen Raum. Zudem unterschied sich die Qualität der Leistungen je nach Zielregionen. Vor allem die Unternehmen, die in den Nahen Osten und in die GUS-Länder transportieren weisen häufig Mängel bei der technischen und organisatorischen Ausstattung des Betriebes auf. Sie können so allerdings auch günstige Transportpreise anbieten, was zu einer erheblichen Konkurrenz am Markt führt.[561]

Im Jahre 1998 lag das durchschnittliche Alter der Fahrzeuge der türkischen Flotte bei sieben Jahren. Sie ist eine der größten Flotten Europas mit einer Gesamtkapazität von sieben Mio. t.[562]

Beim Entstehen der Überkapazitäten im Transportsektor haben internationale Einflüsse auch eine große Rolle gespielt:

Die türkischen Transportunternehmen bekamen in den letzten 20 Jahren durch internationale Einflüsse eine Reihe von Problemen. Zu den größten Schwierigkeiten des internationalen Transportsektors zählen die Beschränkungen des Passierscheins für die Transitfahrten von Seiten der durchfahrenen Länder. Diese eingeschränkten Passierscheine von Ländern wie Österreich und den Balkanländern sowie den GUS-Staaten wirkten sich auf die türkische Transportflotte negativ aus. In der zweiten Hälfte der achtziger Jahre begannen restriktive Maßnahmen der EU-Länder durch die Reduzierung der Durchfahrtsgenehmigungen und die

---

557 Vgl. o.V. (1998): Verkehrsrat überstürzt angesetzt, der Berg hat eine Maus geboren (in türkischer Sprache), in: UND´nin Sesi, Juli 1998, S. 31.

558 Vgl. ULUSOY, Saffet (1998): Die Vorrangstellung des Straßenverkehrs im Lichte heutiger Wirtschaftspolitik (in türkischer Sprache), in: Vorträge und Veröffentlichungen des Symposiums über sich für die türkische Wirtschaft aus dem internationalen Verkehrswesens ergebende Beiträge und Probleme, Hrsg.: UND / Universität Marmara, İstanbul 1998, S. 20.

559 Vgl. o.V. (1998): An den Grenzen ist viel los (in türkischer Sprache), in: Capital, Mai 1998, S. 44

560 EURO 1 und EURO 2 sind Normen für Abgas- und Lärmemissionsgrenzwerte für Motoren; beispielsweise ist seit 1992 EURO 1 die Norm für Pkw mit Ottomotoren: CO= 3,16 HC= 1,13 und NOx= 1,13. Für LKW -Typen und Serienproduktion wurden die Grenzwerte im Jahre 1995 verschärft (Euro 2-Norm). Euro 3 für 2000 und Euro 4 für 2005 sind schon geplant. Vgl. AKTUELL (1997): Aktuell' 98- Harenberg Lexikon der Gegenwart, Dortmund, S. 11f.

561 Vgl. o.V. (1998): Verkehrsrat überstürzt angesetzt, der Berg hat eine Maus geboren (in türkischer Sprache), in: UND´nin Sesi, Juli 1998, S. 30.

562 Vgl. ebd.

Erhöhung der Transitgebühren.[563] Die Gründe sind unterschiedlich, wobei neben dem Schutz der EU vor Billiganbietern auch die umweltpolitischen Maßnahmen in einigen Ländern Europas wie Österreich wichtige Ursachen der Erhöhung der Transitpreise sind. Auch heute ist ein Teil der Problematik nicht gelöst, hier muß auf internationaler Ebene eine politische Lösung gefunden werden.[564]

Auch die Konkurrenz der osteuropäischen Länder (Bulgarien, Rumänien), die ihre Transportpreise durch direkte staatliche Subventionen niedrig hielten und trotz geringerer Fahrzeugzahlen höhere Transportleistungen erbrachten, stellte für die türkischen Unternehmen ein großes Problem insbesondere in den achtziger Jahren dar. Die Branche geriet im Zuge dieser Entwicklungen mit einer Reihe von Konkursen in eine Krise. So etablierten sich immer mehr Großtransportunternehmen, die Monopolisierungstendenzen mit Preisabsprachen in der Branche der internationalen Transportunternehmen zeigen.

Zur gesamten Problematik zählen auch die Golfkrise von 1990 und die bis heute andauernden Konflikte im ehemaligen Jugoslawien. Durch die Golfkrise sank seit 1990 das Transportvolumen der türkischen Fahrflotte. Erst ab 1994 zeigte sich eine deutliche Ver-besserung im internationalen Transportbereich.[565]

Die Route der EU- Fahrten änderte sich aufgrund der Konflikte in Jugoslawien. Es blieb nur die Strecke Bulgarien- Rumänien- Ungarn nach Mitteleuropa offen, die 100 km länger ist als die Strecke über Jugoslawien. Somit vergrößerte sich die ökonomische Entfernung. Die türkischen Unternehmen mußten nach dem Krieg im Jahre 1998 mit drei von fünf neuen Ländern des ehemaligen Jugoslawiens über die Regeln des Transitverkehrs verhandeln. NATO-Angriffe auf Serbien während des Kosovo-Konflikts machten diese Route seit April 1999 wieder auf unbestimmte Zeit unpassierbar. Da die Strecke über Rumänien nicht über die Kapazität verfügte, dieses unerwartet starke Verkehrsaufkommen durch den Transitverkehr bewältigen zu können, bot sich der kombinierte Verkehr an. So begann der Ro-Ro-Verkehr aus der Türkei nach Italien und Rumänien sowie in die GUS-Länder und vice versa (s. auch Kap. D. 3. 1.).

Abgesehen von diesen internationalen Hemmnissen leiden die türkischen Transportunternehmen unter den rechtlichen, organisatorischen sowie personellen Mängeln. Einerseits sind die Gesetze für die Regulierung des Transports, das Wettbewerbsgesetz und das Zollgesetz nicht so beschaffen, daß sie die Bedürfnisse der modernen Transportunternehmen befriedigen könnten, anderseits mangelt es an zuverlässigen Statistikdaten und an ausgebildetem Personal.[566]

---

563 Vgl. ULUSOY, Saffet (1988): Die Vorrangstellung des Straßenverkehrs im Lichte heutiger Wirtschaftspolitik (in türkischer Sprache), in: Vorträge und Veröffentlichungen des Symposiums über sich für die türkische Wirtschaft aus dem internationalen Verkehrswesen ergebende Beiträge und Probleme, Hrsg.: UND / Universität Marmara, İstanbul 1998, S. 20.

564 Vgl. TCUB (1999): Berichte vom 9. Verkehrsrat 9.-12. September 1998, Ankara (in türkischer Sprache), Online-Ausgabe (www.tcub.gov.tr), o.S.

565 Vgl. KAYNAK, Muhteşem (1996): Exportorientierung und internationaler Güterverkehr (in türkischer Sprache), in: UTA, Februar 1996, S. 39.

566 Vgl. TCUB (1999): Berichte vom 9. Verkehrsrat 9.-12. September 1998, Ankara (in türkischer Sprache), Online-Ausgabe (www.tcub.gov.tr), o.S.

Die Qualität der Transportunternehmen hängt nicht nur von der Infrastruktur der Straßen sowie von der Fahrzeugqualität ab, sondern auch von der Qualität des Managements ab. In der Branche der internationalen Transportbetriebe herrscht ein großer Konkurrenzkampf zwischen den immer internationaler arbeitenden Großfirmen. Die türkischen Unternehmen können nur durch eine Verbesserung des Betriebes und des Managements auf dem Weltmarkt bestehen. Seit 1995 laufen Bemühungen der türkischen Firmen, um die ISO 9002-Qualitätszertifikate zu erwerben.[567] Im Jahr 1998 haben ca. 2% der Unternehmen das "Qualitätsmanagement" umgesetzt. Der UND arbeitet daran, daß alle seine Mitglieder im Jahre 2000 die genannten Zertifikate bekommen. Da in Europa immer mehr Firmen sich an den ISO-Normen orientieren, stellt diese Umstellung für die türkischen Firmen auch im Bereich des Transportsektors eine Herausforderung dar.

Fazit

Seit 1980 sind die Verkehrsleistungen auf den Straßen kontinuierlich angestiegen. Im Jahre 1998 entfielen 95% der gesamten Personen- und 93% der gesamten Güterbeförderung auf die Straße.[568] Die Verlagerung des fast gesamten Verkehrs auf die Straßen führte zum Teil zu chaotischen Zuständen im Sektor. Die dargestellte Entwicklung zeigt folgende Engpässe im Personen- und Güterverkehr auf der Straße:

1- Finanzielle Schwierigkeiten des Landes beschränken die effektive Arbeit der Straßenbaubehörde KGM. Dabei verzögern sich die vorgenommenen Ausbauprojekte und die Instandhaltung, die auf den meistbefahrenen Strecken einen Engpaß darstellen.

2- Im Güterverkehr ist die Effektivität im Binnenmarkt durch die ruinöse Konkurrenzlage sehr gering.

3- Im Personenverkehr existieren neben dem qualitativ besseren Beförderungsangebot von wenigen großen Transportunternehmen immer noch viele kleine Unternehmen, die mit geringer Kapazität und Qualität arbeiten. Bevölkerungsteile mit niedrigem Einkommen nutzen diese kleinen Unternehmen mit niedrigen Qualitätsleistungen, da diese Unternehmen die Fahrpreise weitgehend niedrig halten.

4- Im internationalen Verkehr arbeiten immer mehr große und effiziente Transportunternehmen, die auf den internationalen Routen viele Hemmnisse zu überwinden haben und auf internationale politische Lösungen angewiesen sind.

5- Insbesondere beim kombinierten Verkehr gibt es organisatorische Probleme. Da kombinierter Verkehr in der Türkei sich aus einer Notsituation entwickelte und das konzeptionelle und organisatorische Entwicklungsniveau der EU-Länder noch nicht erreicht wurde, müssen Verkehrsmanagementmaßnahmen verbessert bzw. entwickelt werden, um so Engpässe wie Verspätungen zu vermeiden.

---

[567] Vgl o.V. (1998): Der UND-Vorsitzende Cumhur Atılgan: Die türkischen Transportunternehmen werden benachteiligt (in türkischer Sprache), in: UND´nin Sesi August 1998, S.. 20.

[568] Vgl. TCUB (1999): Berichte vom 9. Verkehrsrat 9.-12. September 1998, Ankara (in türkischer Sprache), Online-Ausgabe (www.tcub.gov.tr), o.S.

Die regionalen Unterschiede der Quantität und Qualität von türkischen Straßen entsprechen dem Entwicklungsgefälle West-Ost. Durch die verstärkte internationale Konkurrenz vergrößerte sich der Abstand zwischen den unterentwickelten Regionen im Osten und dem entwickelten Westen. Es wurden zwar infrastrukturelle Verbesserungen (Autobahnbau) vorgenommen, die sich jedoch auf die Ballungsräume konzentrierten, während weite Teile des Ostens von den Verbesserungen nicht betroffen sind. Da die internationalen Beziehungen der Türkei sich meist in Richtung der EU-Länder orientierten, wurden die Unternehmen im Osten, die fast 2.000 km von der Grenze zu Europa entfernt liegen, negativ betroffen. Die finanziellen Schwierigkeiten des Landes spielten dabei eine wesentliche Rolle, obwohl mangelhaftes Vorgehen insbesondere bei neuen Autobahnbauten von der Projektvorgabe bis zum Kontrollmechanismus dazu geführt hat, daß die vorhandenen Ressourcen nicht effektiv eingesetzt wurden. Die rückständigen Regionen wurden weiterhin benachteiligt, wodurch die Konkurrenzlage zwischen den unterentwickelten und entwickelten Regionen bzw. Provinzen verschärft worden ist. Eine gewünschte Integration der Teilräume des Landes durch die Nivellierung der Ausstattungsniveaus konnte nicht verwirklicht werden, wodurch langfristig Nachteile für das gesamte Land zu erwarten sind. Eine neue Finanzierungsmethode für die Infrastrukturmaßnahmen insbesondere bezüglich der Verkehrsinfrastruktur ist erforderlich, was eine politische und wirtschaftliche Stabilität der Türkei voraussetzt.

D. 3. 4. Eine gesamtwirtschaftliche Bewertung: Folgen der Entwicklung des türkischen Verkehrssystems nach 1980

Seit 1980 stiegen die gesamten Verkehrsleistungen im Personen- sowie im Güterverkehr in der Türkei weiter an und eilten dem steigenden Bruttoinlandsprodukt (BIP) voraus. Zwischen 1970 und 1995 vergrößerte sich das BIP (zu Preisen von 1987) um durchschnittlich 4,31% pro Jahr, während die Verkehrsleistungen im Personenverkehr (Pkm) um 5,28% und im Güterverkehr (tkm) um 5,95% gestiegen sind. Das entspricht einer Transportelastizität von 1,23 für den Personenverkehr und 1,38 für den Güterverkehr.[569] Da sowohl im Personen- als auch im Güterverkehr weiterhin mit Zuwächsen gerechnet werden muß und sich die Verkehrsprobleme damit weiter verschärfen, werden Lösungsansätze zur Bewältigung des Verkehrs immer dringlicher. Vor allem die starke Verlagerung auf den Straßenverkehr in der Türkei wie auch in EU-Ländern stellt ein großes ökologisches und ökonomisches Problem dar. Deshalb wird im folgenden die gesamtwirtschaftliche Bedeutung dieser Entwicklung in den achtziger und neunziger Jahren sowohl im Güter- als auch im Personenverkehr analysiert.

Güterverkehr

Im Jahre 1997 lag die Verkehrsintensität (tkm/BSP) für die Türkei im Güterverkehr bei 0,72 tkm/US$ BSP und in Deutschland bei 0,22 (s. Tab. 50). Die hohe Verkehrsintensität resultiert aus der Tatsache, daß die produktive Wirtschaft auf einer intensiven Nutzung des Güterverkehrs aufgebaut wurde. Das bedeutet, daß der volkswirtschaftliche Transportaufwand für eine Einheit Güterproduktion in der Türkei höher ist als in Deutschland. Dies verdeutlicht die große Zahl an unwirtschaftlichen Transporten, die als Folge aus den Überkapazitäten im Transportsektor hervorging. Mit der wirtschaftlichen Entwicklung der Türkei wird wie in den EU-Ländern die Transportintensität zurückgehen. Bisherige Ergebnisse lassen den Schluß zu, daß die Effektivität bei der Staatsbahn TCDD und bei den mit niedrigem Kapazitätsauslastungsgrad im Straßenverkehr tätigen Transportunternehmen sehr gering ist.

---

[569] In diesem Zeitraum lag die durchschnittliche Transportelastizität der EU-Länder für den Personenverkehr bei 1,34 und für den Güterverkehr bei 0,90. Das heißt, daß die Transportleistungen in der Türkei für eine Einheit der Produktion höher liegen als in den EU-Ländern. Im Personenverkehr bedeutet dies, daß die Mobilität der Bevölkerung in den EU-Ländern höher als in der Türkei ist. Vgl. GERÇEK, Haluk (1997): Die Zukunft des Verkehrswesens und der Eisenbahn unter Berücksichtigung des Zusammenhangs zwischen Verkehr und Wirtschaft (in türkischer Sprache), İstanbul, S. 1f.

Tab. 50: Die Entwicklung der gesamten Verkehrsleistungen im Güterverkehr in der Türkei, BSP der Türkei und die Entwicklung der türkischen und deutschen Verkehrsintensität (tkm/US$ BSP) zwischen 1980 und 1997

	1980	1985	1990	1995	1997
Gesamte Verkehrsleistungen in der Türkei in Mio. tkm	51.559	63.884	89.911	126.841	139.698
BSP der Türkei zu jeweiligen Preisen in Mio. US$	68.391	66.891	150.758	170.081	192.405
Verkehrsintensität in der Türkei	0,75	0,95	0,59	0,74	0,72
Verkehrsintensität in Deutschland	0,31	0,41	0,22	0,17	0,22

Quelle: Eigene Berechnungen, Daten aus KGM (1997): Annual Statistics of Turkish Highways (1995-1996), Ankara, S. 85, INSTITUT DER DEUTSCHEN WIRTSCHAFT KÖLN (1999): Zahlen zur wirtschaftlichen Entwicklung der Republik Deutschland, Köln, S. 110f.

Ein Abbau der Transportintensität bedeutet, daß für die Herstellung eines Gutes weniger Transportleistungen aufgewendet werden müssen. Dies senkt in der Regel die gesamten Produktionskosten. Da aber im Transportmarkt der Türkei viel zu viel Billigstfuhrunternehmen existieren, sind effektive Transporte nicht möglich. Entweder müssen Maßnahmen durch eine Verteuerung des Verkehrs über die Benzinpreise und sonstige Gebühren ergriffen oder ein Wettbewerbsgesetz bzw. gesetzliche Vorlagen geschaffen werden, die eine Einschränkung uneffektiv arbeitender Transportunternehmen vorsehen. Aus Sicht der Verkehrswirtschaft wird eine Verteuerung des Transportes als Gefahr angesehen, die die gesamtwirtschaftliche Produktivität sinken läßt und die Mobilität einschränkt. Deshalb scheint hier die Schaffung gesetzlicher Vorlagen zur Regulierung des Transportsektors erforderlich zu sein. Ein weiterer positiver Effekt der Reduzierung der Transportintensität ist die Verringerung der ökologischen Belastung[570], die aber zur Zeit in der Türkei noch wenig Beachtung findet.

Der Hauptgrund für die Verlagerung auf die Straße in der Türkei ist die schlechte Qualität der Eisenbahn im Maßstab der Verkehrswertigkeit, insbesondere der Schnelligkeit und der Netzbildungsfähigkeit. So realisierten die Nachfrager soweit als möglich ihr Affinitätsprofil, in welchem sich die unterschiedliche Nachfragestruktur nach Straßen- und Schienenverkehrsleistungen widerspiegelt.

Für verschiedene Gütergruppen existiert im Wettbewerb zwischen Schiene, Straße oder Seeverkehr eine unterschiedliche Nachfrageelastizität. Dies läßt sich anhand der Güterstruktur der Verkehrsleistungen der Bahn nachweisen. Das Beförderungsvolumen der Eisenbahn bei klassischen eisenbahnaffinen Massengütern verzeichnet einen Rückgang. Die zwischen 1985 und 1994 beförderte Menge an Kohle reduzierte sich um 54% (im gleichen Zeitraum reduzierte sich auch der Kohleabbau um 50%). Der Transport von Erzen ging um 23% zurück. Im Gegensatz dazu ging der Bahntransport bei solchen Gütergruppen, die eine größere Affinität zur Straße aufweisen, weitaus stärker zurück. Bei der Eisenbahn schrumpfte das Transportaufkommen von Maschinen und Maschinenteilen in diesem Zeitraum um 53%, die Beförderungsmenge von Öl und Ölprodukten um 71%, die Beförderung von Nahrungsmitteln um 70%. Mit einem extremen Rückgang von ca. 98% sank die beförderte

570 Vgl. BAUM, Herbert (1995): Entkopplung von Verkehrswachstum und Wirtschaftsentwicklung, in: Zeitschrift für Verkehrswissenschaft, Heft 1, S. 13ff.

Menge an Zuckerrüben von 1,9 Mio. t auf 22 Tausend Tonnen. Die Zahl der mit der Eisenbahn beförderten Baumaterialien stieg von 230 auf 553 Tausend Tonnen parallel mit dem Wachstum der Bauindustrie an.[571]

Die Transporte der Bahn konzentrierten sich auf Massengüter, insbesondere von staatlichen Unternehmen (KİT) erzeugte Güter, wie z.B. Kohle aus Zonguldak und Zuckerrüben. Im Zuge der Liberalisierung des Handels in den neunziger Jahren wurden die staatlichen Aufträge reduziert (mit Ausnahme des Transports von Baumaterialien, die für das GAP-Projekt benötigt wurden). Nur drei Gütergruppen (Bergbauprodukte, Baumaterialien und landwirtschaftliche Produkte) machen alleine rund 75% des Beförderungsvolumens der Bahn aus.[572] Die TCDD ist nicht nur von einigen wenigen Produkten, sondern auch von einigen wenigen Hauptkunden abhängig.

Der Trend der Verlagerung des Transports von der Schiene auf die Straße dürfte auch zukünftig anhalten. Die Struktur der türkischen Wirtschaft, die Größe des Dienstleistungs- und des Industriesektors und die kleinen Produktionseinheiten im Landwirtschaftssektor machen den Straßenverkehr notwendig. Die Überlegenheit des Straßenverkehrs bei kleineren Stückzahlen, im Haus-zu-Haus- und Containerverkehr sowie die zunehmende Bereitschaft und Fähigkeit des Straßenverkehrs, Massengüter auf der Straße auch über längere Entfernungen zu transportieren, verschaffen der Straße nun größere Wettbewerbsvorteile.

Somit verkleinern sich für die Bahn die traditionellen Transportmärkte. Einige verschwinden unter Umständen sogar völlig. Dies dürfte in großem Stil für landwirtschaftliche Produkte gelten. Kleine Produktionseinheiten in der Landwirtschaft führen zu einer Vielzahl von Kleinstbetrieben, die für den Absatz ihrer Waren höchstens einen Lkw benötigen. Lediglich einige wenige landwirtschaftliche Großbetriebe werden noch auf die Leistung der Bahn zurückgreifen. Auch für das GAP-Projekt, das unter anderem auf einer Agroindustrie basiert, wird in Zukunft eine leistungsfähigere Eisenbahnverbindung benötigt werden.

Zudem wird die Bahn auf größeren Strecken aufgrund der niedrigen Teilwertigkeit an Schnelligkeit ins Hintertreffen geraten. Ferner werden die Anforderungen an die Sicherheit der Transporte steigen. Bei der jetzigen Qualität der Verkehrsleistungen der Bahn ist es nicht verwunderlich, wenn der Anteil an empfindlichen Gütern bei der Bahn gesunken ist. Die Teilwertigkeit Sicherheit genügt nur sehr geringen Anforderungen.

Für die Bahn könnte der Containerverkehr eine Entwicklungschance sein, wenn es genügend Containerbahnhöfe für den Inlandstransport geben würde; es gibt jedoch keine Containerbahnhöfe im Hinterland. Außerdem gibt es, wie bereits erwähnt, zu den Containerhäfen keine Eisenbahnverbindung. Nur über einen einzigen Containerbahnhof, nämlich Halkalı (İstanbul), ist ein Containertransport mit der Bahn nach Österreich (Wien) und nach Ungarn (Sopron) möglich, wobei diese Strecke aufgrund der Konflikte im ehemaligen Jugoslawien immer wieder nicht passierbar ist.[573]

---

571 Vgl. TCDD (1995): Annual Statistics (1990-1994), Ankara, S. 63. und TCDD (1990): Annual Statistics (1985-1989), Ankara, S. 74.

572 Vgl. TCDD (1995): Annual Statistics (1990-1994), Ankara, S. 63.

573 Vgl. TCUB (1999): Berichte vom 9. Verkehrsrat 9.-12. September 1998, Ankara (in türkischer Sprache), Online-Ausgabe (www.tcub.gov.tr), o.S.

Aber nicht nur die veränderte Güterstruktur hat Einfluß auf das Affinitätsprofil. Auch der Wechsel der Produktionsstrukturen (z.B. Just in Time- Produktion, Outsourcing) verlangt eine höhere Geschwindigkeit sowie Berechenbarkeit. In Zukunft wird der Zeitfaktor - auch bei den bisher wenig ausgeschöpften Möglichkeiten des kombinierten Verkehrs - wichtig. Diese Faktoren begünstigen den Straßenverkehr gegenüber der Bahn, deren Verkehrsleistungen seit 1950 kaum eine höhere gesamte Verkehrswertigkeit erreichen konnten. Den tendenziell flexibleren Straßenverkehrsunternehmen fällt es leichter als der Eisenbahn, mit der Veränderung der Produktionsstrukturen und mit der steigenden Zahl nachfrageorientierter Dienstleistungen umzugehen.

Die Internalisierung der externen Kosten, die zwar in den letzten Fünfjahresplänen von der Verkehrspolitik berücksichtigt wurden, wurde bislang jedoch noch nicht annähernd in Angriff genommen. Daher wird der Straßenverkehr weiter begünstigt.

Personenverkehr

Im Personenverkehr ist die Verkehrsintensität für die Türkei (0,90 Pkm/ US$ BSP für das Jahr 1997) höher als für Deutschland (0,45), welche auf den intensiveren Individualverkehr und auf den hohen Kfz-Besitz in Deutschland zurückzuführen ist (s. Tab. 51).

In der Türkei stellt sich der Eisenbahnpersonenverkehr im Maßstab der Verkehrswertigkeit Sicherheit etwas besser dar als im Straßenverkehr, da die Zahl der Unfalltoten bei der Bahn in den neunziger Jahren (fünf Getötete je Mrd. Pkm) deutlich geringer als im Straßenverkehr (40 Getötete je Mrd. Pkm) war.[574] Deshalb könnte die Anzahl der potentiellen Kunden der Bahn, wenn ihre Geschwindigkeit höher und ihre Netzbildungsfähigkeit besser wäre, höher sein als im Reisebusverkehr. Die Verkehrsleistungen der Bahn im Personenverkehr stagnierten seit 1980. Während die Zahl der interregional beförderten Personen sank, nahmen die Vorortfahrten zu. Diese Entwicklung deutet darauf hin, daß die Fahrzeitdauer entscheidend ist. Zudem sind die Vorortbahnen von İstanbul und Ankara weitgehend elektrifiziert, und die Bedienungs-häufigkeit ist entsprechend hoch. Tab. 51 zeigt die Verkehrsleistungen und die Verkehrs-intensität im Vergleich zu Deutschland im Personenverkehr.

---

574 Vgl. TCDD (1995): Annual Statistics (1990-1994), Ankara, S. 68 und KGM (1997): Annual Statistics of Turkish Highways (1995-1996), Ankara, S. 94.

Tab. 51: Die Entwicklung der gesamten Verkehrsleistungen im Personenverkehr und die Verkehrsintensität in der Türkei und in Deutschland zwischen 1980 und 1997

	1980	1985	1990	1995	1997
Gesamte Verkehrsleistungen in der Türkei in Mio. Pkm	80.765	100.890	144.726	165.721	173.872
Verkehrsintensität in der Türkei	1,18	1,5	0,95	0,97	0,90
Verkehrsintensität in Deutschland	0,74	0,97	0,52	0,37	0,45

Quelle: Eigene Berechnungen, Daten aus KGM (1997): Annual Statistics of Turkish Highways (1995-1996), Ankara, S. 86, INSTITUT DER DEUTSCHEN WIRTSCHAFT KÖLN (1999): Zahlen zur wirtschaftlichen Entwicklung der Republik Deutschland, Köln, S. 110f.

Im Straßenverkehr ergeben sich Engpässe insbesondere auf den meist befahrenen Strecken, wie z.B. auf der Hauptachse zwischen Edirne-Ankara, die auch für den Transitverkehr zur Verfügung steht. Obwohl der Autobahnbau zum Teil zur Entlastung einzelner Teilstrecken dieser Route geführt hat, gibt es jedoch noch einige nicht ausgebaute Autobahnteilstrecken (Boluberg) sowie andere Engpass-Strecken, wie Erzurum-Kars, Kayseri-Adana usw.[575] Diese Engpässe führen zu einer Senkung der Qualität der Verkehrsleistungen auf diesen Strecken. Es gibt aufgrund des schlechten Zustands der türkischen Eisenbahn jedoch keine konkurrenzfähige Alternative zur Vermeidung dieser Engpässe.

Die Straßeninfrastruktur und die Arbeitsweise der Straßenverkehrsunternehmen im Güter- sowie im Personenverkehr weisen einige Mängel auf. Die steigende Nachfrage nach Transportleistungen und die erhöhte Mobilitätsbereitschaft der Bevölkerung stehen einer schlechten Qualität der Verkehrsleistungen gegenüber. Dieses Dilemma zeigt sich auch in der hohen Zahl der Verkehrstoten als Folge der starken Verlagerung des Verkehrs auf die Straße (Abb. 35).

575 Vgl. TCUB (1999): Berichte vom 9. Verkehrsrat 9.-12. September 1998, Ankara (in türkischer Sprache), Online-Ausgabe (www.tcub.gov.tr), o.S.

Abb. 35: Verkehrstote je Mrd. Fahrzeugkilometer in der Türkei und in Deutschland zwischen 1980 und 1995

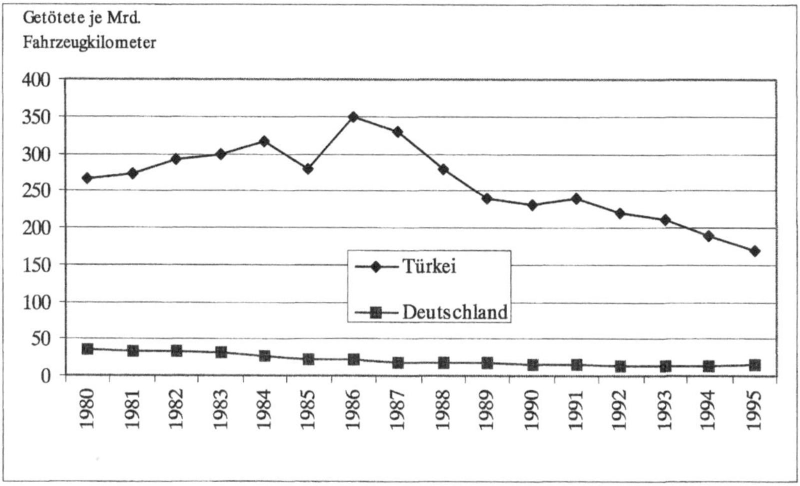

Quelle: Eigene Darstellung, Daten aus SIS (1998): Summary Statistics on Transportation and Communication, Ankara, S. 12, und JANSSEN, Lutz / KIRCHHOFF, Peter (1999): München Mobil, Handbuch Verkehr und Umwelt, München und Region, München, S. 39.

Abb. 35 zeigt die Entwicklung der Zahl der Verkehrstoten in der Türkei und in Deutschland. In den türkischen Statistiken werden Daten über Verletzte nicht weiter differenziert. Personen, die ihren Verletzungen später erliegen, werden nicht zu den Toten gerechnet. Deshalb dürfte die tatsächliche Zahl der Verkehrstoten deutlich über der statistischen Zahl liegen. Auch die Zahl der aus Verkehrsunfällen hervorgegangenen Invaliditätsfälle wird in der Türkei statistisch nicht erfaßt.[576] Auf den Straßen der Türkei passierten 1998 am Tag durchschnittlich 750 Unfälle mit durchschnittlich 17 Toten und 270 Verletzten.

Ursache der Unfälle ist laut Statistiken meist menschliches Versagen oder Unachtsamkeit der Unfallbeteiligten (ca. 98%). Diese Darstellung ist eine eventuell erwünschte Verdeckung der wirklichen Probleme. Nach Schätzungen von Experten vom Verein für Verkehrssicherheit (Trafik Kazalarını Önleme Derneği) machen in der Türkei die schlechte Verkehrsinfrastruktur und die Fahrzeugqualität sowie mangelndes Vorgehen gegen Verstöße gegen Verkehrsregeln fast 50% der Unfallursachen aus. In einer Untersuchung der Weltbank, die in 42 Industrieländern durchgeführt worden ist, wurden Ursachen von Verkehrsunfällen dargestellt. Das Ergebnis der Untersuchung zeigt, daß allein technische Mängel von Straßen und Fahrzeugen 62% der Unfallursachen ausmachen. Diese Ergebnisse dürften auch für die Türkei Gültigkeit haben.[577]

---

576 Laut Statistik sterben weltweit ca. 14% der Verletzten nach dem Verlassen des Unfallorts. Vgl. FES (1998): Sicherheit im Straßenverkehr (in türkischer Sprache), İstanbul, S.8.

577 Vgl. FES (1998): Sicherheit im Straßenverkehr (in türkischer Sprache), İstanbul, S. 12-13.

Auch bei der Eisenbahn verdeutlichen die hohen Zahlen von Entgleisungen[578] (durchschnittlich 500 pro Jahr) zwischen 1990 und 1995 die geringe Sicherheit. Im selben Zeitraum betrug die Zahl der Entgleisungen mit Personenschäden in Deutschland durchschnittlich 22 pro Jahr.[579] Wenn man dazu noch die Unfälle nach dem befahrenen Streckenkilometer betrachtet, zeigt der Vergleich eine desolate Lage der türkischen Eisenbahn. Die Verkehrsverlagerung von der Eisenbahn auf die Straße löst in der Türkei aufgrund des dadurch zunehmenden Straßenverkehrs risikoreiche Transporte von Personen und Gütern aus. Ein anderer Modal-Split, d.h. die Verkehrsverlagerung zugunsten prinzipiell sicherer Verkehrsmittel, könnte die Zahl der Verkehrstoten und somit die sozialen und ökonomischen Schäden verringern.

Der Umfang der durch Straßenverkehrsunfälle ausgelösten wirtschaftlichen Schäden steigt von Jahr zu Jahr weiter an, so von 88 Mio. US$ im Jahre 1988 auf 304 Mio. US$ im Jahre 1997.[580] Wenn man die sozialen Schäden wie Verletzung, Invalidität und Tod dazurechnet, vergrößert sich das Ausmaß noch. Zudem entstehen, neben Luftverschmutzung und Lärmbelästigung, zum Teil höhere Umweltschäden durch Unfälle bei Gefahrguttransporten auf der Straße.

Als weitere Gründe für steigende Unfallzahlen auf der Straße gelten nach Untersuchungen des Vereins für Verkehrssicherheit die mangelhaften Gesetze, die den gesamten Straßenverkehrssektor regulieren. Insbesondere die Gesetze für die Organisation der Verkehrsunternehmen sind nicht ausreichend. Der See- und der Luftverkehr fallen jedoch aufgrund deren internationaler Tätigkeiten zum Teil unter internationale Gesetze. Deshalb sind bei diesen Verkehrsträgern die Verkehrsabläufe, die Transportzeit und die Transportkosten usw. zum Teil international geregelt. Auch bei der Staatsbahn sind die Gesetzeslücken aufgrund der staatlichen Kontrolle nicht so gravierend wie beim Straßenverkehr.[581]

Im Straßenverkehr ist der rechtliche Rahmen verbesserungsbedürftig, dazu gehören insbesondere Bereiche wie die Fluktuation im Transportsektor, die Transportkosten, die Transportdauer, die Verantwortungsbereiche der für Verkehr zuständigen Behörden, die Autovermietung, die Versicherung und der Schadenersatz. Die durch den leichten Zugang zum Sektor entstandene Vielzahl der Transportunternehmen verhindert einen effektiven Transport und verursacht eine ruinöse Konkurrenz. Jede Privatperson, die einen Kapitalanteil vorzeigen kann, darf einen Lkw besitzen und ohne weiteres auf beliebigen Routen Güter transportieren. Da die Fahrzeugbesitzer zu einem erheblichen Teil selbst als Fahrer arbeiten, erhöhen manche die Fahrzeiten und Transportmengen bewußt, um einen höheren Gewinn zu erzielen. Zu lange Zeiten am Steuer bei Einpersonenunternehmen sowie überhöhte Lademengen von Lkw gefährden die Verkehrssicherheit. Der Anteil der Lkw am Gesamtstraßenverkehr stieg enorm an, z.B. beträgt der Anteil des Lkw-Verkehrs im Umland von Großstädten 60% des gesamten Verkehrsaufkommens. Zudem befinden sich viele der

---

578 In den türkischen Statistiken wird nicht unterschieden zwischen Entgleisungen mit und solchen ohne Personenschäden.

579 Vgl. TCDD (1995): Annual Statistics (1990-1994), Ankara, S. 68 und S.354 SIS Statistiken für Verkehrssicherheit

580 Vgl. TCUB (1999): Berichte vom 9. Verkehrsrat 9.-12. September 1998, Ankara (in türkischer Sprache), Online-Ausgabe (www.tcub.gov.tr), o.S.

581 Vgl. ebd.

eingesetzten Lkw in sehr schlechtem Zustand aufgrund des Fehlens einer regelmäßigen technischen Prüfung wie sie beispielsweise der TÜV durchführt, und erhöhen damit das Unfallrisiko auf den meistbefahrenen Strecken. Auch der leichte Erwerb eines Führerscheines macht sich bei den Unfallursachen bemerkbar, denn bis 1995 bestand in der Türkei keine Fahrschulpflicht.[582]

Durch den Zustand der älteren Straßen, die nicht dem heutigen Standard angepaßt bzw. instandgehalten wurden, weisen diese besonders hohe Unfallzahlen auf. Die Straßen mit den höchsten Unfallraten sind in Abb. D3-8 im Anh. zu sehen.

Eine Vielzahl von für den Straßenverkehr verantwortlichen Institutionen erschwert die Koordination und Durchführung aller benötigten Maßnahmen. Die Schwierigkeiten könnten durch eine Koordinationsbehörde oder eine Reorganisation der für Verkehr Zuständigen vermieden werden. [583]

Im Wandel der türkischen Wirtschaft entstanden neue Güteraffinitäten, die einen schnellen und sicheren Transport von Haus zu Haus erfordern. Die Güteraffinität kann in der Türkei zur Zeit nur über den Straßenverkehr befriedigt werden, da keine leistungsfähige Alternative zur Verfügung steht. Diese Entwicklung ist ein globales Phänomen und bezieht sich nicht nur auf die Türkei. Da ein Transport mit der Eisenbahn und dem Schiff aufgrund ihrer geringen Wertigkeiten, wie z.B. der geringen Netzdichte, nur auf bestimmten Streckenabschnitten möglich sind, müssen diese Transporte mit dem Straßenverkehr kombiniert werden. Jedoch ist eine solche Kombination zwischen den einzelnen Verkehrsträgern in der Türkei zur Zeit nur zwischen dem See- und Straßenverkehr möglich, da für eine Kombination mit dem Verkehrsträger Eisenbahn die benötigten Umschlagplätze bzw. Güterbahnhöfe, Verbindungen zwischen wichtigen Produktions- und Absatzorten und eine ökonomisch, lukrative Schnelligkeit bei der Staatsbahn fehlen. Die Eisenbahn bietet derzeit also keine Möglichkeit für den kombinierten Verkehr.

Nach der bisherigen Darstellung fehlt ein Masterplan für das gesamte Verkehrssystem, der zwar in den bisherigen FEP mehrmals betont aber nicht verwirklicht wurde. Die staatlichen Investitionen, die im Jahre 1996 und 1997 vorgenommen wurden, zeigen einen Widerspruch zwischen der in den FEP dargestellten Verkehrspolitik und den verwirklichten Investitionen. Die Investitionen wuchsen zwar, jedoch ist ein Anteil von über 60% der gesamten Verkehrsinvestitionen in den Straßenverkehr geflossen. Die Liberalisierung im See- und im Luftverkehr sowie im Pipelinebereich führte dazu, daß die staatlichen Investitionen in diesen Bereichen leicht zurückgingen.

Die Nachteile der nur auf einen Verkehrsträger ausgerichteten strukturellen Entwicklung zeigten sich beim 1992 beginnenden Konflikt im ehemaligen Jugoslawien: Die Transportunternehmen mußten einen anderen Weg zu den EU-Ländern, den wichtigen Außenhandelspartnern der Türkei, suchen. Dadurch setzte ein Ro-Ro-Verkehr ausgehend von den Schwarzmeer- und den Mittelmeerhäfen nach Europa ein, der sich anschließend auch zu den GUS-Ländern hin weiterentwickelte. Obwohl in der Türkei schon immer der größte Teil des internationalen Verkehrs über den Seeweg abgewickelt wurde, waren die Schäden durch

---

582 Vgl. FES (1998): Sicherheit im Straßenverkehr (in türkischer Sprache), İstanbul, S. 12, und vgl. TCUB (1999): Berichte vom 9. Verkehrsrat 9.-12. September 1998, Ankara (in türkischer Sprache), Online-Ausgabe (www.tcub.gov.tr), o.S.

583 Vgl. ebd.

nicht passierbare Straßen nach Europa größer als erwartet. Dies lag daran, daß zwar der mengenmäßig größte Teil des internationalen Verkehrs über den Seeweg verlief, der Wert dieser Güter jedoch geringer war als der der über die Straße beförderten Güter. Im Jahre 1996 wurden 9% der international beförderten Güter auf der Straße transportiert, ihr wertmäßiger Anteil aber lag bei 40% der insgesamt beförderten Güter im internationalen Transport der Türkei.[584]

Fazit

Zusammenfassend resultieren die Probleme des türkischen Verkehrswesens aus der minderwertigen Qualität des Verkehrssystems. Es muß hier noch einmal betont werden, daß die topographischen Gegebenheiten des Landes sowie die Anteludialbindungen der Vergangenheit die Qualität des türkischen Verkehrssystems entscheidend beeinflußt haben. Dabei stellt sich die Qualität des Verkehrssystems im Maßstab der Verkehrswertigkeit in zwei Ebenen unterschiedlich dar:

1. Zum einen ist das Qualitätsniveau der einzelnen Verkehrsträger sehr unterschiedlich: Dies führt zu einer Verlagerung des Verkehrs auf die Straße. Dieser Prozeß ist auf die Verkehrspolitik der Türkei zurückzuführen, da bei der staatlichen Verkehrsplanung und den Verkehrsinvestitionen der Verkehrsträger Eisenbahn völlig vernachlässigt und der Straßenverkehr übermäßig gefördert wurde.
2. Zum anderen weist die Qualität des gesamten Verkehrssystems regionale Unterschiede auf. Dies führt zu einer unterschiedlichen wirtschaftlichen Entwicklung der Regionen entsprechend dem Entwicklungsniveau des Verkehrssystems. Wobei es sich hierbei um einen interdependenten Prozeß zwischen verkehrswirtschaftlicher und ökonomischer Entwicklung handelt, d.h. daß eine gewisse Regionalentwicklung auch eine verkehrswirtschaftliche Entwicklung induziert. Eine räumlich ungleiche Entwicklung kann durch den Einsatz gezielter Maßnahmen im Bereich der Raumordnungs- bzw. Regionalpolitik und der Verkehrspolitik gemildert werden. Diese Maßnahmen blieben trotz gewisser Ansätze in der Türkei aus.

Insofern ist festzustellen, daß sowohl die gesamtwirtschaftliche als auch raumwirtschaftliche Entwicklung der Türkei vom Verkehrssystem entscheidend beeinflußt wurden. Aufgrund der Verlagerung des Verkehrs auf die Straße war der Transportsektor äußerst ineffizient, was die gesamtwirtschaftliche Entwicklung des Landes hemmte. Trotz einer gewissen Entwicklung auch in den rückständigen Regionen des Ostens vergrößerte sich die Kluft zwischen den Regionen des Westens und Ostens, was nicht zuletzt auch auf die regionalen Unterschiede der Qualität des Verkehrssystems zurückzuführen ist.

Im folgenden sollen die Ergebnisse der Analyse des Zeitraumes nach 1980 bis heute mit den Ergebnissen des Zeitraumes der ISI-Politik vor 1980 verglichen werden, um die Anfangsthesen verifizieren oder falsifizieren und die Zukunftschancen der Türkei darstellen zu können.

---

[584] Vgl. o.V. (1998): Verkehrsrat überstürzt angesetzt, der Berg hat eine Maus geboren (in türkischer Sprache), in: UND´nin Sesi, Juli 1998, S. 30.

E. ZUSAMMENFASSUNG DER UNTERSUCHUNGSERGEBNISSE

Die vorliegende Arbeit befaßte sich mit der Angebotsseite der türkischen Verkehrswirtschaft und deren Auswirkungen auf die regionalen Disparitäten. Dabei wurde die Qualität des türkischen Verkehrssystems mit dem Instrumentarium der Verkehrswertigkeit von VOIGT analysiert. Die Qualitätsunterschiede des Verkehrssystems in den einzelnen Teilräumen wurden der Entwicklung der regionalen Disparitäten gegenübergestellt. Der verkehrstheoretische Ansatz von VOIGT diente dazu, die räumlichen Auswirkungen des Verkehrssystems bzw. die wechselseitigen Auswirkungen von räumlichen und verkehrswirtschaftlichen Prozessen herauszuarbeiten.

Die Analyse behandelte zwei wesentliche Zeiträume, die von unterschiedlichen wirtschaftspolitischen Systemen geprägt wurden. Der erste Zeitraum zwischen 1923 und 1980 umfaßt die Ära der importsubstitutierenden Industrialisierungspolitik (ISI-Politik). Der zweite Zeitraum begann 1980 und ist durch eine exportorientierte Marktwirtschaft gekennzeichnet.

Die Analyseergebnisse des türkischen Verkehrssystems und der Entwicklung der regionalen Disparitäten für den Zeitraum von 1923 bis heute hat gezeigt, daß die regionale Entwicklung der Türkei durch die Entwicklung des Verkehrssystems entscheidend beeinflußt wurde:

Der Ausbau des türkischen Verkehrssystems war nach der Gründung der Republik 1923 durch die Anteludialbindungen aus der Zeit des Osmanischen Reiches entscheidend beeinflußt. Das bestehende Eisenbahnnetz diente zu Beginn der türkischen Industrialisierung der Ressourcenerschließung und der gleichmäßigen Entwicklung des Landes. So wurde die erste Stufe der Integration zwischen den wichtigen Zentren der Türkei erreicht.

Von dem Ausbau des Straßennetzes nach dem Zweiten Weltkrieg gingen Impulse für strukturelle und räumliche Differenzierungsprozesse der türkischen Wirtschaft aus. Seit 1950 trat parallel zur Zunahme der türkischen Konsumgüterproduktion und der landwirtschaftlichen Produktion in einem Zusammenspiel von Veränderungen der Güteraffinität und technischen Verbesserungen des Verkehrssystems ein Wandel im Verkehrssektor ein. Die räumliche Arbeitsteilung nahm erheblich zu, wodurch sich Verkehrsströme vervielfachten. Der Straßenverkehr konnte sich in der Türkei aufgrund seiner hohen Teilwertigkeiten wie Netzbildungsfähigkeit, Schnelligkeit, Berechenbarkeit und Häufigkeit zu einer konkurrenzlosen Alternative zu anderen Verkehrsträgern herauskristallisieren. In dieser Phase verschärften sich die bestehenden, regionalen Disparitäten in fast allen Lebensbereichen. Sie stellten einen der großen Problembereiche der türkischen Wirtschaft dar.

Die türkische Verkehrswirtschaft war zu Beginn des Liberalisierungsprozesses Anfang der achtziger Jahre noch von der bis dahin durchgeführten ISI-Politik geprägt. Die Liberalisierung ging jedoch schleppend voran, da notwendige institutionelle Reformen in den Bereichen des Rechts- und Finanzsystems mehrere Jahre, wenn nicht Jahrzehnte dauern kann. Die politische Instabilität der Türkei und die populistischen Praktiken der Politiker hemmten die Durchführung der vorgesehenen Reformpolitik. Dies zeigte sich ausdrücklich bei der Umsetzung der Privatisierung von staatlichen Unternehmen wie z.B. bei der Luftfahrtgesellschaft THY, bei den staatlichen Seehäfen und der Staatsbahn TCDD. Die starken finanziellen Engpässe der Türkei sind als entscheidende Hindernisse für weitere Wachstumsimpulse zu sehen.

Eine flächendeckende Erreichbarkeit durch den Straßenausbau ermöglichte anfänglich erhebliche Verkürzungen der ökonomischen Entfernung zwischen den Teilräumen der Türkei. Im weiteren Verlauf des Straßenausbaus wurden auch die entlegenen Teilräume in die funktionierenden Binnenmärkte integriert. Der Anteil des Straßenverkehrs im Binnenmarkt stieg kontinuierlich an. Auch im Bereich des internationalen Verkehrs gewann der Straßentransport immer mehr an Bedeutung. Im Gegensatz dazu sank der Anteil der Verkehrsleistungen der Eisenbahn an den Gesamtverkehrsleistungen, und der schon im Jahre 1950 einsetzende Verfallsprozeß der Staatsbahn TCDD beschleunigte sich noch nach 1980.

Eine ökonomische Integration, die nur durch eine Nivellierung der ökonomischen Entwicklungniveaus möglich ist, wurde nur partiell verwirklicht. Die rückständigen Regionen der Türkei wurden zwar durch Straßenverbindungen mit dem Gesamtnetz verbunden, doch die Qualität des Verkehrssystems und wichtige Entwicklungspotentiale, wie Sachkapital und ausgebildete Arbeitskräfte waren in diesen Regionen ungenügend.

Im Zuge der Liberalisierung und der zunehmenden Integration der Türkei in den Weltmarkt mußten die bis 1980 unter dem staatlichen Schutz arbeitenden türkischen Unternehmen nun im internationalen Wettbewerb konkurrieren können. Unter diesen veränderten Rahmenbedingungen konnten nur die anpassungsfähigen Unternehmen mithalten, welche sich als international konkurrenzfähig erweisen konnten. Dadurch sind die Anforderungen an die Verkehrsleistungen erheblich gestiegen. Diese Anforderungen konnten nur teilweise und überwiegend in den traditionellen Ballungsräumen im Westen der Türkei befriedigt werden. Somit stieg die Wettbewerbsfähigkeit der Unternehmen in diesen Regionen. In weiten Teilen des Landes war das Verkehrsangebot bei weitem nicht in der Lage, eine wirtschaftliche Entwicklung in Gang setzen zu können. Dies führte dazu, daß sich die regionalen Disparitäten, die ohnehin eine starke Ausprägung hatten, weiter verschärften. Dieses Phänomen wurde in den achtziger und neunziger Jahren zu einem gravierenden Problem der türkischen Wirtschaft und Gesellschaft.

Im folgenden wird die Überprüfung der Thesen dargestellt.

Zur These: "**Dem Entwicklungsgefälle entspricht das Qualitätsgefälle des Verkehrssystems**":

Die Analyse der Qualität der Hauptverkehrsträger Straßen- und Eisenbahnverkehr im Maßstab der Verkehrswertigkeit hat gezeigt, daß die Quantität und die Qualität des Verkehrssystems regionale Unterschiede aufweisen.

Einige Regionen sind hinsichtlich der Anbindungen an das Schienennetz stark benachteiligt. Umwege im Streckenverlauf konnten nachgewiesen werden, die auf topographische Gegebenheiten, militärisch-strategische Überlegungen und Anteludialbindungen zurückzuführen sind. Die Teilwertigkeiten der türkischen Staatsbahn, wie Netzdichte, Schnelligkeit und Bedienungshäufigkeit, die im internationalen Vergleich sehr niedrig sind, sanken noch von Westen nach Osten. Eine Modernisierung der Eisenbahn durch Elektrifizierung, Signalisierung und ein zweigleisiger Ausbau wurde nur in westlichen Regionen durchgeführt. Die Investitionen im Bereich der Eisenbahn blieben seit den fünfziger Jahren weit hinter den Vorgaben der Fünfjahresentwicklungspläne. Heute befinden sich die Infrastruktur, der Betrieb und das Management der türkischen Staatsbahn insgesamt in einem sehr schlechten Zustand.

Das Straßennetz weist im Gegensatz zum Schienennetz eine höhere Netzdichte auf. Jedoch weisen sowohl die Straßendichte als auch die Qualität der Straßen ein West-Ost-Gefälle auf.

Durch die weitgehende Verkehrserschließung konnte zwar eine funktionelle Integration des Ostens erreicht werden, doch aufgrund der Wettbewerbsnachteile, die aus den hohen Transportkosten im Osten resultieren, konnte eine ökonomische Integration der östlichen Regionen nicht erreicht werden. Seit Ende der siebziger Jahre entstanden auch Kapazitätsengpässe auf den meistbefahrenen Strecken zwischen den einzelnen Ballungsräumen und auf der Transitstrecke Edirne-İstanbul-Ankara. Diesbezüglich wurde nach 1980 der Ausbau der Autobahn zunächst auf diesen Strecken im Westen vorgenommen. Allerdings existieren immer noch Engpässe, wie z.B. auf der noch nicht fertiggestellten 20 km langen Teilstrecke der Autobahn İstanbul-Ankara auf dem Boluberg.

Aufgrund der Verlagerung des fast gesamten Verkehrs auf die Straße und der Vielzahl von Transportunternehmen entstanden Qualitätsverluste der Straßenverkehrsleistungen. Betroffen davon sind die Verkehrswertigkeiten Schnelligkeit aufgrund überhöhtem Verkehrsaufkommen und Sicherheit aufgrund der hohen Zahl an Verkehrsunfällen sowie die Umweltverträglichkeit aufgrund von Verkehrslärm und Luftverschmutzung.

Die Anfangsthese "dem Entwicklungsgefälle entspricht das Qualitätsgefälle des Verkehrssystems" konnte sowohl für das türkische Eisenbahnnetz als auch für das Straßennetz verifiziert werden. Jedoch kann diese These für das Straßennetz wegen der Engpässe auf den meistbefahrenen Straßen nur bedingt bejaht werden. Diese Engpässe können nur reduziert werden, wenn die laufenden und geplanten Autobahnprojekte vollendet werden und ein besseres und modernes Verkehrsmanagement (Telematik, Road-Pricing, Park and Ride usw.) eingesetzt wird.

Zur These: "**Mit zunehmender wirtschaftlicher Entwicklung und Verkehrserschließung wurde der ökonomische Abstand zwischen den Regionen größer**":

Die schon in den fünfziger Jahren begonnenen Migrationsströme aus den ländlichen Räumen in die Städte (insbesondere in die Ballungsräume) und von Osten nach Westen verschärften sich im Laufe der achtziger und neunziger Jahren erheblich. Die Richtung der Migrationsströme veränderte sich dabei kaum.

Die Ergebnisse der Raumentwicklungsanalyse für den Zeitraum von 1980 bis heute haben gezeigt, daß sich neben den Beschäftigten im sekundären Sektor die Beschäftigten im Dienstleistungssektor in den westlichen Teilräumen der Türkei konzentrieren. Ein gut ausgebautes Verkehrssystem, das unter geringen Kosten eine günstige Erreichbarkeit aufweist, bietet einerseits sowohl für den auf Kontakte angewiesenen tertiären Sektor als auch für den auf den Bezug von Rohstoffen und die Verteilung der Fertigprodukte angewiesenen sekundären Wirtschaftsbereich bedeutende Standortvorteile. Anderseits wird die Infrastruktur bzw. das Verkehrssystem dort weiter verbessert, wo sich diese Unternehmen konzentrieren. Aufgrund dieses kumulativen Wachstumsprozesses erhalten diese Orte gegenüber anderen Orten einen Entwicklungsvorsprung. Diesem Prozeß kann in der Regel durch Maßnahmen der Raumordnung entgegengewirkt werden. Die in der Phase der liberalen Wirtschaftspolitik ergriffenen Maßnahmen der Raumordnungs- und Verkehrspolitik sind aber einerseits nicht ausreichend und andererseits nicht geeignet gewesen, die regionalen Disparitäten abzubauen.

Im Zuge der Liberalisierung konzentrierten sich auch die Maßnahmen zur Verbesserung des Verkehrssystems, z.B. der Autobahnbau zwischen den Wirtschaftszentren, in den Ballungsräumen. Dies führte dazu, daß die ökonomische Entfernung zwischen den Wachstumsräumen im Westen verkürzt worden ist. Die ökonomische Entfernung zu den unterentwickelten Regionen hat sich jedoch, wenn überhaupt, nur geringfügig verringert. So vergrößerte sich die

Kluft zwischen den wirtschaftlichen Entwicklungsniveaus der einzelnen Teilräume. Denn die neuen Konkurrenzbedingungen zwischen den Regionen innerhalb der Türkei ließen die östlichen Regionen in ihrem Entwicklungsprozeß weiter zurückfallen.

Die Räume im Westen, die gute intraregionale, interregionale und internationale Vekehrsanbindungen und ein regionales Entwicklungspotantial[585] (privates Sachkapital, Arbeitskraft, Siedlungsstruktur, wirtschaftsgeographische Lage usw.) aufweisen, entwickelten sich zu gewaltigen Wachstumsräumen, wie İstanbul, İzmir und Ankara. Weite Teile des Landes blieben von der wirtschaftlichen Entwicklung und von der leistungsfähigen Verkehrserschließung ausgeschlossen. Dort sind Entleerungsräume wie Muş, Diyarbakır, Van usw. entstanden, die meisten davon liegen im Osten des Landes.

Somit konnte die zweite Ausgangsthese "mit zunehmender wirtschaftlicher Entwicklung und Verkehrserschließung wurde der ökonomische Abstand zwischen den Regionen größer" verifiziert werden.

Zur These: "**Durch eine Verbesserung der Verkehrserschließung des Ostens wird der Abbau von extremen regionalen Disparitäten in absehbarer Zeit nicht möglich sein**":

Die türkischen Regierungen konnten seit 1950 aufgrund ihrer inkonsequenten Raumordnungs- und Verkehrspolitik diesem kumulativen Wachstumsprozeß in den westlichen Ballungsräumen bzw. dem Entleerungsprozeß in den ländlichen Räumen im Osten nicht entgegenwirken. Im Gegenteil zu den Zielsetzungen der Fünfjahresentwicklungspläne wurden immer mehr die entwickelten Regionen auch im Bereich des Verkehrs gefördert. Regionale Entwicklungsimpulse, die von der Verbesserung des Verkehrssystems ausgingen, konzentrierten sich in den Ballungsräumen im Westen; in den ländlichen Räumen des Ostens treten sie nur vereinzelt auf und bleiben daher wirkungslos.

Die Erfolglosigkeit der Raumordnungs- und Regionalpolitik der Türkei hat dazu geführt, daß die regionalen Disparitäten zwischen West und Ost durch die starke Zuwanderung in die Ballungsräume extreme Dimensionen erreicht haben. Auch die Ballungsräume weisen in bestimmten Bereichen, wie dem Wohnungs-, Bildungs- und Gesundheitswesen, Versorgungsdefizite auf. Seit 1980 reagiert die türkische Raumordnungspolitik einerseits mit restriktiven Maßnahmen zur Entlastung der Ballungsräume, anderseits mit großräumigen Entwicklungsprojekten zur Entwicklung rückständiger Regionen, wobei die Erfolge der Maßnahmen nicht überzeugen.

Das erste und größte Entwicklungsprojekt, das GAP- Projekt, begann Anfang der achtziger Jahre in Südostanatolien. Seine Ziele waren neben der Energiegewinnung eine sozioökonomische Entwicklung der Region, um damit die Abwanderungen aus dem Gebiet bremsen zu können. Durch die Modernisierung der Landwirtschaft, die Entwicklung der Agroindustrie und die Verbesserung der Verkehrsinfrastruktur sollte die nationale und internationale ökonomische Integration der Region erfolgen. Dazu dienen Pläne zum Ausbau der Verkehrsinfrastruktur im GAP-Masterplan, die einen Autobahnausbau, die Errichtung neuer Eisenbahnstrecken und den Bau eines internationalen Flughafens vorsehen.

---

585 Vgl. ABERLE, Gerd (1983): Verkehrsinfrastrukturpolitik und räumliche Entwicklung - Zur Integration von regionaler Entwicklungsplanung und Verkehrsplanung, in: Determinanten der räumlichen Entwicklung, Hrsg.: MÜLLER, J. Heinz, Berlin, S. 11f.

Die Entwicklung des GAP-Gebietes blieb in den vergangenen zwei Jahrzehnten weit hinter den Plänen zurück. Die Verkehrsprojekte konnten mit Ausnahme der begonnenen Autobahnstrecke Gaziantep-Adana bisher nicht verwirklicht werden. Außer in der Provinz Gaziantep konnte in der Region nach der Raumentwicklungsanalyse keine wesentliche industrielle und sozio-ökonomische Entwicklung nachgewiesen werden. Die Abwanderungen aus Südostanatolien hielten mit der Ausnahme von Gaziantep weiter an. In dieser und in der benachbarten Region Ostanatolien zeigen sich erhebliche Mängel in fast allen Lebensbereichen.

Die Raumentwicklungsanalyse hat gezeigt, daß das Entwicklungspotential der Regionen Ostanatolien und Südostanatolien bezüglich Bevölkerung, wirtschaftlicher und sozioökonomischer Infrastruktur nach wie vor sehr niedrig ist. In diesen Regionen fehlt es an Sachkapital, ausgebildeten Arbeitskräften und infrastruktureller Versorgung. Dazu kommen die periphere Lage, die militärischen Auseinandersetzungen zwischen dem türkischen Militär und der PKK und die geostrategische Natogrenze zu potentiellen Konfliktstaaten wie Syrien, Irak, Iran und Armenien. Dadurch ist die Standortqualität der Region äußerst gering und wird dies auf absehbare Zeit auch bleiben, denn aufgrund der politischen Lage gibt es keinen kontinuierlichen Grenzverkehr bzw. Außenhandel mit diesen Nachbarländern.

Die große geographische Entfernung und eine schlechte Verkehrserschließung von Ost- und Südostanatolien zu den türkischen Wirtschaftszentren und dem bedeutendsten Außenhandelsmarkt Europa führen dazu, daß die ökonomische Entfernung zwischen den Regionen im Westen und im Osten extrem hoch ist. Diese Nachteile konnten aber bisher durch die regionalpolitischen Förderungsmaßnahmen nicht kompensiert werden. Dadurch sinkt die Konkurrenzfähigkeit der Region gegenüber den Wirtschaftszentren der Türkei erheblich.

Der Ausbau des Verkehrssystems ist eine wichtige Voraussetzung für die Standortwahl von Unternehmen. Eine Verkehrserschließung ohne flankierende Maßnahmen in den Bereichen Siedlungs-, Industrie-, Bildungs- und Gesundheitspolitik reicht für die wirtschaftliche Entwicklung einer Region allein nicht aus. Eine wirtschaftliche Entwicklung dieser Regionen ist schon aufgrund der geographischen und militärisch-strategischen Randlage eingeschränkt. Deshalb können Maßnahmen zur wirtschaftlichen Entwicklung des Gebietes und eine verbesserte Verkehrserschließung ohne eine langfristige politische und wirtschaftliche Stabilität der Region und ihrer Nachbarländer in absehbarer Zukunft keinen großen Erfolg versprechen.

Somit konnte auch die dritte These "durch eine Verbesserung der Verkehrserschließung des Ostens wird der Abbau von extremen regionalen Disparitäten in absehbarer Zeit nicht möglich sein" verifiziert werden.

Schlußbemerkung

Aus der vorliegenden Untersuchung geht hervor, daß in der Türkei nur eine regional und sektoral einseitige Wirtschaftsentwicklung zu verzeichnen ist. Dies ist auch im Zusammenhang mit Verbesserungen des Verkehrsträgers Straßenverkehr zu sehen. Der Strukturwandel in der türkischen Wirtschaft hat zu deutlichen Verschiebungen im Modal Split zugunsten des Straßenverkehrs geführt. Aufgrund der Produktionsstruktur der türkischen Wirtschaft ist mit einer Fortsetzung der Entwicklung zu rechnen. Da außer dem Straßengüterverkehr kein anderer Verkehrsträger eine flächendeckende Verkehrsbedienung ermöglichen kann, sind die übrigen Verkehrszweige auf eine reibungslose Kooperation mit dem Straßenverkehr angewiesen. Dies unterstreicht die Notwendigkeit organisatorischer Verbesserungen im Transportablauf genauso wie zur weiteren Verbreitung des Kombinierten Verkehrs.

Betrachtet man die gesamtwirtschaftliche Entwicklung des Landes, so zeigt sich, daß die Raumordnungs- und Verkehrspolitik bis heute relativ erfolglos geblieben ist. Dies resultiert aus der Tatsache, daß bei der Raum- und Regionalplanung die Auswirkungen der Verkehrsinfrastruktur nicht umfassend berücksichtigt wurden. Da in der Türkei keine langfristige Verkehrsplanung für das Gesamtverkehrssystem existiert und eine ausreichende Zusammenarbeit zwischen den regionalen Verwaltungen und den zentralen Raumordnungs- und Verkehrsplanern fehlt, konnte das knappe Budget der Türkei nicht effektiv eingesetzt werden. Insbesondere bei der Bereitstellung von Infrastruktureinrichtungen muß die Verkehrspolitik neue Formen finden, um die Einbeziehung des privatwirtschaftlichen Sektors rechtlich und organisatorisch reibungslos zu ermöglichen.

Ein freier Wettbewerb zwischen den Regionen der Türkei ist zur Zeit aufgrund des Zentralismus und einseitiger Investitionen nicht möglich; eine Verstärkung der Regionalverwaltungen könnte dazu führen, daß die Interessen der regionalen Bevölkerung bzw. Unternehmen durchgesetzt und für deren Entwicklung effektivere Investitionen vorgenommen werden können. Eine gleichmäßige Investitionspolitik und eine Dezentralisierung der Raumordnungs- und Regionalplanung würden zu einer besseren Ressourcenverwendung führen. Damit könnten die sozio-ökonomischen und wirtschaftlichen Nachteile der regionalen Disparitäten gemildert werden.

Der regionalwirtschaftliche Entwicklungsprozeß der Türkei wurde im Jahre 1999 von einer schweren Erdbebenkatastrophe stark beeinträchtigt. Am 17. August wurde der Nordwesten der Türkei (Marmara-Region) von einem der stärksten und folgenschwersten Erdbeben (Richterskala 7,4) betroffen; insbesondere die bevölkerungsreichsten und wirtschaftstärksten Provinzen İstanbul, İzmit, Bursa, Eskişehir, Yalova, Bolu und Adapazarı. Nach offiziellen Angaben wurden durch das Erdbeben über 15.000 Menschen getötet und ca. 25.000 verletzt. Obwohl die Anlagen der im Erdbebengebiet besiedelten modernen Industrieunternehmen wenig geschädigt worden sind, kam es jedoch zu zahlreichen ökologischen Schäden durch brennende Chemie- und Erdölindustrieanlagen.

Nach ersten Einschätzungen liegt der volkswirtschaftliche Schaden bei ca. 9-13 Mrd. US$. Die Folgen waren neben dem Verlust von qualifizierten Arbeitskräften insbesondere infrastrukturelle Schäden. Die wichtigsten Verkehrswege (Eisenbahn, Autobahn) zwischen İstanbul und Ankara und der Seehafen Derince wurden zum Teil schwer zerstört. Des weiteren wurden das Energieversorgungsnetz (Gas- und Elektrizität) und das Kommunikationsnetz beschädigt. Allein der Finanzbedarf zur Schadenbeseitigung im Bereich der Infrastruktur wird auf 600 Mio. US$ geschätzt, wobei für die Straßenverkehrsinfrastruktur der

Finanzbedarf mit 244,4 Mio. US$ am höchsten angegeben wurde (60 km der Autobahn İstanbul-Ankara wurden schwer beschädigt).

Finanzielle Engpässe sind trotz der zugesagten internationalen Finanzhilfen seitens der Weltbank und der EU zu erwarten. Auch die von Ecevits Regierung vorgenommenen Reformen sind aufgrund finanzieller Knappheit in Unsicherheit geraten.

Man muß davon ausgehen, daß die für Ost- und Südostanatolien geplanten und zum Teil durchgeführten Entwicklungsprojekte, wie DAP und GAP, in den Hintergrund treten werden. Die Finanzquellen des Staates werden für den Wiederaufbau der Region Marmara in den nächsten Jahrzehnten benötigt.

Internationale und nationale Aufmerksamkeit wird sich auf absehbare Zeit auf die vom Erdbeben betroffenen Gebiete konzentrieren. Die ökonomischen Entwicklungschancen der östlichen unterentwickelten Regionen werden sich durch den Wiederaufbau des Nordwestens deutlich verringern. Deshalb werden die regionalen Disparitäten weiterhin erhalten bleiben und sich vermutlich weiter verschärfen.

ANHANGSVERZEICHNIS

Abb. D3-2: Verwaltungsregionen der türkischen Staatsbahn TCDD

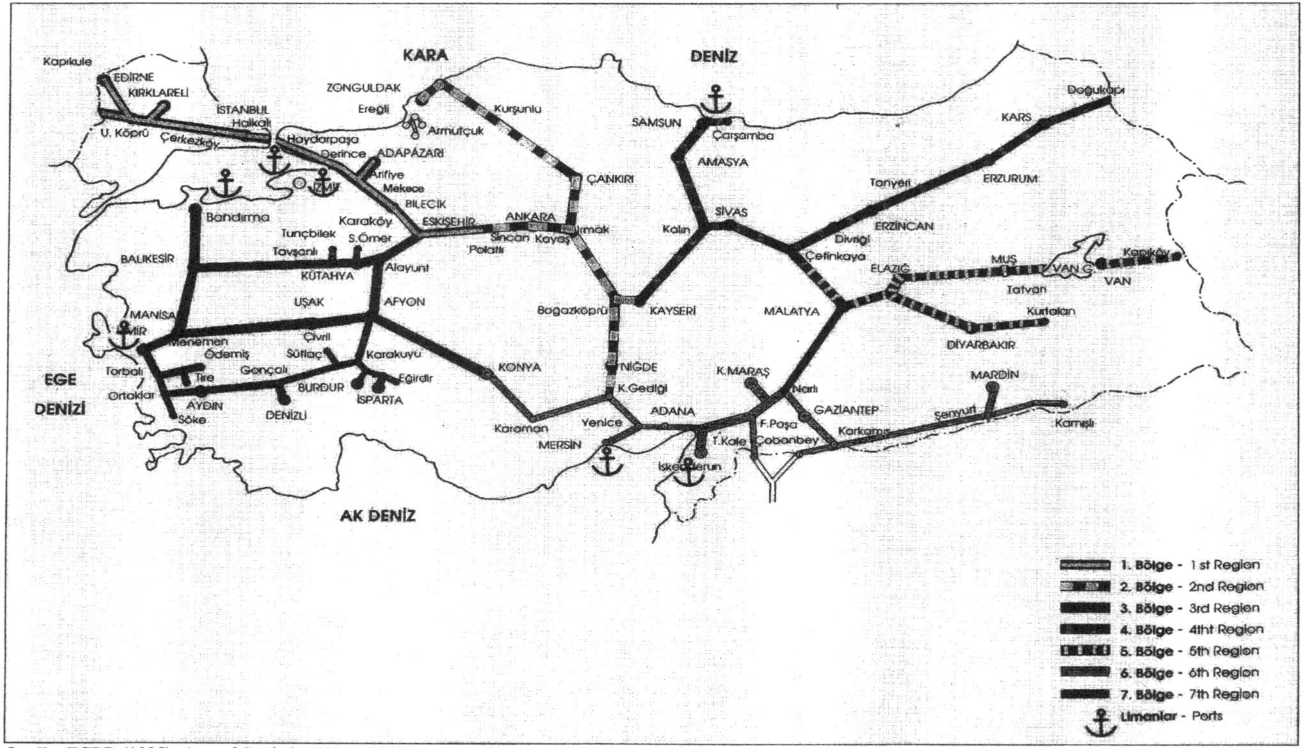

Quelle: TCDD (1995): Annual Statistics (1990-1994), Ankara, S.1

Abb. D3-3: Eisenbahnlinien mit Signalanlagen in der Türkei 1996

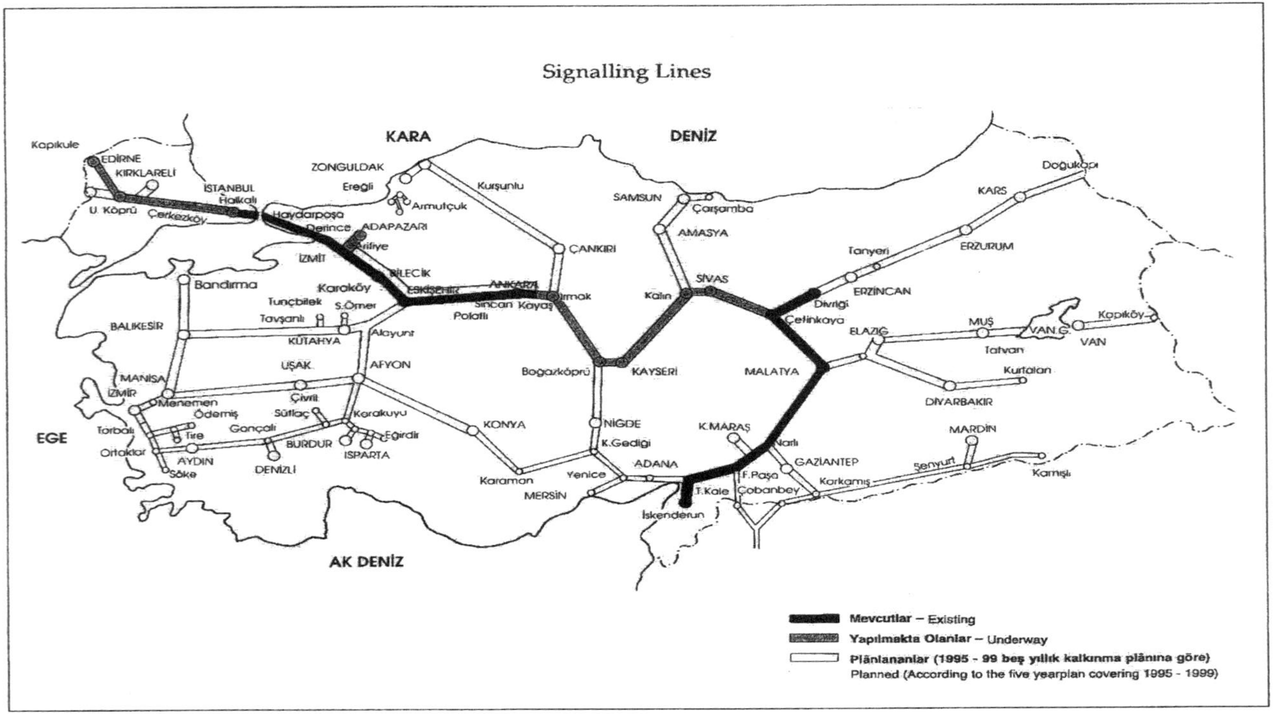

Quelle: TCDD (1995): Annual Statistics (1990-1994), Ankara, S. 12.

Abb. D3-4: Elektrifizierte Eisenbahnlinien der Türkei 1996

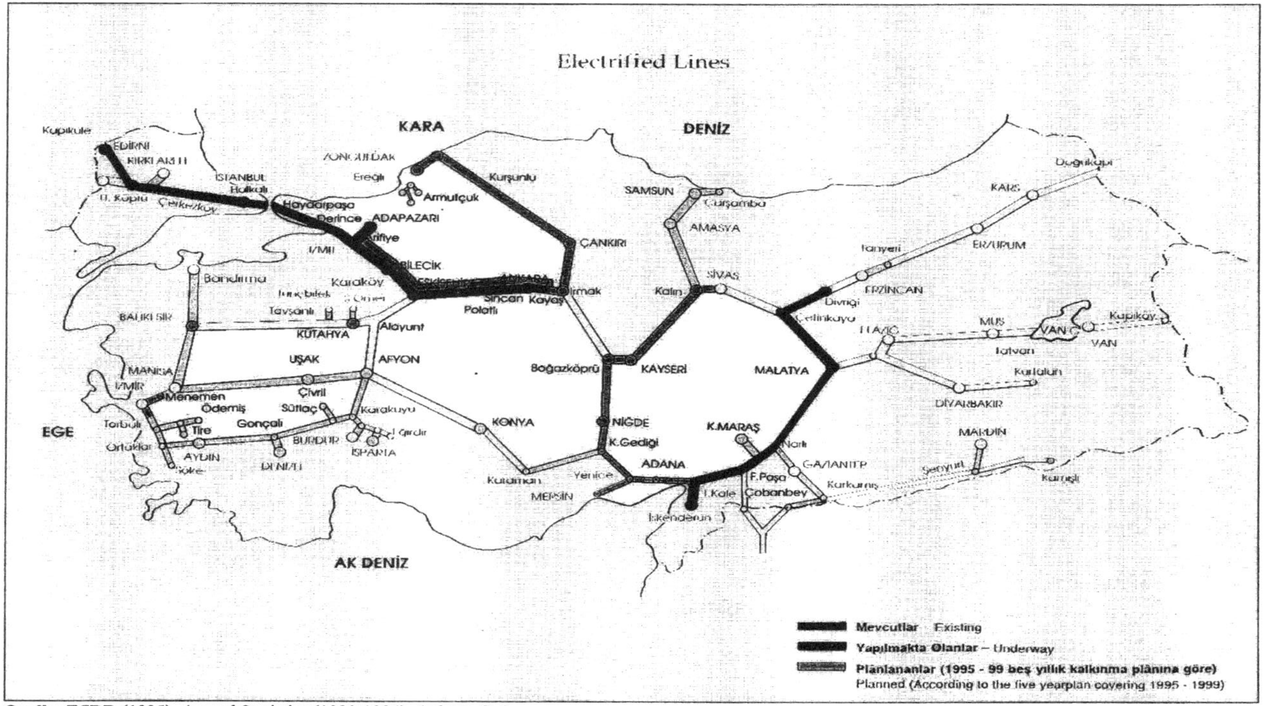

Quelle: TCDD (1995): Annual Statistics (1990-1994), Ankara, S. 1.

Abb. D3-6: Autobahnnetz der Türkei 1997

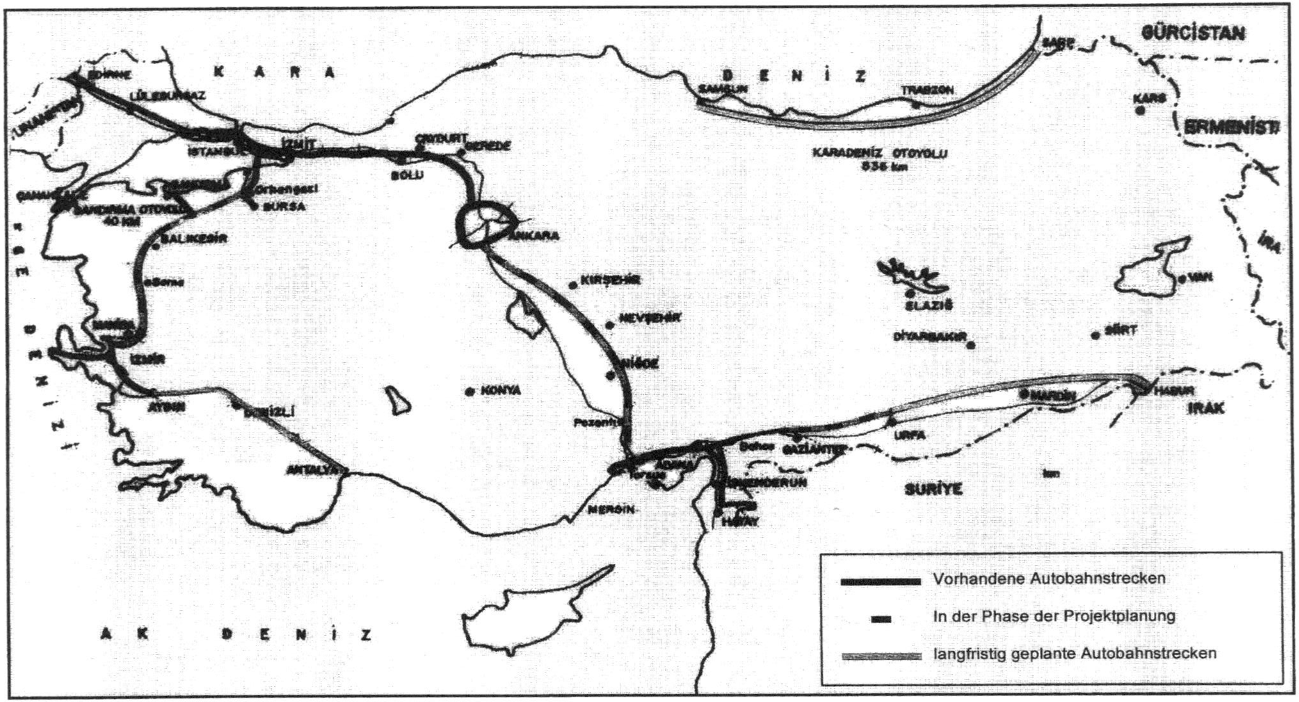

Quelle: KGM (1998): Allgemeine Inforationen über den Autobahnausbau (in türkischer Sprache), Ankara, S. 8.

Tab. D1-1: Bevölkerungswachstum in der Türkei (1985-1997)

Ausgewählte Teilräume (Regionen und Provinzen)	Bevölkerungswachstumsrate in %		Index der Bevölkerungswachstumsrate		Veränderung der Indexwerte (II-I)
	1985-1990	1990-1997	I 1985-1990	II 1990-1997	
I. Marmara-Region	36,14	28,33	166	188	21
Bursa	38,26	28,78	176	191	15
Istanbul	44,78	34,54	206	229	23
Kocaeli (İzmit)	46,42	34,56	214	229	15
Sakarya (Adapazarı)	22,46	9,65	103	64	-39
Tekirdağ	30,4	26,84	140	178	38
Yalova	k.A.	27,81	k.A.	184	k.A.
II. Ägäis-Region	23,69	16,43	109	109	0
Aydın	20,72	12,27	95	81	-14
Denizli	23,55	11,74	108	78	-31
İzmir	30,14	20,38	139	135	-4
Manisa	19,29	9,15	89	61	-28
Muğla	29,32	18,08	135	120	-15
III. Mittelanatolien	15,16	9,57	70	63	-6
Aksaray	14,78	6,89	68	46	-22
Ankara	21,28	18,58	98	123	25
Eskişehir	14,21	4,22	65	28	-37
Kayseri	17,59	4,44	81	29	-52
Yozgat	12,04	4,90	55	32	-23
IV. Mittelmeer-Region	27,48	20,41	127	135	9
Adana	22,86	11,61	105	77	-28
Antalya	47,88	40,46	221	268	48
İçel	40,63	24,49	187	162	-25
Kahramanmaraş	12,22	16,85	56	112	55
Osmaniye	k.A.	18,59	k.A.	123	k.A.
V. Schwarzmeer-Region	3,61	-5,04	17	-33	-50
Bolu	12,33	4,17	57	28	-29
Karabük	k.A.	-9,96	k.A.	-66	k.A.
Rize	-14,08	-9,68	-65	-64	1
Trabzon	2,44	8,74	11	58	47
Zonguldak	6,33	-9,11	29	-60	-90
VI. Südostanatolien	34,22	22,31	158	148	-10
Diyarbakır	31,7	22,07	146	146	0
Gaziantep	33,04	15,45	152	102	-50
Sanlıurfa	46,16	37,09	213	246	33
Batman	37,72	21,30	174	141	-32
Şırnak	38,98	28,38	180	188	9
VII. Ostanatolien	6,76	6,46	31	43	12
Elazığ	5,91	5,57	27	37	10
Erzurum	-1,87	4,10	-9	27	36
Iğdır	1,54	2,72	7	18	11
Kars	-13,7	-11,24	-63	-75	-11
Muş	20,72	16,11	95	107	11
Tunceli	-24,03	-61,50	-111	-408	-297
TÜRKEI	21,71	15,08	100	100	0

Quelle: Eigene Berechnungen, nach Daten aus SIS(1999): Population, Online Ausgabe (www.die.gov.tr), o.S.

Tab. D1-2: Nettomigrationsrate in der Türkei (1980-1985 und 1985-1990)

Teilräume (Regionen und Provinzen)	Nettomigrationsrate 1980-1985	Nettomigrationsrate 1985-1990
I. Marmara-Region		
Bursa	40	62
Istanbul	56	108
Kocaeli (İzmit)	63	108
Sakarya (Adapazarı)	13	10
Tekirdağ	9	47
Yalova	63	108
II. Ägäis-Region		
Aydın	14	27
Denizli	4	15
İzmir	39	64
Manisa	7	21
Muğla	7	33
III. Mittelanatolien		
Aksaray	-23	-8
Ankara	12	25
Eskişehir	16	11
Kayseri	-7	-19
Yozgat	-30	-64
IV. Mittelmeer-Region		
Adana	16	16
Antalya	32	90
İçel	54	68
Kahramanmaraş	-15	-42
Osmaniye	16	16
V. Schwarzmeer-Region		
Bolu	-11	-9
Karabük	-20	-29
Rize	-34	-84
Trabzon	-37	-68
Zonguldak	-20	-29
VI. Südostanatolien		
Diyarbakır	-16	-35
Gaziantep	-5	0
Sanlıurfa	-22	-30
Batman	-43	14
Şırnak	-33	-25
VII. Ostanatolien		
Elazığ	-32	-46
Erzurum	-66	-113
Iğdır	-81	-164
Kars	-81	-164
Muş	-52	-100
Tunceli	-135	-154

Für die Daten von Provinzen, die nach den Verwaltungsreformen seit 1990 entstanden sind, wurden die Daten von den alten Provinzen übernommen.

Quelle: Eigene Berechnungen, nach Daten aus SIS(1999): Population, Online Ausgabe (www.die.gov.tr),o.S.

Tab. D1-3: Bevölkerungsdichte in der Türkei (1980 und 1997)

Ausgewählte Teilräume (Regionen und Provinzen)	Bevölkerungsdichte		Index der Bevölkerungsdichte		Veränderung der Indexwerte
			1980 (I)	1997 (II)	(II-I)
	1980	1997			
I. Marmara-Region	149	223	266	275	9
Bursa	104	177	186	219	33
Istanbul	829	1610	1480	1988	507
Kocaeli (İzmit)	163	370	291	457	166
Sakarya (Adapazarı)	109	152	195	188	-7
Tekirdağ	56	91	100	112	12
Yalova	k.A.	1610	k.A.	1988	k.A.
II. Ägäis-Region	64	93	114	115	1
Aydın	79	112	141	138	-3
Denizli	49	69	88	85	-2
İzmir	155	260	277	321	44
Manisa	69	89	123	110	-13
Muğla	33	48	59	59	0
III. Mittelanatolien	41	57	74	70	-3
Aksaray	k.A.	46	k.A.	57	k.A.
Ankara	90	144	161	178	17
Eskişehir	39	48	70	59	-10
Kayseri	46	58	82	72	-11
Yozgat	36	42	64	52	-12
IV. Mittelmeer-Region	62	90	111	111	0
Adana	81	98	145	121	-24
Antalya	34	73	61	90	29
İçel	52	95	93	117	24
Kahramanmaraş	47	70	84	86	2
Osmaniye	k.A.	98	k.A.	121	k.A.
V. Schwarzmeer-Region	66	67	113	83	-30
Bolu	42	50	75	62	-13
Rize	83	83	148	102	-46
Trabzon	148	181	264	223	-41
Zonguldak	106	103	189	127	-62
VI. Südostanatolien	51	81	91	100	9
Diyarbakır	51	84	91	104	13
Gaziantep	98	162	175	200	25
Sanlıurfa	31	70	55	86	31
Batman	36	85	0	105	105
Şırnak	k.A.	44	k.A.	54	k.A.
VII. Ostanatolien	31	39	56	48	-7
Erzincan	23	24	41	30	-11
Erzurum	30	35	54	43	-10
Kars	36	32	64	40	-25
Malatya	49	66	88	81	-6
Muş	35	52	63	64	2
Tunceli	18	11	32	14	-19
TÜRKEI	56	81	100	100	0

Quelle: Eigene Berechnungen, nach Daten aus SIS(1999): Population, Online Ausgabe (www.die.gov.tr),o.S. und SPO (1999): Various indicators related to provinces and regions, Online-Ausgabe (www.dpt.gov.tr), o.S.

Tab. D1-4: Verstädterungsrate in der Türkei (1985 und 1997)

Ausgewähte Teilräume (Regionen und Provinzen)	**Verstädterungsgrad**		**Index des Verstädterungsgrades**		**Veränderung der Indexwerte**
	1985	**1997**	**1985**	**1997**	**1985-1997**
I. Marmara-Region	0,54	0,78	96	120	24
Bursa	0,69	0,76	123	117	-7
Istanbul	0,95	0,92	170	142	-27
Kocaeli (İzmit)	0,62	0,53	111	82	-28
Sakarya (Adapazarı)	0,42	0,45	75	70	-5
Tekirdağ	0,52	0,63	93	97	4
Yalova	k.A.	0,67	k.A.	103	k.A.
II. Ägäis-Region	0,46	0,65	83	100	17
Aydın	0,45	0,52	80	80	-1des
Denizli	0,43	0,47	77	72	-5
İzmir	0,78	0,82	139	126	-14
Manisa	0,48	0,56	86	87	1
III. Mittelanatolien	0,50	0,70	89	108	19
Aksaray	0,41	0,49	73	75	2
Ankara	0,86	0,89	154	137	-16
Eskişehir	0,71	0,78	127	121	-6
Kayseri	0,61	0,70	109	108	-1
Sivas	0,43	0,57	77	87	10
Yozgat	0,32	0,44	57	68	11
IV. Mittelmeer-Region	0,51	0,61	92	94	2
Adana	0,67	0,76	120	116	-3
Antalya	0,47	0,57	84	88	4
İçel	0,58	0,63	104	97	-6
Kahramanmaraş	0,43	0,55	77	84	7
Osmaniye	k.A.	0,68	k.A.	105	k.A.
V. Schwarzmeer-Region	0,34	0,48	61	74	13
Bolu	0,35	0,48	63	74	11
Karabük	k.A.	0,70	k.A.	108	k.A.
Rize	0,34	0,53	61	82	21
Trabzon	0,35	0,50	63	76	14
Zonguldak	0,37	0,39	66	60	-6
VI. Südostanatolien	0,47	0,64	83	98	15
Diyarbakır	0,51	0,65	91	100	9
Gaziantep	0,67	0,77	120	118	-1
Sanlıurfa	0,51	0,60	91	93	2
Batman	0,51	0,68	91	105	14
Şırnak	0,34	0,59	61	91	30
VII. Ostanatolien	0,37	0,54	66	83	17
Elazığ	0,51	0,64	91	99	8
Erzurum	0,43	0,59	77	90	13
Malatya	0,49	0,63	88	96	9
Muş	0,27	0,36	48	56	8
Tunceli	0,29	0,64	52	99	47
TÜRKEI	0,56	0,65	100	100	0

Quelle: Eigene Berechnungen, nach Daten aus SIS(1999): Population, Online Ausgabe (www.die.gov.tr),o.S. und SPO (1999): Various indicators related to provinces and regions, Online-Ausgabe (www.dpt.gov.tr), o.S.

Tab. D1-5: BIP je Einwohner (Pro-Kopf-Einkommen) in der Türkei (1987 und 1996)

Ausgewählte Teilräume (Regionen und Provinzen)	**Index des BIP je Einwohner 1987**	**Index des BIP je Einwohner 1996**	**Veränderung der Indexwerte zwischen 1987 und 1996**
I. Marmara-Region	157	147	-10
Bursa	138	128	-10
Istanbul	172	152	-20
Kocaeli (İzmit)	292	237	-55
Sakarya (Adapazarı)	81	94	13
Tekirdağ	123	131	8
Yalova	k.A.	186	k.A.
II. Ägäis-Region	124	126	2
Aydın	105	114	9
Denizli	101	109	7
İzmir	167	160	-7
Manisa	117	127	9
III. Mittelanatolien	94	93	-1
Ankara	134	132	-2
Eskişehir	107	106	-2
Kayseri	72	69	-3
Nevşehir	109	114	4
Yozgat	46	45	-1
IV. Mittelmeer-Region	98	93	-5
Adana	101	99	-3
Antalya	113	114	1
İçel	126	102	-25
Kahramanmaraş	64	64	-1
V. Schwarzmeer-Region	65	73	7
Artvin	83	132	49
Bolu	85	98	13
Rize	85	93	9
Trabzon	70	63	-7
Zonguldak	82	86	4
VI. Südostanatolien	60	53	-7
Diyarbakır	66	55	-11
Gaziantep	85	79	-6
Mardin	47	44	-4
Siirt	55	39	-16
Sanlıurfa	40	44	5
VII. Ostanatolien	41	39	-2
Ağrı	19	18	-1
Elazığ	80	74	-7
Erzurum	42	38	-4
Hakkari	23	15	-8
Kars	26	32	6
Tunceli	36	38	2
TÜRKEI	100	100	0

Quelle: Eigene Berechnungen, Daten aus SPO(1999):Various indicators related to provinces and regions, Online-Ausgabe (www.dpt.gov.tr), o.S.

Tab. D1-6: Standortquotienten der Wirtschaftssektoren in der Türkei 1990

Ausgewählte Teilräume (Regionen und Provinzen)	Standortquotienten 1990			
	im primären Sektor	im Industriesektor	im Bergbau	im tertiären Sektor
I. Marmara-Region	54	198	71	140
Bursa	75	207	87	103
Istanbul	10	276	56	182
Kocaeli (İzmit)	61	197	18	129
Sakarya (Adapazarı)	116	79	12	84
Tekirdağ	88	135	106	106
II. Ägäis-Region	101	105	151	96
Denizli	109	116	55	81
İzmir	60	166	32	141
Manisa	122	84	214	69
Muğla	113	50	157	96
III. Mittelanatolien	94	86	85	115
Aksaray	135	54	8	62
Ankara	34	109	78	202
Eskişehir	80	134	264	118
Kayseri	84	147	146	108
Sivas	129	41	116	75
Yozgat	151	23	54	47
IV. Mittelmeer-Region	107	81	43	97
Adana	92	119	42	107
Antalya	106	50	18	109
Hatay	113	85	14	86
İçel	103	71	20	107
Kahramanmaraş	134	55	127	62
V. Schwarzmeer-Region	132	52	220	63
Artvin	134	45	68	66
Bolu	122	66	59	77
Giresun	135	45	36	64
Rize	131	89	6	57
Trabzon	128	51	13	74
Zonguldak	114	71	1551	64
VI. Südostanatolien	125	50	31	78
Diyarbakır	129	26	17	82
Gaziantep	93	134	6	100
Sanlıurfa	133	30	2	74
Batman	130	52	68	69
Şırnak	127	10	127	89
VII. Ostanatolien	134	29	38	70
Bitlis	140	25	25	64
Elazığ	118	45	113	90
Erzurum	130	27	104	78
Kars	144	23	3	46
Muş	158	17	9	39
Van	137	23	7	70
TÜRKEI	100	100	100	100

Für die Daten von Provinzen, die nach Verwaltungsreform seit 1990 entstanden sind, wurden die daten der alten Provinzen übernommen.

Quelle: Eigene Berechnungen, nach Daten aus SIS(1999): Labour, Online-Ausgabe (www.die.gov.tr), o.S.

Tab. D1-7: Entwicklung der türkischen Landwirtschaft

Merkmale	**1980**	**1985**	**1990**	**1995**
Türkei				
Getreideproduktivität kg/ Ha	1829	1818	2116	1915
Baumwolle (kg / Ha)	744	785	1021	1129
Zahl der Traktoren 1000	458	629	734	819
Bewässerung 1000 Ha	1520	2558	2850	3034
Kunstdüngerverbrauch in Mio.t	6,6	7,2	9,5	k.A.
GAP-Region				
Produktivität Getreide kg/Ha	1356	1574	1653	1798
Produktivität Baumwolle kg/Ha	558	727	1025	1170
Zahl der Traktor 1000	16	25	34	37
Anteile der industriellen Landwirtschaftsprodukte an der Gesamtproduktion der Türkei in %	5,13	8,52	12,80	16,04

Quelle: SIS (1999): Agriculture, Online Ausgabe, o.S. und SIS (1997): SEAP Provincial Statistics, Ankara, S. 334-562.

Tab. D1-8: Industriestruktur der Türkei (1980 und 1996)

Ausgewählte Teilräume (Regionen und Provinzen)	Zahl der Industriebetr.		Beschäftigte im Industriesektor		Index Mehrwert (Output-Input) pro Ind.beschäftigte		Anteil der Beschäftigten im privaten Industriesektor	
	1980	1996	1980	1996	1980	1996	1980	1996
I. Marmara-Region	4898	5229	364318	395026	110	141	83	93
Bursa	395	537	32983	83068	84	81	89	95
Istanbul	3919	3757	245225	172388	90	149	88	95
Kocaeli (İzmit)	227	342	44912	48018	256	285	68	88
Sakarya (Adapazarı)	69	111	10220	12252	92	104	34	67
Tekirdağ	62	151	9837	31094	115	85	95	98
Yalova	k.A.	15	k.A.	5368	k.A.	151	k.A.	100
II. Ägäis-Region	1399	2102	114673	179834	99	108	67	87
Aydın	79	101	6609	8000	71	49	68	84
Denizli	117	419	7452	28492	65	54	83	98
İzmir	861	1101	73711	104715	118	142	70	86
Manisa	160	222	10455	19661	59	100	81	95
III. Mittelanatolien	1018	1337	101581	125596	73	97	42	73
Aksaray	k.A.	17	k.A.	592	k.A.	35	k.A.	91
Ankara	560	621	41972	45821	72	81	44	82
Eskişehir	118	159	16968	16282	70	153	38	75
Kayseri	102	178	14556	22736	79	62	71	89
Kırıkkale	k.A.	16	k.A.	6129	90	414	k.A.	8
Konya	148	216	18434	16429	78	75	26	61
Yozgat	12	14	1050	882	163	99	54	72
IV. Mittelmeer-Region	488	604	85158	80511	134	116	65	77
Adana	207	201	39988	35335	107	82	84	87
Antalya	55	65	5991	5760	56	45	56	79
İçel	77	108	12523	12047	414	350	95	87
Kahramanmaraş	19	50	1976	6529	56	50	36	80
V. Schwarzmeer-Reg.	602	1131	94908	75515	76	79	21	59
Artvin	10	10	3622	1595	58	k.A.	1	k.A.
Bolu	57	111	4572	9545	77	95	66	88
Rize	43	60	19185	9262	34	26	1	11
Trabzon	55	61	6520	4760	54	215	27	47
Zonguldak	112	45	25683	9310	132	171	13	20
VI. Südostanatolien	172	380	10174	27798	45	47	64	86
Diyarbakır	13	18	1829	1949	58	46	8	22
Gaziantep	140	323	7462	21124	44	41	79	100
Sanlıurfa	8	12	883	676	31	51	53	57
VII. Ostanatolien	130	142	19481	19549	60	42	17	33
Elazığ	23	30	5091	4369	37	52	21	31
Erzurum	36	22	2457	1805	74	92	23	38
Kars	6	6	855	595	74	20	14	11
Malatya	20	43	6537	7400	90	47	11	50
Muş	1	2	46	686	4	k.A.	k.A.	k.A.
Van	14	13	829	1644	59	4	33	9
TÜRKEI	8707	10545	795650	1035381	100	100	58	85

Quelle: Eigene Berechnungen, nach Daten aus SIS(1999): Manufactoring Industrie, Online Ausgabe (www.die.gov.tr), o.S.

Tab. D1-9: Standortquotienten im Dienstleistungssektor 1990

Ausgewählte Teilräume (Regionen und Provinzen)	im Finanz-wesen	im Wasser-, Stromversorgung	im Wohnungs-wesen	im Verkehrs-wesen	im Handels-sektor
I. Marmara-Region	133	71	99	102	118
Bursa	97	105	118	94	120
Istanbul	168	68	96	109	133
Kocaeli (İzmit)	78	61	129	97	87
Sakarya (Adapazarı)	67	117	106	103	104
Tekirdağ	70	41	123	70	79
Yalova	k.A.	k.A.	k.A.	k.A.	k.A.
II. Ägäis-Region	97	126	103	95	106
Aydın	80	73	129	86	112
Denizli	85	63	110	88	104
İzmir	123	81	89	91	111
Manisa	66	178	90	83	101
III. Mittelanatolien	118	126	91	98	82
Aksaray	56	114	148	107	103
Ankara	167	129	70	84	75
Eskişehir	89	91	79	122	93
Kayseri	63	81	134	86	89
Konya	69	124	105	113	96
Yozgat	59	102	137	94	81
IV. Mittelmeer-Region	79	96	109	105	107
Adana	89	95	97	112	110
Antalya	88	75	127	91	136
İçel	89	61	121	111	109
Kahramanmaraş	49	313	123	101	92
V. Schwarzmeer-Region	68	113	107	107	90
Bolu	66	84	130	111	102
Rize	68	87	114	122	97
Samsun	74	124	91	91	105
Sinop	58	105	91	103	81
Trabzon	78	120	106	123	87
Zonguldak	74	168	92	122	90
VI. Südostanatolien	39	74	110	94	91
Diyarbakır	44	102	100	79	79
Gaziantep	54	70	97	103	127
Mardin	27	66	85	114	65
Sanlıurfa	34	48	139	102	95
Batman	33	90	170	112	79
VII. Ostanatolien	39	112	88	87	64
Bingöl	24	57	138	80	62
Elazığ	49	269	105	88	69
Erzurum	42	131	75	85	66
Kars	36	96	57	72	57
Muş	28	59	106	91	65
Van	33	102	106	99	66
TÜRKEI	100	100	100	100	100

Quelle: Eigene Berechnungen, Daten aus SIS(1999): Labour, Online-Ausgabe (www.die.gov.tr), o.S.

Tab. D1-10: Bildungswesen in der Türkei 1990 und 1996

Ausgewählte Teilräume (Regionen und Provinzen)	Index der Analphabeten-rate 1990	Lehrer pro 1000 Schüler, 1996-1997 SS	Zahl der Schüler pro Lehrer in den Sekundärschulen 1996-1997 SS	Zahl der Schüler pro Sekundärschule 1996-1997 SS	Einwohner pro Sekundärschule 1996-1997 SS
I. Marmara-Region	60	38	k.A.	k.A.	k.A.
Bursa	70	47	21	358	4332
İstanbul	50	30	33	515	6147
Kocaeli (İzmit)	61	42	24	394	4159
Sakarya (Adapazarı)	78	39	25	332	4431
Tekirdağ	66	47	21	315	4135
Yalova	50	51	20	239	2728
II. Ägäis-Region	82	56	k.A.	k.A.	k.A.
Aydın	95	66	15	259	3810
Denizli	88	58	17	219	3167
İzmir	66	55	18	422	5085
Manisa	101	55	18	251	4157
Muğla	70	63	16	250	4021
III. Mittelanatolien	79	49	k.A.	k.A.	k.A.
Aksaray	120	40	25	198	2948
Ankara	54	52	19	411	3929
Eskişehir	56	49	21	325	3583
Kayseri	90	33	30	330	3540
Yozgat	123	56	18	197	3127
IV. Mittelmeer-Region	97	42	k.A.	k.A.	k.A.
Adana	105	35	29	480	4187
Antalya	77	59	17	320	4924
Hatay	110	32	32	365	4245
İçel	83	45	22	382	5054
Kahramanmaraş	133	37	27	283	4024
Osmaniye	105	k.A.	k.A.	k.A.	k.A.
V. Schwarzmeer-Region	110	45	k.A.	k.A.	k.A.
Bolu	86	43	23	268	3658
Karabük	90	49	20	276	3369
Rize	102	36	28	237	2465
Trabzon	97	41	24	258	3042
Zonguldak	90	42	24	383	3974
VI. Südostanatolien	224	34	k.A.	k.A.	k.A.
Diyarbakır	224	32	31	397	7930
Gaziantep	134	29	34	380	5900
Şanlıurfa	224	40	25	242	8062
Batman	217	30	33	274	5618
Şırnak	303	26	38	196	8377
VII. Ostanatolien	163	40	k.A.	k.A.	k.A.
Elazığ	136	45	22	383	4178
Erzurum	134	43	23	277	4461
Kars	137	37	27	192	2938
Malatya	112	40	25	223	2926
Muş	222	37	27	194	5008
TÜRKEI	100	44	23	308	4137

Quelle: Eigene Berechnungen, nach Daten aus SPO(1999): Education and Culture, Online-Ausgabe (www.dpt.gov.tr), o.S. und SIS (1999): Population, Online-Ausgabe (www.die.gov.tr), o.S.

Tab. D1-11: Medizinische Versorgung in der Türkei 1996

Ausgewählte Teilräume (Regionen und Provinzen)	Zahl der Krankenhausbetten pro 10.000E	Index der Krankenhausbettdichte	Ärzte pro 10.000E	Index der Ärztedichte
I. Marmara-Region	29	128	14	127
Bursa	20	90	11	97
Istanbul	35	155	18	160
Kocaeli (İzmit)	17	75	9	80
Sakarya (Adapazarı)	34	149	6	57
Tekirdağ	16	69	10	91
II. Ägäis-Region	21	94	13	118
Aydın	17	74	10	94
Denizli	17	73	9	81
İzmir	28	123	21	190
Manisa	17	75	9	86
III. Mittelanatolien	26	116	16	145
Aksaray	9	41	6	58
Ankara	40	178	30	276
Eskişehir	38	168	15	133
Karaman	9	38	6	59
Kayseri	20	87	11	99
Konya	15	65	8	71
Sivas	30	133	9	86
Yozgat	14	62	5	46
IV. Mittelmeer-Region	18	79	8	74
Adana	23	104	10	92
Antalya	14	64	13	115
İçel	16	72	5	50
Kahramanmaraş	11	48	5	41
Osmaniye	23	104	4	35
V. Schwarzmeer-Region	23	102	8	69
Bolu	26	115	7	61
Rize	26	113	7	66
Sinop	21	95	8	76
Trabzon	31	140	13	117
Zonguldak	26	115	7	67
VI. Südostanatolien	13	58	4	39
Diyarbakır	22	99	6	56
Gaziantep	18	79	6	51
Mardin	7	33	3	29
Sanlıurfa	8	34	3	30
Şırnak	7	30	2	19
VII. Ostanatolien	17	73	7	60
Elazığ	43	190	13	115
Erzurum	29	127	10	89
Kars	12	54	5	43
Muş	9	38	3	26
Van	11	49	5	46
TÜRKEI	23	100	11	100

Quelle: Eigene Berechnungen, Daten aus SIS(1999): Health, Online-Ausgabe (www.die.gov.tr), o.S.

Tab. D1-12: Motorisierungsgrade in der Türkei 1996

Teilräume (Regionen und Provinzen)	Kfz-Zahl pro 10.000E 1996	Index der Kfz-Dichte 1996	Pkw-Zahl pro 10.000E 1996	Index der Pkw-Dichte 1996
I. Marmara-Region	676	98	515	94
Bursa	894	129	752	137
Istanbul	1095	159	932	170
Kocaeli (İzmit)	600	87	485	88
Sakarya (Adapazarı)	625	90	508	93
Tekirdağ	517	75	357	65
Yalova	177	26	143	26
II. Ägäis-Region	765	111	615	112
Aydın	815	118	647	118
Denizli	811	117	653	119
İzmir	1034	150	912	166
Manisa	660	96	528	96
III. Mittelanatolien	587	98	446	81
Aksaray	437	63	342	62
Ankara	1493	216	1295	236
Eskişehir	916	133	753	137
Kayseri	695	101	554	101
Konya	565	82	411	75
Yozgat	230	33	135	25
IV. Mittelmeer-Region	682	99	537	98
Adana	802	116	667	122
Antalya	1068	155	884	161
İçel	573	83	452	82
Kahramanmaraş	299	43	201	37
V. Schwarzmeer-Region	480	70	332	61
Artvin	568	82	241	44
Bolu	619	90	414	75
Rize	621	90	303	55
Samsun	573	83	448	82
Trabzon	512	74	340	62
Zonguldak	955	138	733	134
VI. Südostanatolien	214	31	117	21
Diyarbakır	169	24	93	17
Gaziantep	434	63	316	58
Mardin	206	30	78	14
Sanlıurfa	228	33	144	26
Şırnak	256	37	28	5
VII. Ostanatolien	213	31	123	22
Elazığ	431	62	285	52
Erzurum	267	39	152	28
Hakkari	92	13	44	8
Kars	258	37	123	22
Muş	97	14	42	8
Tunceli	159	23	44	8
Van	215	31	118	21
TÜRKEI	690	100	**549**	100

Quelle: Eigene Berechnungen, Daten aus SPO (1999): Various indicators related to provinces and regions, Online-Ausgabe (www.dpt.gov.tr), o.S.

Tab. D3-1: Die Länge und Fahrbahnqualität der Straßen in den ländlichen Räumen (Dorfstraßen) 1996

Teilräume (Regionen und Provinzen)	Straßenlänge der Dorfstraßen in den ländlichen Räumen der Provinzen 1996 in km	Anteil der asphaltierten Dorfstraßen an den gesamten Dorfstraßen in ländlichen Räume in %
I. Marmara-Region	36.183	36
Bursa	6.274	30
Istanbul	1.321	55
Kocaeli (İzmit)	2.577	43
Sakarya (Adapazarı)	3.530	40
Tekirdağ	2.575	44
Yalova	223	58
II. Ägäis-Region	37.796	39
Aydın	4.357	33
Denizli	4.510	41
İzmir	5.271	53
Manisa	5.961	41
III. Mittelanatolien	60.006	32
Ankara	9.045	37
Eskişehir	4.694	31
Kayseri	4.427	38
Kırşehir	2.444	38
Sivas	10.467	19
Yozgat	5.588	27
IV. Mittelmeer-Region	40.392	34
Adana	6.128	33
Antalya	9.531	33
İçel	7.529	30
Kahramanmaraş	6.310	24
V. Schwarzmeer-Region	105.446	15
Artvin	5.948	10
Bolu	6.248	17
Gümüşhane	4.975	11
Rize	6.463	9
Trabzon	13.358	6
Zonguldak	3.065	35
VI. Südostanatolien	35.454	22
Diyarbakır	6.988	14
Gaziantep	3.344	50
Sanlıurfa	8.425	19
Batman	2.590	14
Şırnak	2.258	23
VII. Ostanatolien	60.822	15
Ağrı	5.059	11
Elazığ	4.847	25
Erzurum	10.294	16
Kars	3.519	11
Muş	3.288	17
Tunceli	3.739	2
TÜRKEI	376.119	25

Quelle: Eigene Berechnungen, nach Daten aus SPO (1999): Various indicators related to provinces and regions, Online-Ausgabe (www.dpt.gov.tr), o.S.

LITERATURVERZEICHNIS

ABERLE, Gerd (1983): Verkehrsinfrastrukturpolitik und räumliche Entwicklung - Zur Integration von regionaler Entwicklungsplanung und Verkehrsplanung, in: Determinanten der räumlichen Entwicklung, Hrsg.: MÜLLER, J. Heinz, Berlin 1993, S. 9-30.

ABERLE, Gerd (1996): Transportwirtschaft, München 1996.

ABERLE, Gerd / HEMMER Hans-Rimbert (1987): Verkehrsinfrastrukturinvestition und Regionalentwicklung in Süditalien, Hamburg 1987.

ADAC MOTORWELT (1999): 20 Flughäfen im Test, Heft 11, November 1999, S. 46-55.

AKTUELL (1997/1998): Aktuell' 98 und Aktuell' 99- Harenberg Lexikon der Gegenwart, Dortmund 1997 und 1998.

AKYOL, Kürşat (1997): Petrol oyunundaki kırmızı şapkalı kız Türkiye (Die Türkei ist das Rotkäppchen im Poker um das Erdöl), in: Görüş, Hrsg.: TÜSİAD, August 1997, S. 42-46.

ALPBEK, Mehmet Cem (1997): Interessengegensätze bei den Entscheidungsprozessen am Beispiel der Verkehrspolitik in der Republik Türkei und deren sozio-ökonomische Auswirkungen - eine sozio-historische Analyse für den Zeitraum 1950-1989 -, Berlin 1997.

ARMANGİL, Ümit (1997): New Opportunities in the Black Sea Region Business Conference, İstanbul, 1997.

ARNOLD, Heinz (1997): Begründung und Anwendung eines komplexen Indikators für die regionalen Disparitäten in der Europäischen Union, in: Zeitschrift für Wirtschaftsgeographie, Heft 4, Jg. 41, S. 201-213.

AYAN, Cihan / YÜCELEN, Ufuk (1997): Ulaştırma (Verkehrswesen), in: 2000'li Yıllara Doğru Türkiye'nin Önde Gelen Sorunlarına Yaklaşımlar (Ansätze zur Lösung der größten Probleme der Türkei an der Jahrtausendwende), Hrsg.: TÜGİAD, Nr. 22, İstanbul 1997.

AYDIN, Ali Rıza (1993): Kent, Sorumluluğun Özgürlük Olduğu Yaşam Yeri (Die Stadt - Lebensraum, in dem Verantwortung zur Freiheit wird), in: Türkiye Mühendislik Haberleri, Nr. 367, August 1993, S. 13-17.

BACH, Stefan u.a. (1994): Wechselwirkungen zwischen Infrastrukturausstattung, strukturellem Wandel und Wirtschaftswachstum, Beiträge zur Strukturforschung, Deutsches Institut für Wirtschaftsforschung, Heft 151, Berlin 1994.

BALCI, Gonca (1998): Ulaştırmanın Dev Hedefleri (Die hochgesteckten Ziele der Verkehrspolitik), in: Capital, Februar 1998, S. 52-55.

BARKEY, Henri J. (1990): The State and Industrialisation Crisis in Turkey, Boulder, San Francisco, Oxford 1990.

BAUM, Herbert (1995): Entkopplung von Verkehrswachstum und Wirtschaftsentwicklung, in: Zeitschrift für Verkehrswissenschaft, Heft 1, S. 13-32.

BAUM, Herbert / ESSER, Klaus / HÖHENSCHEID, Karl-Josef (1998): Volkswirtschaftliche Kosten und Nutzen des Verkehrs, Bonn 1998.

BAUSTEDT, Otto (1975): Grundriß der empirischen Regionalforschung, Taschenbücher zur Raumplanung, Bd. 5, Hannover 1975.

BORATAV, Korkut (1987): Die türkische Wirtschaft im 20. Jahrhundert (1908-1980), Frankfurt 1987.

BOTAŞ (1997): Annual Report 1996, Ankara 1997.

BUTTON, Kenneth (1994): Transport policy: ways into Europe's future, Gütersloh 1994.

CEM, İsmail (1974): Türkiye' de Gerikalmışlığın Tarihi (Die Geschichte der Rückständigkeit in der Türkei), İstanbul 1974.

CINGI, Aydın (1997): Arbeitsemigration in der Türkei, in: Migration und sozioökonomische Transformation in Südosteuropa, Hrsg.: HELLER, Wilfried, Südosteuropa-Studien, Bd. 59, München 1997, S. 83-104.

CRISS BILGE, Nur (1996): Between discord and cooperation: Turkish-Russian Relation after the cold war, Stiftung Wirtschaft und Politik (SWP), Ebenhausen 1996.

ÇORBACIOĞLU, Şevket (1996): Demiryolları (Eisenbahnsektor), in: Zeitschrift Türkiye Mühendislik Haberleri, Nr. 384, Juli 1996, S. 10-15.

ÇELEBİ, Işın (1991): Dışa açık büyüme ve Türkiye (Exportorientiertes Wachstum und die Türkei), İstanbul 1991.

DAĞLIOĞLU, Perizat (1999): Ökonomische Entwicklungsstrategien der Türkei, München 1999.

DENİZLİ TİCARET ODASI (1998): Denizli'de Sanayi (Industrie in Denizli), Denizli 1998.

DERİCİOĞLU, Taylan (1983): Konzepte zur dezentralen Raumentwicklung in der Türkei, Dortmund 1983.

DHMİ (1998): Air Transportation, Online-Ausgabe (www.dhmi.gov.tr), o.S.

DOH, Reiner (1985): Die sozio-ökonomischen Faktoren der internen Migrationen in der Türkei, München 1985.

DTO (1994): Asrın Dönemecinde Denizciliğimiz, Sempozyum 23.12.1993 (Der türkische Seeverkehr zur Jahrhundertwende, Symposium-Berichte von 23.12.1993), İstanbul 1994.

DTO (1996): Turkish Shipping Sector, Report' 95, İstanbul 1996.

DTO (1998): Turkish Shipping Sector, Report' 97, İstanbul 1998.

EGGELIN, Willi (1985): Verkehrs- und Energiewirtschaft, in: Türkei, Südosteuropa-Handbuch, Hrsg.: GROTHUSEN, Klaus-Detlev, Bd. 4, Göttingen, S. 414-435.

EGGELIN, Willi / RITTER, Gert (1979): Türkische Binnenverkehrsnetze, Bochum 1979.

ERGÜN, İsmet (1976): Türkische Verkehrsprobleme, in: Transportproblem Nahost, Güterströme suchen ihren Weg, Hrsg.: ALTHAMMER, Walter, Südosteuropa-Studien, München 1976, S. 63-71.

ERGÜN, İsmet (1985): Türkiye'nin Ekonomik Kalkınmasında Ulaştırma Sektörü (Der Verkehrssektor in der wirtschaftlichen Entwicklung der Türkei), Ankara 1985.

EROL, İbrahim (1986): Regionalpolitische Entwicklung der Türkei, Probleme und Perspektiven, Idstein 1986.

EUROPEAN COMMUNITIES (1998): EU Transport in Figures Statistical Pocketbook, Luxemburg 1998.

EVREN, Güngör (1996): Demiryollarımız (Die türkische Eisenbahn), in: Türkiye Mühendislik Haberleri, Nr. 384, Juli 1996, S. 16-29.

EVREN, Güngör (1998): Atatürk Havalimanı Gelişim Etüdü (Entwicklungsstudie für den Flughafen Atatürk), in: 4. Ulaştırma Kongresi Bildiriler Kitabı 3.-5. Haziran 1998 Denizli (Veröffentlichungen des 4. Verkehrskongresses in Denizli, 3.-5. Juni 1998), Hrsg.: İMO, İstanbul 1998, S. 179-188.

EVREN, Güngör (1998): Ulaştırma Yatırımları Finansı (Finanzen der Verkehrsinvestitionen), in: 4. Ulaştırma Kongresi Bildiriler Kitabı 3.-5. Haziran 1998 Denizli (Veröffentlichungen des 4. Verkehrskongresses in Denizli, 3.-5. Juni 1998), Hrsg.: İMO, İstanbul 1998, S. 39-48.

FES (1998): Karayollarında Trafik Güvenliği (Sicherheit im Straßenverkehr), İstanbul 1998.

GAPİB (1999): GAP-Masterplan, Online-Ausgabe (www.gap.gov.tr), o.S.

GATZWEILER, Hans Peter (1978): Regionale Disparitäten im Bundesgebiet, in: Information zur Raumentwicklung, Heft 8/9, Bonn 1978, S. 642-694.

GEDİZLİOĞLU, Ergün (1993): Ülkemizde son yıllarda yapılan otoyollar hakkında (Über die in den letzten Jahren in der Türkei gebauten Autobahnen), in: Türkiye Mühendislik Haberleri, Nr. 365, April 1993, S. 26-30.

GERÇEK, Haluk (1993): Hızlı Tren Projesi: Bir Değerlendirme (Aspekte eines Schnellzugprojektes), in: Türkiye Mühendislik Haberleri, Nr. 365, April 1993, S. 57-61

GERÇEK, Haluk (1997): Ulaştırma-Ekonomi İlişkisi Çercevesinde Türkiye'de Ulaştırmanın ve Demiryollarının Geleceği (Die Zukunft des Verkehrswesens und der Eisenbahn unter Berücksichtigung des Zusammenhangs zwischen Verkehr und Wirtschaft), İstanbul 1997.

GİRGİNER, Nurettin (1996): Demiryol-İş Sendikasının Raylı Taşımacılık üzerine Görüşleri (Die Meinung der Eisenbahn-Gewerkschaften zum Eisenbahnverkehr), in: Türkiye Mühendislik Haberleri, Nr. 384, Juli 1996, S. 120.

GÖKBUNAR, Ali Rıza (1994): Türkiye'de ve Dünyada Demiryollarının Özelleştirilmesi (Privatisierung der Eisenbahnen in der Welt und in der Türkei), in: Maliye Yazıları, Heft 44, Juli-September 1994, Ankara, S. 81- 95.

GUMPEL, Werner (1964): Problematik der Verkehrsgestaltung - Funktionen des Verkehrssystems im Wirtschaftswachstum afrikanischer Staaten, in: Wirtschaftsdienst, 3/1964, S. 105-114.

GUMPEL, Werner (1973): Etatismus oder Sozialismus?, in: Probleme des Industrialismus in Ost und West, Hrsg.: GUMPEL, Werner / KEESE, Dietmar, München, Wien 1973.

GUMPEL, Werner (1975): Verflechtungsmethoden und Verflechtungsgrad der Verkehrssysteme im Rat für gegenseitige Wirtschaftshilfe, in: Strukturwandel und makroökonomische Steuerung, Hrsg.: Klatt, S./ Willms, M., Berlin 1975, S. 485-506.

GUMPEL, Werner (1984): Der Etatismus in der Türkei, seine Alternativen und seine Zukunft, in: Orient, Jg. 25, Nr. 2, Hamburg 1984, S. 239-259.

GUMPEL, Werner (1985): Wirtschaftssystem und Wirtschaftsentwicklung, in: Türkei, Südosteuropa-Handbuch, Hrsg.: GROTHUSEN, Klaus-Detlev, Bd. 4, Göttingen 1985, S. 327-345.

GUMPEL, Werner (1997): Die türkische Wirtschaft - Verfall oder Neubeginn, in: KAS-Auslandsinformationen, Heft 2, Jg. 13, Bonn, S. 46-57.

GUMPEL, Werner (1997): Wirtschaftsentwicklung in Mittelasien, in: Zeitschrift für Wirtschaftsgeographie, Heft 2-3, Jg. 41, S.153-161.

GÜVEN, Sami (1982): Türkiye'de Ulaşım Sistemi ve Karayolu Ulaştırma Kooperatifleri (Das türkische Verkehrssystem und die Kooperativen im Bereich des Straßenverkehrs), Ankara 1982.

HEINZE, G. Wolfgang (1975): Disparitätenabbau und Verkehrstheorie. Anmerkungen zum Aussagevermögen der räumlichen Entwicklungstheorie von Fritz Voigt, in: Strukturwandel und makroökonomische Steuerung, Hrsg.: KLATT, S./ WILLMS, M., Berlin 1975, S. 427-465.

HEINZE, G. Wolfgang (1984): Verkehr und Wirtschaftswachstum: Das Konzept von Fritz Voigt (1973), Anh. 1, in: Perspektiven verkehrswissenschaftlicher Forschung, Hrsg.: KLATT, S., Berlin 1984, S. 571-596.

HİÇ, **Mükerrem (1985):** Industry, Handicraft and Tourism, in: Türkei, Südosteuropa-Handbuch, Hrsg.: GROTHUSEN, Klaus-Detlev, Bd. 4, Göttingen 1985, S. 370-390.

HİÇ, **Süreyya** (1994): Türkiye Ekonomisi (Die türkische Wirtschaft), İstanbul 1994.

HÖFELS, Thomas (1990): Fremdenverkehr und regionale Beschäftigungseffekte in der Türkei, das Beispiel Alanya/Südtürkei, in: Geographische Rundschau, Bd. 42, Heft 1, S. 21-26.

HÖHEFELD, Volker (1995): Türkei, Schwellenland der Gegensätze, Gotha 1995.

HÜTTEROTH, Wolf-Dieter (1982): Türkei - eine Länderkunde, Darmstadt 1982.

HÜTTEROTH, Wolf-Dieter (1985): Geographische Grundlagen, in: Türkei, Südosteuropa-Handbuch, Hrsg.: GROTHUSEN, Klaus-Detlev, Bd. 4, Göttingen 1985, S. 13-26.

İLTER, İsmet (1994): Türkiye Karayollarının Tarihsel Gelişimi (Die historische Entwicklung des türkischen Straßenverkehrs), İstanbul 1994.

INSTITUT DER DEUTSCHEN WIRTSCHAFT KÖLN (1999): Zahlen zur wirtschaftlichen Entwicklung der Bundesrepublik Deutschland, Köln 1999.

İSO (1998): Industry, Online-Ausgabe (www.iso.gov.tr), o.S.

IŞIK, Aslı (1998): Ulaştırma Ana Planı yeniden hazırlanıyor (Ein neuer Masterplan für Verkehr wird erarbeitet), in: Dünya, am 6.3.1998.

JANSSEN, Lutz / KIRCHHOFF, Peter (1999): München Mobil, Handbuch Verkehr und Umwelt, München und Region, München 1999.

JOCHIMSEN, Raimut (1966): Theorie der Infrastruktur, Tübingen 1996.

KARADUMAN, Önder (1993): Ankara-İstanbul Hızlı Tren Projesi (Das Schnellzugprojekt Ankara-İstanbul), in : Türkiye Mühendislik Haberleri, April 1993, Nr. 365, S. 62-68.

KASPAR, Claude (1977): Verkehrswirtschaftslehre im Grundriß, St. Gallen 1977.

KAYNAK, Muhteşem (1992): Ulaştırma Sektörü (Verkehrssektor), in: Türkiye Ekonomisi, Sektörel Gelişmeler (Die türkische Wirtschaft, Sektorale Entwicklungen), Hrsg.: TEK, Ankara 1992, S. 77-88.

KAYNAK, Muhteşem (1996): Dışa Açılma ve Uluslararası Yük Taşımacılığı (Exportorientierung und internationaler Güterverkehr), in: UTA, Februar 1996, S. 38-42.

KAZGAN, Haydar (1995): Osmanlı'dan Cumhuriyet'e Sanayi Tarihi (Die Geschichte der Industrie vom Osmanischen Reich bis zur Republik Türkei), in: Görüş, Hrsg.: TÜSİAD, Nr. 21, Juli 1995, S. 64-73.

KELEŞ, Ruşen **(1985):** Population Structure, in: Türkei, Südosteuropa-Handbuch, Hrsg.: GROTHUSEN, Klaus-Detlev, Bd. 4, Göttingen 1985, S. 472-495.

KEPENEK, Yakup / YENTÜRK, Nurhan (1996): Türkiye Ekonomisi (Die türkische Wirtschaft), İstanbul 1996.

KESKİN, Hakkı (1982): Die Türkei - vom Osmanischen Reich zum Nationalstaat, Berlin 1982.

KEYDER, Çağlar **(1996):** Ulusal Kalkınmacılığın İflası (Untergang einer nationalen Entwicklungsstrategie), İstanbul 1996.

KGM (1985): KGM' nin Gelişimi (Die Entwicklung der KGM), Ankara 1985.

KGM (1995): Otoyol Yapım Çalısmaları Hakkında Genel Bilgiler (Allgemeine Informationen über den Autobahnausbau), Ankara 1995.

KGM (1997): Annual Statistics of Turkish Highways (1995-1996), Ankara 1997.

KGM (1998): Otoyol Yapım Çalışmaları Hakkında Genel Bilgiler (Allgemeine Informationen über den Autobahnausbau), Ankara 1998.

KGM (1999): Turkish Highways, Online-Ausgabe (www.kgm.gov.tr), o.S.

KLEEHAUPT, Barbara (1997): Verkehrliche Mobilitätskritik aus ökonomischer Sicht, München 1997.

KÖKER, Ahmet Fakir (1980): Herausbildung der strukturellen Heterogenität in einer unterentwickelten Gesellschaftsformation am Beispiel der Türkei, Frankfurt 1980.

KOSSAK, Andreas (1991): Quo vadis, Kombinierter Verkehr?, in: Internationales Verkehrswesen, Heft 3, Jg. 43, S. 74-82.

KRUEGER Anne O. / AKTAN, Okan H. (1992): Turkey, San Francisco, California 1992.

KÜNDIG-STEINER, Werner (1974): Die natürliche Gliederung des Raumes, in: Die Türkei, Raum und Mensch, Kultur und Wirtschaft in Gegenwart und Vergangenheit, Hrsg.: KÜNDIG-STEINER, Werner, Tübingen, Basel 1974.

LEONHARD-WEBER, Birgit (1990): Die Entwicklung der Qualitätsmerkmale: Analyse vor dem Hintergrund der technischen, wirtschaftlichen und gesellschaftlichen Entwicklung, München 1990.

LESER, Hartmut / HAAS, Hans-Dieter u.a. (1992): DIERCKE-Wörterbuch der allgemeinen Geographie, Bd. 1, München 1992.

LESER, Hartmut / HAAS, Hans-Dieter u.a. (1992): DIERCKE-Wörterbuch der allgemeinen Geographie, Bd. 2, München 1992.

LUTTER, Horst (1980): Raumwirksamkeit von Fernstraßen - Eine Einschätzung des Fernstraßenbaues als Instrument zur Raumentwicklung unter heutigen Bedingungen, Bonn 1980.

MELINZ, Gerhard (1995): Erfahrung mit importsubstituierender und exportorientierter Industrialisierungsstrategie - Die Fallstudie Türkei (1838-1990), in: Industrialisierung: Entwicklungsprozesse in Afrika, Asien und Lateinamerika, Hrsg.: FELDBAUER, Peter u.a., Frankfurt am Main, Wien 1995, S. 65-82.

MENDEKLİ, Kenan (1997): Taşımacılıkta Kalite Önemli (Qualität im Transportwesen ist wichtig), in: Ekonomist, Mai 1997, S. 60-62.

MERDOL, Arif (1993): TBMM'de Otoyol Tartışmaları (Diskussionen über Autobahnen im Parlament), in: Türkiye Mühendislik Haberleri, Nr. 365 April 1993, S. 32-39.

MERDOL, Arif (1993): Yolun Temel Felsefesi (Grundphilosophie der Straße), in: Türkiye Mühendislik Haberleri, Nr. 365, April 1993, S. 17-18.

MÜLLER, Josef H. (1973): Methoden zur regionalen Analyse und Prognose, Hannover 1973.

o.V. (1993): Ankara- İstanbul Çift Hat Sürat Demiryolu ve İstanbul Boğaz Geçiş Projesi ile ilgili olarak Sayın Yıldırım Aktürk'le yapılan röportaj (Interview mit Yıldırım Aktürk über die İstanbul-Ankara-Schnellzugverbindung und das Untertunnelungsprojekt des Bosporus), in: Türkiye Mühendislik Haberleri, Nr. 365, April 1993, S. 72-73.

o.V. (1995): Gümrük Birliğine doğru Türk Taşımacıları (Türkische Transportunternehmen im Zuge der Zollunion), in: Dünya, am 10.7.1995.

o.V. (1996): Altyapının Yüzakı: İletişim (Der Erfolg in der Infrastruktur: Telekommunikation), in: Forum, März 1996, S. 28-31.

o.V. (1996): YİD'e yabancı yatırımı için istikrar şart (Notwendigkeit der wirtschaftlichen Stabilität für die BOT-Investitionen), in: Forum, März 1996, S. 6-7.

o.V. (1997): Devlet Bakanı Gürcan Dağdaş: Denizcilik Bankası kurulursa sektör hızla gelişir (Staatsminister Gürcan Dağdaş: Wenn eine Schiffahrtsbank gegründet wird, wird der Seesektor schnell wachsen), in: Forum, Februar 1997, S. 34-35.

o.V. (1997): DTO Başkanı Cengiz Kaptanoğlu 1997 den umutlu: Hedefimiz 6 Milyar Dollarlık getiri (DTO-Vorsitzender Cengiz Kaptanoğlu hoffnungsvoll im Jahre 1997: Unser Ziel sind 6 Milliarden Dollar Erlös), in: Forum, Februar 1997, S. 36-38.

o.V. (1997): Türkiye'de Turizm Sektörü (Tourismussektor in der Türkei), in: Ekonomist, Heft 6, Juni 1997, S. 40-44.

o.V. (1998): 3. Boğaz Köprüsü İhalesi "start" alıyor (Die Ausschreibung für die dritte Bosporusbrücke steht an), in: Finansal Forum, am 17.4.1998.

o.V. (1998): Kapılar çok çalışıyor (An den Grenzen ist viel los), in: Capital, Mai 1998, S. 44-45.

o.V. (1998): Sağlık (Gesundheit), in: Ekonomist Yıllığı Türkiye 1999, 27. Dezember 1998, S. 102-105.

o.V. (1998): Türkiye'nin Ekonomik ve Sosyal Göstergeleri (Sozio-ökonomische Indikatoren der Türkei), in: Ekonomist Yıllığı Türkiye 1999, 27. Dezember 1998, S. 147-161.

o.V. (1998): UND-Genel Direktörü Cumhur Atılgan: Türk Taşımacıuı Haksızlığa Uğruyor (Der UND-Vorsitzende Cumhur Atılgan: Die türkischen Transportunternehmen werden benachteiligt), in: UND'nin Sesi August 1998, S. 18-20.

o.V. (1998): Uçmayı Öğrendik (Wir haben fliegen gelernt), in: Ekonomist Yıllığı Türkiye 1999, 27. Dezember 1998, S. 76-78.

o.V. (1998): Şura Aceleye Geldi, Dağ Fare Doğurdu (Verkehrsrat überstürzt angesetzt, der Berg hat eine Maus geboren), in: UND'nin Sesi, Juli 1998, S. 28-32.

o.V. (1998): Yeni Boruhattı (Neue Pipeline), in: Ekonimist Yıllığı Türkiye 1999, 27. Dezember 1998, S. 82-84.

o.V. (1998): Yeni İllerimiz (Neue Provinzen der Türkei), in: Cumhuriyet, am 17.7.1998.

o.V. (1998): Yükü Kaldıramadılar (Die Last war zu groß), in: Ekonimist Yıllığı Türkiye 1999, 27. Dezember 1998, S. 72-75.

OBERMAUER, Andrea (1999): Magnetschwebebahn in Japan: Probleme und Chancen der Realisierung, in: Internationales Verkehrswesen, Heft 9, Jg. 33, S. 373-377.

OETTLE, Karl (1967): Verkehrspolitik, Stuttgart 1967.

OETTLE, Karl (1976): Verkehrsbetrieb und Verkehrsbetriebslehre, in: Handwörterbuch der Betriebswirtschaftslehre, Hrsg.: GROCHLA, Erwin, WITTMANN, Waldemar, Bd. 3, Stuttgart 1976, S. 4150-4161.

OETTLE, Karl (1988): Der Verkehr in der Gesamtwirtschaft, München, Neubiberg 1988.

OETTLE, Karl (1993): Voraussetzung für die Erfüllbarkeit raumordnungspolitischer Anforderungen an die Eisenbahn, in: Raumforschung und Raumordnung, Heft 4, Jg. 51, S. 200-211.

OKUTAN, Akatan (1995): Türkiye'de Kentleşme ve Siyasal Yapı (Die Verstädterung und die politischen Strukturen in der Türkei), Ankara 1995.

ORAK, Kemal (1991): Die Automobilindustrie in der Türkei und der EG-Binnenmarkt, München 1991.

PARLAK, Barış (1998): Karayollarının Otoyol stratejisi belli oldu (Die Autobahnstrategie der KGM wurde festgelegt), in: Dünya, am 2.2.1998

PREDÖHL, Andreas (1958): Verkehrspolitik, Göttingen 1958.

PREDÖHL, Andreas / JÜRGENSEN, Harald (1961): Europäische Integration, in: Handwörterbuch der Sozialwissenschaften, Bd. 3, Stuttgart 1961, S. 371-383.

RITTER, Gert / RICHTER, Wolfgang (1990): Aktuelle Urbanisierungsprozesse in der Türkei, Geostudien 12, Leverkusen 1990.

SAKA, Selda (1992): 11 Yıllık Rötar (11 Jahre Verspätung), in: Panaroma, am 12. 4.1992, S. 28-29.

SCHÄTZL, Ludwig (1993): Wirtschaftsgeographie 1, Theorie, München 1993.

SCHÄTZL, Ludwig (1994): Wirtschaftsgeographie 2, Empirie, 2. Auflage, München 1994.

SCHLIEBE, Klaus (1978): Das System "Arbeit" in der laufenden Raumbeobachtung, in: Informationen zur Raumentwicklung, Heft 9/8, S. 615-626.

SEIDELMANN, Christoph (1997): Der Kombinierte Verkehr - ein Überblick, in: Internationales Verkehrswesen, Heft 6, Jg. 49, S. 321-322.

SEITZ, Helmut (1997): Zur Bedeutung des Straßenverkehrs als Standortfaktor und den Wirkungen des Verkehrs auf die Wirtschaftsentwicklung, Frankfurt/Oder, Mannheim 1997.

SEÇKİN, İlhan (1996): Demiryolları Ağırlıklı Olarak Ulaştırma Açısından A.T. Ülkeleriyle Türkiye'nin Karşılaştırılması (Ein Vergleich zwischen der Türkei und EU-Ländern in bezug auf den Eisenbahnverkehr), in: Türkiye Mühendislik Haberleri, Nr. 384, Juli 1996, S. 42-47.

SİLE, Saffettin (1995): Ulusal Ulaştırma Sorunları Türkiye Otoyol Ağı Araştırması (Nationale Verkehrsprobleme, Untersuchung des türkischen Autobahnnetzes), in: 3. Ulaştırma Kongresi 5.-7. Haziran 1995 İstanbul, Bildiriler Kitabı (3. Verkehrskongreß, 5.-7. Juni 1995, İstanbul, Kongreßberichte), İstanbul 1995, S. 329-350.

SIS (1984): Statistical pocket book of Turkey, Ankara 1984.

SIS (1988): Statistical pocket book of Turkey, Ankara 1988.

SIS (1990): Labour, Online Ausgabe (www.die.gov.tr), o.S.

SIS (1993): Statistical Yearbook of Turkey 1992, Ankara 1993.

SIS (1993): Summary Statistics on Transportation and Communication 1992, Ankara 1993.

SIS (1994): Summary Statistics on Transportation and Communication 1993, Ankara 1994.

SIS (1997): Tourism Statistics 1996, Ankara 1997.

SIS (1997): Summary Statistic on Transportation and Communication 1996, Ankara 1997.

SIS (1998): Statistical Yearbook of Turkey 1997, Ankara 1998.

SIS (1998): Population, Online-Ausgabe, (www.die.gov.tr), o.S.

SIS (1998): Summary Statistics on Transportation and Communication 1997, Ankara 1998.

SIS (1999): Economic Indicators, Online-Ausgabe (www.die.gov.tr), o.S.

SIS (1999): Education, Online-Ausgabe (www.die.gov.tr), o.S.

SIS (1999): Health, Online-Ausgabe (www.die.gov.tr), o.S.

SIS (1999): Information, Online-Ausgabe (www.die.gov.tr), o.S.

SIS (1999): Labour, Online-Ausgabe (www.die.gov.tr), o.S.

SIS (1999): Manufacturing Industry, Online-Ausgabe (www.die.gov.tr), o.S.

SIS (1999): Population growth, Online Ausgabe (www.die.gov.tr), o.S.

SIS (1999): Population, Online-Ausgabe (www.die.gov.tr), o.S.

SIS (1999): Sanayi ve İşyeri Sayımları (Industrie- und Arbeitsstättenzählungen), Online-Ausgabe (www.die.gov.tr), o.S.

SIS (1999): İller ve Bölgeler (Provinzen und Regionen), Online-Ausgabe (www.die.gov.tr), o.S.

SOLAKOĞLU, **Cüneyt (1998):** Türk Taşımacısının Önünde Kritik Tuzaklar var (Den türkischen Transportunternehmen stellen sich kritische Fallen), in: UND'nin Sesi, Juli 1998, S. 22-24.

SÖNMEZ, **Mustafa (1996):** Devlet Sanayiden Sonra Altyapıdan da uzaklaştırıldı: Altyapıda Devlet yerine Yap-İşlet-Devret (Wie aus der Industrie hat sich der Staat nun auch aus der Infrastruktur zurückgezogen: BOT anstelle des Staates im Infrastrukturbereich), in: Forum, März 1996, S. 4-5.

SÖNMEZ, **Mustafa (1998):** Bölgesel Eşitsizlik - Türkiye'de Doğu Batı Uçurumu (Regionale Disparitäten - Ost-West-Kluft in der Türkei), İstanbul 1998.

SPO (1963): Birinci Beşyıllık Kalkınma Planı (Der erste FEP), Ankara 1963.

SPO (1967): İkinci Beşyıllık Kalkınma Planı (Der zweite FEP), Ankara 1967.

SPO (1973): Üçüncü Beşyıllık Kalkınma Planı (Der dritte FEP), Ankara 1973.

SPO (1989): Altıncı Beş Yıllık Kalkınma Planı öncesinde gelişmeler, 1984-1988 (Die Entwicklungen vor dem sechsten FEP, 1984-1988), Ankara 1989.

SPO (1990): Havayolu Ulaştırması (Luftverkehr), Ankara 1990.

SPO (1991): Türkiye'de Planlama ve Serbest Piyasa Ekonomisi (Planung und Freie Marktwirtschaft in der Türkei), Ankara 1991.

SPO (1993): 3. İzmir Kongresi, 4.-7. Haziran 1992: Otomotiv Sanayii Ulaştırma Çalışma Grupları (3. İzmirer Kongreß 4.-7. Juni 1992: Kfz-Industrie - Arbeitsgruppe für das Verkehrswesen), Ankara 1993.

SPO (1995): Boru Hattı Özel İhtisas Raporu, (VII. Fünfjahresentwicklungplan, Bericht der Sonderkommission für Pipeline), Ankara 1995.

SPO (1995): Yedinci Beş Yıllık Kalkınma Planı (1996-2000) (Der siebte FEP (1996-2000)), Ankara 1995.

SPO (1998): Main Economic Indicators - Turkey, Ankara 1998.

SPO (1998): Social and Economic Indicators (1950-1998), Online-Ausgabe (www.dpt.gov.tr), o.S.

SPO (1999): Bölgesel Gelişmeler (Regionale Entwicklung), Online Ausgabe (www.dpt.gov.tr), o.S.

SPO (1999): DAP, Online-Ausgabe (www.dpt.gov.tr), o.S.

SPO (1999): Social and Economic Indicators (1950-1998), Online-Ausgabe (www.dpt.gov.tr), o.S.

SPO (1999): Various indicators related to provinces and regions, Online-Ausgabe (www.dpt.gov.tr), o.S.

STATISTISCHES BUNDESAMT **(1992):** Datenreport 1992, Zahlen und Fakten über die Bundesrepublik Deutschland, Bd. 309, Bonn 1992.

STEWIG, **Reinhard (1998):** Entstehung der Industriegesellschaft in der Türkei, Teil 1: Entwicklung 1923-1950, Kiel 1998.

STEWIG, **Reinhard (1999):** Entstehung der Industriegesellschaft in der Türkei, Teil 2: Entwicklung 1950-1980, Kiel 1999.

STRUCK, **Ernst (1984):** Landflucht in der Türkei - Die Auswirkungen im Herkunftsgebiet - dargestellt an einem Beispiel aus dem Übergangsraum von Inner- zu Ostanatolien (Provinz Sivas), Heft 1, Passau 1984.

STRUCK, **Ernst (1986):** Bursa, Nordwestanatolien, Auswirkungen der Industrialisierung auf die Bevölkerungs- und Sozialstruktur einer Industriestadt im Orient, Teil 2, Kiel 1986.

STRUCK, **Ernst (1987):** Regionale Disparitäten der Türkei, Das West-Ost-Gefälle, in: Probleme peripherer Regionen, Hrsg.: POPP, Herbert, Passauer Kontaktstudien Erdkunde, Berlin 1987.

STRUCK, **Ernst (1993):** Sozialgeographische und geopolitische Aspekte des Südost-Anatolien-Projektes (GAP), in: Bewässerungsgebiete im Mittelmeerraum, Hrsg.: POPP, Herbert / ROTHER, Klaus, Heft 13, Passau 1993.

SZ (1999): Krawatten statt Kalaschnikows, am 4./5. September 1999.

TCDD (1990): Annual Statistics (1985-1989), Ankara 1990.

TCDD (1995): Annual Statistics (1990-1994), Ankara 1995.

TCUB (1980): Ulaştırmabakanlığı: Bildiriler, Görüşler, Öneriler, (Berichte, Ansichten und Vorschläge des Verkehrsministeriums), Nr. 117-041UK10.034, Ankara 1980.

TCUB (1991): Ulaştırma ve Haberleşme Anaplanı (1992-2010) (Masterplan für das Verkehrs- und Kommunikationswesen (1992-2010)), Ankara 1991.

TCUB (1992): 1993-2002 Yılları Ulaştırma ve Haberleşme Ana Planı (Masterplan für das Verkehrs- und Kommunikationswesen (1993-2002)), Ankara 1992.

TCUB (1999): 9. Ulaştırma Şurası Raporları, 9.-12. Eylül 1998, Ankara (Berichte vom 9. Verkehrsrat 9.-12. September 1998, Ankara), Online-Ausgabe (www.tcub.gov.tr), o.S.

TEKELLİ, İlhan (1972): Osmanlı İmparatorluğun'da Mekan Organizasyonu Evrimi ve Türkiye Cumhuriyeti'nin Bölgesel Politikasının Kökenleri (Die Entwicklung der Raumorganisation im Osmanischen Reich und die Ursprünge der Raumordnungspolitik in der Republik Türkei), İstanbul 1972.

TEKİNAY, Osman (1981): Staatliche Entwicklungsplanung in der Türkei, München 1981.

TIĞLI, **Hikmet (1993):** Ülkemizde Otoyollar (Autobahnen in der Türkei), in: Türkiye Mühendislik Haberleri, Nr. 365, April 1993, S. 19-25.

TİFTİKÇİ, **Osman (1996):** Türkiye'de Ulaşım Sorunu ve Demiryollarımız (Verkehrsprobleme in der Türkei und die Eisenbahn), İstanbul 1996.

TURKISH DAILY NEWS (1995): "Oil giants against Caspian and Central Asian crude entering the world markets", 18. September 1995.

TÜRKOĞLU, Abdullah (1974): Verkehrswege und Verkehrsmittel, in: Die Türkei, Raum und Mensch, Kultur und Wirtschaft in Gegenwart und Vergangenheit, Hrsg.: KÜNDIG-STEINER, Werner, Tübingen 1974, S. 240-253.

TÜSİAD **(1988):** AT ve Türkiye'de Ulaştırma Sektörü - Uyumla ilgili sorunlar (Der Verkehrssektor in den EG-Ländern und in der Türkei - Probleme der Integration), İstanbul 1988.

TÜSİAD **(1993):** Enerji Sektörü (Energiesektor), İstanbul 1993.

TÜSİAD **(1996):** Turkish Economy 1996, İstanbul 1996.

ÜLENGİN, Füsun / TOPCU, İlker (1998): Kurtköy Havalimanı Fizibilite Etüdü (Machbarkeitsstudie für den Flughafen Kurtköy), in: 4. Ulaştırma Kongresi Bildiriler Kitabı 3.-5. Haziran 1998 Denizli (Veröffentlichungen des 4. Verkehrskongresses in Denizli, 3.-5. Juni 1998), Hrsg.: İMO, İstanbul 1998, S. 201-210.

ULUSOY, Saffet (1998): Mevcut Ekonomik Politikalar Işığında Kara Taşımacılığının Sektörel Önceliği (Die Vorrangstellung des Straßenverkehrs im Lichte heutiger Wirtschaftspolitik), in: Uluslararası Kara Taşımacılığının Türkiye Ekonomisine Katkıları ve Sorunları Sempozyumu Konuşma Metinleri ve Tebliğleri (Vorträge und Veröffentlichungen des Symposiums über sich für die türkische Wirtschaft aus dem internationalen Verkehrswesens ergebende Beiträge und Probleme), Hrsg.: UND / Universität Marmara, İstanbul 1998, S. 17-32.

UND (1982): Otobüscülerin Şikayetleri (Beschwerde der Busunternehmer), in: UND'nin Sesi, Oktober 1982, S. 22-24.

UND (1982): Yollarda Yasalar, (Die Gesetze im Straßenverkehr) in: UND'nin Sesi, Mai 1982, S. 14-16.

UND (1994): UND'nin Gelişimi (Die Entwicklung der UND): in: UND'nin Sesi, März 1994, S. 20-23.

ÜSTÜNIŞIK, **Belma / BAYAZIT, Sema (1996):** Türkiye'de Kentsel Ulaşım Planlaması ve Kentiçi Raylı Taşımacılık Projeleri (Stadtverkehrsplanung und Schienenverkehrsprojekte im Stadtverkehr der Türkei), in: Türkiye Mühendislik Haberleri, Nr. 384, Juli 1996, S. 53-62.

VAN SUNTUM, Ulrich (1986): Verkehrspolitik, München 1986.

VDA (1999): Auto 1999, Frankfurt am Main 1999.

VOGT, Jürgen (1990): Folgen des Strukturwandels im deutschen Export für den Verkehrssektor, Göttingen 1990.

VOIGT, Fritz (1953): Verkehr und Industrialisierung, in: Zeitschrift für die gesamte Staatswissenschaft, Hrsg.: BÖHM, Franz u.a., Bd. 109, Heft 2, Tübingen, 1953, S. 193-239.

VOIGT, Fritz (1960): Die volkswirtschaftliche Bedeutung des Verkehrssystems, Berlin 1960.

VOIGT, Fritz (1965): Verkehr, Bd. II/2, Berlin 1965.

VOIGT, Fritz (1973): Verkehr, Bd. I/1, Berlin 1973

VOIGT, Fritz (1973): Verkehr, Bd. I/2, Berlin 1973.

VOIGT, Fritz / TIETZE, Manfred (1980): Verkehrspolitik, in: Handwörterbuch der Volkswirtschaft, Wiesbaden 1980, S. 1343-1358.

VOIGT, Fritz / WITTE, Hermann (1975): Die Bedeutung des Verkehrssystems für die Entwicklung ländlicher Räume, Gesellschaft für wirtschafts- und verkehrswirtschaftliche Forschung, Heft 17, Königswinter 1975.

VONNAHME LUDGER (1983): Der Wandel der sektoralen und regionalen Struktur einer wachsenden Wirtschaft unter dem Einfluß des Verkehrssystems - Darstellung am Beispiel der wirtschaftlichen Entwicklung der Republik Korea-, Köln 1983.

VORAUER, Karin (1997): Europäische Regionalpolitik - Regionale Disparitäten: Theoretische Fundierung, empirische Befunde und politische Entwürfe, Passau 1997.

WEIHER, Gerhard (1985): Die innenpolitische Rolle des Militärs, in: Türkei, Südosteuropa-Handbuch, Hrsg.: GROTHUSEN, Klaus-Detlev, Bd. 4, Göttingen 1985, S.303-315.

WILLEKE, Rainer (1996): Mobilität, Verkehrsmarktordnung, externe Kosten und Nutzen des Verkehrs, Frankfurt am Main 1996.

YILDIRIM, Osman (1977): Das Verkehrssystem im Prozeß der Industrialisierung – dargestellt am Beispiel der Türkei, Bonn 1977.

YILDIZ, Dursun (1993): Kentsel Arsa Üretimi Konusunda İvedi Düzenleme Gereksinimi Artarak Sürüyor (Die Notwendigkeit einer schnellen Regelung in bezug auf städtische Bauplatzbeschaffung nimmt ständig zu), in: Türkiye Mühendislik Haberleri, Nr. 367, August 1993, S.18-22.

YILMAZ, Bahri (1993): Die wirtschaftliche Entwicklung der Türkei von 1923 bis 1980, in: Südosteuropa Mitteilungen, Nr. 4, Jg. 33, S. 350-365.

YÜLEK, Ertan (1996): İstanbul Demiryolu Boğaz Tüp Geçişi ve Gebze-Halkalı Demiryolu Banliyö-Hatlarının Metroya Dönüştürülmesi (Die Eisenbahnverbindung unter dem Bosporus in İstanbul und die Umwandlung der Vorortbahnstrecke Gebze-Halkalı in eine Metro-Verbindung), in: Türkiye Mühendislik Haberleri, Nr. 384, Juli 1996, S. 108-109.

ZENTRUM FÜR TÜRKEISTUDIEN (1994): Schwarzmeerwirtschaftsregion - Eine Auswertung und Zusammenfassung von Daten und Fakten, Working Paper 13, Februar 1994, Essen 1994.

Peter Lang · Europäischer Verlag der Wissenschaften

Bremer Gesellschaft für Wirtschaftsforschung e.V.

Engpass Verkehr – Der Verkehrssektor in Deutschland – eine Wachstumsbremse?

Frankfurt/M., Berlin, Bern, Bruxelles, New York, Oxford, Wien, 2000.
190 S., zahlr. Abb.
ISBN 3-631-36150-5 · br. DM 38.–*

Wirtschaft und Wirtschaftswachstum basieren auf Arbeitsteilung, Austausch und Kommunikation. Entscheidende Voraussetzung ist also ein funktionierendes Verkehrssystem. Das gilt insbesondere für Deutschland im Zentrum des europäischen Wirtschaftsraumes. Deutschland ist ein Transitland par excellence, verstärkt noch angesichts der EU-Erweiterung nach Osten. Schon der tägliche Augenschein vermittelt uns das Bild zunehmend überlasteter Straßen und Autobahnen. Bahn und Schifffahrt vermögen nur unzureichend Entlastung zu bieten. Die Beiträge in diesem Band beleuchten die technisch-ökonomischen Alternativen und legen insbesondere die notwendig zu treffenden wirtschaftspolitischen Entscheidungen klar.

Aus dem Inhalt: Zusammenhang zwischen Verkehr und Wirtschaftswachstum · Möglichkeiten der Substitution der Verkehrsträger · Deutschland als Transitland · Der Beitrag der Telematik · Der Bundesverkehrswegeplan · Das Konzept der Transeuropäischen Netze

Frankfurt/M · Berlin · Bern · Bruxelles · New York · Oxford · Wien
Auslieferung: Verlag Peter Lang AG
Jupiterstr. 15, CH-3000 Bern 15
Telefax (004131) 9402131
*inklusive Mehrwertsteuer
Preisänderungen vorbehalten

FSC
www.fsc.org
MIX
Papier | Fördert
gute Waldnutzung
FSC® C083411

Kolibri 360 GmbH
Ferdinand-Jühlke-Straße 7
99095 Erfurt, Deutschland
produktsicherheit@kolibri360.de

Druck:
CPI Druckdienstleistungen GmbH
im Auftrag der
Kolibri 360 GmbH
Ferdinand-Jühlke-Str. 7
99095 Erfurt